Die Anatomie des Aufschiebens

von Frank Kralemann

Buchbeschreibung:

Was hält uns wirklich davon ab, Dinge zu erledigen? Warum verschieben wir wichtige Aufgaben immer wieder auf morgen, obwohl wir genau wissen, dass uns das langfristig schadet?

In diesem bahnbrechenden Werk deckt der Autor die vier fundamentalen Ursachen der Prokrastination auf, die unser Leben heimlich beherrschen.

Konfliktvermeidung: Wie wir unangenehmen Situationen aus dem Weg gehen und dabei nur größere Probleme schaffen

Entscheidungslähmung: Warum zu viele Optionen uns blockieren statt zu befreien

Faulheit: Die überraschende Wahrheit hinter dem, was wir als "Faulheit" abtun

Zeitliche Diskontierung: Wie unser Gehirn die Zukunft systematisch abwertet,und wie wir dagegen ankämpfen können

Dieses Buch ist mehr als nur ein weiterer Ratgeber mit oberflächlichen Tipps. Es bietet einen tiefgreifenden Einblick in die psychologischen Mechanismen, die uns täglich sabotieren, und präsentiert wirksame Strategien, um diese Muster zu durchbrechen. Wer die wahren Ursachen der Prokrastination versteht, kann endlich den Teufelskreis des Aufschiebens durchbrechen und ein produktiveres, erfüllteres Leben führen. Die Anatomie des Aufschiebens ist das fehlende Puzzlestück für jeden, der sich fragt, warum gute Vorsätze so oft scheitern und was man wirklich dagegen tun kann.

Werden Sie zur handlungsstarken Version Ihrer selbst, nicht irgendwann, sondern heute.

Über den Autor:

Der Autor Frank Kralemann hatte selbst lange mit dem Aufschieben zu kämpfen, doch er setzte sich intensiv mit den Ursachen auseinander und überwand es erfolgreich. Seine Erkenntnisse hat er in diesem Buch zusammengefasst. Frank Kralemann lebt in Ostwestfalen und schreibt seit 2007 Bücher. Er ist Vater und Großvater.

Die Anatomie des Aufschiebens

Die vier Wurzeln des Aufschiebens und wie man sie überwindet

von Frank Kralemann

1. Auflage, 2025 Frank Kralemann
© 2025 Alle Rechte vorbehalten.

Verlag: BoD · Books on Demand GmbH,
In de Tarpen 42, 22848 Norderstedt,
bod@bod.de
Druck: Libri Plureos GmbH,
Friedensallee 273, 22763 Hamburg

ISBN: 978-3-7693-6718-8

Inhaltsverzeichnis

Die Kunst des Aufschiebens verstehen

Kennen Sie dieses Gefühl? Sie haben eine wichtige Aufgabe vor sich - vielleicht einen Bericht, der geschrieben werden muss, eine schwierige Entscheidung, die getroffen werden sollte, oder ein unangenehmes Gespräch, das längst überfällig ist. Sie wissen genau, dass es sinnvoll wäre, sofort damit anzufangen. Stattdessen finden Sie sich dabei, wie Sie zum fünften Mal Ihren E-Mail-Eingang kontrollieren, in den sozialen Medien scrollen oder plötzlich ein dringendes Bedürfnis verspüren, Ihre Wohnung aufzuräumen. Und mit jeder Minute, die verstreicht, wächst ein unangenehmes Gefühl in Ihrem Magen - diese Mischung aus Schuld, Unruhe und Selbstvorwürfen, die so charakteristisch für das Aufschieben ist.

Falls Sie sich in dieser Beschreibung wiedererkennen, sind Sie bei weitem nicht allein. Das Phänomen der Prokrastination - das chronische Aufschieben wichtiger Tätigkeiten zugunsten weniger wichtiger, aber angenehmerer Aktivitäten - ist eine der verbreitetsten Herausforderungen unserer Zeit. Studien zeigen, dass bis zu 95% aller Menschen gelegentlich prokrastinieren, während etwa 20% der Erwachsenen unter chronischer Prokrastination leiden, die ihr berufliches und persönliches Leben erheblich beeinträchtigt.

Doch was steckt wirklich hinter diesem alltäglichen Phänomen? In der öffentlichen Wahrnehmung und selbst in manchen fachlichen Diskussionen wird Prokrastination oft vereinfacht als Faulheit, mangelnde Selbstdisziplin oder schlichte Bequemlichkeit abgetan. „Reiß dich zusammen", „Nimm dich mehr zusammen" oder „Arbeite einfach härter" sind die typischen, aber letztlich wenig hilfreichen Ratschläge, die Prokrastinierende zu hören bekommen - häufig begleitet von einem moralischen Unterton, der das Aufschieben als charakterliches Versagen wertet.

Dieses Buch möchte einen anderen Weg einschlagen. Basierend auf den neuesten wissenschaftlichen Erkenntnissen aus Psychologie, Neurowissenschaft und Verhaltensökonomie werden wir gemeinsam ein tieferes, nuancierteres Verständnis der Prokrastination entwickeln. Sie werden erfahren, dass hinter dem Aufschieben komplexe psychologische Mechanismen stehen, die weit mehr sind als bloße „Faulheit". Wir werden vier zentrale Ursachen der Prokrastination identifizieren und im Detail erforschen:

1. Konfliktvermeidung: Wie der tiefe menschliche Impuls, unangenehme Auseinandersetzungen zu umgehen

- sei es mit anderen oder mit uns selbst - uns dazu bringt, notwendige Aufgaben auf die lange Bank zu schieben.

2. Entscheidungslähmung: Wie Perfektionismus, Angst vor Fehlern und die Überforderung durch zu viele Optionen uns in einem Zustand der Handlungsunfähigkeit gefangen halten können.

3. Die Neuinterpretation der „Faulheit": Wie das, was oberflächlich als Faulheit erscheint, in Wirklichkeit oft Ausdruck von Energiemanagementproblemen, motivationalen Blockaden und emotionalen Hürden ist.

4. Zeitliche Diskontierung: Wie unsere evolutionär bedingte Tendenz, zukünftige Ergebnisse systematisch abzuwerten und unmittelbaren Belohnungen den Vorzug zu geben, rationale Entscheidungen untergräbt.

Der Wert dieses Buches für Sie als Leser liegt genau in diesem tieferen Verständnis und den daraus abgeleiteten praktischen Lösungsansätzen. Denn erst wenn Sie verstehen, was wirklich hinter Ihrem Aufschiebeverhalten steckt, können Sie wirksame Gegenstrategien entwickeln.

Stellen Sie sich vor, wie Ihr Leben aussehen könnte, wenn Sie die Fähigkeit hätten, wichtige Aufgaben anzugehen, ohne den inneren Widerstand zu spüren, der Sie bisher zurückgehalten hat. Wie würde es sich anfühlen, am Ende des Tages nicht mit diesem nagendem Schuldgefühl ins

Bett zu gehen, weil Sie wieder einmal das Wesentliche aufgeschoben haben? Welche Ziele könnten Sie erreichen, welche Projekte abschließen, welche Beziehungen vertiefen, wenn Prokrastination nicht mehr Ihre Produktivität und Lebensqualität beeinträchtigen würde?

Genau diese Veränderung möchte dieses Buch für Sie ermöglichen. Es bietet Ihnen nicht nur ein theoretisches Verständnis, sondern vor allem praktische, wissenschaftlich fundierte Werkzeuge, um die vier Kernursachen der Prokrastination in Ihrem eigenen Leben zu adressieren. Sie werden lernen:

- Wie Sie innere und äußere Konflikte konstruktiv angehen können, anstatt sie zu vermeiden
- Wie Sie Ihre Entscheidungsfähigkeit stärken und Perfektionismus überwinden können
- Wie Sie Ihre Energie und Motivation optimal managen können
- Wie Sie die zeitliche Diskontierung überwinden und langfristige Ziele verfolgen können

Dieser Ansatz unterscheidet sich grundlegend von vielen anderen Büchern zum Thema Prokrastination, die oft bei oberflächlichen Produktivitätstipps stehenbleiben oder sich auf reine Willenskraft verlassen. Die Erfahrung zeigt: Solche Strategien funktionieren meistens nur kurzfristig. Für nachhaltige Veränderung müssen wir tiefer graben und die grundlegenden psychologischen Mechanismen verstehen und beeinflussen.

Bevor wir uns den vier Kernursachen im Detail zuwenden, lohnt es sich, kurz zu definieren, wovon wir eigentlich sprechen. Prokrastination ist mehr als gelegentliches Aufschieben oder strategisches Priorisieren. Die Forschung definiert Prokrastination als „das freiwillige Aufschieben einer beabsichtigten und notwendigen und/oder persönlich wichtigen Aktivität, trotz der Erwartung potenzieller negativer Konsequenzen, die die Vorteile des Aufschiebens überwiegen." Mit anderen Worten: Wir wissen, dass wir die Aufgabe erledigen sollten, wir wissen, dass das Aufschieben uns langfristig schadet - und dennoch tun wir es.

Dies unterscheidet Prokrastination von strategischem Aufschieben (wenn wir bewusst entscheiden, etwas später zu tun, weil es dann effizienter ist) oder von einfacher Priorisierung (wenn wir entscheiden, dass andere Aufgaben wichtiger sind). Echte Prokrastination hat immer eine irrationale Komponente - wir handeln gegen unser eigenes besseres Wissen und Interesse.

Die Kosten dieses Verhaltens sind erheblich. Studien zeigen, dass chronische Prokrastination mit niedrigerer akademischer und beruflicher Leistung, höherem Stressniveau, mehr gesundheitlichen Problemen, finanziellen Schwierigkeiten und beeinträchtigten sozialen Beziehungen einhergeht. Auf der persönlichen Ebene führt Prokrastination oft zu negativen Gefühlen wie Schuld, Scham und vermindertem Selbstwertgefühl. Mit der Zeit kann sich ein Teufelskreis entwickeln, in dem das Aufschieben zu negativen Emotionen führt, die wiederum weiteres Aufschieben begünstigen.

In unserer modernen Welt scheint das Problem zudem an Bedeutung zu gewinnen. Die ständige Verfügbarkeit digitaler Ablenkungen, die Überflutung mit Informationen und Optionen sowie die wachsende Autonomie in vielen Arbeitsbereichen schaffen ein Umfeld, in dem Prokrastination leichter auftreten kann. Gleichzeitig steigen die Anforderungen an Selbstorganisation und Eigenverantwortung - eine Kombination, die viele Menschen überfordert.

Doch es gibt auch gute Nachrichten: Die wissenschaftliche Forschung zur Prokrastination hat in den letzten Jahrzehnten enorme Fortschritte gemacht. Wir verstehen heute besser denn je, welche psychologischen, neurologischen und sozialen Faktoren zu diesem Verhalten beitragen - und wie wir es wirksam bekämpfen können. Dieses Wissen bildet das Fundament für die praktischen Strategien, die Sie in diesem Buch kennenlernen werden.

Ein wichtiger Aspekt, den wir dabei besonders berücksichtigen, ist die individuelle Natur der Prokrastination. Es gibt nicht den einen Prokrastinationstyp oder die eine

Lösung, die für alle funktioniert. Manche Menschen schieben vor allem unangenehme oder langweilige Aufgaben auf, andere haben Schwierigkeiten mit komplexen Entscheidungen, wieder andere prokrastinieren besonders in bestimmten Lebensbereichen wie Finanzen oder Gesundheit. Die Ursachen und Auslöser können von Person zu Person variieren, und entsprechend müssen auch die Lösungsansätze individuell angepasst werden.

Aus diesem Grund werden wir in diesem Buch nicht nur die vier Kernursachen der Prokrastination theoretisch beleuchten, sondern Ihnen auch Werkzeuge an die Hand geben, um Ihr persönliches Prokrastinationsprofil zu erstellen. Sie werden herausfinden, welche der vier Faktoren bei Ihnen besonders relevant sind, in welchen Situationen Sie am häufigsten prokrastinieren und welche emotionalen Trigger bei Ihnen wirksam werden. Auf Basis dieser Selbsterkenntnis können Sie dann gezielt die Strategien auswählen, die für Ihre spezifische Situation am vielversprechendsten sind.

Ein weiteres Merkmal unseres Ansatzes ist die Ausgewogenheit zwischen wissenschaftlicher Fundierung und praktischer Anwendbarkeit. Jedes Kapitel dieses Buches verbindet aktuelle Forschungsergebnisse mit konkreten Übungen, Reflexionsfragen und Handlungsanleitungen. Die vorgestellten Techniken sind keine theoretischen Konstrukte, sondern haben sich in der Praxis bewährt - sei es in therapeutischen Kontexten, in Coaching-Programmen oder in der Selbsthilfe.

Besonders wichtig ist uns dabei ein empathischer, nicht-wertender Zugang zum Thema. Prokrastination ist keine moralische Schwäche oder ein Charakterfehler. Es ist ein komplexes psychologisches Phänomen, das oft tief in unseren evolutionären Wurzeln, unserer Neurobiologie und unseren Lebenserfahrungen verankert ist. Der erste Schritt zur Überwindung der Prokrastination besteht daher nicht in Selbstkritik oder harter Disziplin, sondern im Verständnis und in der Selbstakzeptanz. Nur wenn wir unser Aufschiebeverhalten ohne Scham und Schuldgefühle betrachten können, eröffnen sich Wege zur Veränderung.

In diesem Sinne laden wir Sie ein, dieses Buch nicht als strengen Produktivitätsratgeber zu lesen, sondern als Begleiter auf einer Reise des Verstehens und der persönlichen Entwicklung. Eine Reise, die Sie Schritt für Schritt zu mehr Handlungsfähigkeit, weniger innerem Widerstand und letztlich zu einem erfüllteren Leben führen kann.

Lassen Sie uns nun einen genaueren Blick auf die vier Kernursachen der Prokrastination werfen, die das Herzstück dieses Buches bilden:

1. Konfliktvermeidung als zentraler Treiber

Menschen sind von Natur aus konfliktscheu. Evolutionär betrachtet war die Vermeidung von Konflikten innerhalb der sozialen Gruppe oft überlebenswichtig. Diese tief verwurzelte Tendenz wirkt jedoch in unserem modernen Leben oft kontraproduktiv. Wenn wir eine Aufgabe vor uns haben, die potenziell konfliktbehaftet ist - sei es ein schwieriges Gespräch mit einem Kollegen, eine Konfrontation mit dem Partner oder auch nur die Auseinandersetzung mit unseren eigenen widersprüchlichen Wünschen und Bedürfnissen - neigen wir dazu, sie aufzuschieben.

Diese Konfliktvermeidung manifestiert sich in verschiedenen Formen: Wir schieben Gespräche auf, in denen wir Nein sagen oder Grenzen setzen müssten. Wir vermeiden Entscheidungen, die bestimmte Optionen ausschließen und damit innere Konflikte hervorrufen könnten. Wir weichen der Auseinandersetzung mit unbequemen Wahrheiten über uns selbst oder unsere Lebenssituation aus.

Im weiteren Verlauf des Buches werden wir detailliert untersuchen, wie Konfliktvermeidung zu Prokrastination führt und wie wir stattdessen konstruktive Wege finden können, notwendige Konflikte anzugehen. Sie werden lernen, Ihre Konfliktbereitschaft zu erhöhen, innere Ambivalenzen zu akzeptieren und schwierige Gespräche mit mehr Zuversicht zu führen.

2. Entscheidungslähmung überwinden

Eine zweite zentrale Ursache für Prokrastination ist die Entscheidungslähmung - jener Zustand, in dem wir vor lauter Möglichkeiten, Bedenken und Anforderungen wie gelähmt sind und keine Entscheidung treffen können. Mehrere psychologische Faktoren tragen zu dieser Lähmung bei:

- Perfektionismus, der uns glauben lässt, dass nur die absolut beste Entscheidung akzeptabel ist
- Angst vor Fehlern und den damit verbundenen negativen Konsequenzen
- Überforderung durch zu viele Optionen (das „Paradox der Wahl")
- Unklare Kriterien oder Ziele, die eine rationale Entscheidungsfindung erschweren

Diese Entscheidungslähmung führt dazu, dass wir wichtige Entscheidungen - ob beruflicher, finanzieller oder persönlicher Natur - immer weiter aufschieben, oft mit erheblichen negativen Folgen. Im entsprechenden Kapitel werden wir Techniken vorstellen, um Entscheidungsprozesse zu strukturieren, Perfektionismus zu überwinden und mit Unsicherheit besser umgehen zu lernen.

3. „Faulheit" neu verstehen: Energiemanagement und Motivation

Der Begriff „Faulheit" wird oft unreflektiert verwendet, um Prokrastination zu erklären. Doch was oberflächlich als Faulheit erscheint, ist bei näherer Betrachtung oft ein komplexes Zusammenspiel aus Energiemanagementproblemen, motivationalen Blockaden und emotionalen Hürden.

Unser Energieniveau schwankt natürlicherweise im Tagesverlauf, wird beeinflusst von Schlaf, Ernährung, Bewegung und Stress. Unsere Motivation wird geprägt von unseren grundlegenden psychologischen Bedürfnissen nach Autonomie, Kompetenz und sozialer Eingebundenheit. Und unsere Emotionen - besonders Angst, Langeweile und Frustration - können starke Barrieren gegen produktives Handeln errichten.

In diesem Teil des Buches werden wir untersuchen, wie Sie Ihre persönlichen Energiemuster verstehen und optimieren können, wie Sie intrinsische Motivation fördern können und wie Sie mit emotionalen Barrieren konstruktiv umgehen können. Sie werden erkennen, dass es nicht um „mehr Disziplin" geht, sondern um ein intelligentes Management Ihrer begrenzten mentalen und physischen Ressourcen.

4. Zeitliche Diskontierung: Die Zukunft abwerten

Der vierte zentrale Faktor hinter der Prokrastination ist unsere Tendenz zur zeitlichen Diskontierung - die systematische Abwertung zukünftiger Ergebnisse zugunsten unmittelbarer Belohnungen. Aus evolutionärer Perspektive macht diese Präferenz Sinn: In einer unsicheren Umwelt war es oft vorteilhafter, eine sofortige Belohnung zu sichern, als auf eine möglicherweise größere, aber unsichere zukünftige Belohnung zu warten.

In unserer modernen Welt führt diese Tendenz jedoch oft zu irrationalen Entscheidungen. Wir wählen die unmittelbare Befriedigung durch Social Media statt der verzögerten, aber größeren Belohnung, die aus fokussierter Arbeit resultieren würde. Wir verzichten auf das Training heute, obwohl wir wissen, dass es langfristig unsere Gesundheit verbessert.

Im Kapitel zur zeitlichen Diskontierung werden wir die neurologischen und psychologischen Grundlagen dieses Phänomens erkunden und Strategien vorstellen, wie Sie die Zukunft in Ihren aktuellen Entscheidungen präsenter machen können. Sie werden lernen, wie Sie langfristige Ziele mit kurzfristigen Belohnungen verbinden können und wie Sie Ihre Umgebung so gestalten können, dass sie Ihre langfristigen Interessen unterstützt.

Gemeinsam bilden diese vier Kernursachen - Konfliktvermeidung, Entscheidungslähmung, Energiemanagementprobleme und zeitliche Diskontierung - ein umfassendes Erklärungsmodell für das Phänomen der Prokrastination. Indem Sie verstehen, welche dieser Faktoren in Ihrem persönlichen Fall besonders relevant sind, können Sie gezielt ansetzen und nachhaltige Veränderungen bewirken.

Der Nutzen dieses Buches für Sie geht jedoch über die bloße Überwindung der Prokrastination hinaus. Die Fähigkeiten, die Sie entwickeln werden - konstruktiver Umgang mit Konflikten, verbesserte Entscheidungsfindung, effektives Energiemanagement und langfristige Orientierung - sind grundlegende Lebenskompetenzen, die in allen Bereichen Ihres persönlichen und beruflichen Lebens positive Wirkung entfalten können.

Letztlich geht es nicht nur darum, mehr zu erledigen oder produktiver zu sein. Es geht darum, ein Leben zu führen, das im Einklang mit Ihren tiefsten Werten und Zielen steht. Ein Leben, in dem Sie die Kontrolle über Ihre Zeit und Ihre Handlungen haben, anstatt von Aufschiebemustern gesteuert zu werden. Ein Leben mit weniger Stress, Schuld und verpassten Gelegenheiten - und mit mehr Erfüllung, Selbstwirksamkeit und Lebensqualität.

Dieses Buch ist Ihr Wegweiser auf diesem Weg. Es verbindet wissenschaftliche Erkenntnisse mit praktischer Weisheit, Selbstreflexion mit konkreten Handlungsschritten, Verständnis mit Veränderung. Es bietet keine Patentlösungen oder schnellen Fixes, sondern einen tiefgreifenden, nachhaltigen Ansatz zur Überwindung der Prokrastination.

Die Reise mag nicht immer einfach sein. Rückschläge und schwierige Phasen gehören dazu. Doch mit dem richtigen Verständnis, den passenden Werkzeugen und etwas Geduld mit sich selbst ist nachhaltige Veränderung möglich. Tausende von Menschen haben bereits erfahren, wie sie die Kontrolle über ihr Aufschiebeverhalten zurückgewinnen können - und Sie können es auch.

In diesem Sinne laden wir Sie ein, die folgenden Kapitel mit Offenheit, Neugierde und Selbstmitgefühl zu lesen. Nehmen Sie sich Zeit, die Konzepte zu verstehen und die Übungen durchzuführen. Passen Sie die vorgestellten Strategien an Ihre persönliche Situation an. Und vor allem: Seien Sie geduldig mit sich selbst und erinnern Sie sich daran, dass jeder Schritt in die richtige Richtung ein Erfolg ist.

Willkommen zu einer Reise, die Ihr Leben verändern kann.

2. Der Teufelskreis der Prokrastination

Stellen Sie sich folgendes Szenario vor: Es ist Sonntagabend, und Sie haben ein wichtiges Projekt, das bis Mittwoch fertiggestellt sein muss. Sie setzen sich an den Schreibtisch mit der festen Absicht, einen guten Start hinzulegen. Doch bevor Sie beginnen, checken Sie schnell Ihre E-Mails. Von dort aus gleiten Sie zu den sozialen Medien, schauen ein paar Videos an, und plötzlich ist es zwei Stunden später. Sie fühlen ein unangenehmes Gemisch aus Schuld und Anspannung, machen sich Vorwürfe – und verschieben das Projekt trotzdem auf den nächsten Tag. Montag wiederholt sich das Muster, die Anspannung steigt, und am Dienstagabend finden Sie sich in einem verzweifelten Kraftakt wieder, um die Arbeit noch rechtzeitig fertigzustellen.

Dieses Szenario verdeutlicht, was wir den „Teufelskreis der Prokrastination" nennen – einen sich selbst verstärkenden Kreislauf, der tief in unserer Neurologie, unseren Emotionen und unserem Verhalten verankert ist. In diesem Kapitel werden wir diesen Teufelskreis genauer untersuchen und die wissenschaftlichen Erkenntnisse betrachten, die erklären, warum Prokrastination oft so hartnäckig ist und warum Willenskraft allein selten ausreicht, um sie zu überwinden.

2.1 Das neurologische Fundament des Aufschiebens

Unser Gehirn ist nicht als einheitliches Organ, sondern als komplexes Netzwerk verschiedener Systeme zu verstehen, die nicht immer harmonisch zusammenarbeiten. Besonders relevant für die Prokrastination ist das Zusammenspiel zwischen dem limbischen System und dem präfrontalen Kortex.

Das limbische System, einer der evolutionär älteren Teile unseres Gehirns, ist eng mit unseren emotionalen Reaktionen und dem Belohnungssystem verbunden. Es reagiert stark auf unmittelbare Belohnungen und versucht, unangenehme Gefühle zu vermeiden. Wenn wir eine schwierige oder potenziell frustrierende Aufgabe vor uns haben, sendet das limbische System Warnsignale aus – es möchte uns vor dem möglichen emotionalen Unbehagen „schützen".

Der präfrontale Kortex hingegen ist der Sitz unserer exekutiven Funktionen – er ermöglicht Planung, Impulskontrolle, komplexes Denken und das Abwägen langfristiger Konsequenzen. Dieser Teil unseres Gehirns entwickelte sich evolutionär am spätesten und unterscheidet uns am stärksten von anderen Tieren.

Neurowissenschaftliche Studien zeigen, dass bei chronischen Prokrastinatoren oft eine Dysbalance zwischen diesen Gehirnbereichen besteht. Bildgebende Verfahren haben gezeigt, dass bei der Konfrontation mit unattraktiven Aufgaben die Aktivität im limbischen System erhöht ist, während die Aktivierung des präfrontalen Kortex schwächer ausfällt als bei Nicht-Prokrastinatoren. Mit anderen Worten: Das emotionale „Vermeidungsgehirn" gewinnt den Kampf gegen das rationale „Planungsgehirn".

Besonders interessant ist die Rolle des anterioren cingulären Cortex (ACC), einer Gehirnregion, die an der Konfliktüberwachung und Emotionsregulation beteiligt ist. Studien zeigen, dass diese Region bei Prokrastinatoren anders reagiert – sie scheint weniger effektiv darin zu sein, zwischen konfligierenden Impulsen zu vermitteln und Emotionen zu regulieren, die mit unangenehmen Aufgaben verbunden sind.

Auch unser Belohnungssystem spielt eine zentrale Rolle. Dopamin, ein Neurotransmitter, der bei Belohnungen und Erwartungen von Belohnungen ausgeschüttet wird, kann durch sofortige kleine Belohnungen (wie das Checken sozialer Medien) viel direkter stimuliert werden als durch die verzögerte, wenn auch größere Belohnung, die aus der Erledigung einer wichtigen Aufgabe resultiert.

Wir sehen also: Prokrastination ist nicht einfach eine Frage mangelnder Disziplin, sondern hat ein solides neurologisches Fundament. Unser Gehirn ist in gewisser Weise „voreingestellt" für Prokrastination, besonders in einer modernen Umgebung mit unzähligen sofortigen Ablenkungen und Belohnungen.

2.2 Emotionale Verstärkungsmechanismen

Die neurologischen Grundlagen erklären jedoch nur einen Teil des Prokrastinationskreislaufs. Ebenso wichtig sind die emotionalen Verstärkungsmechanismen, die diesen Kreislauf am Laufen halten.

Forschungen von Dr. Timothy Pychyl und Dr. Fuschia Sirois haben gezeigt, dass Prokrastination im Kern eine Strategie zur Emotionsregulation ist. Wenn wir vor einer Aufgabe stehen, die negative Emotionen wie Angst, Langeweile oder Frustration auslöst, ist das Aufschieben eine kurzfristig wirksame Methode, um diese unangenehmen Gefühle zu vermeiden oder zu reduzieren. Das Scrollen durch soziale Medien, das Aufräumen der Wohnung oder andere Ablenkungsaktivitäten bieten eine sofortige emotionale Erleichterung – eine Art emotionales „Pflaster".

Dieses Muster wird durch mehrere psychologische Mechanismen verstärkt:

1. Negative Verstärkung: Indem wir die unangenehme Aufgabe aufschieben, entgehen wir vorübergehend den negativen Gefühlen, die mit ihr verbunden sind. Diese Erleichterung verstärkt das Aufschiebeverhalten, da unser Gehirn lernt: „Aufschieben führt zu weniger negativen Gefühlen."

2. Kurzfristige Belohnung: Die alternativen Aktivitäten, denen wir uns während der Prokrastination widmen, bieten oft unmittelbare positive Gefühle – sei es die kleine Dopaminausschüttung beim Erhalt einer neuen Nachricht

oder das Gefühl der Kontrolle beim Erledigen einer einfacheren Aufgabe.

3. Diskontierung zukünftiger Emotionen: Wir unterschätzen systematisch, wie schlecht wir uns in der Zukunft fühlen werden, wenn die Deadline näher rückt und die Arbeit noch nicht erledigt ist. Psychologen bezeichnen dies als „affektive Vorhersagefehler" – wir sind nicht gut darin, unsere zukünftigen emotionalen Zustände vorherzusagen.

4. Emotionale Zeitreisen: Während wir relativ gut darin sind, die rational-logischen Konsequenzen des Aufschiebens zu verstehen, fällt es uns schwer, die emotionalen Zustände unseres zukünftigen Selbst wirklich zu empfinden. Dieses Phänomen wird manchmal als „emotionale Zeitreise-Defizit" bezeichnet.

Diese emotionalen Mechanismen erklären, warum selbst die Erkenntnis, dass Prokrastination langfristig schädlich ist, oft nicht ausreicht, um das Verhalten zu ändern. Unser emotionales System reagiert primär auf unmittelbare Gefühle, nicht auf rationale Überlegungen über zukünftige Konsequenzen.

2.3 Die Rolle von Stress und negativen Gefühlen

Ein entscheidender und oft übersehener Faktor im Prokrastinationskreislauf ist der Stress, der sowohl Ursache als auch Folge des Aufschiebens sein kann.

Wenn wir unter Stress stehen – sei es durch Arbeitsbelastung, persönliche Probleme oder andere Faktoren – verringert sich unsere Fähigkeit zur Selbstregulation. Der präfrontale Kortex, der für Impulskontrolle und Planung zuständig ist, wird bei chronischem Stress in seiner Funktionsfähigkeit beeinträchtigt. Dies schafft eine neurobiologische Grundlage für vermehrtes Aufschiebeverhalten.

Gleichzeitig entstehen durch Prokrastination selbst erhebliche Stressbelastungen. Je länger wir eine Aufgabe aufschieben, desto mehr Druck baut sich auf. Es entsteht ein wachsendes Gefühl der Überforderung, da die verfügbare Zeit schrumpft, während die zu erledigende Arbeit gleichbleibt oder durch zusätzliche Anforderungen sogar zunimmt. Dieser Stress verstärkt die ursprünglichen negativen Emotionen gegenüber der Aufgabe und macht es noch wahrscheinlicher, dass wir sie weiter aufschieben.

Besonders problematisch sind dabei die selbstkritischen Gedanken und Gefühle, die häufig mit Prokrastination einhergehen:

- Schuldgefühle („Ich sollte längst angefangen haben")
- Scham („Was ist bloß los mit mir?")

- Selbstzweifel („Vielleicht bin ich dieser Aufgabe einfach nicht gewachsen")
- Angst („Was, wenn ich es nicht rechtzeitig schaffe?")
- Hoffnungslosigkeit („Es ist ohnehin zu spät, um noch etwas Gutes daraus zu machen")

Diese negativen Gefühle bilden eine zusätzliche emotionale Belastung, die die Aufgabe selbst noch unangenehmer erscheinen lässt und den Drang zur Vermeidung verstärkt. Forscherin Dr. Fuschia Sirois beschreibt dies als „prokrastinationsbedingten Stress" – einen spezifischen Stresszustand, der durch das Wissen um die eigene Prokrastination und ihre potenziellen negativen Folgen entsteht.

Besonders bedenklich: Studien haben gezeigt, dass chronische Prokrastination mit einem erhöhten Risiko für diverse gesundheitliche Probleme verbunden ist, darunter Schlafstörungen, geschwächte Immunfunktion, Kopfschmerzen und gastrointestinale Beschwerden. Diese physischen Symptome können wiederum die kognitive Leistungsfähigkeit und emotionale Stabilität beeinträchtigen – ein weiterer Verstärkungsfaktor im Teufelskreis.

2.4 Wie sich Aufschieben selbst verstärkt: Der negative Rückkopplungskreis

Wenn wir die neurologischen, emotionalen und stressbezogenen Aspekte zusammenführen, wird deutlich, dass

Prokrastination ein sich selbst verstärkender Kreislauf ist. Anhand eines typischen Prokrastinationszyklus lässt sich dieser negative Rückkopplungskreis anschaulich darstellen:

1. Konfrontation mit der Aufgabe: Sie stehen vor einer Aufgabe, die Sie als schwierig, langweilig, unangenehm oder überwältigend empfinden. Diese Wahrnehmung löst negative Emotionen aus.

2. Emotionale Reaktion: Diese negativen Emotionen aktivieren Ihr limbisches System, das nach Wegen sucht, diese unangenehmen Gefühle zu vermeiden.

3. Aufschub als Emotionsregulation: Sie entscheiden sich, die Aufgabe aufzuschieben und sich stattdessen einer angenehmeren Aktivität zu widmen. Dies führt zu einer kurzfristigen emotionalen Erleichterung.

4. Negative Verstärkung: Diese emotionale Erleichterung verstärkt das Aufschiebeverhalten, da Ihr Gehirn eine Verbindung zwischen „Aufschieben" und „Wohlbefinden" herstellt.

5. Zeitdruck nimmt zu: Mit fortschreitender Zeit wächst der Druck, die Aufgabe zu erledigen. Stress und negative Selbstbewertungen entstehen oder verstärken sich.

6. Erhöhte emotionale Belastung: Der zunehmende Stress macht die Aufgabe nun noch unangenehmer als zuvor. Die Schwelle, sie in Angriff zu nehmen, liegt jetzt sogar noch höher.

7. Verstärktes Vermeidungsverhalten: Angesichts der gestiegenen emotionalen Belastung wird der Drang zur Vermeidung noch stärker, was zu weiterem Aufschieben führt.

8. Last-Minute-Bewältigung oder Scheitern: Schließlich erzwingt die Deadline eine hektische Last-Minute-Anstrengung (oft mit minderer Qualität) oder führt zum vollständigen Scheitern der Aufgabe.

9. Selbstkritik und negative Emotionen: Unabhängig vom Ausgang führt dieser Prozess zu Schuldgefühlen, Selbstkritik und einem geschwächten Selbstwirksamkeitsgefühl.

10. Ausgangslage für den nächsten Zyklus: Diese negativen Emotionen und das geschwächte Selbstwirksamkeitsgefühl bilden die psychologische Ausgangslage für den nächsten Prokrastinationszyklus, der oft noch leichter ausgelöst wird.

Dieser Kreislauf erklärt, warum Prokrastination ohne gezielte Intervention häufig nicht nur bestehen bleibt, sondern sich im Laufe der Zeit sogar verschlimmern kann. Mit jeder Durchlaufung des Zyklus werden die neurologischen Bahnen der Vermeidung stärker, die emotionale Belastung größer und das Selbstvertrauen geringer.

Besonders problematisch ist dabei die Auswirkung auf unser Selbstbild. Chronische Prokrastination führt oft zur Entwicklung negativer Selbstzuschreibungen – wir beginnen, uns selbst als „faul", „undiszipliniert" oder „unfähig" zu betrachten. Diese Selbstzuschreibungen werden Teil unserer Identität und können zu einer sich selbst erfüllenden Prophezeiung werden: „Ich bin eben ein Prokrastinierer, so bin ich halt."

Die Komplexität und Selbstverstärkung dieses Kreislaufs verdeutlicht, warum einfache Ratschläge wie „Nimm dich mehr zusammen" oder „Arbeite härter" bei chronischer Prokrastination in der Regel wirkungslos bleiben. Sie adressieren nur die Oberfläche eines tiefgreifenden neurologischen, emotionalen und verhaltensbezogenen Musters.

Die gute Nachricht ist jedoch, dass wir durch das Verständnis dieses Kreislaufs gezielte Interventionspunkte identifizieren können. Im weiteren Verlauf dieses Buches werden wir Strategien entwickeln, die an verschiedenen Stellen dieses Kreislaufs ansetzen:

- Neurologische Ebene: Wie wir unsere Gehirnfunktionen unterstützen und die Aktivität des präfrontalen Kortex stärken können

- Emotionale Ebene: Wie wir konstruktiver mit den negativen Emotionen umgehen können, die Prokrastination auslösen und aufrechterhalten
- Kognitive Ebene: Wie wir selbstkritische Gedanken und dysfunktionale Überzeugungen umstrukturieren können
- Verhaltensebene: Wie wir konkrete Routinen und Techniken implementieren können, um den Kreislauf zu durchbrechen

Dieses mehrdimensionale Vorgehen ist notwendig, um nachhaltige Veränderungen zu erreichen. Anstatt symptomatisch am Verhalten anzusetzen, müssen wir die gesamte Dynamik des Teufelskreises verstehen und beeinflussen.

Praktische Anwendung: Den eigenen Prokrastinationskreislauf verstehen

Um das theoretische Verständnis in praktische Selbsterkenntnis zu überführen, kann es hilfreich sein, Ihren persönlichen Prokrastinationskreislauf zu analysieren. Die folgende Übung hilft Ihnen dabei, ein besseres Bewusstsein für Ihre spezifischen Muster zu entwickeln:

Übung: Mein Prokrastinations-Tagebuch

Wählen Sie eine aktuelle Situation, in der Sie prokrastinieren, und reflektieren Sie die folgenden Fragen:

1. Die Aufgabe: Welche Aufgabe schiebe ich auf? Wie lange schon?

2. Die Auslöser: Welche Gedanken und Gefühle habe ich, wenn ich an diese Aufgabe denke? Was genau macht sie unangenehm für mich?

3. Die Vermeidungsstrategien: Was tue ich stattdessen? Welche Aktivitäten wähle ich als Ersatz?

4. Die kurzfristigen Effekte: Wie fühle ich mich unmittelbar nachdem ich die Aufgabe aufgeschoben habe? Welche Erleichterung oder welches Vergnügen erlebe ich?

5. Die langfristigen Folgen: Wie fühle ich mich später darüber? Welche praktischen Konsequenzen hat das Aufschieben?

6. Die Selbstbewertung: Welche Gedanken habe ich über mich selbst als Resultat meines Aufschiebeverhaltens?

7. Der nächste Versuch: Was passiert, wenn ich das nächste Mal versuche, die Aufgabe anzugehen? Ist es leichter oder schwerer geworden?

Durch regelmäßiges Dokumentieren dieser Aspekte über einige Tage oder Wochen hinweg können wertvolle Erkenntnisse über Ihre persönlichen Auslöser, Muster und Konsequenzen gewonnen werden. Dieses erhöhte

Bewusstsein ist der erste Schritt zur Veränderung, denn es ermöglicht Ihnen, früher im Kreislauf zu intervenieren und spezifische Strategien zu entwickeln, die an Ihren individuellen Schwachstellen ansetzen.

Die Erkenntnis, dass Prokrastination nicht einfach ein persönliches Versagen, sondern ein komplexes psychologisches Phänomen mit tiefgreifenden neurologischen und emotionalen Grundlagen ist, kann zudem bereits eine Erleichterung bringen. Diese Perspektive ermöglicht einen mitfühlenderen Umgang mit sich selbst – was, wie wir später sehen werden, ein wichtiger Bestandteil erfolgreicher Anti-Prokrastinations-Strategien ist.

Zusammenfassung: Die wichtigsten Erkenntnisse

Bevor wir zum nächsten Kapitel übergehen, fassen wir die wichtigsten Erkenntnisse dieses Abschnitts zusammen:

1. Prokrastination hat ein solides neurologisches Fundament in der Interaktion zwischen limbischem System und präfrontalem Kortex. Es ist nicht einfach ein Charakterfehler, sondern ein Muster, das teilweise in unserer Gehirnarchitektur angelegt ist.

2. Prokrastination dient primär der Emotionsregulation – wir schieben auf, um kurzfristig unangenehmen Gefühlen

zu entgehen. Diese emotionale Erleichterung verstärkt das Aufschiebeverhalten durch negative Verstärkung.

3. Stress und Prokrastination bilden einen Teufelskreis: Stress erhöht die Neigung zum Aufschieben, während Aufschieben zusätzlichen Stress erzeugt, der die ursprüngliche Tendenz weiter verstärkt.

4. Prokrastination entwickelt sich zu einem selbstverstärkenden Kreislauf, in dem jeder Durchgang die neurologischen, emotionalen und verhaltensbezogenen Muster weiter festigt und das Selbstbild negativ beeinflusst.

5. Eine nachhaltige Überwindung der Prokrastination erfordert Interventionen auf mehreren Ebenen: neurologisch, emotional, kognitiv und verhaltensbezogen. Einfache Willensanstrengung greift in der Regel zu kurz.

Mit diesem Verständnis des Teufelskreises der Prokrastination sind wir nun besser gerüstet, um im nächsten Kapitel Ihr persönliches Prokrastinationsprofil zu erstellen und die für Sie relevanten Faktoren zu identifizieren.

3. Selbsterkenntnis: Ihr persönliches Prokrastinationsprofil

Nachdem wir uns eingehend mit dem Teufelskreis der Prokrastination beschäftigt haben, wenden wir uns nun einer entscheidenden Frage zu: Welche Art von Prokrastinator sind Sie? Diese Frage mag zunächst überraschen. Viele Menschen gehen davon aus, dass Prokrastination ein einheitliches Phänomen ist – entweder man schiebt auf oder nicht. Die Forschung zeigt jedoch ein differenzierteres Bild: Es gibt verschiedene Formen, Ausprägungen und Ursachenmuster des Aufschiebens, die individuell stark variieren können.

Die Selbsterkenntnis über Ihr persönliches Prokrastinationsprofil ist ein entscheidender Schritt zur Überwindung des Aufschiebens. Nur wenn Sie verstehen, welche spezifischen Faktoren in Ihrem Fall wirksam sind, können Sie gezielte und wirkungsvolle Gegenstrategien entwickeln. Ein generischer Ansatz nach dem Prinzip „one size fits all" ist bei einem so vielschichtigen Phänomen selten erfolgreich.

In diesem Kapitel werden wir die verschiedenen Typen von Prokrastinatoren kennenlernen, Ihnen diagnostische

Selbsttests zur Verfügung stellen und Ihnen helfen, Ihre persönlichen Auslöser und Muster zu identifizieren. Das Ziel ist ein tieferes Verständnis Ihres individuellen Aufschiebeverhaltens als Grundlage für maßgeschneiderte Interventionsstrategien.

3.1 Die verschiedenen Typen von Prokrastinatoren

Die Prokrastinationsforschung hat eine Vielzahl von Typologien entwickelt, um die unterschiedlichen Erscheinungsformen des Aufschiebens zu kategorisieren. Diese Typologien sind nicht als starre Schubladen zu verstehen, sondern als Orientierungshilfen, die Ihnen helfen können, Ihr eigenes Verhalten besser einzuordnen. Die meisten Menschen erkennen sich in mehreren dieser Typen wieder, oft mit einem oder zwei dominanten Mustern.

Der Vermeidungsprokrastinator

Der Vermeidungsprokrastinator schiebt vor allem Aufgaben auf, die als unangenehm, langweilig oder mühsam empfunden werden. Die Hauptmotivation ist hier die Vermeidung negativer Gefühle, die mit der Aufgabe verbunden sind. Typische Gedanken sind:

„Diese Aufgabe ist so langweilig, ich mache sie später."
„Ich bin nicht in der richtigen Stimmung dafür."
„Es gibt so viele angenehmere Dinge, die ich jetzt tun könnte."

Die Vermeidungsprokrastination ist besonders verbreitet bei Routineaufgaben, administrativen Tätigkeiten oder Pflichten, die wenig intrinsische Belohnung bieten. Sie ist eng mit dem im vorherigen Kapitel beschriebenen emotionalen Regulationsmechanismus verbunden.

Der Perfektionistische Prokrastinator

Dieser Typus schiebt auf, weil er befürchtet, den eigenen hohen Standards nicht gerecht zu werden. Die Angst vor Unvollkommenheit führt paradoxerweise dazu, gar nicht erst anzufangen. Typische Gedanken sind:

„Ich beginne erst, wenn ich einen perfekten Plan habe."
„Wenn ich es nicht herausragend machen kann, mache ich es lieber gar nicht."
„Ich brauche noch mehr Zeit zur Vorbereitung."

Perfektionistische Prokrastination tritt häufig bei kreativen Aufgaben, akademischen Arbeiten oder Projekten mit hoher Sichtbarkeit auf. Sie ist besonders mit der Kernursache „Entscheidungslähmung" verbunden, die wir später noch genauer untersuchen werden.

Der Entscheidungsaufschieberische Prokrastinator

Dieser Typus hat besondere Schwierigkeiten, Entscheidungen zu treffen, insbesondere wenn diese wichtig sind oder verschiedene Optionen ausschließen. Die Angst vor einer falschen Entscheidung führt zu endlosen Abwägungen ohne Konklusion. Typische Gedanken sind:

„Ich brauche noch mehr Informationen, bevor ich entscheiden kann."
„Was, wenn ich die falsche Wahl treffe?"
„Ich warte noch ab, vielleicht ergibt sich eine bessere Option."

Diese Form der Prokrastination ist besonders bei Lebensentscheidungen (Karriere, Beziehungen, größere Anschaffungen) verbreitet und hat starke Bezüge zur Kernursache der Entscheidungslähmung.

Der Überforderungsprokrastinator

Dieser Typus schiebt auf, weil er sich von der Komplexität oder dem Umfang einer Aufgabe überwältigt fühlt. Das Gefühl, nicht zu wissen, wo man anfangen soll, führt zur Lähmung. Typische Gedanken sind:

„Dies ist ein riesiges Projekt, ich weiß nicht, wo ich anfangen soll."
„Es gibt so viele Aspekte zu beachten, das schaffe ich nie."
„Ich fühle mich dieser Aufgabe nicht gewachsen."

Überforderungsprokrastination tritt häufig bei komplexen Projekten ohne klare Struktur oder bei neuen Aufgaben auf, für die noch keine Routinen etabliert sind. Sie hat Bezüge zu mehreren Kernursachen, insbesondere Entscheidungslähmung und Energiemanagement.

Der Ablenkungsanfällige Prokrastinator

Dieser Typus hat besondere Schwierigkeiten, fokussiert zu bleiben, und wird leicht von externen Reizen oder inneren Impulsen abgelenkt. Die Prokrastination erfolgt hier weniger durch bewusste Vermeidung als durch mangelnde Aufmerksamkeitskontrolle. Typische Situationen sind:

- Ständiges Wechseln zwischen verschiedenen Aufgaben
- Unterbrechen der Arbeit durch Mitteilungen oder Benachrichtigungen
- Gedankliches Abschweifen während einer Aufgabe

Diese Form der Prokrastination hat häufig neurologische Grundlagen (z.B. ADHS-Tendenzen) und ist besonders in unserer reizüberfluteten digitalen Umgebung verbreitet. Sie steht in engem Zusammenhang mit der Kernursache der zeitlichen Diskontierung.

Der Rebellische Prokrastinator

Dieser Typus schiebt Aufgaben auf, die von anderen auferlegt wurden oder als Einschränkung der eigenen Autonomie empfunden werden. Die Prokrastination ist hier eine Form des passiven Widerstands. Typische Gedanken sind:

„Niemand kann mir vorschreiben, wann ich das zu tun habe."
„Wenn ich es in letzter Minute schaffe, beweise ich, dass die Regeln unnötig waren."
„Diese Aufgabe entspricht nicht meinen eigenen Prioritäten."

Rebellische Prokrastination tritt häufig im akademischen oder beruflichen Kontext auf und hat starke Bezüge zur Kernursache der Konfliktvermeidung – in diesem Fall werden die Konflikte jedoch nicht direkt ausgetragen, sondern durch passiven Widerstand umgangen.

Der Aufregungssuchende Prokrastinator

Dieser Typus schiebt bewusst auf, weil er den Adrenalinschub genießt, der mit dem Arbeiten unter extremem Zeitdruck einhergeht. Die Prokrastination wird hier fast zur Strategie. Typische Gedanken sind:

„Ich arbeite am besten unter Druck."
„Der Nervenkitzel der Deadline motiviert mich."
„Erst in letzter Minute werde ich wirklich kreativ."

Diese Form kann zunächst erfolgreicher erscheinen als andere Prokrastinationstypen, führt jedoch langfristig zu erhöhtem Stress, inkonsistenter Qualität und verpassten Möglichkeiten für Verbesserungen. Sie hat Bezüge zur Kernursache der zeitlichen Diskontierung und zu Problemen im Energiemanagement.

Praxisbeispiel: Verschiedene Prokrastinationstypen im Alltag

Um diese verschiedenen Typen greifbarer zu machen, betrachten wir sie anhand eines konkreten Beispiels: Vier Personen sollen eine wichtige Präsentation vorbereiten.

Anna, die Perfektionistin, beginnt mit umfangreichen Recherchen und erstellt zahlreiche Entwürfe, verwirft diese jedoch immer wieder als unzureichend. Sie verbringt unverhältnismäßig viel Zeit mit Details wie der Farbauswahl oder der perfekten Formulierung einzelner Sätze. Zwei Tage vor der Präsentation hat sie noch immer keinen fertigen Entwurf.

Ben, der Vermeidungsprokrastinator, empfindet die Aufgabe als mühsam und findet ständig „wichtigere" Dinge zu tun. Er beantwortet E-Mails, organisiert seinen Schreibtisch oder hilft Kollegen bei deren Projekten – alles, um sich nicht mit der eigentlichen Präsentation befassen zu müssen.

Clara, die Überforderungsprokrastinatorin, fühlt sich von der Komplexität des Themas erschlagen. Sie weiß nicht, wo sie anfangen soll, sammelt immer mehr Informationen, ohne sie zu strukturieren, und verliert sich in Details, ohne das große Ganze im Blick zu behalten. Sie hat das Gefühl, nie genug zu wissen, um wirklich beginnen zu können.

Daniel, der Aufregungssuchende, verschiebt die Arbeit bewusst auf den letzten Abend vor der Präsentation. Er genießt den Rausch des Zeitdrucks und das Gefühl, „es gerade noch geschafft zu haben". Seine Präsentation enthält kreative Elemente, lässt aber durchdachte Struktur und Tiefe vermissen.

Die gleiche Aufgabe führt zu vier unterschiedlichen Prokrastinationsmustern, die jeweils andere Interventionsstrategien erfordern würden. Während Anna lernen müsste, ihre perfektionistischen Standards zu relativieren, bräuchte Clara vielleicht mehr Struktur und eine Aufteilung der Aufgabe in kleinere Schritte. Ben könnte von Strategien profitieren, die die emotionale Aversion gegenüber der Aufgabe reduzieren, während Daniel die langfristigen Kosten seines letzten-Minute-Ansatzes erkennen müsste.

Dieses Beispiel verdeutlicht, warum ein individuelles Prokrastinationsprofil so wichtig ist: Die gleiche Verhaltensempfehlung würde bei diesen vier Personen zu sehr unterschiedlichen Ergebnissen führen.

3.2 Diagnostische Selbsttests: Wo stehen Sie?

Um Ihr persönliches Prokrastinationsprofil besser zu verstehen, können strukturierte Selbsttests wertvolle Einsichten liefern. Im Folgenden stellen wir Ihnen mehrere validierte diagnostische Instrumente vor, die verschiedene Aspekte der Prokrastination erfassen.

Test 1: Die Allgemeine Prokrastinationsskala

Dieser Test erfasst Ihre allgemeine Tendenz zum Aufschieben im Alltag. Beurteilen Sie die folgenden Aussagen auf einer Skala von 1 (trifft überhaupt nicht zu) bis 5 (trifft voll und ganz zu):

1. Ich schiebe Aufgaben häufiger auf, als ich sollte.
2. Ich erledige Aufgaben oft später als sinnvoll wäre.
3. Ich sage oft: „Das mache ich morgen."
4. Es fällt mir schwer, mit unangenehmen Aufgaben anzufangen.
5. Wenn eine Deadline näher rückt, finde ich mich oft mit anderen Tätigkeiten beschäftigt.
6. Ich bereue es regelmäßig, Dinge aufgeschoben zu haben.
7. Selbst wenn ich eine Entscheidung getroffen habe, zögere ich, sie umzusetzen.

8. Ich verschwende viel Zeit mit unwichtigen Aktivitäten.

9. Ich verschiebe systematisch schwierige oder unangenehme Aufgaben.

10. Wenn eine Aufgabe eine Deadline hat, erledige ich sie oft in letzter Minute.

Addieren Sie Ihre Punkte. Ein Wert über 30 deutet auf eine signifikante allgemeine Prokrastinationstendenz hin.

Test 2: Prokrastinationsursachen-Fragebogen

Dieser Test hilft, die spezifischen Ursachen Ihrer Prokrastination zu identifizieren. Beurteilen Sie, wie häufig folgende Gründe für Ihr Aufschieben zutreffen (1 = nie, 5 = sehr häufig):

Perfektionismus

1. Ich schiebe auf, weil ich Angst habe, nicht perfekt zu sein.

2. Ich beginne erst, wenn ich sicher bin, es wirklich gut machen zu können.

3. Ich habe so hohe Standards, dass sie schwer zu erfüllen sind.

Angst vor Misserfolg

1. Ich schiebe auf, weil ich befürchte zu scheitern.

2. Die Vorstellung, bewertet zu werden, lähmt mich.

3. Ich vermeide Aufgaben, bei denen ich schlecht abschneiden könnte.

Aufgabenaversion
1. Ich schiebe auf, weil die Aufgabe langweilig ist.
2. Ich finde immer etwas Angenehmeres zu tun.
3. Ich kann mich nicht motivieren, wenn eine Aufgabe uninteressant ist.

Überforderung
1. Ich schiebe auf, weil ich nicht weiß, wo ich anfangen soll.
2. Die Komplexität der Aufgabe überfordert mich.
3. Ich fühle mich den Anforderungen nicht gewachsen.

Autonomieprobleme
1. Ich schiebe Aufgaben auf, die andere mir auferlegt haben.
2. Wenn ich zu etwas gedrängt werde, widersetze ich mich passiv.
3. Ich möchte selbst entscheiden, wann ich etwas tue.

Energiemanagement
1. Ich schiebe auf, weil ich zu erschöpft bin.
2. Mir fehlt oft die Energie für anspruchsvolle Aufgaben.
3. Ich warte auf den richtigen Energielevel, um anzufangen.

Impulsivität/Selbstregulation
1. Ich lasse mich leicht ablenken, wenn ich arbeite.

2. Ich habe Schwierigkeiten, Versuchungen zu widerstehen.

3. Ich handle oft impulsiv, statt meinem Plan zu folgen.

Berechnen Sie für jede Kategorie einen Durchschnittswert. Die Kategorien mit den höchsten Werten deuten auf Ihre Hauptursachen für Prokrastination hin.

Test 3: Prokrastinationssituationen-Inventar

Dieser Test hilft, die spezifischen Kontexte zu identifizieren, in denen Sie am häufigsten prokrastinieren. Bewerten Sie, wie oft Sie in den folgenden Situationen aufschieben (1 = nie, 5 = fast immer):

Akademisch/Beruflich

1. Schreiben von Berichten/Arbeiten
2. Vorbereitung auf Präsentationen/Prüfungen
3. Regelmäßige administrative Aufgaben
4. Lernen/Weiterbildung
5. Berufliche E-Mails beantworten

Haushalt/Alltag

1. Reinigung und Aufräumen
2. Rechnungen bezahlen/Finanzen verwalten
3. Einkaufen/Besorgungen
4. Reparaturen und Wartungsarbeiten
5. Kochen/Mahlzeiten vorbereiten

Gesundheit/Selbstfürsorge

1. Arztbesuche vereinbaren/wahrnehmen
2. Regelmäßig Sport treiben
3. Gesunde Ernährung planen/einhalten
4. Ausreichend Schlaf bekommen
5. Entspannungs- oder Meditationspraxis

Beziehungen/Soziales

1. Schwierige Gespräche führen
2. Soziale Verpflichtungen erfüllen
3. Auf Nachrichten antworten
4. Netzwerken/neue Kontakte knüpfen
5. Konflikte ansprechen und klären

Persönliche Entwicklung

1. Langfristige Ziele verfolgen
2. Neue Fähigkeiten erlernen
3. Kreative Projekte umsetzen
4. Persönliche Reflexion/Tagebuch führen
5. An Gewohnheiten arbeiten

Identifizieren Sie die Bereiche mit den höchsten Werten. Diese zeigen an, in welchen Lebensbereichen Sie am stärksten zum Aufschieben neigen, und helfen Ihnen, Ihre Interventionen gezielt auszurichten.

Interpretation der Selbsttests

Die Kombination dieser drei Tests liefert ein differenziertes Bild Ihres Prokrastinationsprofils:

1. Der allgemeine Test zeigt, wie ausgeprägt Ihre Prokrastinationsneigung insgesamt ist.
2. Der Ursachentest identifiziert Ihre spezifischen psychologischen Auslöser.
3. Der Situationstest zeigt, in welchen Kontexten Sie besonders anfällig sind.

Dieses mehrdimensionale Profil ermöglicht es, gezielt an den für Sie relevanten Aspekten zu arbeiten. Versuchen Sie, Muster zu erkennen: Gibt es Zusammenhänge zwischen bestimmten Ursachen und spezifischen Situationen? Beispielsweise könnte Perfektionismus besonders bei beruflichen Schreibaufgaben zum Problem werden, während Energiemanagement eher bei Haushaltsaufgaben eine Rolle spielt.

Beachten Sie auch, dass diese Tests Momentaufnahmen sind. Ihr Prokrastinationsmuster kann sich im Laufe der Zeit und in verschiedenen Lebensumständen verändern. Eine regelmäßige Neubewertung kann daher wertvolle Einsichten liefern.

3.3 Identifikation persönlicher Auslöser und Muster

Neben strukturierten Tests kann die Beobachtung Ihres alltäglichen Verhaltens wertvolle Einblicke in Ihre persönlichen Prokrastinationsmuster liefern. Hier sind einige Methoden, um Ihre individuellen Auslöser und Gewohnheiten zu identifizieren:

Das Prokrastinationstagebuch

Ein Prokrastinationstagebuch ist ein mächtiges Werkzeug zur Selbstbeobachtung. Notieren Sie über einen Zeitraum von 1-2 Wochen folgende Aspekte:

1. Die aufgeschobene Aufgabe: Was genau haben Sie aufgeschoben?
2. Situativer Kontext: Wo waren Sie? Welche Tageszeit war es? Welche anderen Faktoren spielten eine Rolle?
3. Emotionaler Zustand: Welche Gefühle hatten Sie vor dem Aufschieben? (Angst, Langeweile, Überforderung etc.)
4. Gedanken: Welche Gedanken gingen Ihnen durch den Kopf? („Das ist zu schwierig", „Dafür habe ich später noch Zeit" etc.)
5. Alternative Aktivität: Was haben Sie stattdessen getan?
6. Konsequenzen: Welche kurz- und langfristigen Folgen hatte das Aufschieben?

Dieses Tagebuch kann Ihnen helfen, wiederkehrende Muster zu erkennen. Vielleicht stellen Sie fest, dass Sie besonders nachmittags prokrastinieren, oder dass bestimmte Umgebungen (z.B. das Homeoffice) besonders viele Ablenkungen bieten. Möglicherweise identifizieren

Sie auch spezifische emotionale Auslöser wie Stress oder Unsicherheit.

Die 5-Warum-Methode für Prokrastination

Diese aus dem Qualitätsmanagement stammende Methode kann adaptiert werden, um die tieferen Ursachen Ihrer Prokrastination zu ergründen. Wählen Sie eine typische Prokrastinationssituation und fragen Sie sich fünfmal „Warum?":

Beispiel:
- Ich schiebe das Schreiben des Berichts auf.
   - Warum? Weil ich nicht weiß, wo ich anfangen soll.
   - Warum weiß ich nicht, wo ich anfangen soll? Weil die Aufgabe so komplex erscheint.
      - Warum erscheint sie so komplex? Weil ich Angst habe, etwas falsch zu machen.
      - Warum habe ich Angst, etwas falsch zu machen? Weil mein Chef sehr kritisch ist.
      - Warum beunruhigt mich die Kritik meines Chefs so sehr? Weil ich befürchte, als inkompetent wahrgenommen zu werden.

Diese Methode kann verborgene Ängste, Überzeugungen oder Konflikte aufdecken, die hinter Ihrem Aufschiebeverhalten stehen. In diesem Beispiel ist die tiefere Ursache nicht etwa Faulheit oder mangelnde Disziplin, sondern die Angst vor negativer Bewertung – ein Aspekt, der mit gezielten Strategien adressiert werden kann.

Identifikation von Prokrastinationsauslösern

Bestimmte Trigger können Prokrastination fast automatisch auslösen. Diese zu identifizieren ist ein wichtiger Schritt zur Verhaltensänderung. Achten Sie auf:

Externe Auslöser:
- Bestimmte Arbeitsumgebungen
- Spezifische Tageszeiten
- Technologische Ablenkungen (Smartphone, E-Mail-Benachrichtigungen)
- Soziale Situationen oder bestimmte Personen
- Multitasking-Anforderungen

Interne Auslöser:
- Spezifische Emotionen (Angst, Langeweile, Frustration)
- Körperliche Zustände (Müdigkeit, Hunger, Unwohlsein)
- Kognitive Muster (Schwarzweißdenken, Katastrophisieren)
- Bestimmte Gedanken oder Überzeugungen („Ich bin nicht gut genug")
- Motivationsschwankungen

Indem Sie Ihre persönlichen Auslöser identifizieren, können Sie proaktiv gegensteuern. Beispielsweise könnten Sie feststellen, dass Sie besonders anfällig für Prokrastination sind, wenn Sie hungrig oder erschöpft sind – in diesem Fall wäre eine regelmäßige Mahlzeitenstruktur und ausreichend Pausen Teil Ihrer Anti-Prokrastinations-Strategie.

Analyse Ihrer Prokrastinationsfolgen

Ein oft übersehener Aspekt ist die Analyse der Konsequenzen Ihres Aufschiebens. Manchmal wird Prokrastination unbeabsichtigt verstärkt, weil sie tatsächlich gewisse Vorteile mit sich bringt oder negative Konsequenzen ausbleiben. Fragen Sie sich:

1. Kurzfristige Vorteile: Welche unmittelbaren Gewinne erziele ich durch das Aufschieben? (Emotionale Erleichterung, mehr Zeit für angenehmere Aktivitäten etc.)

2. Langfristige Kosten: Welche negativen Konsequenzen entstehen langfristig? (Stress, schlechtere Qualität, Reputationsschäden etc.)

3. Ausbleibende Konsequenzen: Gibt es erwartete negative Folgen, die tatsächlich nicht eintreten? (z.B. die Angst vor Kritik, die nie kommt)

4. Sekundäre Gewinne: Gibt es unerwartete Vorteile meines Aufschiebens? (z.B. mehr Hilfe von anderen, niedrigere Erwartungen)

Diese Analyse kann überraschende Einsichten liefern. Möglicherweise stellen Sie fest, dass Ihr Aufschiebeverhalten tatsächlich „belohnt" wird – etwa durch zusätzliche Unterstützung von Kollegen oder durch gesenkte Erwartungen an Ihre Leistung. Diese Erkenntnis kann helfen, die Verstärkungsmechanismen zu durchbrechen.

3.4 Die Bedeutung der Selbstwahrnehmung für Veränderung

Mit Hilfe der vorgestellten Methoden haben Sie nun wahrscheinlich ein klareres Bild Ihres persönlichen Prokrastinationsprofils gewonnen. Doch warum ist diese Selbsterkenntnis so wichtig für die Veränderung? Es gibt mehrere entscheidende Gründe:

1. Von der reaktiven zur proaktiven Haltung

Ohne ein Verständnis Ihrer spezifischen Muster bleiben Sie im reaktiven Modus gefangen – Sie reagieren auf Prokrastination, nachdem sie bereits eingetreten ist. Mit erhöhter Selbstwahrnehmung können Sie hingegen proaktiv werden: Sie erkennen frühzeitig, wenn sich ein bekanntes Muster anbahnt, und können gegensteuern, bevor Sie tief in der Prokrastinationsspirale stecken.

Beispielsweise könnten Sie bemerken, dass Sie bei bestimmten Aufgabentypen fast reflexartig zum Smartphone greifen. Mit diesem Bewusstsein können Sie vorbeugend handeln – etwa indem Sie das Telefon in einem anderen Raum lassen, bevor Sie mit der Aufgabe beginnen.

2. Von der Selbstverurteilung zur Selbstakzeptanz

Ein tieferes Verständnis Ihrer persönlichen Prokrastinationsmuster ermöglicht einen mitfühlenderen, konstruktiveren Umgang mit sich selbst. Anstatt sich als „faul" oder „undiszipliniert" zu verurteilen, erkennen Sie die komplexen psychologischen Mechanismen, die hinter Ihrem Verhalten stehen.

Diese Haltung der Selbstakzeptanz ist keineswegs gleichbedeutend mit Resignation. Im Gegenteil: Die Forschung zeigt, dass Selbstmitgefühl die Wahrscheinlichkeit erhöht, tatsächlich Veränderungen vorzunehmen. Wer sich selbst weniger hart verurteilt, hat mehr emotionale Ressourcen für konstruktive Verhaltensänderungen.

3. Von generischen zu maßgeschneiderten Strategien

Die Selbsterkenntnis ermöglicht es Ihnen, Interventionen gezielt auf Ihre spezifischen Herausforderungen zuzuschneiden. Anstatt generische Produktivitätstipps zu befolgen, die möglicherweise an Ihren eigentlichen Problemen vorbeigehen, können Sie strategisch ansetzen.

Wenn Ihre Selbstanalyse beispielsweise zeigt, dass Perfektionismus Ihr Haupthindernis ist, werden Sie andere Strategien benötigen als jemand, der primär mit Ablenkbarkeit kämpft. Die folgenden Kapitel werden Ihnen helfen, die für Ihr Profil passenden Ansätze zu identifizieren.

4. Von der Veränderungsillusion zur nachhaltigen Transformation

Ein oberflächliches Verständnis von Prokrastination führt oft zu oberflächlichen Lösungsansätzen. Sie setzen sich strenge Zeitpläne, verwenden Produktivitäts-Apps oder versuchen, durch pure Willenskraft voranzukommen – nur um festzustellen, dass diese Maßnahmen bestenfalls kurzfristig wirken.

Ein tiefgreifendes Verständnis Ihrer persönlichen Prokrastinationsdynamik ermöglicht hingegen nachhaltige Veränderungen. Sie adressieren die Wurzelursachen, nicht nur die Symptome, und entwickeln Strategien, die langfristig funktionieren.

5. Vom Kampf zur Integration

Letztendlich geht es nicht darum, Prokrastination vollständig zu „besiegen" – ein Anspruch, der bei den meisten Menschen zu Frustration führen würde. Vielmehr geht es darum, ein funktionales Verhältnis zu den eigenen Aufschiebetendezen zu entwickeln.

Mit erhöhter Selbstwahrnehmung können Sie lernen, Ihre Prokrastinationsneigungen als Teil Ihrer psychologischen Landschaft zu akzeptieren und gleichzeitig wirksame Wege zu finden, mit ihnen umzugehen. Diese integrierte Perspektive reduziert den inneren Kampf und setzt Ressourcen für konstruktive Veränderungen frei.

Praktische Anwendung: Erstellen Ihres Prokrastinationsprofils

Zum Abschluss dieses Kapitels laden wir Sie ein, die gewonnenen Erkenntnisse zu einem persönlichen Prokrastinationsprofil zusammenzuführen. Diese Zusammenfassung wird Ihnen als Orientierung für die folgenden Kapitel dienen, in denen wir spezifische Strategien für die verschiedenen Aspekte der Prokrastination vorstellen werden.

Schritt 1: Zusammenfassung der Testergebnisse
Notieren Sie die wichtigsten Erkenntnisse aus den drei Selbsttests:
- Ihre allgemeine Prokrastinationsneigung (niedrig, mittel, hoch)
- Ihre 2-3 Hauptursachen für Prokrastination
- Die 2-3 Lebensbereiche, in denen Sie am häufigsten prokrastinieren

Schritt 2: Identifikation Ihrer Prokrastinationstypen
Basierend auf den vorgestellten Typologien, mit welchen Prokrastinationstypen identifizieren Sie sich am stärksten? Wählen Sie ein bis drei Haupttypen, die Ihr Verhalten am besten beschreiben.

Schritt 3: Dokumentation Ihrer persönlichen Auslöser
Notieren Sie:
- Ihre häufigsten externen Auslöser (Situationen, Umgebungen)
- Ihre typischen internen Auslöser (Emotionen, Gedanken)
- Die Aktivitäten, zu denen Sie am häufigsten als Prokrastinationsersatz greifen

Schritt 4: Analyse der Konsequenzen
Reflektieren Sie:
- Welche kurzfristigen Vorteile erzielen Sie durch Ihr Aufschiebeverhalten?
- Welche langfristigen Kosten entstehen?
- Gibt es unbeabsichtigte verstärkende Faktoren?

Schritt 5: Verknüpfung mit den vier Kernursachen
Überlegen Sie, welche der vier im Einleitungskapitel vorgestellten Kernursachen bei Ihnen besonders relevant sind:
- Konfliktvermeidung
- Entscheidungslähmung

- Energiemanagement/"Faulheit"
- Zeitliche Diskontierung

Schritt 6: Formulierung persönlicher Veränderungsziele
Basierend auf Ihrem Prokrastinationsprofil, definieren Sie zwei bis drei konkrete Ziele für Ihre Arbeit mit diesem Buch. Diese sollten spezifisch und realistisch sein, z.B.:
- „Ich möchte lernen, komplexe Aufgaben in handhabbare Teilschritte zu zerlegen."
- „Ich möchte Strategien entwickeln, um mit perfektionistischen Tendenzen umzugehen."
- „Ich möchte meine digitalen Ablenkungen besser kontrollieren."

Dieses Prokrastinationsprofil ist nicht in Stein gemeißelt. Im Laufe Ihrer Arbeit mit diesem Buch werden Sie Ihr Verständnis vertiefen und möglicherweise neue Aspekte entdecken. Betrachten Sie es als lebendiges Dokument, das Sie nach Bedarf aktualisieren können.

Mit diesem persönlichen Profil sind Sie nun bestens gerüstet, um in den folgenden Kapiteln die für Sie relevanten Strategien zu identifizieren und anzuwenden. Im nächsten Kapitel beginnen wir mit einer tieferen Untersuchung der ersten Kernursache: Konfliktvermeidung als zentraler Treiber der Prokrastination.

4. Konfliktvermeidung

Konfliktvermeidung als zentraler Treiber
Stellen Sie sich folgende Situation vor: Eine wichtige E-Mail liegt in Ihrem Posteingang – eine Anfrage Ihres Vorgesetzten zu einem Projekt, bei dem Sie mit Schwierigkeiten konfrontiert sind. Sie wissen, dass Sie antworten sollten. Sie wissen auch, dass Sie bestimmte Probleme ansprechen müssten, möglicherweise sogar um Unterstützung bitten oder Bedenken äußern sollten. Stattdessen markieren Sie die E-Mail als „ungelesen", damit Sie „später darauf zurückkommen" können. Tage vergehen, die E-Mail bleibt unbeantwortet, und Ihr Unbehagen wächst.

Oder denken Sie an dieses Szenario: Sie sind unzufrieden mit einer Dienstleistung, für die Sie bezahlt haben. Sie wissen, dass es angemessen wäre, sich zu beschweren und Ihre Unzufriedenheit zu äußern. Aber der Gedanke an die mögliche Konfrontation lässt Sie zögern. Sie schieben das Telefonat auf, Tag für Tag, bis es zu spät ist, um noch etwas zu ändern.

In beiden Fällen steht hinter dem Aufschieben ein mächtiger psychologischer Mechanismus: die Vermeidung von Konflikten. Diese Form der Prokrastination ist besonders tückisch, da sie oft unerkannt bleibt. Während wir bei anderen Formen des Aufschiebens (etwa bei langweiligen Aufgaben) die Ursache meist klar erkennen, tarnt sich konfliktvermeidende Prokrastination häufig als „strategisches Abwarten" oder „Sammeln weiterer Informationen".

In diesem Kapitel werden wir einen der fundamentalsten Treiber der Prokrastination untersuchen: unsere tief verwurzelte Tendenz, Konflikte zu vermeiden – sei es mit anderen oder mit uns selbst. Wir werden die psychologischen Grundlagen dieser Vermeidung erkunden, unterschiedliche Arten von Konflikten betrachten und den Zusammenhang mit Aufschiebeverhalten analysieren. Anhand konkreter Fallstudien werden wir veranschaulichen, wie sich Konfliktvermeidung im Alltag manifestiert, und damit den Grundstein für die Interventionsstrategien legen, die wir in späteren Kapiteln entwickeln werden.

4.1 Die Psychologie der Konfliktvermeidung

Die menschliche Tendenz, Konflikte zu vermeiden, hat tiefe evolutionäre Wurzeln. In prähistorischen Zeiten konnte ein offener Konflikt innerhalb der sozialen Gruppe lebensbedrohliche Konsequenzen haben – Ausschluss aus der Gruppe bedeutete oft den sicheren Tod. Unser Gehirn hat sich entwickelt, um soziale Bedrohungen mit ähnlicher Intensität zu registrieren wie physische Gefahren. Die Amygdala, unser evolutionär altes „Alarmsystem", reagiert auf potenzielle soziale Konflikte mit der gleichen Aktivierung wie auf körperliche Bedrohungen.

Diese evolutionäre Prägung wirkt bis heute nach. Neuroimaging-Studien zeigen, dass allein die Antizipation eines Konflikts ähnliche neuronale Netzwerke aktiviert wie physischer Schmerz. Unser Gehirn behandelt die Vorstellung einer unangenehmen Konfrontation ähnlich wie eine tatsächliche Verletzung – kein Wunder also, dass wir instinktiv zur Vermeidung neigen.

Aus psychologischer Perspektive lassen sich mehrere Faktoren identifizieren, die zur Konfliktvermeidung beitragen:

Angst vor negativer Bewertung
Die Furcht, von anderen negativ beurteilt zu werden, ist ein zentraler Treiber der Konfliktvermeidung. Diese Angst kann verschiedene Formen annehmen:

Furcht vor Ablehnung oder Zurückweisung
Sorge, als inkompetent oder unwissend zu erscheinen
Angst, andere zu enttäuschen oder zu verärgern
Befürchtung, als „schwierig" oder „problematisch" wahrgenommen zu werden
Diese Ängste sind besonders stark bei Menschen mit geringem Selbstwertgefühl oder früheren Erfahrungen von Zurückweisung. Die Forschung zeigt, dass die Intensität dieser Angst oft in keinem angemessenen Ver-

hältnis zur tatsächlichen Wahrscheinlichkeit oder Schwere negativer sozialer Konsequenzen steht – wir überschätzen systematisch sowohl die Wahrscheinlichkeit als auch die Auswirkungen negativer Reaktionen.

Harmoniestreben und Beziehungssorgen
Ein weiterer Faktor ist der Wunsch, Harmonie zu bewahren und Beziehungen nicht zu gefährden. Viele Menschen haben eine starke Präferenz für harmonische Interaktionen und empfinden Unstimmigkeiten als belastend – selbst wenn diese konstruktiv sind.

Dieses Harmoniestreben wird kulturell stark beeinflusst. In kollektivistisch geprägten Gesellschaften, die Gruppenharmonie über individuelle Auseinandersetzung stellen, ist die Tendenz zur Konfliktvermeidung oft stärker ausgeprägt. Aber auch innerhalb individualistischer Kulturen gibt es große Unterschiede, die oft durch Familienprägungen und frühe Erfahrungen mit Konflikten bedingt sind.

Bei manchen Menschen ist die Sorge um Beziehungen so stark, dass sie bereit sind, eigene Bedürfnisse dauerhaft zurückzustellen, um potenzielle Konflikte zu vermeiden – ein Muster, das langfristig zu Unzufriedenheit, Ressentiments und paradoxerweise oft zu größeren Beziehungsproblemen führt.

Unbehagen bei Unsicherheit

Konflikte bringen eine inhärente Unsicherheit mit sich. Wenn wir einen Konflikt ansprechen, können wir nie mit Sicherheit vorhersagen, wie das Gegenüber reagieren wird oder wie die Situation ausgehen wird. Diese Unvorhersehbarkeit ist für viele Menschen eine Quelle erheblichen Unbehagens.

Die Forschung zur „Unsicherheitstoleranz" zeigt große individuelle Unterschiede in der Fähigkeit, mit offenen, ungewissen Situationen umzugehen. Menschen mit geringer Unsicherheitstoleranz neigen stärker zur Konfliktvermeidung, da sie die Ungewissheit des Prozesses und des Ausgangs als besonders belastend empfinden.

Mangelnde Konfliktkompetenzen
Ein oft übersehener Faktor ist schlicht die fehlende Erfahrung oder Kompetenz im Umgang mit Konflikten. Viele Menschen haben nie gelernt, Konflikte konstruktiv anzugehen. Sie verfügen nicht über die kommunikativen Werkzeuge, um Meinungsverschiedenheiten auszudrücken, ohne anklagend zu wirken, Grenzen zu setzen, ohne aggressiv zu erscheinen, oder Kritik zu äußern, ohne verletzend zu sein.

Dieser Mangel an Konfliktkompetenzen führt zu einem Teufelskreis: Aus Angst vor unbeholfener Konfliktführung werden Auseinandersetzungen vermieden, wodurch keine Gelegenheit besteht, diese Fähigkeiten zu entwickeln und positive Erfahrungen zu sammeln.

Negative Konflikterfahrungen
Frühere negative Erfahrungen mit Konflikten prägen nachhaltig unsere Haltung zu Auseinandersetzungen. Menschen, die in Familien aufgewachsen sind, in denen Konflikte destruktiv, emotional verletzend oder gar gewalttätig ausgetragen wurden, entwickeln oft eine tiefe Aversion gegen jede Form der Konfrontation.

Auch im Erwachsenenleben können traumatische Konflikterfahrungen – etwa ein eskalierender Streit mit einem Vorgesetzten oder eine bitter endende Beziehung – zu verstärkter Konfliktvermeidung führen. Die emotionale Erinnerung an diese Erfahrungen wird dann zum Warnsignal, das bei potenziellen Konfliktsituationen Vermeidungsverhalten auslöst.

4.2 Konflikte mit sich selbst: Innere Widersprüche und Ambivalenzen

Konflikte entstehen nicht nur zwischen Menschen – einige der mächtigsten Konflikte spielen sich in unserem eigenen Inneren ab. Diese inneren Konflikte können ebenso lähmend sein wie interpersonelle Auseinandersetzungen und stellen eine häufig übersehene Ursache für Prokrastination dar.

Die Natur innerer Konflikte

Innere Konflikte entstehen, wenn wir widersprüchliche Wünsche, Werte, Ziele oder Überzeugungen haben. Einige typische Formen innerer Konflikte sind:

Wert-gegen-Wert-Konflikte: Wenn zwei uns wichtige Werte in einer Situation gegeneinander stehen – etwa der Wunsch nach beruflichem Erfolg versus der Wunsch nach Work-Life-Balance und Familienzeit.

Kurzfristig-gegen-langfristig-Konflikte: Wenn unmittelbare Bedürfnisse oder Wünsche mit langfristigen Zielen kollidieren – etwa der Wunsch nach sofortiger Entspannung versus das langfristige Ziel, ein Projekt erfolgreich abzuschließen.

Identitätskonflikte: Wenn eine Entscheidung oder Handlung mit unserem Selbstbild in Konflikt gerät – etwa wenn wir uns als kreative, unkonventionelle Person sehen, aber in einem stark strukturierten, regelorientierten Umfeld arbeiten müssen.

Loyalitätskonflikte: Wenn wir uns verschiedenen Personen, Gruppen oder Verpflichtungen gegenüber loyal fühlen, deren Interessen konkurrieren – etwa die Loyalität zum Arbeitgeber versus die Loyalität zu einem Kollegen oder Freund.

Innere Konflikte sind oft subtiler und schwerer zu erkennen als externe Konflikte. Wir spüren vielleicht nur ein vages Unbehagen oder Widerstreben, ohne die zugrundeliegenden widersprüchlichen Impulse klar identifizieren zu können.

Innere Konflikte und Prokrastination

Die Verbindung zwischen inneren Konflikten und Prokrastination ist stark, aber oft nicht offensichtlich. Wenn wir innerlich gespalten sind bezüglich einer Aufgabe oder Entscheidung, entsteht ein Zustand der Ambivalenz – wir wollen und wollen gleichzeitig nicht handeln. Diese Ambivalenz führt zu einer Art innerem Stillstand, der sich als Prokrastination manifestiert.

Ein klassisches Beispiel ist der Student, der einen wichtigen Aufsatz schreiben soll. Einerseits möchte er eine gute Note erzielen und den Aufsatz rechtzeitig abgeben (motiviert durch den Wert akademischer Leistung). Andererseits rebelliert ein Teil von ihm gegen die vorgegebene Struktur und die Autorität des Professors (motiviert durch den Wert der Autonomie). Diese innere Spannung kann zu wochen- oder monatelangem Aufschieben führen, ohne dass der Student sich der zugrundeliegenden Wertkonflikte bewusst ist.

Die Psychologin Dr. Christina Hinds beschreibt diesen Zustand als „motivationale Ambivalenz" – ein Zustand, in dem gegenläufige Motivationen eine Entscheidung oder Handlung blockieren. In diesem Zustand kann selbst eine einfache Aufgabe zu einer scheinbar unüberwindbaren Hürde werden.

Kognitive Dissonanz und Vermeidung
Ein zentrales Konzept zum Verständnis innerer Konflikte ist die kognitive Dissonanz – das unangenehme Gefühl, das entsteht, wenn wir mit widersprüchlichen Gedanken, Überzeugungen oder Handlungen konfrontiert sind. Unser Gehirn strebt nach kognitiver Konsistenz, und Dissonanz erzeugt psychisches Unbehagen.

Um dieses Unbehagen zu reduzieren, haben wir verschiedene Strategien:

Die Dissonanz auflösen, indem wir eine der widersprüchlichen Positionen ändern
Die Bedeutung der dissonanten Elemente herunterspielen
Neue Gedanken hinzufügen, die die Dissonanz rechtfertigen oder erklären
Die dissonanzerzeugende Situation vermeiden
Die letzte Strategie – Vermeidung – führt direkt zur Prokrastination. Anstatt uns aktiv mit dem inneren Konflikt auseinanderzusetzen, schieben wir die Entscheidung oder Handlung auf, um das unangenehme Gefühl der Dissonanz nicht spüren zu müssen.

Unbewusste Konflikte
Besonders herausfordernd sind unbewusste innere Konflikte. Oft sind wir uns der widerstreitenden Impulse, die

unser Verhalten beeinflussen, nicht bewusst. Wir spüren nur einen unerklärlichen Widerstand gegen bestimmte Aufgaben oder Entscheidungen, ohne die dahinterliegenden Konflikte zu erkennen.

Die Psychoanalytische Tradition hat zahlreiche Konzepte entwickelt, um diese unbewussten Konflikte zu verstehen. Während moderne psychologische Ansätze sich von einigen freudschen Annahmen distanziert haben, bleibt die Grundeinsicht bestehen: Viele unserer Handlungen und Vermeidungsstrategien werden von Konflikten angetrieben, die unterhalb der Schwelle des Bewusstseins wirken.

Um diese unbewussten Konflikte zu identifizieren, sind oft indirekte Methoden hilfreich – etwa das Führen eines Reflexionstagebuchs, das Beobachten von Träumen oder Fantasien, oder die Arbeit mit Metaphern und Bildern. Auch Achtsamkeits- und Körperwahrnehmungsübungen können Zugang zu tieferen Ebenen des Erlebens ermöglichen und verborgene Konflikte ans Licht bringen.

4.3 Interpersonelle Konflikte und ihre Vermeidung
Während innere Konflikte oft subtil und schwer zu erkennen sind, scheinen interpersonelle Konflikte offensichtlicher. Dennoch gibt es auch hier viele Nuancen und Vermeidungsstrategien, die wir uns näher ansehen sollten.

Formen interpersoneller Konflikte

Interpersonelle Konflikte können verschiedene Formen annehmen:

Interessenkonflikte: Wenn verschiedene Personen konkurrierende Ziele oder Bedürfnisse haben – etwa wenn zwei Kollegen um dieselbe Beförderung konkurrieren oder wenn Partner unterschiedliche Vorstellungen von der gemeinsamen Zukunft haben.

Wertkonflikte: Wenn grundlegende Überzeugungen, Werte oder Weltanschauungen kollidieren – etwa bei politischen oder religiösen Differenzen oder bei unterschiedlichen Erziehungsvorstellungen.

Beziehungskonflikte: Wenn Persönlichkeitsunterschiede, Kommunikationsstile oder emotionale Reaktionen zu Spannungen führen – oft begleitet von negativen Emotionen und Wahrnehmungen der anderen Person.

Strukturelle Konflikte: Wenn die Situation selbst konflikt-trächtig ist, etwa durch unklare Zuständigkeiten, knappe Ressourcen oder hierarchische Machtunterschiede.

Informationskonflikte: Wenn unterschiedliche Informationsstände, Missverständnisse oder Fehlinformationen zu Meinungsverschiedenheiten führen.

Je nach Art des Konflikts variieren auch die Vermeidungsstrategien und ihre Auswirkungen.

Gängige Strategien zur Konfliktvermeidung

Menschen entwickeln vielfältige Strategien, um interpersonelle Konflikte zu umgehen. Einige der häufigsten sind:

Physische Vermeidung: Die einfachste Form – wir gehen Personen, mit denen wir Konflikte antizipieren, aus dem Weg. In Extremfällen kann dies zu sozialer Isolation führen.

Thematische Vermeidung: Wir umgehen bestimmte Gesprächsthemen, die konfliktträchtig sein könnten. Dies führt oft zu oberflächlicher Kommunikation und verhindert tiefere Verbindungen.

Übermäßige Anpassung: Wir stimmen anderen zu oder geben nach, um Konflikte zu vermeiden, auch wenn dies gegen unsere eigenen Interessen oder Überzeugungen geht.

Ablenkung und Themenwechsel: Wenn ein konfliktträchtiges Thema aufkommt, lenken wir das Gespräch in eine andere, sicherere Richtung.

Verzögerungstaktiken: Wir verschieben notwendige Gespräche auf einen unbestimmten späteren Zeitpunkt – eine direkte Form der Prokrastination.

Stellvertreterkonflikte: Statt den eigentlichen Konflikt anzugehen, fokussieren wir uns auf nebensächliche Aspekte oder tragen den Konflikt stellvertretend an anderer Stelle aus.

Passive Aggression: Anstatt offen Unzufriedenheit oder Kritik zu äußern, drücken wir diese indirekt aus – durch Sarkasmus, „Vergessen" von Zusagen oder subtile Sabotage.

Jede dieser Strategien mag kurzfristig Erleichterung bringen, führt langfristig jedoch meist zu größeren Problemen – sowohl für uns selbst als auch für unsere Beziehungen.

Besondere Herausforderungen in verschiedenen Kontexten
Die Dynamik der Konfliktvermeidung variiert je nach sozialem Kontext:

Im beruflichen Umfeld spielen Hierarchien und Machtverhältnisse eine entscheidende Rolle. Die Angst vor beruflichen Nachteilen kann dazu führen, dass Konflikte mit Vorgesetzten besonders stark vermieden werden. Gleichzeitig können unausgesprochene Konflikte die Arbeitsatmosphäre vergiften und die Produktivität ganzer Teams beeinträchtigen.

In Familienbeziehungen werden Konflikte oft aufgrund der emotionalen Tiefe und lebenslangen Bindung ver-

mieden. Die Furcht, wichtige Beziehungen zu beschä-
digen, kann dazu führen, dass Familienmitglieder jahr-
zehntelang problematische Muster aufrechterhalten,
anstatt Konflikte anzusprechen.

In romantischen Beziehungen kann Konfliktvermeidung
besonders schädlich sein. Unausgesprochene Erwartungen, unterdrückte Enttäuschungen und vermiedene
Auseinandersetzungen führen oft zu emotionaler Distanz
und letztendlich zum Scheitern der Beziehung.

In interkulturellen Kontexten kommen zusätzliche
Herausforderungen hinzu. Unterschiedliche kulturelle
Normen bezüglich Konfliktmanagement, direkter versus
indirekter Kommunikation und Hierarchievorstellungen
können zu Missverständnissen und verstärkter Konfliktvermeidung führen.

Die Kosten der Konfliktvermeidung
Die langfristigen Kosten der Konfliktvermeidung sind
beträchtlich:

Persönliche Kosten: Unterdrückte Konflikte führen oft zu
chronischem Stress, Ressentiments und vermindertem
Selbstwertgefühl. Die Forschung zeigt, dass dauerhafte
Konfliktvermeidung mit psychosomatischen Beschwerden, Depressionen und Angstzuständen assoziiert ist.

Beziehungskosten: Vermiedene Konflikte lösen sich selten von selbst. Stattdessen schwelen sie unter der Oberfläche weiter und unterminieren Vertrauen, Intimität und Authentizität in Beziehungen. Paradoxerweise führt die Vermeidung kleiner Konflikte oft zu größeren, eskalierenden Auseinandersetzungen zu einem späteren Zeitpunkt.

Organisationale Kosten: In Arbeitsumgebungen führt Konfliktvermeidung zu verminderter Kreativität, schlechteren Entscheidungen und geringerer Produktivität. Teams, die konstruktive Konflikte scheuen, neigen zu Gruppendenken und verpassen Chancen für Innovation und Verbesserung.

Die gute Nachricht ist, dass konstruktive Konfliktfähigkeiten erlernbar sind. In späteren Kapiteln werden wir konkrete Strategien vorstellen, um die Angst vor Konflikten zu reduzieren und Auseinandersetzungen konstruktiv zu gestalten.

4.4 Der Zusammenhang zwischen Konfliktvermeidung und Aufschiebeverhalten

Nach der detaillierten Betrachtung verschiedener Formen der Konfliktvermeidung kommen wir nun zur zentralen Frage dieses Kapitels: Wie genau führt Konfliktvermeidung zu Prokrastination?

Konfliktvermeidung als direkte Prokrastinationsursache

In vielen Fällen ist die Verbindung offensichtlich: Wir schieben Aufgaben auf, die direkt mit potenziellen Konflikten verbunden sind. Beispiele hierfür sind:

Das Aufschieben eines klärenden Gesprächs mit einem Kollegen
Die Verzögerung einer Beschwerde über mangelhafte Dienstleistungen
Das Vermeiden, Grenzen zu setzen oder „Nein" zu sagen
Das Hinauszögern einer Entscheidung, die andere enttäuschen könnte
In solchen Fällen dient die Prokrastination direkt der Konfliktvermeidung – wir gewinnen kurzfristig emotionale Erleichterung, indem wir den antizipierten Konflikt in die Zukunft verschieben.

Konfliktvermeidung als indirekte Prokrastinationsursache
Subtiler, aber ebenso wirkmächtig ist die indirekte Verbindung zwischen Konfliktvermeidung und Prokrastination:

Innere Konflikte blockieren Handlungen: Wenn wir bezüglich einer Aufgabe innerlich gespalten sind (z.B. zwischen Pflichtgefühl und Autonomiestreben), führt die Vermeidung dieses inneren Konflikts zu Prokrastination. Anstatt uns mit den widersprüchlichen Impulsen auseinanderzusetzen, schieben wir die gesamte Aufgabe auf.

Vermeidung von Selbstkonfrontation: Manche Aufgaben konfrontieren uns mit unangenehmen Wahrheiten über uns selbst – etwa unseren Begrenzungen, vergangenen Fehlern oder unrealistischen Erwartungen. Die Vermeidung dieser schmerzhaften Selbstkonfrontation kann zu chronischer Prokrastination führen.

Konfliktvermeidung als Gewohnheit: Wenn Konfliktvermeidung zu einem generalisierten Verhaltensmuster wird, kann sie sich auf Bereiche ausweiten, die nicht direkt mit interpersonellen Konflikten zusammenhängen. Wir entwickeln eine allgemeine Tendenz, unangenehmen Situationen auszuweichen – was sich als chronische Prokrastination manifestiert.

Die Teufelskreise der konfliktbezogenen Prokrastination
Besonders problematisch an konfliktbezogener Prokrastination sind die sich selbst verstärkenden Kreisläufe, die entstehen können:

Der Eskalationskreislauf: Je länger wir einen Konflikt aufschieben, desto größer wird er oft. Ein zunächst kleines Problem wächst mit der Zeit, mehr negative Emotionen sammeln sich an, und die Schwelle, den Konflikt anzusprechen, steigt immer weiter – was zu weiterer Prokrastination führt.

Der Vermeidungs-Angst-Kreislauf: Durch wiederholte Konfliktvermeidung verstärken wir unsere Angst vor

Konflikten. Je seltener wir uns Konflikten stellen, desto bedrohlicher erscheinen sie uns – ein klassischer Fall von negativer Verstärkung.

Der Selbstwert-Untergrabungskreislauf: Chronische Konfliktvermeidung kann unser Selbstbild als durchsetzungsfähige, selbstbestimmte Person untergraben. Dieses geschwächte Selbstbild macht uns wiederum anfälliger für weitere Konfliktvermeidung und Prokrastination.

Die gute Nachricht ist, dass diese Kreisläufe an verschiedenen Punkten durchbrochen werden können. Durch eine Kombination aus Bewusstseinserweiterung, Entwicklung spezifischer Konfliktkompetenzen und schrittweiser Exposition können auch tief verwurzelte Muster der konfliktbezogenen Prokrastination verändert werden.

Neurobiologische Perspektiven
Aus neurobiologischer Sicht sind die Mechanismen der konfliktbezogenen Prokrastination eng mit unseren Stresssystemen verbunden. Die Antizipation eines Konflikts aktiviert die Amygdala und löst eine Stressreaktion aus. Diese Aktivierung löst wiederum das „Kampf-Flucht-Erstarren"-System aus – wobei Prokrastination eine moderne Form des „Erstarrens" darstellt.

Interessanterweise zeigen Studien, dass die Antizipation eines Konflikts oft mehr Stress erzeugt als der tatsächliche Konflikt selbst. Unser Gehirn neigt dazu, potenzielle soziale Bedrohungen zu überschätzen und ihre negativen Auswirkungen zu übertreiben – ein evolutionäres Erbe, das in unserem heutigen sozialen Umfeld oft dysfunktional ist.

4.5 Fallstudien: Wie Konfliktvermeidung im Alltag wirkt
Um das theoretische Verständnis durch praktische Beispiele zu vertiefen, betrachten wir nun drei Fallstudien, die illustrieren, wie Konfliktvermeidung in verschiedenen Kontexten zu Prokrastination führt.

Fallstudie 1: Die nicht eingeforderte Gehaltserhöhung
Situation: Michael arbeitet seit drei Jahren für dasselbe Unternehmen. Er leistet hervorragende Arbeit, hat zusätzliche Verantwortung übernommen und weiß, dass er im Vergleich zu Kollegen mit ähnlichen Aufgaben unterbezahlt ist. Vor sechs Monaten hat er sich vorgenommen, ein Gespräch mit seinem Vorgesetzten zu führen und eine Gehaltserhöhung zu verhandeln.

Konfliktvermeidungsmuster: Michael schiebt dieses Gespräch immer wieder auf. Er sagt sich, dass er noch mehr Erfolge vorweisen sollte, bevor er das Thema anspricht. Er wartet auf den „perfekten Moment", wenn sein Chef besonders gut gelaunt ist. Er recherchiert immer wieder Gehaltsstatistiken, um seine Position zu stärken – obwohl er bereits ausreichend Informationen hat.

Innere Dialoge: In Michaels Kopf laufen Gedanken wie: „Was, wenn mein Chef denkt, ich sei undankbar?", „Vielleicht riskiere ich meine gute Beziehung zum Team", „Wenn ich abgelehnt werde, wäre das so peinlich". Er stellt sich vor, wie das Gespräch unangenehm verlaufen könnte, und spürt dabei körperliches Unbehagen.

Auswirkungen: Mit jedem Monat, den Michael wartet, verliert er Geld, das ihm eigentlich zustehen würde. Seine Unzufriedenheit wächst, seine Motivation sinkt. Er beginnt, Ressentiments gegenüber seinem Arbeitgeber zu entwickeln, obwohl er seine Ansprüche nie kommuniziert hat. Der nicht ausgetragene Konflikt beginnt, seine Arbeitsleistung und -zufriedenheit zu beeinträchtigen.

Alternative Perspektive: Die Realität ist, dass ein sachlich geführtes Gehaltsgespräch in den meisten Arbeitsumgebungen als normal und angemessen gilt. Selbst bei einer Ablehnung wären die negativen Konsequenzen wahrscheinlich minimal. Michael könnte lernen, das Gespräch als geschäftliche Verhandlung zu rahmen, nicht als persönlichen Konflikt.

Fallstudie 2: Die unbeantworteten Emails eines schwierigen Klienten
Situation: Sonja ist freiberufliche Grafikdesignerin. Einer ihrer Kunden ist besonders anspruchsvoll und hat wiederholt Änderungswünsche geäußert, die über den vereinbarten Projektumfang hinausgehen. Vor zwei Wochen hat

der Kunde erneut umfangreiche Änderungen angefordert, ohne zusätzliches Budget anzubieten.

Konfliktvermeidungsmuster: Sonja hat die letzten E-Mails des Kunden nicht beantwortet. Sie öffnet sie, markiert sie als „ungelesen" und sagt sich, dass sie später antworten wird. In ihrem Posteingang sammeln sich mittlerweile mehrere dringende Nachrichten des Kunden, darunter auch Anrufe, die sie nicht beantwortet.

Innere Dialoge: Sonja fürchtet, den Kunden zu verärgern oder zu verlieren, wenn sie Grenzen setzt. Sie denkt: „Vielleicht sollte ich die Änderungen einfach machen, um Frieden zu haben", „Ich bin schlecht in Verhandlungen", „Was, wenn er anderen von mir erzählt und ich meinen Ruf verliere?".

Auswirkungen: Durch das Ausbleiben einer Antwort verschlechtert sich die Situation täglich. Der Kunde wird zunehmend ungeduldiger und verärgert. Sonja empfindet wachsenden Stress, wann immer sie ihren E-Mail-Eingang öffnet. Sie beginnt, andere Arbeit aufzuschieben, da die ungelöste Situation sie emotional belastet. Der ursprünglich kleine Konflikt wächst zu einem ernsthaften Problem.

Alternative Perspektive: Eine klare, respektvolle Kommunikation über Projektgrenzen und Budgetfragen ist Teil professioneller Geschäftsbeziehungen. Durch frühzeitiges Ansprechen des Problems hätte Sonja verschiedene Optionen anbieten können, statt in eine Vermeidungsspirale zu geraten.

Fallstudie 3: Der aufgeschobene Studienwechsel
Situation: Jonas studiert seit vier Semestern Betriebswirtschaft, obwohl er zunehmend realisiert, dass ihn das Fach nicht erfüllt. Er interessiert sich eigentlich viel mehr für Psychologie, zögert jedoch, einen Studienwechsel vorzunehmen.

Konfliktvermeidungsmuster: Jonas schiebt die Entscheidung zum Studienwechsel immer weiter auf. Er sagt sich, dass er erst das laufende Semester abschließen sollte, dann die Prüfungsphase abwarten, dann den nächsten Semesterbeginn. Er vermeidet Gespräche mit seinen Eltern, die seine Studienwahl unterstützt haben und Wert auf einen „praxisnahen" Abschluss legen.

Innere Konflikte: Jonas erlebt mehrere Konflikte gleichzeitig: einen Loyalitätskonflikt gegenüber seinen Eltern, einen inneren Konflikt zwischen Sicherheitsstreben und Selbstverwirklichung sowie einen Identitätskonflikt zwischen dem „vernünftigen" Betriebswirt und dem „wahren Ich", das sich für menschliches Verhalten interessiert.

Auswirkungen: Mit jedem Semester, das Jonas im ungeliebten Studium verbringt, wächst seine Frustration. Seine akademischen Leistungen leiden, da ihm die intrinsische Motivation fehlt. Er prokrastiniert bei Studienaufgaben, verpasst Vorlesungen und entwickelt zunehmend negative Gefühle gegenüber seinem Studium. Der nicht ausgetragene Konflikt mit seinen Eltern führt zu emotionaler Distanz.

Alternative Perspektive: Ein offenes Gespräch mit seinen Eltern könnte zeigen, dass sie vor allem sein Wohlbefinden und seinen Erfolg wünschen. Ein durchdachter Plan für den Wechsel, inklusive beruflicher Perspektiven in der Psychologie, könnte ihre Bedenken reduzieren. Der vermeintlich große Konflikt könnte sich als überwindbar erweisen.

Diese Fallstudien verdeutlichen mehrere wichtige Aspekte der konfliktbezogenen Prokrastination:

Die antizipierte Konfliktschwere übersteigt meist die tatsächliche. Unsere Vorstellungen von möglichen negativen Konsequenzen sind oft übertrieben.

Aufschieben verschärft Konflikte in der Regel, anstatt sie zu lösen oder zu mildern. Was als kleines Problem beginnt, wächst mit der Zeit.

Konfliktbezogene Prokrastination wirkt sich negativ auf Selbstwert und Selbstwirksamkeit aus. Das Gefühl, wichtige Konflikte nicht ansprechen zu können, untergräbt unser Vertrauen in die eigene Handlungsfähigkeit.

Konfliktvermeidung kann zu generalisierten Prokrastinationsmustern führen, die sich auf andere Lebensbereiche ausweiten.

Die langfristigen Kosten der Konfliktvermeidung übersteigen fast immer den kurzfristigen emotionalen Gewinn.

Praktische Anwendung: Ihre konfliktbezogene Prokrastination erkennen
Zum Abschluss dieses Kapitels möchten wir Ihnen einige Reflexionsfragen und praktische Übungen anbieten, um Ihre eigenen Muster der konfliktbezogenen Prokrastination zu identifizieren.

Reflexionsfragen
Nehmen Sie sich Zeit, über folgende Fragen nachzudenken und Ihre Antworten schriftlich festzuhalten:

Welche Arten von Gesprächen oder Interaktionen schieben Sie am häufigsten auf? (z.B. Feedback geben, um Hilfe bitten, Grenzen setzen)

Gibt es bestimmte Personen oder Personengruppen, bei denen Sie besonders zur Konfliktvermeidung neigen?

Welche körperlichen Empfindungen nehmen Sie wahr, wenn Sie an einen potenziellen Konflikt denken? Wo im Körper spüren Sie Anspannung oder Unbehagen?

Welche typischen Gedanken tauchen auf, wenn Sie vor einem möglichen Konflikt stehen? („Was, wenn...?", „Ich sollte lieber...", „Das könnte...")

Welche inneren Konflikte oder Ambivalenzen erleben Sie regelmäßig? Gibt es Bereiche, in denen Sie sich hin- und hergerissen fühlen?

Welche frühen Erfahrungen haben Ihre Haltung zu Konflikten geprägt? Wie wurde in Ihrer Familie mit Meinungsverschiedenheiten umgegangen?

Selbstbeobachtungsübung: Konfliktvermeidungs-Tagebuch
Führen Sie über eine Woche ein Konfliktvermeidungs-Tagebuch. Notieren Sie jede Situation, in der Sie einen Konflikt vermieden oder aufgeschoben haben – sei es ein Gespräch, eine Entscheidung oder eine Handlung. Dokumentieren Sie:

Die Situation: Um was ging es? Wer war beteiligt?
Die Vermeidungsstrategie: Wie genau haben Sie den Konflikt vermieden?
Die unmittelbaren Gefühle: Wie fühlten Sie sich direkt nach der Vermeidung?
Die späteren Folgen: Welche Konsequenzen hatte die Vermeidung nach einigen Stunden oder Tagen?

Diese Selbstbeobachtung hilft Ihnen, Muster zu erkennen und ein Bewusstsein für die kurzfristigen Vorteile und langfristigen Kosten Ihrer Konfliktvermeidungsstrategien zu entwickeln.

Abschlussgedanken
Konfliktvermeidung ist einer der mächtigsten und subtilsten Treiber der Prokrastination. Die Erkenntnis, dass wir aufschieben, um Konflikten zu entgehen, ist ein entscheidender erster Schritt zur Überwindung dieses Musters. Im Kapitel „Umgang mit Konflikten lernen" werden wir konkrete Strategien und Techniken vorstellen, um Konfliktkompetenz zu entwickeln und die lähmende Wirkung der Konfliktvermeidung zu überwinden.

Denken Sie daran: Die Fähigkeit, Konflikte konstruktiv anzugehen, ist nicht angeboren, sondern erlernbar. Mit den richtigen Werkzeugen und etwas Übung können Sie Ihre Angst vor Konflikten reduzieren und eine neue Freiheit im Umgang mit herausfordernden Situationen gewinnen – eine Freiheit, die sich direkt in weniger Prokrastination und mehr Handlungsfähigkeit niederschlagen wird.

5. Entscheidungslähmung

Entscheidungslähmung überwinden

„Soll ich den Job annehmen oder ablehnen?", „Welches Thema wähle ich für meine Abschlussarbeit?", „Sollte ich in dieser Beziehung bleiben oder gehen?" — Kennen Sie dieses Gefühl? Sie stehen vor einer wichtigen Entscheidung, wägen ab, sammeln Informationen, denken nach – und kommen doch zu keinem Schluss. Die Tage vergehen, Wochen, manchmal sogar Monate, und die Entscheidung bleibt in der Schwebe, während Sie in einem lähmenden Zustand zwischen den Optionen verharren.

Dieses Phänomen – die Entscheidungslähmung oder auch „Analysis Paralysis" – ist die zweite zentrale Ursache der Prokrastination, der wir uns in diesem Kapitel widmen. Entscheidungslähmung tritt auf, wenn wir vor einer Wahl stehen und unfähig sind, uns für eine Option zu entscheiden, was dazu führt, dass wir in einem Zustand der Inaktivität verharren. Dieser Zustand ist besonders tückisch, weil er oft nicht als Prokrastination erkannt wird. „Ich schiebe nicht auf", sagen wir uns, „ich denke nur gründlich nach" – während die Wochen verstreichen und keine Entscheidung getroffen wird.

In diesem Kapitel werden wir die Psychologie der Entscheidungsfindung erkunden, verschiedene Formen der Entscheidungslähmung analysieren und Strategien entwickeln, um diesen lähmenden Zustand zu überwinden. Wir werden untersuchen, wie Perfektionismus, Angst vor Fehlern und die Überforderung durch zu viele Optionen unsere Entscheidungsfähigkeit beeinträchtigen können und wie wir diese Hindernisse überwinden können.

5.1 Die Psychologie der Entscheidungsfindung

Um zu verstehen, warum Entscheidungen uns manchmal so schwerfallen, ist es hilfreich, die grundlegenden psychologischen Mechanismen zu betrachten, die unseren Entscheidungsprozessen zugrunde liegen.

Das Zusammenspiel von System 1 und System 2

Der Nobelpreisträger Daniel Kahneman hat ein einflussreiches Modell entwickelt, das zwei verschiedene Arten des Denkens unterscheidet, die bei Entscheidungen zum Einsatz kommen:

System 1 ist schnell, automatisch, emotional und intuitiv. Es arbeitet weitgehend unbewusst und erfordert wenig Anstrengung. Dieses System trifft die meisten unserer alltäglichen Entscheidungen – von der Wahl des Frühstücks bis zur spontanen Reaktion auf eine E-Mail.

System 2 hingegen ist langsam, analytisch, bewusst und anstrengend. Es wird aktiviert, wenn wir mit komplexen Problemen konfrontiert werden, die fokussierte Aufmerksamkeit erfordern. System 2 ist verantwortlich für logisches Denken, Abwägen von Vor- und Nachteilen und bewusstes Urteilen.

Beide Systeme haben ihre Stärken und Schwächen. System 1 ist schnell und energieeffizient, aber anfällig für Verzerrungen und Fehlurteile. System 2 ist präziser und logischer, verbraucht aber viel kognitive Ressourcen und ermüdet leicht.

Entscheidungslähmung entsteht oft, wenn System 2 übermäßig aktiviert wird bei Entscheidungen, die eigentlich auch intuitiv getroffen werden könnten, oder wenn es mit zu vielen Variablen überfordert wird. Das analytische Abwägen wird dann zum Selbstzweck, ohne zu einer Entscheidung zu führen.

Kognitive Verzerrungen bei Entscheidungen
Unser Denken unterliegt zahlreichen systematischen Verzerrungen, die Entscheidungen erschweren können. Einige der relevantesten im Kontext von Entscheidungslähmung sind:

Verlustaversion: Wir empfinden Verluste etwa doppelt so stark wie gleichwertige Gewinne. Dies führt dazu, dass wir bei Entscheidungen oft unverhältnismäßig stark auf potenzielle Nachteile oder Risiken fokussieren, selbst wenn die potenziellen Vorteile überwiegen.

Status-quo-Bias: Wir haben eine starke Tendenz, den gegenwärtigen Zustand beizubehalten, selbst wenn Alternativen objektiv vorteilhafter wären. Diese Präferenz für das Bekannte kann Entscheidungen für Veränderungen erheblich erschweren.

Bestätigungsfehler: Wir neigen dazu, Informationen zu suchen und zu interpretieren, die unsere bestehenden Überzeugungen bestätigen. Dies kann zu einer verzerrten Informationssammlung führen, bei der wir unbewusst Daten ignorieren, die für eine bestimmte Option sprechen würden.

Übermäßige Kohärenz: Wir streben nach konsistenten, widerspruchsfreien Erklärungen und Entscheidungen, selbst wenn die Realität komplexer und widersprüchlicher ist. Dies kann zu vereinfachten Entscheidungsmodellen führen, die der Komplexität nicht gerecht werden.

Rückschaufehler: Nach Ereignissen glauben wir oft, diese hätten vorhersehbarer sein müssen, als sie tatsächlich waren. Diese verzerrte Wahrnehmung verstärkt unsere Angst vor „falschen" Entscheidungen, da wir glauben, alle Konsequenzen vorhersehen zu können und müssen.

Diese und weitere kognitive Verzerrungen können Entscheidungsprozesse erheblich verkomplizieren und zur Entscheidungslähmung beitragen.

Emotionale Dimensionen der Entscheidungsfindung
Entgegen der landläufigen Meinung, dass Emotionen „rationale" Entscheidungen behindern, zeigt die neuro-

wissenschaftliche Forschung, dass Emotionen ein wesentlicher Bestandteil gesunder Entscheidungsprozesse sind. Der Neurowissenschaftler Antonio Damasio hat in Studien mit Patienten, deren emotionale Hirnareale geschädigt waren, festgestellt, dass diese zwar logisch denken konnten, aber extreme Schwierigkeiten hatten, selbst einfache Entscheidungen zu treffen. Ohne emotionale Signale fehlte ihnen die Fähigkeit, verschiedenen Optionen Werte zuzuordnen.

Emotionen dienen als eine Art „somatische Marker" – körperliche und gefühlsmäßige Signale, die uns helfen, die Bedeutsamkeit verschiedener Optionen einzuschätzen und Entscheidungen zu treffen, ohne endlos analytisch abwägen zu müssen.

Allerdings können bestimmte emotionale Zustände auch zur Entscheidungslähmung beitragen:

Angst kann den präfrontalen Kortex (verantwortlich für Entscheidungsfindung) beeinträchtigen und uns in einen Zustand der übermäßigen Risikoaversion versetzen.

Stress reduziert unsere kognitive Flexibilität und führt zu einem eingeengten Fokus, der das Abwägen komplexer Alternativen erschwert.

Depression kann das Belohnungssystem beeinträchtigen und dazu führen, dass verschiedene Optionen gleichermaßen reiz- und wertlos erscheinen.

Emotionale Ambivalenz – das gleichzeitige Erleben widersprüchlicher Emotionen – kann besonders lähmend wirken, da unterschiedliche emotionale Signale in verschiedene Richtungen weisen.

Eine ausgewogene Entscheidungsfindung erfordert daher sowohl kognitive als auch emotionale Komponenten – ein Zusammenspiel, das durch verschiedene Faktoren gestört werden kann.

Entscheidungstypen und ihre Herausforderungen
Nicht alle Entscheidungen sind gleich, und verschiedene Typen von Entscheidungen stellen uns vor unterschiedliche Herausforderungen:

Reversible vs. irreversible Entscheidungen: Entscheidungen, die leicht rückgängig gemacht werden können (z.B. die Wahl eines Restaurants), sollten eigentlich schneller getroffen werden als solche mit langfristigen Konsequenzen (z.B. Berufswahl). Interessanterweise führt die Reversibilität manchmal paradoxerweise zu mehr Grübeln, da wir wissen, dass wir die Entscheidung jederzeit ändern könnten.

Entscheidungen unter Unsicherheit: Wenn wir mit unvollständigen Informationen oder unsicheren Ergebnissen konfrontiert sind, wird die Entscheidungsfindung besonders anspruchsvoll. Die Unfähigkeit, Ergebnisse vorherzusagen, kann zu übermäßiger Informationssuche und Vermeidung führen.

Entscheidungen mit Zielkonflikten: Wenn eine Entscheidung mehrere wichtige, aber konkurrierende Werte oder Ziele berührt (z.B. Karriere vs. Work-Life-Balance), wird die Abwägung besonders komplex und emotional aufgeladen.

Sequentielle vs. simultane Entscheidungen: Bei sequentiellen Entscheidungen (nacheinander) neigen wir zum „Satisficing" – wir wählen die erste Option, die gut genug erscheint. Bei simultanen Entscheidungen (mehrere Optionen gleichzeitig) tendieren wir zum Maximieren – wir versuchen, die absolut beste Option zu finden, was zu Überforderung führen kann.

Multiattributive Entscheidungen: Wenn Optionen viele verschiedene Eigenschaften haben, die gegeneinander abgewogen werden müssen (z.B. bei der Wohnungssuche: Lage, Größe, Preis, Ausstattung etc.), wird die kognitive Belastung besonders hoch.

Das Erkennen des spezifischen Entscheidungstyps, mit dem wir konfrontiert sind, kann helfen, angemessene

Strategien zu wählen und Entscheidungslähmung zu vermeiden.

5.2 Perfektionismus als Entscheidungsblockade

Eine der häufigsten und hartnäckigsten Ursachen für Entscheidungslähmung ist der Perfektionismus – das Streben nach tadelloser Leistung und das Setzen extrem hoher Standards, die oft unerreichbar sind. Perfektionistische Tendenzen können Entscheidungsprozesse auf verschiedene Weise blockieren.

Die verschiedenen Gesichter des Perfektionismus
Perfektionismus ist kein einheitliches Phänomen, sondern manifestiert sich in verschiedenen Formen:

Selbstorientierter Perfektionismus beinhaltet hohe persönliche Standards und strenge Selbstkritik. Menschen mit dieser Form des Perfektionismus erleben inneren Druck, exzellent zu sein und Fehler zu vermeiden.

Sozial vorgeschriebener Perfektionismus entsteht durch die Wahrnehmung, dass andere (Eltern, Vorgesetzte, Gesellschaft) perfekte Leistungen erwarten. Diese Form ist besonders mit Angst und Depression verbunden.

Perfektionistischer Präsentationsstil fokussiert auf das Erscheinungsbild – der Wunsch, anderen gegenüber stets kompetent und erfolgreich zu wirken und Schwächen zu verbergen.

Jede dieser Formen kann Entscheidungen auf unterschiedliche Weise beeinflussen: Selbstorientierter Perfektionismus führt oft zu endlosem Abwägen, um die „perfekte" Entscheidung zu treffen. Sozial vorgeschriebener Perfektionismus verstärkt die Angst vor negativer Bewertung durch andere. Der perfektionistische Präsentationsstil erhöht den Druck, Entscheidungen zu treffen, die nach außen hin optimal erscheinen.

Wie Perfektionismus Entscheidungen blockiert
Perfektionistische Tendenzen behindern Entscheidungsprozesse auf mehreren Ebenen:

Übermäßige Informationssuche: Perfektionisten neigen dazu, immer mehr Informationen zu sammeln, in der Hoffnung, dadurch absolute Sicherheit zu erlangen. Diese „Analysis Paralysis" kann endlos fortgesetzt werden, da es nie genug Informationen gibt, um absolute Gewissheit zu erlangen.

Dichotomes Denken: Perfektionisten tendieren zu Schwarz-Weiß-Denken, bei dem Entscheidungen entweder perfekt oder katastrophal sind. Diese verzerrte Wahrnehmung macht selbst kleine Entscheidungen bedrohlich, da jede potenzielle Unvollkommenheit als Versagen empfunden wird.

Überhöhte Verantwortungswahrnehmung: Perfektionisten überschätzen oft ihre Verantwortung für Ergebnisse und unterschätzen die Rolle externer Faktoren. Dies erhöht den wahrgenommenen Druck und die Angst vor Fehlentscheidungen.

Kognitive Ressourcenverschwendung: Das Streben nach der perfekten Entscheidung verbraucht enorme mentale Ressourcen, führt zu kognitiver Erschöpfung und paradoxerweise oft zu schlechteren Entscheidungen.

Irrealistische Vergleichsstandards: Perfektionisten vergleichen potenzielle Entscheidungen oft nicht mit realistischen Alternativen, sondern mit idealisierten, unrealistischen Szenarien. Dies führt dazu, dass reale Optionen immer unzureichend erscheinen.

Das Perfektionismus-Paradoxon
Besonders problematisch ist das „Perfektionismus-Paradoxon": Das Streben nach perfekten Entscheidungen führt oft zu schlechteren Ergebnissen. Dies geschieht auf mehreren Wegen:

Verzögerungseffekt: Durch das lange Abwägen werden oft optimale Zeitfenster für Entscheidungen verpasst.

Ressourcenerschöpfung: Mentale Erschöpfung durch übermäßiges Grübeln beeinträchtigt die Qualität der letztendlichen Entscheidung.

Implementierungsprobleme: Die Fixierung auf die perfekte Entscheidung lenkt Aufmerksamkeit von der oft wichtigeren Frage ab, wie Entscheidungen effektiv umgesetzt werden können.

Opportunitätskosten: Die Zeit und Energie, die für eine einzelne Entscheidung aufgewendet wird, fehlt für andere wichtige Entscheidungen und Aktivitäten.

Erhöhtes Stressniveau: Der selbsterzeugte Druck, perfekte Entscheidungen zu treffen, erhöht das allgemeine Stressniveau und beeinträchtigt das Wohlbefinden.

Der Unterschied zwischen Exzellenzstreben und Perfektionismus
Es ist wichtig zu betonen, dass Perfektionismus nicht mit einem gesunden Streben nach Exzellenz zu verwechseln ist. Der Schlüsselunterschied liegt in der Motivation und im Umgang mit Unvollkommenheit:

Gesundes Exzellenzstreben ist durch Freude am Prozess, realistische Standards, Flexibilität und konstruktiven Umgang mit Fehlern gekennzeichnet. Es fokussiert auf Wachstum und Verbesserung.

Dysfunktionaler Perfektionismus hingegen ist durch Angst vor Fehlern, starre Standards, übermäßige Selbstkritik und eine ergebnisfixierte Haltung geprägt. Er konzentriert sich auf die Vermeidung von Versagen statt auf das Erreichen von Erfolg.

Die Unterscheidung ist wichtig, weil sie verdeutlicht, dass das Überwinden von Perfektionismus nicht bedeutet, Ansprüche aufzugeben, sondern eine gesündere, funktionalere Beziehung zu Leistung und Entscheidungen zu entwickeln.

5.3 Angst vor Fehlern und ihre lähmende Wirkung

Eng verwandt mit dem Perfektionismus, aber dennoch als eigenständiger Faktor zu betrachten, ist die Angst vor Fehlern. Diese Angst kann einen lähmenden Einfluss auf unsere Entscheidungsfähigkeit haben und zu chronischer Prokrastination führen.

Die evolutionären Wurzeln der Fehlerangst

Aus evolutionärer Perspektive hat die Angst vor Fehlern einen adaptiven Ursprung. In der Stammesgeschichte des Menschen konnten Fehler lebensbedrohliche Konsequenzen haben – die falsche Nahrung zu wählen, ein gefährliches Tier zu unterschätzen oder soziale Normen zu verletzen konnte zum Ausschluss aus der Gruppe führen. Eine gewisse Vorsicht und Fehleraversion war daher überlebenswichtig.

In unserer heutigen Gesellschaft sind die Konsequenzen von Fehlern jedoch selten existenziell bedrohlich. Dennoch reagiert unser Gehirn auf potenzielle Fehler oft mit denselben evolutionär alten Angstsystemen, was zu einer unverhältnismäßigen Stressreaktion führen kann.

Gehirnmechanismen der Fehlerverarbeitung
Neurowissenschaftliche Studien haben spezifische Gehirnregionen identifiziert, die bei der Fehlerverarbeitung aktiviert werden, insbesondere den anterioren cingulären Cortex (ACC). Bei Menschen mit ausgeprägter Fehlerangst zeigt sich oft eine Überaktivität in diesen Regionen, was zu einer verstärkten emotionalen Reaktion auf tatsächliche oder antizipierte Fehler führt.

Interessanterweise zeigen Studien auch, dass die bloße Vorstellung eines möglichen Fehlers ähnliche neuronale Aktivierungsmuster erzeugen kann wie ein tatsächlicher Fehler. Dies erklärt, warum die Antizipation von potenziellen Fehlern bei Entscheidungen so belastend sein kann – unser Gehirn reagiert, als ob der Fehler bereits geschehen wäre.

Typologie der Fehlerangst
Fehlerangst manifestiert sich in verschiedenen Formen, die jeweils spezifische Aspekte von Entscheidungen blockieren können:

Angst vor objektiven Fehlleistungen: Die Sorge, dass eine Entscheidung zu praktischen Nachteilen oder Misserfolgen führen könnte (z.B. berufliche Einbußen, finanzielle Verluste).

Angst vor Selbstwertbedrohung: Die Befürchtung, dass ein Fehler das eigene Selbstbild als kompetente, intelligente Person untergraben könnte.

Angst vor sozialer Missbilligung: Die Sorge, dass Fehler zu Kritik, Ablehnung oder Spott durch andere führen könnten, insbesondere durch wichtige Bezugspersonen.

Angst vor Verantwortung: Die Befürchtung, für negative Konsequenzen einer Entscheidung verantwortlich gemacht zu werden, insbesondere wenn die Entscheidung andere Menschen betrifft.

Angst vor verpassten Gelegenheiten: Die Sorge, dass eine Entscheidung für Option A bedeutet, dass man die potenziellen Vorteile von Option B verliert (auch bekannt als „Fear of Missing Out" oder FOMO).

Diese verschiedenen Ängste können sich überlappen und verstärken, was zu einer generalisierten Entscheidungsangst führt.

Die Rolle früherer Erfahrungen
Unsere Haltung gegenüber Fehlern wird stark durch frühe Erfahrungen geprägt. Menschen, die in Umgebungen aufgewachsen sind, in denen Fehler streng bestraft oder lächerlich gemacht wurden, entwickeln oft eine ausgeprägtere Fehlerangst. Auch das Beobachten von ande-

ren, die für Fehler kritisiert wurden (Modelllernen), kann zu einer ähnlichen Prägung führen.

Besonders einflussreich ist das Feedback, das wir als Kinder für Misserfolge erhalten haben:

Wurde Scheitern als Teil des Lernprozesses normalisiert oder als persönliches Versagen gewertet?
Wurde der Fokus auf die Anstrengung oder auf das Ergebnis gelegt?
Wurden Fehler als Gelegenheit zum Wachstum oder als Beweis für mangelnde Fähigkeiten betrachtet?
Die Forschung zur Mindset-Theorie von Carol Dweck zeigt, dass Menschen mit einem „Fixed Mindset" (der Überzeugung, dass Fähigkeiten angeboren und unveränderlich sind) tendenziell stärker unter Fehlerangst leiden als Menschen mit einem „Growth Mindset" (der Überzeugung, dass Fähigkeiten durch Anstrengung entwickelt werden können).

Fehlerangst im digitalen Zeitalter
In unserer modernen, digitalisierten Welt kommen neue Dimensionen der Fehlerangst hinzu:

Digitale Permanenz: Im Gegensatz zu früheren Zeiten, in denen Fehler oft vergessen wurden, können Fehler im digitalen Raum dauerhaft dokumentiert und jederzeit wieder aufgerufen werden.

Erhöhte Sichtbarkeit: Durch soziale Medien können Fehler potenziell vor einem viel größeren Publikum sichtbar werden, was die Angst vor sozialer Missbilligung verstärkt.

Vergleichsdruck: Die ständige Konfrontation mit scheinbar perfekten Leben und Erfolgen anderer in sozialen Medien kann das Gefühl verstärken, dass Fehler inakzeptabel sind.

Beschleunigte Entscheidungszyklen: Die erhöhte Geschwindigkeit von Kommunikation und Entscheidungsprozessen lässt weniger Zeit für sorgfältige Abwägung, was die Fehlerangst verstärken kann.

Von der Fehlerangst zur Entscheidungslähmung
Der Weg von der Fehlerangst zur Entscheidungslähmung verläuft typischerweise in mehreren Schritten:

Wahrnehmung einer Entscheidungssituation als potenziell riskant oder fehleranfällig

Aktivierung der Fehlerangst mit entsprechenden körperlichen Symptomen (Anspannung, erhöhter Herzschlag, Unwohlsein)

Kognitive Verzerrungen wie katastrophisierendes Denken („Wenn ich die falsche Entscheidung treffe, wird alles schrecklich") oder Tunnelblick auf mögliche negative Konsequenzen

Vermeidungsverhalten in Form von Aufschieben der Entscheidung, übermäßiger Informationssuche oder Delegation der Entscheidung an andere

Verstärkung der Angst durch das Vermeidungsverhalten, da die kurzfristige Erleichterung die Vermeidungsstrategie belohnt

Chronische Entscheidungslähmung als etabliertes Muster im Umgang mit Entscheidungssituationen

Dieses Muster kann sich zu einem selbstverstärkenden Kreislauf entwickeln, in dem die Entscheidungslähmung selbst zum Stressor wird, der weitere Angst und Vermeidung auslöst.

5.4 Überforderung durch zu viele Optionen: Das Paradox der Wahl
Eine weitere zentrale Ursache für Entscheidungslähmung ist die schiere Anzahl von Optionen, mit denen wir in der modernen Welt konfrontiert sind. Während Wahlfreiheit grundsätzlich positiv ist, kann ein Übermaß an Optionen paradoxerweise zu Überforderung, Unzufriedenheit und Handlungsunfähigkeit führen.

Das Paradox der Wahl verstehen

Der Psychologe Barry Schwartz hat mit seinem Buch „The Paradox of Choice" (Das Paradox der Wahl) ein kontraintuitives Phänomen populär gemacht: Mehr Optionen führen nicht automatisch zu besseren Entscheidungen oder höherer Zufriedenheit. Im Gegenteil, ein Übermaß an Wahlmöglichkeiten kann zu:

Entscheidungsverzögerung: Menschen neigen dazu, Entscheidungen aufzuschieben, wenn zu viele Optionen verfügbar sind.

Entscheidungsvermeidung: In Extremfällen wird komplett auf eine Entscheidung verzichtet.

Geringerer Zufriedenheit: Selbst nach getroffener Wahl führen viele Optionen oft zu mehr Zweifeln und „Was wäre wenn"-Gedanken.

Erhöhtem Bedauern: Die Wahrscheinlichkeit, die getroffene Entscheidung zu bereuen, steigt mit der Anzahl der nicht gewählten Alternativen.

Klassische Experimente, wie der „Marmeladentest" (bei dem Kunden aus 6 versus 24 Marmeladensorten wählen konnten), haben gezeigt, dass Menschen bei weniger Optionen eher eine Entscheidung treffen und mit dieser zufriedener sind.

Kognitive Belastung durch Optionenvielfalt

Aus kognitiver Perspektive stellt eine große Anzahl von Optionen eine erhebliche Belastung für unser Arbeitsgedächtnis und unsere Aufmerksamkeitsressourcen dar. Die Gründe hierfür sind:

Erhöhte Informationslast: Jede zusätzliche Option bedeutet mehr Informationen, die verarbeitet werden müssen.

Komplexere Vergleiche: Mit jeder zusätzlichen Option steigt die Anzahl der möglichen Vergleiche exponentiell. Bei 3 Optionen gibt es 3 paarweise Vergleiche, bei 10 Optionen bereits 45.

Inkommensurabilität: Viele Entscheidungsoptionen unterscheiden sich auf mehreren Dimensionen, die nicht direkt vergleichbar sind (z.B. Preis vs. Qualität vs. Ästhetik).

Mentale Simulation: Für jede Option müssen wir uns vorstellen, wie es wäre, diese gewählt zu haben – ein kognitiv anspruchsvoller Prozess.

Diese kognitive Belastung kann zu einer Erschöpfung der mentalen Ressourcen führen, was wiederum die Entscheidungsqualität beeinträchtigt und die Tendenz zur Prokrastination verstärkt.

Maximierer versus Genügsame
Nicht alle Menschen reagieren gleich auf eine Vielzahl von Optionen. Barry Schwartz unterscheidet zwischen zwei Entscheidungstypen:

Maximierer streben danach, immer die absolut beste Entscheidung zu treffen. Sie recherchieren umfassend, vergleichen alle verfügbaren Optionen und sind erst zufrieden, wenn sie sicher sind, die optimale Wahl getroffen zu haben.

Genügsame (Satisficer) suchen nach einer Option, die „gut genug" ist und ihre wesentlichen Kriterien erfüllt. Sobald sie eine solche Option gefunden haben, beenden sie die Suche und treffen eine Entscheidung.

Forschungen zeigen, dass Maximierer, obwohl sie objektiv oft bessere Entscheidungen treffen, subjektiv weniger zufrieden mit ihren Entscheidungen sind, mehr Bedauern empfinden und anfälliger für Entscheidungslähmung sind als Genügsame.

Die Tendenz zum Maximieren ist keine fixe Persönlichkeitseigenschaft, sondern kann je nach Kontext variieren. Die meisten Menschen maximieren in bestimmten Lebensbereichen (z.B. bei der Partnerwahl oder Karriereentscheidungen) und begnügen sich in anderen mit „guten genug" Lösungen (z.B. bei der Wahl eines Restaurants).

Optionenüberflutung in verschiedenen Lebensbereichen
Die Überforderung durch zu viele Optionen manifestiert sich in verschiedenen Lebensbereichen auf unterschiedliche Weise:

Konsum: Die schiere Anzahl von Produktvarianten in modernen Supermärkten oder Online-Shops kann zu „Entscheidungsmüdigkeit" führen. Ein durchschnittlicher Supermarkt bietet heute etwa 40.000 Produkte an – ein Vielfaches dessen, was vor einigen Jahrzehnten verfügbar war.

Karriere: Die Vielfalt möglicher Berufswege, Spezialisierungen und Arbeitsformen kann besonders für junge Menschen überwältigend sein und zu beruflicher Unentschlossenheit führen.

Beziehungen: Dating-Apps und die vermeintlich endlosen Möglichkeiten, potenzielle Partner kennenzulernen, können paradoxerweise Bindungsängste verstärken und die Entscheidung für eine Beziehung erschweren.

Medien und Unterhaltung: Streaming-Dienste mit tausenden von Filmen und Serien führen zum bekannten „Netflix-Phänomen" – man verbringt mehr Zeit mit der Suche nach dem perfekten Film als mit dem Anschauen.

Informationsquellen: Die Fülle an Nachrichtenkanälen, Blogs und Social-Media-Plattformen kann zu Informationsüberlastung führen und die Fähigkeit beeinträchtigen, fundierte Meinungen zu bilden.

In all diesen Bereichen kann die Optionenvielfalt lähmend wirken und dazu führen, dass wichtige Entscheidungen aufgeschoben werden.

5.5 Entscheidungsstrukturen und ihre Optimierung

Nachdem wir die verschiedenen Ursachen der Entscheidungslähmung betrachtet haben – Perfektionismus, Fehlerangst und Optionenüberflutung – wenden wir uns nun der Frage zu, wie Entscheidungsprozesse strukturiert und optimiert werden können, um diese Lähmung zu überwinden.

Entscheidungsrahmen und Heuristiken

Entscheidungsheuristiken sind mentale Abkürzungen oder Faustregeln, die komplexe Entscheidungsprozesse vereinfachen können. Einige nützliche Heuristiken sind:

Die 10/10/10-Regel: Bei jeder Entscheidung fragen Sie sich: Welche Auswirkungen wird diese Entscheidung in 10 Minuten, 10 Monaten und 10 Jahren haben? Diese Perspektiverweiterung hilft, kurzfristige emotionale Reaktionen auszugleichen und den langfristigen Kontext zu berücksichtigen.

Die 70%-Regel: Wenn Sie etwa 70% der Informationen haben, die Sie idealerweise hätten, und 70% sicher sind, ist es in den meisten Fällen besser zu entscheiden, als weiter zu warten. Diese Heuristik verhindert endlose Informationssuche.

Die Bedauernminimierung: Statt zu fragen „Was macht mich am glücklichsten?", fragen Sie „Was werde ich am wenigsten bereuen?". Diese Umformulierung kann bei Entscheidungen mit Unsicherheit hilfreich sein.

Die Default-Heuristik: Definieren Sie im Vorfeld Standardentscheidungen für wiederkehrende Situationen, um Entscheidungsmüdigkeit zu reduzieren.

Diese Heuristiken sind keine Universallösungen, aber sie können die kognitive Last reduzieren und Entscheidungsprozesse beschleunigen, insbesondere bei Entscheidungen mittlerer Wichtigkeit.

Entscheidungsarchitektur: Äußere Strukturen schaffen
Neben internen Heuristiken können auch externe Strukturen – eine bewusst gestaltete „Entscheidungsarchitektur" – helfen, Entscheidungslähmung zu überwinden:

Optionen begrenzen: Reduzieren Sie bewusst die Anzahl der Optionen, indem Sie Vorfilterungen vornehmen oder Kategorien bilden.

Sequenzielle Entscheidungen: Teilen Sie komplexe Entscheidungen in eine Reihe kleinerer, aufeinander aufbauender Entscheidungen auf.

Entscheidungsrituale: Etablieren Sie bestimmte Zeiträume oder Orte für wichtige Entscheidungen, um den Prozess zu strukturieren.

Externe Deadlines: Setzen Sie sich klare Fristen für Entscheidungen, idealerweise mit externen Verpflichtungen verbunden.

Entscheidungstools: Nutzen Sie strukturierte Werkzeuge wie Entscheidungsmatrizen, Pro-Contra-Listen oder Scorecards, um den Prozess zu objektivieren.

Umgebungsgestaltung: Schaffen Sie eine Umgebung, die konzentrierte Entscheidungsfindung unterstützt, frei von Ablenkungen und störenden Emotionen.

Diese externen Strukturen können Entscheidungsprozesse erheblich erleichtern, indem sie klare Rahmenbedingungen schaffen und übermäßiges Grübeln begrenzen.

Die Rolle von Werten und Prioritäten
Ein oft übersehener Aspekt der Entscheidungsfindung ist die Klarheit über die eigenen Werte und Prioritäten. Viele Entscheidungsschwierigkeiten entstehen nicht durch die Komplexität der Optionen, sondern durch Unklarheit darüber, was uns wirklich wichtig ist.

Die Identifikation und Priorisierung persönlicher Werte kann einen starken Anker für Entscheidungen bieten:

Werteklarheit schaffen: Identifizieren Sie Ihre 5-7 Kernwerte (z.B. Familie, Gesundheit, persönliches Wachstum, beruflicher Erfolg, Kreativität).

Wertehierarchie etablieren: Ordnen Sie diese Werte nach relativer Wichtigkeit – was würden Sie im Konfliktfall priorisieren?

Entscheidungskriterien ableiten: Entwickeln Sie aus Ihren Werten konkrete Kriterien für verschiedene Entscheidungsbereiche.

Wertekonsistenz prüfen: Bei wichtigen Entscheidungen fragen Sie sich: „Welche Option steht am besten im Einklang mit meinen Kernwerten?"

Eine klare Wertehierarchie reduziert Entscheidungsambivalenz und gibt Orientierung, besonders bei komplexen Lebensentscheidungen.

Delegation und Kollaboration bei Entscheidungen
Nicht alle Entscheidungen müssen allein getroffen werden. Eine oft unterschätzte Strategie zur Überwindung von Entscheidungslähmung ist die bewusste Einbeziehung anderer:

Beratende Delegation: Holen Sie Rat von Experten oder erfahrenen Personen ein, behalten Sie aber die endgültige Entscheidung bei sich.

Volle Delegation: Übergeben Sie bestimmte Entscheidungsbereiche vollständig an andere, die besser qualifiziert oder weniger emotional involviert sind.

Gemeinsame Entscheidungsfindung: Teilen Sie die Verantwortung für wichtige Entscheidungen mit relevanten Bezugspersonen.

Entscheidungsmoderation: Bitten Sie eine neutrale dritte Person, einen strukturierten Entscheidungsprozess zu moderieren.

Die Einbeziehung anderer kann nicht nur die kognitive Last reduzieren, sondern auch blinde Flecken aufdecken und die Perspektive erweitern. Wichtig ist jedoch, zwischen hilfreichem Input und verwirrenden Zusatzmeinungen zu unterscheiden.

Entscheidungen als Lernprozess betrachten
Eine grundlegende Verschiebung der Perspektive kann entscheidend sein: Entscheidungen nicht als endgültige, unveränderliche Festlegungen zu betrachten, sondern als Schritte in einem kontinuierlichen Lernprozess.

Diese Perspektive beinhaltet mehrere Aspekte:

Reversibilität erkennen: Die meisten Entscheidungen sind zumindest teilweise umkehrbar oder anpassbar.

Iteratives Entscheiden: Wichtige Lebensentscheidungen als Reihe kleinerer Entscheidungen verstehen, nicht als einmalige große Weichenstellung.

Feedback einplanen: Von vornherein Zeitpunkte festlegen, an denen die Entscheidung überprüft und bei Bedarf angepasst wird.

Fehler als Daten betrachten: Fehlentscheidungen nicht als Versagen, sondern als wertvolle Informationsquelle für zukünftige Entscheidungen sehen.

Experimentelle Haltung: Bei Unsicherheit bewusst „Experimente" wagen, um Informationen zu sammeln, statt nach der perfekten Lösung zu suchen.

Diese lernorientierte Perspektive reduziert den Druck, „richtig" zu entscheiden, und fördert eine agilere, adaptivere Entscheidungspraxis.

Praktische Anwendung: Ihre Entscheidungsfähigkeit stärken
Zum Abschluss dieses Kapitels möchten wir einige praktische Übungen und Techniken vorstellen, die Ihnen

helfen können, Ihre persönliche Entscheidungsfähigkeit zu stärken und Entscheidungslähmung zu überwinden.

Übung 1: Entscheidungsanalyse
Wählen Sie eine aktuelle Entscheidung, bei der Sie sich gelähmt fühlen, und analysieren Sie:

Die Ursache der Lähmung: Handelt es sich primär um Perfektionismus, Fehlerangst oder Optionenüberflutung?

Die Reversibilität: Wie leicht könnte diese Entscheidung rückgängig gemacht oder angepasst werden?

Die Wichtigkeit: Wie bedeutsam ist diese Entscheidung wirklich im größeren Kontext Ihres Lebens?

Die Informationslage: Haben Sie bereits genügend Informationen (70%-Regel), um eine vernünftige Entscheidung zu treffen?

Diese Analyse kann helfen, die Entscheidung in Perspektive zu setzen und unangemessene Blockaden zu identifizieren.

Übung 2: Perfektionismus-Intervention
Wenn Perfektionismus Ihre Entscheidungen blockiert:

Standards hinterfragen: Fragen Sie sich, woher Ihre hohen Standards kommen und ob sie in dieser Situation angemessen sind.

„Gut genug" definieren: Legen Sie explizit fest, was eine „ausreichend gute" Entscheidung in diesem Fall wäre.

Kosten-Nutzen-Analyse: Wiegen Sie den Nutzen einer potenziell „perfekteren" Entscheidung gegen die Kosten des weiteren Aufschiebens ab.

Perfektionistische Gedanken umformulieren: Verwandeln Sie „Es muss die absolut beste Entscheidung sein" in „Ich strebe eine fundierte, durchdachte Entscheidung an".

Diese Interventionen können helfen, perfektionistische Blockaden zu lösen und den Entscheidungsprozess zu mobilisieren.

Übung 3: Angstreduktion bei Entscheidungen
Bei ausgeprägter Fehlerangst:

Worst-Case-Analyse: Fragen Sie sich: „Was ist das Schlimmste, was passieren könnte?" und dann: „Wie würde ich damit umgehen?"

Erfolgsgeschichten sammeln: Erinnern Sie sich an vergangene Situationen, in denen Sie trotz Unsicherheit entschieden haben und es gut ausgegangen ist.

Graduelle Exposition: Beginnen Sie mit kleinen, relativ unbedrohlichen Entscheidungen und steigern Sie schrittweise den Schwierigkeitsgrad.

Selbstmitgefühl praktizieren: Behandeln Sie sich selbst mit der gleichen Güte und Nachsicht, die Sie einem guten Freund entgegenbringen würden, der vor einer schwierigen Entscheidung steht.

Diese Techniken können helfen, die emotionale Ladung von Entscheidungen zu reduzieren und den lähmenden Einfluss der Angst zu verringern.

Übung 4: Optionenreduktion
Bei Überforderung durch zu viele Optionen:

Vorfilterung nach K.O.-Kriterien: Eliminieren Sie zuerst alle Optionen, die bestimmte Mindestanforderungen nicht erfüllen.

Kategorisierung: Gruppieren Sie ähnliche Optionen in Kategorien und wählen Sie zunächst zwischen den Kategorien.

Limitierte Vergleiche: Beschränken Sie sich auf den Vergleich von maximal 3-5 Optionen gleichzeitig.

Wichtigste Kriterien identifizieren: Konzentrieren Sie sich auf die 2-3 wichtigsten Entscheidungskriterien, statt alle möglichen Aspekte zu berücksichtigen.

Diese Strategien können die kognitive Belastung reduzieren und den Entscheidungsprozess überschaubarer machen.

Übung 5: Entscheidungsritual entwickeln
Entwickeln Sie ein persönliches Ritual für wichtige Entscheidungen:

Zeitlichen Rahmen festlegen: Bestimmen Sie einen festen Zeitpunkt und eine maximale Dauer für den Entscheidungsprozess.

Umgebung vorbereiten: Schaffen Sie eine ruhige, fokussierte Umgebung ohne Ablenkungen.

Prozessschritte definieren: Legen Sie eine klare Abfolge von Schritten fest (z.B. Informationssammlung, Optionenbewertung, Bauchgefühl prüfen, Entscheidung).

Abschlusshandlung: Definieren Sie eine konkrete Handlung, die die Entscheidung „besiegelt" und den Prozess abschließt.

Ein solches Ritual kann helfen, Entscheidungsprozesse zu strukturieren und den Übergang vom Abwägen zum Handeln zu erleichtern.

Zusammenfassung: Die wichtigsten Erkenntnisse Entscheidungslähmung ist eine zentrale Ursache für Prokrastination, die durch verschiedene psychologische Faktoren bedingt sein kann:

Perfektionismus führt zu überhöhten Ansprüchen an Entscheidungen und kann durch die Entwicklung eines gesunden Exzellenzstrebens überwunden werden.

Fehlerangst blockiert Entscheidungen durch übertriebene Befürchtungen bezüglich möglicher negativer Konsequenzen und kann durch eine konstruktivere Beziehung zu Fehlern gemildert werden.

Optionenüberflutung kann zu kognitiver Überlastung führen und durch bewusste Begrenzung und Strukturierung von Wahlmöglichkeiten adressiert werden.

Entscheidungsstrukturen und -heuristiken bieten praktische Werkzeuge, um Entscheidungsprozesse zu optimieren und Lähmung zu überwinden.

Die Perspektive auf Entscheidungen als Teil eines kontinuierlichen Lernprozesses kann den lähmenden Druck reduzieren und zu agileren, adaptiveren Entscheidungs-gewohnheiten führen.

Mit dem Verständnis dieser Faktoren und den vorgestell-ten praktischen Strategien können Sie Ihre Entscheidungs-fähigkeit stärken und einen wichtigen Schritt zur Über-windung von Prokrastination machen. Im nächsten Kapi-tel werden wir uns mit der dritten Kernursache der Pro-krastination befassen: der Neuinterpretation dessen, was oft vereinfachend als „Faulheit" bezeichnet wird.

6. Faulheit neu verstehen

„Faulheit" neu verstehen: Energiemanagement und Motivation
„Sie sind einfach zu faul!" – Dieses Urteil haben viele Prokrastinierende schon oft gehört, sei es von anderen oder als innere selbstkritische Stimme. Die Gleichsetzung von Prokrastination mit Faulheit ist jedoch nicht nur ver-einfachend, sondern auch irreführend und potenziell schädlich. Sie verkennt die komplexen psychologischen,

neurologischen und physiologischen Prozesse, die hinter dem Aufschiebeverhalten stehen.

In diesem Kapitel werden wir den Begriff der „Faulheit" kritisch hinterfragen und ein nuancierteres Verständnis entwickeln. Wir werden untersuchen, wie Energiemanagement, Motivationsprozesse und Selbstregulation Prokrastination beeinflussen. Dieses neue Verständnis wird uns helfen, effektivere Strategien zu entwickeln, die an den wahren Ursachen ansetzen, statt nur eine vermeintliche charakterliche Schwäche zu bekämpfen.

6.1 Der Mythos der Faulheit: Eine kritische Neubewertung

Der Begriff „Faulheit" impliziert typischerweise eine moralische Bewertung – eine Charakterschwäche, ein willentliches Vermeiden von Anstrengung, eine Form von Pflichtverletzung. Diese Sichtweise hat tiefe kulturelle Wurzeln, die bis zu religiösen Vorstellungen von Trägheit als Sünde und dem protestantischen Arbeitsethos zurückreichen. Aus wissenschaftlicher Perspektive ist diese moralische Kategorisierung jedoch problematisch und unzureichend, um das komplexe Phänomen der Prokrastination zu erklären.

Die kulturelle Konstruktion von „Faulheit"

Was wir als „Faulheit" bezeichnen, ist zu einem erheblichen Teil ein kulturelles Konstrukt, das von gesellschaftlichen Werten und Normen geprägt ist. In unserer leistungsorientierten westlichen Gesellschaft wird Produktivität oft übermäßig glorifiziert, während Ruhe und Muße abgewertet werden. Diese kulturelle Prägung beeinflusst, wie wir eigenes und fremdes Verhalten bewerten:

In einigen Kulturen wird ein langsameres Lebenstempo und mehr Raum für Muße geschätzt, ohne dass dies als „Faulheit" gebrandmarkt wird.

Historisch betrachtet war das moderne Konzept von Produktivität und ständiger Beschäftigung nicht immer dominant. In vielen vorindustriellen Gesellschaften folgte die Arbeit natürlicheren Rhythmen.

Selbst innerhalb unserer Gesellschaft wird dasselbe Verhalten unterschiedlich bewertet, abhängig vom Status der Person – was bei einer hochrangigen Führungskraft als „strategische Pause" gilt, wird bei einem Angestellten möglicherweise als „Faulheit" abgewertet.

Diese kulturelle Relativität deutet darauf hin, dass „Faulheit" keine objektive Kategorie ist, sondern ein wertgeladener Begriff, der oft mehr über die gesellschaftlichen Erwartungen aussagt als über die tatsächlichen psychologischen Prozesse der betroffenen Person.

Wissenschaftliche Perspektiven auf „Faulheit"

Aus wissenschaftlicher Sicht lässt sich „Faulheit" als Erklärungskonzept für Prokrastination kaum aufrechterhalten:

Motivationspsychologisch betrachtet handeln Menschen typischerweise nicht ohne Grund. Was als „Faulheit" erscheint, ist oft Ausdruck komplexer motivationaler Konflikte oder Defizite – etwa wenn die intrinsische Motivation fehlt, die Aufgabe als nicht relevant für persönliche Ziele erlebt wird oder wenn Selbstwirksamkeitserwartungen gering sind.

Neurobiologisch zeigen Studien, dass scheinbar „faules" Verhalten mit spezifischen Aktivierungsmustern im Gehirn verbunden ist, insbesondere mit Veränderungen in den Belohnungssystemen und präfrontalen Strukturen, die für Selbstregulation verantwortlich sind. Diese Muster sind nicht willentlich kontrollierbar.

Evolutionsbiologisch ist Energieeinsparung eine adaptive Strategie – unsere Vorfahren mussten sorgfältig mit ihren Energiereserven haushalten, um in Zeiten der Nahrungsknappheit zu überleben. Die Tendenz, Energie zu sparen und nur für wichtige Aktivitäten einzusetzen, ist Teil unserer evolutionären Programmierung, keine moralische Schwäche.

Klinisch-psychologisch wird zunehmend erkannt, dass Verhaltensweisen, die als „Faulheit" abgestempelt werden, oft Symptome zugrunde liegender Zustände wie Depression, Aufmerksamkeitsdefizit-Hyperaktivitätsstörung (ADHS), chronischem Erschöpfungssyndrom oder Burnout sein können. Hier führt die moralische Verurteilung als „faul" nicht nur zu falschen Schlussfolgerungen, sondern kann auch adäquate Behandlung verzögern.

Diese wissenschaftlichen Perspektiven legen nahe, dass „Faulheit" als Erklärungskonzept wenig hilfreich ist. Es handelt sich um einen Sammelbegriff, der verschiedene komplexe Phänomene unter einer vereinfachenden moralischen Bewertung zusammenfasst.

Die Schädlichkeit des Faulheits-Narrativs

Die Zuschreibung von „Faulheit" ist nicht nur wissenschaftlich ungenau, sondern kann auch aktiv schädlich sein:

Selbststigmatisierung und Scham: Menschen, die sich selbst als „faul" etikettieren, entwickeln oft Scham- und Schuldgefühle, die ihre Handlungsfähigkeit weiter untergraben, anstatt sie zu motivieren.

Verstärkung von Hilflosigkeit: Das Faulheits-Narrativ suggeriert, dass das Problem ein grundlegender Charakterzug ist, was zu gelernter Hilflosigkeit führen kann – dem Gefühl, dass Veränderung nicht möglich ist.

Verhinderung konstruktiver Lösungen: Die Fokussierung auf vermeintliche Faulheit verdeckt die wahren Ursachen des Aufschiebens und verhindert damit die Entwicklung effektiver Gegenstrategien.

Erhöhung des Prokrastinationsdrucks: Die moralische Verurteilung erhöht den psychologischen Druck, was paradoxerweise die emotionale Aversion gegenüber der Aufgabe verstärkt und zu mehr Prokrastination führen kann.

Störung sozialer Unterstützung: Das Label „faul" kann zwischenmenschliche Unterstützung untergraben, da es Frustration und Ungeduld bei potenziellen Unterstützern fördert.

Eine Abkehr vom Faulheits-Narrativ eröffnet neue Perspektiven auf das Aufschiebeverhalten und ermöglicht differenziertere, wirksamere Interventionsansätze.

Alternative Erklärungsmodelle

Anstelle des simplizistischen Konzepts der „Faulheit" bieten verschiedene wissenschaftliche Disziplinen komplexere und nuanciertere Erklärungen für Aufschiebeverhalten an:

Das Energiemanagement-Modell betrachtet Prokrastination als Ausdruck von Herausforderungen bei der Regulierung und Allokation begrenzter Energieressourcen. Es berücksichtigt biologische Faktoren wie circadiane Rhythmen, Schlafqualität und neurologische Energieverbrauchsmuster.

Das Motivations-Modell fokussiert auf motivationale Faktoren wie intrinsische vs. extrinsische Motivation, Werterwartungen und Selbstwirksamkeitsüberzeugungen. Es erklärt, warum Menschen bestimmte Aktivitäten aufschieben, während sie andere problemlos ausführen.

Das Selbstregulations-Modell untersucht, wie die Fähigkeit zur Selbstregulation durch verschiedene Faktoren beeinträchtigt werden kann, darunter kognitive Belastung, emotionale Zustände und erschöpfte Willenskraft-Ressourcen.

Das neurobiologische Modell betrachtet Prokrastination vor dem Hintergrund von Gehirnfunktionen, insbesondere der Aktivität in präfrontalen Regionen im Vergleich zu limbischen Systemen und Belohnungszentren.

Das Stress-Bewältigungs-Modell versteht Aufschieben als (dysfunktionale) Strategie zur Bewältigung von Überforderung und emotionalem Unbehagen angesichts herausfordernder Aufgaben.

Diese Modelle erlauben ein differenzierteres Verständnis des Aufschiebens als der Begriff „Faulheit" und bieten konkrete Ansatzpunkte für Interventionen.

6.2 Die Biologie der Energie und Erschöpfung

Um Prokrastination jenseits des Faulheits-Paradigmas zu verstehen, ist es hilfreich, die biologischen Grundlagen unserer Energie und Erschöpfung zu betrachten. Unser Energieniveau ist keine rein willentliche Angelegenheit, sondern wird durch komplexe physiologische Prozesse gesteuert.

Die neurobiologischen Grundlagen der Energie

Aus neurobiologischer Sicht wird unsere subjektiv empfundene Energie durch verschiedene Faktoren beeinflusst:

Glukosestoffwechsel: Das Gehirn verbraucht etwa 20% der Körperenergie, obwohl es nur 2% der Körpermasse ausmacht. Die Verfügbarkeit von Glukose beeinflusst direkt unsere kognitive Leistungsfähigkeit und Selbstregulation.

Neurotransmitter: Botenstoffe wie Dopamin, Serotonin und Noradrenalin regulieren unsere Aufmerksamkeit,

Motivation und Energiebereitstellung. Ungleichgewichte in diesen Systemen können zu Erschöpfungsgefühlen und verminderter Handlungsinitiierung führen.

Präfrontale Aktivität: Der präfrontale Kortex, zuständig für Planung, Impulskontrolle und zielgerichtetes Handeln, hat einen besonders hohen Energiebedarf. Bei Erschöpfung nimmt seine Aktivität ab, was zu verminderter Selbstregulation und erhöhter Prokrastination führen kann.

Stresshormone: Chronischer Stress führt zu anhaltend erhöhten Cortisolspiegeln, die langfristig die kognitive Funktion beeinträchtigen und zu Erschöpfungszuständen beitragen können.

Diese biologischen Faktoren sind nicht vollständig willentlich kontrollierbar und werden durch Schlaf, Ernährung, Bewegung, Stress und andere physiologische Prozesse beeinflusst.

Erschöpfungsformen und ihre Auswirkungen auf Handlungsfähigkeit

Erschöpfung ist nicht einheitlich, sondern manifestiert sich in verschiedenen Formen, die unterschiedliche Auswirkungen auf Prokrastination haben können:

Physische Erschöpfung resultiert aus körperlicher Anstrengung oder Schlafmangel und kann die Energie für kognitive Aufgaben verringern. Sie ist relativ eindeutig wahrnehmbar und meist durch Ruhe und Schlaf regenerierbar.

Kognitive Erschöpfung entsteht durch anhaltende mentale Anstrengung und anspruchsvolle Denktätigkeiten. Sie manifestiert sich als verminderte Konzentrationsfähigkeit, erhöhte Ablenkbarkeit und reduzierte Entscheidungsqualität – Faktoren, die direkt zu Prokrastination beitragen können.

Emotionale Erschöpfung resultiert aus anhaltender emotionaler Beanspruchung wie Konflikten, Sorgen oder intensiven Gefühlen. Sie reduziert die Fähigkeit zur Emotionsregulation und erhöht die Tendenz, unangenehmen Aufgaben auszuweichen.

Motivationale Erschöpfung äußert sich als Gefühl der Gleichgültigkeit und fehlenden Antrieb. Sie entsteht oft durch anhaltende Frustration, Rückschläge oder das Gefühl mangelnder Sinnhaftigkeit.

Entscheidungsmüdigkeit (Decision Fatigue) ist eine spezifische Form der Erschöpfung, die durch zu viele sequentielle Entscheidungen entsteht und die Qualität nachfolgender Entscheidungen beeinträchtigt – ein gut dokumentiertes Phänomen, das zu Vermeidungsverhalten führen kann.

Diese Erschöpfungsformen können sich überlappen und verstärken. Wichtig ist: Was oberflächlich als „Faulheit" erscheinen mag, ist oft Ausdruck einer oder mehrerer dieser Erschöpfungsformen.

Energieschwankungen und circadiane Rhythmen

Unser Energieniveau unterliegt natürlichen Schwankungen, die durch evolutionär geprägte circadiane Rhythmen (etwa 24-Stunden-Zyklen) und ultradiane Rhythmen (kürzere Zyklen innerhalb des Tages) gesteuert werden:

Der circadiane Hauptrhythmus wird durch den Suprachiasmatischen Nucleus im Hypothalamus gesteuert und reguliert den Wechsel zwischen Wachheit und Schlaf. Dieser Rhythmus variiert individuell – manche Menschen sind „Frühtypen" (Lerchen), andere „Spättypen" (Eulen).

Ultradiane Rhythmen umfassen kürzere Zyklen von etwa 90-120 Minuten, in denen Phasen höherer Aktivität und Aufmerksamkeit mit Phasen verringerter Energie abwechseln. Diese werden als Basic-Rest-Activity-Cycles (BRAC) bezeichnet.

Der Nachmittagstief ist ein weitverbreitetes Phänomen, bei dem die Alertheit und kognitive Leistungsfähigkeit am frühen Nachmittag temporär abnimmt. Es hat sowohl circadiane als auch ernährungsbedingte Komponenten.

Individuelle Chronotypen beschreiben die persönliche Präferenz für Aktivität zu bestimmten Tageszeiten. Diese Präferenzen haben eine genetische Basis und sind nicht rein willentlich veränderbar.

Die Missachtung dieser natürlichen Rhythmen – etwa durch den Versuch, entgegen dem eigenen Chronotyp produktiv zu sein oder ohne Pausen durchzuarbeiten – kann Prokrastination begünstigen, da sie zu suboptimaler Energienutzung führt.

Energie und Selbstregulation: Das Ego-Depletion-Modell
Ein einflussreiches Modell zum Verständnis des Zusammenhangs zwischen Energie und Selbstregulation ist das Ego-Depletion-Modell von Roy Baumeister. Obwohl dieses Modell in seiner ursprünglichen Form

inzwischen differenzierter betrachtet wird, bietet es wertvolle Einsichten:

Grundannahme: Selbstregulation (die Fähigkeit, Impulse zu kontrollieren, Aufmerksamkeit zu fokussieren und Verhalten zu steuern) verbraucht eine begrenzte mentale Ressource, die durch Nutzung erschöpft wird.

Domänenübergreifende Erschöpfung: Die Ausübung von Selbstkontrolle in einem Bereich reduziert temporär die Selbstkontrollfähigkeit in anderen Bereichen. So kann beispielsweise emotionale Selbstregulation in einem konfliktreichen Meeting später zu verminderter Prokrastinationsresistenz führen.

Ressourcenregeneration: Die erschöpfte Selbstregulationskapazität kann durch Ruhe, positive Emotionen, Glukosezufuhr und bestimmte Achtsamkeitsübungen wiederhergestellt werden.

Neuere Forschungen haben das ursprüngliche Modell modifiziert und betonen stärker motivationale und aufmerksamkeitsbezogene Aspekte. Dennoch bleibt die Grundidee relevant: Selbstregulation erfordert Energie, und erschöpfte Selbstregulationskapazität erhöht die Wahrscheinlichkeit von Prokrastination.

6.3 Motivationspsychologie: Intrinsische vs. extrinsische Anreize

Neben Energiemanagement spielt Motivation eine zentrale Rolle für Prokrastination. Die Motivationspsychologie bietet wertvolle Einsichten, warum wir manche Aufgaben aufschieben und andere nicht – jenseits simplizistischer „Faulheits"-Erklärungen.

Grundlagen der Motivation

Motivation lässt sich definieren als die Gesamtheit der Beweggründe, die zu einer Handlungsbereitschaft führen. Motivationswissenschaftlich betrachtet, benötigen wir für zielgerichtetes Handeln mehrere Komponenten:

Wert: Die subjektive Bedeutsamkeit des Ziels oder der Handlung

Erwartung: Die subjektive Einschätzung der Erfolgswahrscheinlichkeit

Impuls: Die Aktivierungsenergie, um die Handlung zu initiieren

Volition: Die Fähigkeit, die Handlung trotz Widerständen aufrechtzuerhalten

Prokrastination kann durch Defizite in jeder dieser Komponenten entstehen: wenn wir den Wert einer Aufgabe nicht erkennen, wenn wir nicht glauben, sie erfolgreich bewältigen zu können, wenn der Initiierungsimpuls fehlt oder wenn die Volition zur Aufrechterhaltung unzureichend ist.

Intrinsische und extrinsische Motivation

Eine der einflussreichsten Unterscheidungen in der Motivationspsychologie betrifft intrinsische versus extrinsische Motivation:

Intrinsische Motivation entsteht, wenn eine Tätigkeit um ihrer selbst willen ausgeführt wird – aus Interesse, Freude oder weil sie als persönlich bedeutsam erlebt wird. Sie ist mit Flow-Erleben, tieferer Verarbeitung und höherer Ausdauer verbunden.

Extrinsische Motivation basiert auf externen Anreizen wie Belohnungen, Anerkennung oder der Vermeidung negativer Konsequenzen. Sie kann effektiv sein, führt aber oft zu oberflächlicherer Verarbeitung und geringerer Persistenz bei Hindernissen.

Die Selbstbestimmungstheorie von Deci und Ryan differenziert dieses binäre Modell weiter und beschreibt verschiedene Formen extrinsischer Motivation, die mehr oder weniger „internalisiert" sein können:

Externe Regulation: Handeln aufgrund direkter äußerer Kontrolle (Belohnungen, Strafen)

Introjizierte Regulation: Handeln aus innerem Druck und um Schuldgefühle zu vermeiden

Identifizierte Regulation: Handeln aufgrund persönlicher Wichtigkeit des Ziels

Integrierte Regulation: Handeln in Übereinstimmung mit persönlichen Werten und Identität

Je internalisierter die Motivation, desto geringer die Wahrscheinlichkeit von Prokrastination.

Motivationale Interferenzen und Prokrastination

Ein zentrales motivationales Problem bei Prokrastination sind konkurrierende Motivationen und deren Interferenzen:

Zielkonflikte: Wenn verschiedene Ziele miteinander konkurrieren (z.B. Arbeit vs. Freizeit), kann dies zu Handlungslähmung führen.

Belohnungsaufschub: Viele wichtige Aufgaben bieten verzögerte, abstrakte Belohnungen, während Prokrastinationsaktivitäten unmittelbare, konkrete Belohnungen liefern.

Motivationale Interferenz während der Handlung: Selbst wenn wir eine Aufgabe beginnen, können Gedanken an alternative Aktivitäten die Konzentration und Leistung beeinträchtigen.

Motivationale Interferenz nach der Handlung: Das Bewusstsein verpasster alternativer Aktivitäten kann die Zufriedenheit mit der gewählten Tätigkeit verringern und zukünftige Prokrastination fördern.

Diese motivationalen Konflikte zeigen, dass Prokrastination nicht auf „Faulheit" zurückzuführen ist, sondern auf komplexe motivationale Dynamiken, die bewusst gesteuert werden können.

Die Rolle von Zielen und Erwartungen

Die Zieltheorie bietet weitere Einsichten in motivationale Aspekte der Prokrastination:

Zielklarheit: Vage, unklare Ziele führen eher zu Prokrastination als spezifische, messbare Ziele.

Zielschwierigkeit: Sowohl zu leichte (unterfordernd) als auch zu schwierige (überfordernd) Ziele begünstigen Aufschieben.

Zielnähe: Zeitlich oder räumlich entfernte Ziele haben geringere motivationale Kraft als nahe Ziele.

Zielkonflikte: Widersprüchliche Ziele oder Werte führen zu inneren Konflikten und Handlungsblockaden.

Selbstwirksamkeitserwartungen: Die Überzeugung, ein Ziel erreichen zu können, ist entscheidend für die

Handlungsinitiierung. Niedrige Selbstwirksamkeits-erwartungen fördern Prokrastination.

Ergebniserwartungen: Die Überzeugung, dass eine Handlung zum gewünschten Ergebnis führt, beeinflusst die Handlungsbereitschaft erheblich.

Diese Faktoren verdeutlichen, dass Prokrastination oft weniger mit „Faulheit" als mit ungünstigen Zielstrukturen und Erwartungen zusammenhängt – Faktoren, die aktiv gestaltet werden können.

6.4 Selbstregulation und Willenskraft: Begrenzte Ressourcen effektiv nutzen

Selbstregulation – die Fähigkeit, eigenes Denken, Fühlen und Handeln zu steuern – ist ein Schlüsselfaktor für das Verständnis und die Überwindung von Prokrastination. Die Forschung zeigt, dass diese Fähigkeit eine begrenzte Ressource ist, die strategisch eingesetzt werden muss.

Das Konzept der Selbstregulation

Selbstregulation umfasst verschiedene Komponenten, die alle für die Überwindung von Prokrastination relevant sind:

Aufmerksamkeitskontrolle: Die Fähigkeit, Aufmerksamkeit zu fokussieren und ablenkende Stimuli auszublenden.

Emotionsregulation: Die Fähigkeit, emotionale Reaktionen zu modulieren, besonders negative Gefühle, die mit herausfordernden Aufgaben verbunden sind.

Impulskontrolle: Die Fähigkeit, spontanen Handlungs-impulsen zu widerstehen, die von der eigentlichen Aufgabe wegführen.

Handlungsinitiierung: Die Fähigkeit, trotz innerer Widerstände eine Handlung zu beginnen.

Handlungsaufrechterhaltung: Die Fähigkeit, eine Handlung trotz Müdigkeit, Langeweile oder Schwierigkeiten fortzusetzen.

Defizite in jeder dieser Komponenten können zu Prokrastination beitragen, und jede stellt einen potenziellen Ansatzpunkt für Interventionen dar.

Willenskraft als begrenzte Ressource

Das Konzept der Willenskraft (auch als Selbstkontrolle oder exekutive Kontrolle bezeichnet) hat in der Prokrastinationsforschung besondere Aufmerksamkeit erhalten:

Begrenzte Kapazität: Forschungen legen nahe, dass Willenskraft eine begrenzte Ressource ist, die durch Gebrauch temporär erschöpft wird – ein Phänomen, das als „Ego-Depletion" bezeichnet wurde.

Domänenübergreifende Auswirkungen: Die Erschöpfung der Willenskraft in einem Bereich (z.B. durch emotionale Selbstkontrolle) kann die Selbstregulationsfähigkeit in anderen Bereichen beeinträchtigen und zu erhöhter Prokrastination führen.

Regenerationsfaktoren: Die Willenskraftressource kann durch Ruhe, positive Emotionen, leichte körperliche Aktivität und bestimmte Nahrungsmittel regeneriert werden.

Trainierbarkeit: Wie ein Muskel kann Willenskraft durch regelmäßiges „Training" gestärkt werden, was langfristig zu erhöhter Selbstregulationsfähigkeit führen kann.

Die begrenzte Natur der Willenskraft erklärt, warum selbst hochmotivierte Menschen prokrastinieren können, wenn ihre Selbstregulationsressourcen erschöpft sind – ein weiterer Hinweis darauf, dass Prokrastination nicht einfach „Faulheit" ist.

Neuere Perspektiven: Das Prozessmodell der Selbstkontrolle

Neuere Forschungen haben das ursprüngliche Ressourcenmodell der Willenskraft differenziert und erweitert. Das Prozessmodell der Selbstkontrolle von Inzlicht und Schmeichel betont:

Motivationale Verschiebungen: Nach anstrengender Selbstkontrolle verlagert sich die Motivation typischerweise von „Pflicht" zu „Belohnung" – man gönnt sich eher Pausen oder Vergnügen.

Aufmerksamkeitsverschiebungen: Nach anstrengender Selbstkontrolle werden belohnungsbezogene Reize stärker beachtet und pflichtbezogene Reize eher ausgeblendet.

Die Rolle von subjektiven Überzeugungen: Der Glaube an erschöpfte Willenskraft kann selbst die Leistung beeinflussen, unabhängig von der tatsächlichen Erschöpfung.

Diese neueren Perspektiven betonen, dass Willenskrafterschöpfung nicht nur biologisch, sondern auch psychologisch und kontextuell bedingt ist – und damit besser beeinflussbar, als früher angenommen.

Selbstregulationsstrategien gegen Prokrastination

Die Forschung zur Selbstregulation hat verschiedene wirksame Strategien identifiziert, um Prokrastination zu überwinden:

Implementierungsintentionen: Konkrete Wenn-Dann-Pläne („Wenn Situation X eintritt, dann tue ich Y") reduzieren den Bedarf an aktiver Selbstkontrolle und automatisieren zielgerichtetes Verhalten.

Temptation Bundling: Die Verknüpfung einer angenehmen Aktivität mit einer Pflichtaufgabe (z.B. Lieblingsmusik nur beim Sport hören) nutzt Belohnungssysteme für Selbstregulation.

Umgebungsgestaltung: Die Elimination von Ablenkungen und die Schaffung förderlicher Arbeitsumgebungen reduzieren den Bedarf an aktiver Impulskontrolle.

Strategische Aufgabenplanung: Die Platzierung anspruchsvoller Aufgaben in Phasen höchster Willenskraft und Energie optimiert die Nutzung begrenzter Selbstregulationsressourcen.

Metakognitive Strategien: Das Bewusstmachen eigener Gedanken und Gefühle während der Prokrastination ermöglicht früheres Eingreifen und bessere Regulation.

Diese Strategien verdeutlichen, dass effektive Prokrastinationsbekämpfung weniger auf „mehr Disziplin" als auf intelligentem Management begrenzter Selbstregulationsressourcen basiert.

6.5 Die Rolle von Erholung und Regeneration

Ein oft übersehener Aspekt im Zusammenhang mit Prokrastination ist die zentrale Bedeutung von Erholung und Regeneration. Entgegen der verbreiteten Vorstellung, dass mehr Arbeit und weniger Pausen zu höherer Produktivität führen, zeigt die Forschung, dass strategische Erholung essentiell für nachhaltige Leistungsfähigkeit ist.

Die Wissenschaft der Erholung

Erholung ist nicht einfach die Abwesenheit von Arbeit, sondern ein aktiver Prozess der Wiederherstellung psychischer und physischer Ressourcen:

Physiologische Erholung umfasst die Normalisierung körperlicher Systeme nach Belastung, inkl. Hormonspiegel, Herzfrequenz und Muskelspannung.

Kognitive Erholung beinhaltet die Regeneration mentaler Kapazitäten wie Aufmerksamkeit, Konzentration und Entscheidungsfähigkeit.

Emotionale Erholung umfasst die Wiederherstellung emotionaler Stabilität und positiver Stimmung nach Belastungen.

Motivationale Erholung betrifft die Wiederherstellung von Antrieb, Interesse und Engagement für Aufgaben.

Die Forschung zeigt, dass adäquate Erholung in all diesen Bereichen direkt mit verminderter Prokrastination zusammenhängt – ein weiterer Grund, warum das „Faulheits"-Narrativ zu kurz greift.

Erholungsformen und ihre Wirksamkeit

Verschiedene Formen der Erholung haben unterschiedliche Wirkungen und Einsatzbereiche:

Mikropausen (30 Sekunden bis 5 Minuten) können bereits kurzfristige kognitive Erholung bieten und Konzentration wiederherstellen. Sie sind besonders wirksam, wenn sie proaktiv eingesetzt werden, bevor vollständige Erschöpfung eintritt.

Kurze Pausen (5-30 Minuten) ermöglichen tiefere Erholung und können Aufmerksamkeit und Motivation signifikant verbessern. Besonders wirksam sind natur-basierte Pausen (z.B. kurze Spaziergänge) oder soziale Interaktionen.

Längere Erholungsphasen (mehrere Stunden bis Tage) sind notwendig für die vollständige Regeneration nach intensiven Arbeitsperioden. Sie beugen chronischer Erschöpfung und dem damit verbundenen Prokrastinationsrisiko vor.

Schlaf ist die fundamentalste Form der Erholung. Schlafmangel beeinträchtigt direkt die präfrontalen Funktionen, die für Selbstregulation und Prokrastinationsresistenz entscheidend sind.

Die Wirksamkeit dieser Erholungsformen hängt von individuellen Faktoren und dem Grad der vorangegangenen Belastung ab. Ein personalisierter Erholungsplan ist daher effektiver als generische Empfehlungen.

Der Erholungs-Paradox

Ein interessantes Phänomen im Zusammenhang mit Prokrastination ist das „Erholungs-Paradox":

Menschen, die am stärksten Erholung benötigen (weil sie erschöpft sind), haben oft die größten Schwierigkeiten, Erholung wahrzunehmen und zu genießen.

Erschöpfte Personen neigen dazu, passive, wenig regenerative „Pseudo-Erholung" zu wählen (z.B. Social-Media-Scrollen), statt aktiver, wirklich erholsamer Aktivitäten.

Die Fähigkeit, Erholungsbedürfnisse zu erkennen und adäquat zu befriedigen, nimmt mit steigender Erschöpfung ab.

Dieses Paradox kann zu einem Teufelskreis führen: Erschöpfung führt zu ineffektiver Erholung, was weitere Erschöpfung verursacht und schließlich in chronische Prokrastination münden kann.

Die strategische Integration von Arbeit und Erholung

Die optimale Balance zwischen Aktivität und Erholung folgt bestimmten rhythmischen Mustern, die im Einklang mit unseren biologischen Systemen stehen:

Der ultradiane Rhythmus suggeriert, dass kognitive Hochleistungsphasen von etwa 90-120 Minuten durch kürzere Erholungsphasen (15-30 Minuten) unterbrochen werden sollten.

Die Pomodoro-Technik (25 Minuten Arbeit, 5 Minuten Pause) ist eine praktische Anwendung dieses Prinzips, die für viele Aufgabentypen wirksam sein kann.

Strategisches Pausenmanagement bedeutet, Pausen präventiv einzuplanen, statt auf Erschöpfungssignale zu warten. Dies verhindert tiefe Erschöpfungszustände, die zu Prokrastination führen können.

Die Work-Recovery-Balance betont, dass verschiedene Arbeitstypen unterschiedliche Erholungsformen erfordern: Sozial anstrengende Arbeit profitiert von Phasen der Einsamkeit, kognitiv fordernde Arbeit von körperlicher Aktivität, usw.

Die bewusste Integration dieser Prinzipien in den Arbeitsalltag kann Prokrastination signifikant reduzieren, indem sie optimale Energielevel und mentale Frische aufrechterhält.

Praktische Anwendung: Ihr persönliches Energiemanagement optimieren

Zum Abschluss dieses Kapitels möchten wir einige praktische Übungen und Techniken vorstellen, die Ihnen helfen, Ihr persönliches Energiemanagement zu optimieren und dadurch Prokrastination zu reduzieren.

Übung 1: Energietagebuch führen

Führen Sie über eine Woche ein Energietagebuch, in dem Sie stündlich Ihre subjektive Energie (1-10), Ihre Tätigkeiten und relevante Einflussfaktoren (Mahlzeiten, Kaffee, Bewegung etc.) notieren. Analysieren Sie anschließend:

Ihre natürlichen Energiehochs und -tiefs im Tagesverlauf
Aktivitäten und Faktoren, die Ihre Energie positiv oder negativ beeinflussen
Muster der Prokrastination in Relation zu Ihren Energieniveaus

Diese Analyse ermöglicht es Ihnen, wichtige Aufgaben strategisch in Hochenergiephasen zu planen und Energieräuber zu identifiz „Faulheit" neu verstehen: Energiemanagement und Motivation

7. Zeitliche Diskontierung: Die Zukunft abwerten

„Warum sollte ich heute für eine Prüfung lernen, die erst in vier Wochen stattfindet?"

„Ich weiß, dass ich für meine Altersvorsorge sparen sollte, aber jetzt gerade brauche ich das Geld für einen neuen Fernseher."

„Die Abgabefrist ist erst nächste Woche – ich fange morgen an."

Diese Gedanken sind Ausdruck eines fundamentalen psychologischen Phänomens, das die vierte Kernursache der Prokrastination darstellt: die zeitliche Diskontierung. Hierbei handelt es sich um unsere systematische Tendenz, zukünftige Belohnungen und Kosten im Vergleich zu gegenwärtigen abzuwerten. Eine Belohnung von 100 Euro heute erscheint uns wertvoller als dieselbe Belohnung in einem Monat. Ebenso erscheint uns eine unangenehme Aufgabe heute belastender als dieselbe Aufgabe in der Zukunft.

Diese Neigung, das Hier und Jetzt übermäßig zu gewichten, hat tiefe evolutionäre Wurzeln und neurologische Grundlagen. Sie erklärt, warum wir selbst bei vollem Bewusstsein der langfristigen negativen Konsequenzen kurzfristige Belohnungen bevorzugen und wichtige Aufgaben aufschieben. In diesem Kapitel werden wir die zeitliche Diskontierung aus verschiedenen wissenschaftlichen Perspektiven betrachten und verstehen, wie sie Prokrastination fördert und wie wir ihr entgegenwirken können.

7.1 Das Konzept der zeitlichen Diskontierung: Theorie und Forschung

Die zeitliche Diskontierung beschreibt unsere Tendenz, den subjektiven Wert einer Belohnung oder eines Verlusts mit zunehmender zeitlicher Distanz zu verringern. Obwohl dieses Phänomen intuitiv verständlich ist – wer möchte nicht lieber heute als morgen belohnt werden? – hat die wissenschaftliche Forschung komplexe und faszinierende Aspekte dieser scheinbar einfachen Präferenz enthüllt.

Grundlegende Konzepte und Modelle

Die Forschung zur zeitlichen Diskontierung hat mehrere Schlüsselkonzepte und theoretische Modelle hervorgebracht:

Diskontierungsrate: Sie beschreibt, wie stark der subjektive Wert einer Belohnung mit zeitlicher Verzögerung abnimmt. Menschen mit hoher Diskontierungsrate (steiler Abwertung) neigen stärker zu impulsiven Entscheidungen und Prokrastination.

Hyperbolische vs. exponentielle Diskontierung: Frühere ökonomische Modelle nahmen eine exponentielle Diskontierung an – eine gleichmäßige Abwertung über die Zeit. Verhaltensstudien zeigen jedoch, dass Menschen typischerweise hyperbolisch diskontieren: Der Wert einer Belohnung nimmt zunächst sehr steil ab, dann immer flacher. Dies erklärt Präferenzumkehrungen: Wir bevorzugen beispielsweise 100€ heute gegenüber 110€ morgen, aber 110€ in 31 Tagen gegenüber 100€ in 30 Tagen – obwohl der zeitliche Abstand identisch ist.

Belohnungs-Aufschub-Paradigma: Diese klassische experimentelle Anordnung, bekannt durch Walter Mischels „Marshmallow-Test", untersucht die Fähigkeit, immediate kleinere Belohnungen zugunsten späterer größerer Belohnungen aufzuschieben. Die Ergebnisse korrelieren mit späteren Lebenserfolgen, von akademischen Leistungen bis zur finanziellen Stabilität.

Intervalleffekt: Die wahrgenommene Länge eines Zeitintervalls ist nicht linear. Kurze Intervalle (Stunden, Tage) werden subjektiv länger wahrgenommen als längere Intervalle (Monate, Jahre). Dies erklärt, warum es uns leichter fällt, langfristige Pläne zu schmieden („Nächstes Jahr werde ich jeden Tag Sport treiben"), aber schwerer, kurzfristige Versuchungen zu widerstehen.

Individuelle Unterschiede in der zeitlichen Diskontierung

Die Forschung hat substantielle individuelle Unterschiede in der Neigung zur zeitlichen Diskontierung identifiziert:

Genetische Faktoren: Zwillingsstudien legen nahe, dass etwa 40-60% der Varianz in Diskontierungsraten genetisch bedingt sein könnten, was auf biologische Grundlagen hindeutet.

Entwicklungsaspekte: Kinder diskontieren zukünftige Ergebnisse stärker als Erwachsene. Die Fähigkeit zum Belohnungsaufschub entwickelt sich parallel zur Reifung präfrontaler Hirnregionen, die für Impulskontrolle und Zukunftsplanung verantwortlich sind.

Stabile Persönlichkeitsmerkmale: Zeitliche Diskontierung korreliert mit Persönlichkeitseigenschaften wie Gewissenhaftigkeit (negativ) und Impulsivität (positiv). Es gibt Überschneidungen mit dem Konzept der Selbstkontrolle, obwohl es sich um distinkte Konstrukte handelt.

Situative Faktoren: Stress, kognitive Belastung, emotionale Erregung und sogar körperliche Anstrengung können die Diskontierungsrate temporär erhöhen – ein Befund mit wichtigen Implikationen für Prokrastination unter belastenden Bedingungen.

Diese individuellen Unterschiede erklären teilweise, warum manche Menschen chronisch prokrastinieren, während andere selbst unter schwierigen Bedingungen diszipliniert bleiben können.

Messung und quantitative Erfassung
Die wissenschaftliche Untersuchung der zeitlichen Diskontierung hat präzise Methoden zur Quantifizierung entwickelt:

Monetäre Wahlaufgaben: Versuchspersonen entscheiden zwischen kleineren sofortigen und größeren verzögerten Geldbeträgen (z.B. „Möchten Sie 20€ heute oder 30€ in zwei Wochen?"). Durch systematische Variation der Beträge und Verzögerungen kann die individuelle Diskontierungsrate berechnet werden.

Diskontierungskurven: Mathematische Funktionen beschreiben, wie der subjektive Wert einer Belohnung mit der Zeit abnimmt. Die hyperbolische Funktion $V = A/(1+kD)$, wobei V der subjektive Wert, A der objektive Betrag, D die Verzögerung und k die individuelle Diskontierungsrate ist, modelliert menschliches Verhalten besser als exponentielle Funktionen.

Domänenspezifische Messung: Neuere Forschungen zeigen, dass Diskontierungsraten zwischen verschiedenen Bereichen variieren können – etwa zwischen monetären Belohnungen, Gesundheitsvorteilen oder Umweltressourcen. Eine Person kann in einem Bereich stark diskontieren und in einem anderen weniger.

Implizite Maße: Neben expliziten Wahlaufgaben erfassen neuere Methoden implizite Aspekte der Zeitpräferenz durch Reaktionszeitmessungen oder physiologische Indikatoren, was ein umfassenderes Bild ermöglicht.

Diese Messmethoden helfen nicht nur Forschern, das Phänomen besser zu verstehen, sondern können auch praktisch eingesetzt werden, um individuelle Risikoprofile für Prokrastination zu erstellen und maßgeschneiderte Interventionen zu entwickeln.

Die Beziehung zur Prokrastination
Die Verbindung zwischen zeitlicher Diskontierung und Prokrastination ist direkter als bei vielen anderen psychologischen Faktoren:

Dualität der Prokrastination: Typische Prokrastinationssituationen beinhalten die Wahl zwischen unmittelbarem Vergnügen (z.B. Social Media) und verzögerten Belohnungen (z.B. akademischer Erfolg). Bei steiler Diskontierung wird das Gleichgewicht hin zur sofortigen Belohnung verschoben.

Umgekehrte Diskontierung von Anstrengung: Während wir Belohnungen in der Zukunft abwerten, werten wir Anstrengungen und unangenehme Aufgaben in der Zukunft auf. Eine unangenehme Aufgabe erscheint weniger belastend, wenn sie in der Zukunft

liegt – daher der vertraute Gedanke „Ich werde mich morgen besser fühlen, es zu tun."

Das „Now-Me" vs. „Later-Me" Problem: Zeitliche Diskontierung erzeugt einen Konflikt zwischen dem gegenwärtigen und dem zukünftigen Selbst. Das „Now-Me" bevorzugt unmittelbare Belohnungen, während das „Later-Me" die Konsequenzen des Aufschiebens tragen muss – ein klassischer intertermporaler Konflikt.

Deadline-Effekte: Die Diskontierungskurve erklärt, warum Deadlines wirksam sind: Je näher der Abgabetermin rückt, desto steiler steigt der wahrgenommene Wert der Aufgabenerledigung (bzw. die Kosten der Nicht-Erledigung). Dies erklärt das typische Prokrastinationsmuster, bei dem die Aktivität kurz vor der Deadline dramatisch zunimmt.

Diese Zusammenhänge verdeutlichen, warum zeitliche Diskontierung ein so mächtiger Treiber der Prokrastination ist – und warum reine Willensappelle oft wirkungslos bleiben. Die Tendenz zur Abwertung zukünftiger Konsequenzen ist tief in unseren kognitiven und neurologischen Systemen verankert.

7.2 Evolutionäre Grundlagen der Gegenwartspräferenz
Warum neigen Menschen so stark dazu, die Gegenwart zu bevorzugen, selbst wenn dies langfristig nachteilig ist? Die Evolutionspsychologie bietet faszinierende Erklä-

rungen, die verdeutlichen, dass zeitliche Diskontierung keine irrationale Schwäche, sondern eine adaptive Strategie in der Evolutionsgeschichte unserer Spezies war.

Adaptive Funktion der Gegenwartspräferenz
In der evolutionären Vergangenheit des Menschen war die Bevorzugung unmittelbarer Belohnungen oft eine rationale Strategie:

Unsicherheit der Zukunft: In natürlichen Umgebungen war die Zukunft hochgradig unvorhersehbar. Ressourcen konnten durch Raubtiere, Rivalen oder Naturereignisse verloren gehen. Das Sprichwort „Ein Spatz in der Hand ist besser als eine Taube auf dem Dach" reflektiert diese adaptive Logik.

Kurze Lebenserwartung: Mit einer durchschnittlichen Lebenserwartung von 30-40 Jahren in prähistorischen Gesellschaften war die Wahrscheinlichkeit, verzögerte Belohnungen zu erleben, objektiv geringer als heute.

Begrenzte Speicherfähigkeit: Vor der Entwicklung fortschrittlicher Speichertechnologien (von Schrift bis zu Kühlschränken) war die Möglichkeit, Ressourcen für die Zukunft aufzubewahren, physisch limitiert. Nahrung verdarb, Materialien verschlechterten sich.

Opportunitätskosten: In einer ressourcenarmen Umgebung konnte das Verpassen einer unmittelbaren

Gelegenheit (z.B. zum Nahrungserwerb) schwerwiegende Konsequenzen haben, während der Nutzen langfristiger Investitionen unsicherer war.

Diese Faktoren machten eine gewisse Gegenwartspräferenz zu einer adaptiven Strategie, die die Überlebens- und Reproduktionschancen in unserer evolutionären Vergangenheit erhöhte.

Mismatch zwischen evolutionärer Vergangenheit und moderner Welt
Ein zentrales Konzept in der Evolutionspsychologie ist der „evolutionäre Mismatch" – die Diskrepanz zwischen den Bedingungen, unter denen sich unsere psychologischen Mechanismen entwickelt haben, und der modernen Umwelt:

Veränderte Lebensverhältnisse: In heutigen industrialisierten Gesellschaften ist die Zukunft wesentlich vorhersehbarer, die Lebenserwartung höher und Ressourcenspeicherung einfacher als in unserer evolutionären Vergangenheit.

Neue Herausforderungen: Wir stehen vor langfristigen Herausforderungen, für die es keine evolutionären Präzedenzfälle gibt – von der Altersvorsorge bis zum Klimaschutz. Diese erfordern eine langfristige Perspektive, die unseren evolutionären Neigungen widerspricht.

Unmittelbare Belohnungsquellen: Die moderne Welt bietet eine nie dagewesene Fülle an sofortigen Belohnungen – von Fast Food bis zu digitaler Unterhaltung –, die evolutionär programmierte Präferenzen aktivieren, aber langfristigen Zielen entgegenstehen können.

Abstrakte vs. konkrete Risiken: Unser Gehirn hat sich entwickelt, um auf konkrete, unmittelbare Bedrohungen (z.B. Raubtiere) zu reagieren, nicht auf abstrakte, statistische oder verzögerte Risiken, wie sie für viele moderne Probleme charakteristisch sind.

Dieser Mismatch erklärt, warum zeitliche Diskontierung in der modernen Welt oft maladaptiv ist und zu Prokrastination, mangelnder Vorsorge und kurzfristigem Denken führt, obwohl sie evolutionär sinnvoll war.

Risikoadaptive Hintergründe
Ein faszinierender Aspekt der evolutionären Perspektive betrifft die Anpassung der Diskontierungsrate an Umweltbedingungen:

Ressourcenverfügbarkeit: In ressourcenarmen oder unvorhersehbaren Umgebungen kann eine höhere Diskontierungsrate (stärkere Gegenwartspräferenz) adaptiv sein. Studien zeigen, dass Menschen aus wirtschaftlich unsicheren Verhältnissen tendenziell höhere Diskontierungsraten aufweisen.

Mortalitätsrisiken: Die wahrgenommene Lebenserwartung beeinflusst Diskontierungsraten. Menschen in Umgebungen mit höheren Mortalitätsrisiken (sei es durch Gewalt, Krankheit oder andere Faktoren) zeigen typischerweise steilere Diskontierung – eine rationale Anpassung an die verringerte Wahrscheinlichkeit, langfristige Erträge zu erleben.

Reproduktive Strategien: Die Life-History-Theorie verbindet Diskontierungsraten mit reproduktiven Strategien. Umgebungen mit hoher Unsicherheit begünstigen „schnelle" Lebensstrategien mit früherer Reproduktion und höherer Diskontierung, während stabile, ressourcenreiche Umgebungen „langsame" Strategien mit späterer Reproduktion und geringerer Diskontierung fördern.

Diese evolutionären Perspektiven verdeutlichen, dass unterschiedliche Diskontierungsraten nicht einfach persönliche Charakterschwächen widerspiegeln, sondern teilweise adaptive Anpassungen an verschiedene Umweltbedingungen darstellen können – ein wichtiger Gedanke für ein nicht-wertendes Verständnis von Prokrastination.

Intergenerationale Transmission
Ein weiterer relevanter Aspekt ist die Weitergabe von Zeitpräferenzen über Generationen:

Genetische Übertragung: Wie erwähnt, haben Zwillingsstudien eine signifikante genetische Komponente der zeitlichen Diskontierung nachgewiesen, was eine biologische Basis dieser Tendenz nahelegt.

Kulturelle Transmission: Zeitpräferenzen werden auch kulturell weitergegeben – durch Erziehungspraktiken, sozialen Normen und kulturelle Werte. Gesellschaften unterscheiden sich systematisch in ihrer Zukunftsorientierung, was sich in sprachlichen Strukturen, Sparverhalten und langfristiger Planung zeigt.

Epigenetische Effekte: Emerging Research deutet auf die Möglichkeit epigenetischer Effekte hin – Umwelteinflüsse können die Genexpression verändern und so Zeitpräferenzen zwischen Generationen beeinflussen, ohne die DNA-Sequenz selbst zu verändern.

Diese Übertragungsmechanismen erklären, warum Zeitpräferenzen relativ stabil sind und warum Prokrastinationsmuster in Familien gehäuft auftreten können – was wiederum die Notwendigkeit maßgeschneiderter Interventionen unterstreicht, die diese tiefen Wurzeln berücksichtigen.

7.3 Neurologische Mechanismen der Zeitwahrnehmung
Die zeitliche Diskontierung hat nicht nur evolutionäre, sondern auch neurologische Grundlagen. Die Neurowissenschaft hat in den letzten Jahrzehnten bemerkenswerte Einsichten in die Gehirnmechanismen gewonnen,

die unserer Bewertung zukünftiger Ergebnisse und damit auch der Prokrastination zugrunde liegen.

Neuronale Schaltkreise der Zeitdiskontierung

Funktionelle Bildgebungsstudien haben mehrere Schlüsselregionen identifiziert, die bei intertemporalen Entscheidungen aktiviert werden:

Das Belohnungssystem: Der Nucleus accumbens und andere Komponenten des mesolimbischen Dopaminsystems reagieren stärker auf unmittelbare als auf verzögerte Belohnungen. Diese Regionen zeigen erhöhte Aktivität, wenn sofortige Optionen verfügbar sind.

Der ventromediale präfrontale Kortex (vmPFC) ist entscheidend für die Berechnung des subjektiven Werts von Optionen. Bei Menschen mit steiler Diskontierung zeigt diese Region eine verminderte Aktivierung bei der Betrachtung zukünftiger Belohnungen.

Der dorsale laterale präfrontale Kortex (dlPFC) ist an kognitiver Kontrolle und langfristiger Planung beteiligt. Eine stärkere Aktivierung dieser Region korreliert mit der Auswahl größerer, verzögerter Belohnungen über kleinere, sofortige.

Das Striatum reagiert auf die Antizipation von Belohnungen, wobei seine Aktivität mit zunehmender Verzögerung abnimmt – ein neuronales Korrelat der Diskontierungskurve.

Diese Gehirnregionen interagieren in einem komplexen Netzwerk, wobei das relative Gleichgewicht zwischen „impulsiven" (limbischen) und „selbstkontrollierenden" (präfrontalen) Regionen beeinflusst, ob wir prokrastinieren oder langfristige Ziele verfolgen.

Der Konflikt dualer Systeme
Ein einflussreiches Modell in der Neurowissenschaft beschreibt intertemporale Entscheidungen als Ergebnis eines Konflikts zwischen zwei neuronalen Systemen:

Das „heiße", impulsive System umfasst den Nucleus accumbens, die Amygdala und verwandte limbische Strukturen. Es reagiert stark auf unmittelbare Belohnungen und emotionale Reize und ist phylogenetisch älter.

Das „kühle", reflektive System umfasst präfrontale Regionen, insbesondere den dlPFC. Es ermöglicht abstrakte, längerfristige Überlegungen und kann impulsive Reaktionen unterdrücken.

Beim Prokrastinieren „gewinnt" typischerweise das heiße System, was neurobiologisch durch stärkere Aktivierung limbischer Regionen und/oder schwächere Aktivierung präfrontaler Regionen erklärt werden kann.

Interessanterweise kann dieser Konflikt durch verschiedene Faktoren beeinflusst werden:

Stress verstärkt die Aktivität des heißen Systems und schwächt das kühle System
Schlafmangel beeinträchtigt besonders präfrontale Funktionen
Training in Achtsamkeit und Selbstregulation kann die präfrontale Kontrolle stärken
Diese neurowissenschaftlichen Erkenntnisse verdeutlichen, warum Prokrastination nicht einfach ein „Willensproblem" ist, sondern mit grundlegenden Gehirnfunktionen zusammenhängt, die nur teilweise bewusster Kontrolle unterliegen.

Neurochemische Grundlagen
Auf neurochemischer Ebene spielen mehrere Neurotransmittersysteme bei der zeitlichen Diskontierung eine Rolle:

Dopamin ist zentral für Belohnungsantizipation und -bewertung. Interessanterweise löst nicht nur der Erhalt einer Belohnung, sondern bereits ihre Erwartung Dopaminausschüttungen aus. Bei verzögerten Belohnungen ist diese Reaktion jedoch gedämpft, was ihre verringerte motivationale Kraft erklärt.

Serotonin scheint mit Impulsivität und Geduld zusammenzuhängen. Studien mit selektiven Serotonin-

Wiederaufnahmehemmern (SSRI) zeigen, dass erhöhte Serotoninspiegel die Tendenz zur Auswahl verzögerter Belohnungen verstärken können.

Noradrenalin ist an der Regulierung von Aufmerksamkeit und Reaktionsbereitschaft beteiligt und kann die relative Gewichtung von gegenwärtigen versus zukünftigen Überlegungen beeinflussen.

Diese neurochemischen Mechanismen erklären teilweise, warum Prokrastination mit bestimmten psychiatrischen Zuständen wie ADHS (gekennzeichnet durch Dopamin-Dysregulation) korreliert und warum psychoaktive Substanzen die Diskontierungsrate beeinflussen können.

Zeitwahrnehmung im Gehirn
Ein faszinierender Aspekt der neurologischen Grundlagen betrifft die Wahrnehmung der Zeit selbst:

Subjektive Zeitkompression: Neuropsychologische Studien zeigen, dass Menschen dazu neigen, zukünftige Zeitintervalle subjektiv zu „komprimieren" – ein Jahr in der Zukunft wird mental als viel kürzer repräsentiert als das vergangene Jahr. Dies kann dazu führen, dass zukünftige Konsequenzen als näher und damit wichtiger wahrgenommen werden, als sie objektiv sind.

Episodisches Zukunftsdenken: Die Fähigkeit, sich lebhaft zukünftige Szenarien vorzustellen, hängt von ähnlichen

Gehirnregionen ab wie episodische Erinnerungen (insbesondere dem Hippocampus). Menschen mit Beeinträchtigungen dieser Regionen zeigen oft steilere Diskontierungskurven, da ihnen die Fähigkeit fehlt, zukünftige Belohnungen konkret und emotional relevant zu visualisieren.

Neuronale Repräsentation des zukünftigen Selbst: Faszinierende fMRT-Studien zeigen, dass wir beim Nachdenken über unser zukünftiges Selbst teilweise ähnliche Gehirnregionen aktivieren wie beim Nachdenken über fremde Personen. Je weiter in der Zukunft, desto stärker diese „Selbst-Fremd-Überlappung" – was erklären könnte, warum wir uns manchmal verhalten, als wäre unser zukünftiges Selbst ein Fremder, dessen Interessen uns weniger wichtig sind.

Diese neurologischen Mechanismen der Zeitwahrnehmung verdeutlichen, dass unsere Schwierigkeiten mit langfristiger Planung und Prokrastination teilweise in der Art und Weise wurzeln, wie unser Gehirn Zeit und Zukunft repräsentiert – ein weiterer Hinweis darauf, dass Prokrastination tiefer verankert ist als in bloßer „Willensschwäche".

7.4 Kulturelle und individuelle Unterschiede im Umgang mit Zeit
Die zeitliche Diskontierung und der Umgang mit Prokrastination werden stark von kulturellen und individuellen

Faktoren beeinflusst. Die Forschung zeigt faszinierende Unterschiede, die verdeutlichen, dass unsere Zeitperspektive nicht nur biologisch, sondern auch sozial und kulturell geprägt ist.

Kulturelle Zeitorientierungen
Anthropologische und kulturvergleichende Studien haben substanzielle Unterschiede in der Zeitorientierung verschiedener Kulturen identifiziert:

Monochrone vs. polychrone Kulturen: Monochrone Kulturen (typisch in Nordeuropa und Nordamerika) betonen Pünktlichkeit, Linearität und sequentielle Aufgabenbearbeitung. Polychrone Kulturen (häufiger im Mittelmeerraum, Lateinamerika und Teilen Asiens) sind flexibler bezüglich Zeitplänen und tolerieren simultane Aktivitäten. Diese Unterschiede beeinflussen, was als „Prokrastination" versus „flexible Zeitplanung" interpretiert wird.

Zeithorizont-Unterschiede: Kulturen variieren in ihrer Zukunftsorientierung. Der Kulturwissenschaftler Geert Hofstede identifizierte die „Langzeit- vs. Kurzzeitorientierung" als eine zentrale kulturelle Dimension. Ostasiaten Gesellschaften zeigen typischerweise eine stärkere Langzeitorientierung, was sich in niedrigeren Diskontierungsraten und langfristigeren Planungshorizonten äußert.

Zirkuläre vs. lineare Zeitkonzepte: Während westliche Kulturen Zeit tendenziell als linear und fortschreitend konzeptualisieren, betonen viele indigene und einige östliche Traditionen zyklische oder spiralförmige Zeitvorstellungen. Dies kann die subjektive Dringlichkeit von Entscheidungen und damit Prokrastinationsmuster beeinflussen.

Präsenz- vs. Zukunftsorientierung: Manche Kulturen betonen stärker das Leben im gegenwärtigen Moment (präsenzorientiert), während andere den Fokus auf zukünftige Ergebnisse legen (zukunftsorientiert). Diese kulturellen Werte werden durch Erziehung, Medien und soziale Normen vermittelt und beeinflussen individuelle Diskontierungstendenzen.

Diese kulturellen Unterschiede manifestieren sich in Sprichwörtern, Erziehungspraktiken, wirtschaftlichen Entscheidungen und sozialen Normen und prägen die individuellen Zeitpräferenzen der Kulturmitglieder.

Sozioökonomische Faktoren
Die Forschung zeigt deutliche Zusammenhänge zwischen sozioökonomischen Faktoren und zeitlicher Diskontierung:

Wirtschaftliche Unsicherheit: Menschen in prekären wirtschaftlichen Verhältnissen zeigen typischerweise höhere Diskontierungsraten – eine rationale Anpassung an

Umgebungen, in denen die Zukunft unvorhersehbarer ist und unmittelbare Bedürfnisse drängender sind.

Bildungsniveau: Höhere Bildung korreliert mit niedrigeren Diskontierungsraten, teilweise aufgrund von Selektionseffekten (Menschen mit niedrigerer Diskontierung investieren eher in Bildung), aber auch aufgrund der in Bildungskontexten geförderten Fähigkeit zum abstrakten und langfristigen Denken.

Ressourcenverfügbarkeit in der Kindheit: Die in der Kindheit erfahrene Ressourcenverfügbarkeit prägt Diskontierungsmuster bis ins Erwachsenenalter. Studien zeigen, dass frühkindliche Armut mit steilerer Diskontierung im späteren Leben assoziiert ist, selbst nach Kontrolle aktueller ökonomischer Faktoren.

Institutionelle Vertrauenswürdigkeit: In Gesellschaften mit stabilen, vertrauenswürdigen Institutionen sind Diskontierungsraten typischerweise niedriger. Wenn Menschen darauf vertrauen können, dass versprochene zukünftige Erträge tatsächlich realisiert werden, steigt die Bereitschaft zum Belohnungsaufschub.

Diese sozioökonomischen Faktoren verdeutlichen, dass steilere Diskontierung und damit verbundene Prokrastination in bestimmten Kontexten eine rationale, adaptive Reaktion auf Umweltbedingungen darstellen kann, nicht nur ein persönliches Defizit.

Lebensspannen-Perspektive
Die Zeitperspektive und Diskontierungstendenzen verändern sich im Laufe des Lebens:

Entwicklungsbedingte Veränderungen: Kinder und
Jugendliche zeigen typischerweise steilere Diskontierung
als Erwachsene, was mit der neurologischen Entwicklung
des präfrontalen Kortex zusammenhängt, der erst im
frühen Erwachsenenalter vollständig ausgereift ist.

Mittleres Lebensalter: Im mittleren Lebensalter erreichen
viele Menschen den niedrigsten Punkt ihrer Diskontierungskurve – sie sind am stärksten zukunftsorientiert, was
mit familiären und beruflichen Verantwortlichkeiten
zusammenhängt.

Veränderungen im höheren Alter: Im höheren Alter kann
die Diskontierungsrate wieder steigen, was eine rationale
Anpassung an den kürzeren verbleibenden Zeithorizont
darstellt. Gleichzeitig zeigen ältere Erwachsene oft eine
verbesserte emotionale Regulation, die manche Formen
der Prokrastination reduzieren kann.

Kritische Lebensereignisse: Bedeutsame Lebensereignisse
wie schwere Krankheiten, Todesfälle nahestehender
Personen oder existenzielle Krisen können die Zeitperspektive drastisch verändern – manchmal in Richtung

höherer Gegenwartsorientierung, manchmal aber auch zu verstärktem langfristigen Denken.

Diese Lebensspannenperspektive verdeutlicht, dass Zeitpräferenzen dynamisch sind und sich an Lebensumstände anpassen, was bei der Entwicklung altersspezifischer Anti-Prokrastinationsstrategien berücksichtigt werden sollte.

Persönlichkeit und Zeitperspektive
Neben kulturellen und sozioökonomischen Faktoren spielen Persönlichkeitsmerkmale eine wichtige Rolle:

Zimbardos Zeitperspektiven-Inventar identifiziert sechs verschiedene Zeitperspektiven: Vergangenheit-Positiv, Vergangenheit-Negativ, Gegenwart-Hedonistisch, Gegenwart-Fatalistisch, Zukunft und Transzendentale Zukunft. Das individuelle Profil dieser Perspektiven beeinflusst Prokrastinationstendenzen erheblich.

Trait-Impulsivität korreliert positiv mit steilerer Diskontierung und höherer Prokrastinationsneigung. Sie hat genetische Komponenten und hängt mit Dopamin-Rezeptor-Polymorphismen zusammen.

Gewissenhaftigkeit (eine der Big-Five-Persönlichkeitsdimensionen) korreliert negativ mit Diskontierung und Prokrastination. Gewissenhafte Menschen sind typischerweise besser darin, langfristige Ziele zu verfolgen und Belohnungen aufzuschieben.

Angstsensitivität und Neurotizismus können Prokrastination durch verschiedene Mechanismen beeinflussen: Sie erhöhen die emotionale Aversion gegenüber schwierigen Aufgaben, verstärken die Furcht vor Fehlern und können zu vermeidungsbasierter Emotionsregulation führen.

Die Berücksichtigung dieser Persönlichkeitsfaktoren ist wichtig, um individuelle Unterschiede in der Prokrastination zu verstehen und personalisierte Interventionsstrategien zu entwickeln, die die spezifischen Stärken und Schwächen jedes Menschen berücksichtigen.

7.5 Wie zeitliche Diskontierung unsere Entscheidungen beeinflusst

Nach der Betrachtung theoretischer, evolutionärer, neurologischer und kultureller Aspekte der zeitlichen Diskontierung wenden wir uns nun den konkreten Auswirkungen auf unsere alltäglichen Entscheidungen zu. Die zeitliche Diskontierung beeinflusst nicht nur offensichtliche Prokrastinationssituationen, sondern durchdringt viele Lebensbereiche.

Alltagsentscheidungen unter dem Einfluss der Diskontierung

Die zeitliche Diskontierung beeinflusst zahlreiche Alltagsentscheidungen, oft unterhalb der Schwelle bewusster Wahrnehmung:

Konsumentscheidungen: Vom Impulskauf bis zur Kreditaufnahme – steile Diskontierung führt zur Priorisierung sofortiger Bedürfnisbefriedigung über langfristige finanzielle Gesundheit.

Gesundheitsverhalten: Die meisten gesundheitsbezogenen Entscheidungen beinhalten einen Trade-off zwischen gegenwärtigem Vergnügen (ungesundes Essen, Inaktivität) und zukünftigen Gesundheitsvorteilen. Steile Diskontierung erschwert präventives Gesundheitsverhalten.

Berufliche Entscheidungen: Die Wahl zwischen sofortiger Befriedigung (höheres Einstiegsgehalt) und langfristigen Investitionen (Weiterbildung, Netzwerken) wird durch individuelle Diskontierungstendenzen beeinflusst.

Beziehungsentscheidungen: Konflikte zwischen kurzfristiger Befriedigung (z.B. dominieren in einer Diskussion) und langfristigen Beziehungszielen (Partnerschaftsqualität) spiegeln oft zeitliche Diskontierung wider.

Umweltbezogene Entscheidungen: Die Spannung zwischen gegenwärtigem Komfort und zukünftigen Umweltauswirkungen illustriert zeitliche Diskontierung auf kollektiver Ebene.

In all diesen Bereichen führt steilere Diskontierung tendenziell zu kurzfristig orientiertem Verhalten, das langfristige Interessen unterminieren kann – ein grundlegendes Muster, das auch der Prokrastination zugrunde liegt.

Psychologische Mechanismen der Wertverzerrung
Mehrere psychologische Mechanismen verstärken die verzerrenden Effekte der zeitlichen Diskontierung auf unsere Entscheidungen:

Konkretheit vs. Abstraktion: Gegenwärtige Belohnungen werden typischerweise konkret und sinnlich repräsentiert, während zukünftige Belohnungen abstrakt und blass erscheinen. Diese Repräsentationsunterschiede verstärken die subjektive Wertdiskrepanz.

Hot-Cold-Empathy-Gap: Im „kalten" Zustand (rational planend) unterschätzen wir systematisch den Einfluss, den „heiße" emotionale Zustände (Hunger, Müdigkeit, sexuelles Verlangen) auf unsere zukünftigen Entscheidungen haben werden.

Construal-Level-Theorie: Zeitlich nahe Ereignisse werden typischerweise auf niedrigem Abstraktionsniveau konstruiert (konkrete Details), entfernte Ereignisse auf hohem

Niveau (abstrakte Essenz). Diese Konstruktionsunterschiede beeinflussen die Entscheidungsgewichte.

Präsenz-Dominanz: Unmittelbar präsente Reize haben einen unverhältnismäßig starken Einfluss auf Entscheidungen, teilweise aufgrund automatischer Aufmerksamkeitsbindung und emotionaler Aktivierung.

Unsicherheitsvermeidung: Verzögerte Ergebnisse werden nicht nur zeitlich, sondern auch hinsichtlich ihrer Wahrscheinlichkeit diskontiert – eine Verschmelzung von Zeit- und Risikoparametern, die die Bevorzugung des Gegenwärtigen verstärkt.

Diese psychologischen Mechanismen erklären, warum selbst Menschen mit ausgeprägtem langfristigen Denken in bestimmten Situationen zu impulsiven, gegenwartsfokussierten Entscheidungen neigen können.

Prokrastinationsspezifische Manifestationen
Im Kontext der Prokrastination zeigt sich die zeitliche Diskontierung in charakteristischen Mustern:

Aufgabeninitiierungsparadox: Je weiter eine Deadline entfernt ist, desto stärker werden die Kosten des sofortigen Beginns im Vergleich zum (scheinbar geringen) Nutzen gewichtet. Dies führt zum klassischen Aufschiebemuster, bei dem wir trotz guter Vorsätze nicht anfangen.

Dynamische Inkonsistenz: Wir planen, morgen mit einer Aufgabe zu beginnen – doch wenn „morgen" zu „heute" wird, verschieben wir erneut auf „morgen". Diese Präferenzumkehr ist eine direkte Folge hyperbolischer Diskontierung.

Deadline-Rush: Das drastisch gesteigerte Aktivitätsniveau kurz vor Deadlines spiegelt die stark nicht-lineare Natur der Diskontierungskurve wider. Der wahrgenommene Wert der Aufgabenerledigung steigt exponentiell, je näher die Deadline rückt.

Vague-Future-Bias: Wir neigen dazu, vage definierte zukünftige Zeiträume noch stärker zu diskontieren als klar definierte – daher die besondere Prokrastinationsgefahr bei Projekten ohne klare Deadlines.

Present-Bias in Selbstbewertungen: Wir bewerten unsere aktuellen Fähigkeiten und Aussichten systematisch anders als unsere zukünftigen. Dies führt zum „False-Hope-Syndrom" – wir glauben fälschlicherweise, dass unser zukünftiges Selbst viel produktiver, disziplinierter und energetischer sein wird als unser gegenwärtiges.

Diese spezifischen Manifestationen verdeutlichen, wie tief die zeitliche Diskontierung in typischen Prokrastinationsmustern verankert ist und warum reine Willensappelle oft wirkungslos bleiben.

Interventionsansätze basierend auf Diskontierungsfor-
schung
Die Forschung zur zeitlichen Diskontierung hat mehrere
vielversprechende Interventionsansätze hervorgebracht,
die im Kapitel zur zeitlichen Diskontierung überwinden
noch vertieft werden:

Episodisches Zukunftsdenken: Das konkrete, lebhafte
Visualisieren zukünftiger Szenarien kann die Diskontierungsrate temporär verringern, indem es die Zukunft emotional relevanter und greifbarer macht.

Umframing des zeitlichen Kontexts: Die Umformulierung
von Verzögerungen von abstrakten Zeiteinheiten (z.B. „in
3 Monaten") zu konkreten Daten (z.B. „am 15. Juni")
kann Diskontierung reduzieren.

Präkommitment-Strategien: Die Selbstbindung an zukünftige Handlungen durch Verträge, öffentliche Verpflichtungen oder finanzielle Anreize kann die Auswirkungen
zukünftiger Diskontierung umgehen.

Bundling von Belohnungen: Die Verknüpfung langfristiger Ziele mit unmittelbaren Belohnungen kann die
motivationale Asymmetrie zwischen Gegenwart und
Zukunft reduzieren.

Kontingenzsalientmachung: Die explizite Verdeutlichung
der Verbindung zwischen gegenwärtigen Handlungen und

zukünftigen Konsequenzen kann die Bereitschaft zu gegenwärtigen Investitionen erhöhen.

Diese evidenzbasierten Interventionen bieten praktische Möglichkeiten, die verzerrenden Effekte der zeitlichen Diskontierung zu reduzieren und Prokrastination wirksam zu bekämpfen.

Praktische Anwendung: Zeitliche Diskontierung in Ihrem Leben erkennen
Um ein persönliches Verständnis der zeitlichen Diskontierung zu entwickeln, möchten wir dieses Kapitel mit einigen Selbstreflexionsübungen abschließen, die Ihnen helfen können, dieses Phänomen in Ihrem eigenen Leben zu erkennen und zu beeinflussen.

Übung 1: Persönliche Diskontierungsmuster identifizieren
Reflektieren Sie über verschiedene Lebensbereiche hinweg, wie stark Sie zu zeitlicher Diskontierung neigen:

Finanzielle Entscheidungen: Wie leicht können Sie Geld sparen versus ausgeben? Wie oft nehmen Sie Ratenzahlungen in Kauf, auch wenn der Gesamtbetrag höher ist?

Gesundheitsentscheidungen: Wie konsequent verfolgen Sie langfristige Gesundheitsziele (Ernährung, Bewegung, Vorsorge)? Wie oft siegt die unmittelbare Versuchung?

Berufliche/akademische Aufgaben: Wie systematisch arbeiten Sie an langfristigen Projekten? Wie stark ist Ihre Tendenz zum Last-Minute-Arbeiten?

Beziehungsinvestitionen: Wie konsequent investieren Sie in die langfristige Qualität wichtiger Beziehungen, auch wenn kurzfristige Bedürfnisse konkurrieren?

Persönliche Entwicklung: Wie regelmäßig investieren Sie in Fähigkeiten oder Kenntnisse, die erst langfristig Früchte tragen?

Notieren Sie für jeden Bereich konkrete Beispiele und beobachten Sie Muster. Möglicherweise entdecken Sie Domänenunterschiede – vielleicht diskontieren Sie im beruflichen Kontext weniger steil als im persönlichen oder umgekehrt.

Übung 2: Ihre Diskontierungstrigger
Identifizieren Sie persönliche „Trigger", die Ihre Diskontierungsrate verstärken und damit Prokrastination fördern:

Emotionale Trigger: Welche Gefühlszustände (Stress, Müdigkeit, Angst, Langeweile) verstärken Ihre Tendenz zum kurzfristigen Denken?

Situative Trigger: Welche Umgebungen oder Kontexte fördern impulsives Verhalten und Prokrastination?

Soziale Trigger: Welche Personen oder sozialen Dynamiken verstärken Ihre Gegenwartsorientierung?

Kognitive Trigger: Welche Gedankenmuster oder inneren Dialoge führen zu verstärkter Diskontierung? (z.B. „Ich habe es mir verdient", „Nur dieses eine Mal")

Das Bewusstsein für diese Trigger ist der erste Schritt, um gegensteuern zu können und prokrastinationsfördernde Situationen frühzeitig zu erkennen.

Übung 3: Zukunftsperspektiven-Tagebuch
Führen Sie über eine Woche ein spezielles Tagebuch, in dem Sie täglich folgende Aspekte reflektieren:

Zukunftsdenken: Wie oft und wie konkret haben Sie heute über Ihre Zukunft (in verschiedenen Zeiträumen) nachgedacht?

Entscheidungen: Welche Entscheidungen haben Sie heute getroffen, die einen Trade-off zwischen gegenwärtigen und zukünftigen Interessen beinhalteten?

Zeithorizont: Wie weit in die Zukunft haben Ihre Gedanken und Planungen heute gereicht?

Zukunfts-Selbst-Verbindung: Wie verbunden fühlten Sie sich heute mit Ihrem zukünftigen Selbst? Wie lebendig konnten Sie es sich vorstellen?

Diese tägliche Reflexion sensibilisiert für die sonst oft unbewussten zeitlichen Aspekte des Denkens und Entscheidens und kann helfen, die Verbindung zum zukünftigen Selbst zu stärken.

Übung 4: Experimentieren mit Diskontierungsreduktion
Probieren Sie über zwei Wochen verschiedene Strategien zur Reduzierung der zeitlichen Diskontierung aus und beobachten Sie deren Wirkung auf Ihr Prokrastinationsverhalten:

Episodisches Zukunftsdenken: Nehmen Sie sich täglich 5 Minuten Zeit, um sich lebhaft und detailliert vorzustellen, wie Sie sich fühlen werden, wenn ein wichtiges Projekt erfolgreich abgeschlossen ist.

Deadlines umformulieren: Ändern Sie abstrakte Zeitangaben („in zwei Wochen") in konkrete Daten („am 15. März") in Ihren Planungen und Kalendern.

Temporal Landmarks nutzen: Setzen Sie bedeutungsvolle zeitliche Markierungen (Monatsbeginn, Wochenanfang, Geburtstage) als „frische Starts" für wichtige Projekte.

Belohnungsbündelung: Verbinden Sie eine anstehende unangenehme Aufgabe mit einer unmittelbaren Belohnung (z.B. Lieblingsmusik nur beim Steuererklärung machen hören).

Notieren Sie, welche Strategien für Sie am wirksamsten sind, und integrieren Sie diese in Ihren langfristigen Anti-Prokrastinations-Ansatz.

Zusammenfassung: Die wichtigsten Erkenntnisse
Die zeitliche Diskontierung ist ein fundamentales psychologisches Phänomen, das maßgeblich zu Prokrastination beiträgt:

Konzeptuelle Grundlagen: Zeitliche Diskontierung beschreibt unsere systematische Tendenz, zukünftige Belohnungen und Kosten abzuwerten. Die hyperbolische Form dieser Abwertung erklärt zeitlich inkonsistente Präferenzen und Prokrastinationsmuster.

Evolutionäre Wurzeln: Unsere Gegenwartspräferenz hatte in der evolutionären Vergangenheit adaptive Vorteile, wird aber in der modernen Welt mit langfristigen Anforderungen oft maladaptiv – ein klassischer evolutionärer Mismatch.

Neurologische Mechanismen: Die zeitliche Diskontierung spiegelt das Zusammenspiel verschiedener Gehirnsysteme wider, insbesondere die Balance zwischen „heißen" limbischen und „kühlen" präfrontalen Regionen. Diese neuronale Basis erklärt, warum Prokrastination nicht einfach ein Willensproblem ist.

Kulturelle und individuelle Unterschiede: Zeitpräferenzen werden stark von kulturellen Werten, sozioökonomischen Faktoren, Lebensphasen und Persönlichkeitsmerkmalen beeinflusst – ein wichtiger Aspekt für ein nicht-wertendes Verständnis unterschiedlicher Prokrastinationsmuster.

Praktische Interventionen: Die Forschung zur zeitlichen Diskontierung hat wirksame Strategien identifiziert, um ihre prokrastinationsfördernden Effekte zu reduzieren, von episodischem Zukunftsdenken bis zu Präkommitment-Techniken.

Mit diesem Verständnis der vierten Kernursache der Prokrastination sind wir nun bereit, im nächsten Teil des Buches konkrete Interventionsstrategien zu erkunden, die an allen vier identifizierten Ursachen ansetzen und in ihrer Kombination einen umfassenden Ansatz zur Überwindung der Prokrastination bieten.

8. Mit Konflikten umgehen

Autonomie-Verbundenheits- Umgang mit Konflikten lernen

Im ersten Teil dieses Buches haben wir vier zentrale Ursachen der Prokrastination identifiziert und analysiert: Konfliktvermeidung, Entscheidungslähmung, Herausforderungen im Energiemanagement und zeitliche Diskontierung. Nachdem wir diese Faktoren tiefgreifend verstanden haben, wenden wir uns nun den konkreten Interventionsstrategien zu, die uns helfen können, diese Hindernisse zu überwinden.

Wir beginnen mit der ersten Kernursache: der Konfliktvermeidung. Wie wir in Kapitel 4 gesehen haben, ist die tief verwurzelte Tendenz, Konflikte zu umgehen – sei es mit anderen oder mit uns selbst – einer der mächtigsten Treiber des Aufschiebens. Um Prokrastination nachhaltig zu überwinden, müssen wir daher lernen, konstruktiver mit Konflikten umzugehen.

In diesem Kapitel werden wir praktische Strategien und Techniken vorstellen, die Ihnen helfen, Ihre Konfliktfähigkeit zu stärken. Wir werden untersuchen, wie Sie innere Konflikte erkennen und annehmen können, wie Sie Ihre Kommunikationsfähigkeiten verbessern können, um interpersonelle Konflikte konstruktiv zu gestalten, und wie Sie schrittweise Ihre Konfliktkompetenz aufbauen können.

8.1 Innere Konflikte erkennen und annehmen

Innere Konflikte – diese widerstreitenden Impulse, Wünsche und Werte in uns selbst – sind oft die subtilsten und dennoch mächtigsten Auslöser für Prokrastination. Der erste Schritt zur Überwindung konfliktvermeidender Prokrastination besteht darin, diese inneren Konflikte zu erkennen und anzunehmen, anstatt sie zu unterdrücken oder zu ignorieren.

Die Landkarte innerer Konflikte

Um effektiv mit inneren Konflikten umgehen zu können, ist es hilfreich, die verschiedenen Arten zu verstehen:

Wertkonflikte entstehen, wenn zwei oder mehr persönliche Werte in einer Situation konkurrieren. Beispielsweise kann der Wert „beruflicher Erfolg" mit dem Wert „ausgewogene Work-Life-Balance" in Konflikt geraten. Wertkonflikte sind besonders belastend, da sie unsere Identität und Selbstwahrnehmung betreffen.

Zielhierarchie-Konflikte treten auf, wenn langfristige Ziele mit kurzfristigen Bedürfnissen oder Wünschen kollidieren. Das klassische Beispiel ist der Konflikt zwischen dem langfristigen Ziel einer guten Gesundheit und dem unmittelbaren Wunsch nach ungesunder, aber schmackhafter Nahrung.

Autonomie-Verbundenheits-Konflikte drehen sich um die Balance zwischen dem Bedürfnis nach Selbstbestimmung und dem Wunsch nach Zugehörigkeit. Häufig prokrastinieren wir bei Aufgaben, die uns von anderen auferlegt wurden, als unbewusste Form des Autonomiestrebens.

Kompetenz-Wachstums-Konflikte entstehen zwischen dem Bedürfnis, sich kompetent zu fühlen (was zum Verbleib in der Komfortzone führen kann), und dem Wunsch nach persönlichem Wachstum, das Risiken und Herausforderungen erfordert.

Das Erkennen der spezifischen Art des inneren Konflikts, der hinter Ihrer Prokrastination steht, ist der erste Schritt, um gezielte Lösungsstrategien zu entwickeln.

Achtsamkeit als Schlüssel zur Konflikterkennung

Um innere Konflikte zu erkennen, bevor sie zu Prokrastination führen, ist Achtsamkeit – die bewusste, nicht-wertende Aufmerksamkeit für den gegenwärtigen Moment – ein unschätzbares Werkzeug:

Körperliche Signale wahrnehmen: Innere Konflikte manifestieren sich oft zunächst körperlich – als Anspannung im Nacken, Unruhe im Magen oder Schweregefühl in der Brust. Regelmäßige „Körperscans" können Ihnen helfen, diese frühen Warnzeichen zu bemerken.

Gedankenmuster beobachten: Typische Gedanken bei inneren Konflikten sind „Ja, aber..."-Konstruktionen, Schwarz-Weiß-Denken oder kreisende Grübeleien. Ein Gedankentagebuch kann helfen, diese Muster zu identifizieren.

Emotionale Ambivalenz erkennen: Gemischte Gefühle wie gleichzeitige Erleichterung und Schuldgefühle beim Aufschieben einer Aufgabe sind oft Anzeichen eines zugrundeliegenden Konflikts. Fragen Sie sich: „Welche widersprüchlichen Emotionen erlebe ich gerade?"

Verhaltenshinweise beachten: Bestimmte Verhaltensweisen wie ständiges Wechseln zwischen Aufgaben, Überprüfen von E-Mails ohne klaren Zweck oder plötzliches Interesse an unwichtigen Aktivitäten können auf innere Konflikte hindeuten.

Eine regelmäßige Achtsamkeitspraxis – sei es durch formelle Meditation oder informelle Aufmerksamkeitsübungen im Alltag – kann Ihre Fähigkeit stärken, innere Konflikte frühzeitig zu erkennen, bevor sie zu chronischen Prokrastinationsmustern führen.

Von der Konfliktvermeidung zur Konfliktannahme

Sobald Sie einen inneren Konflikt erkannt haben, besteht der nächste Schritt darin, ihn anzunehmen, anstatt ihn zu unterdrücken oder zu ignorieren. Diese Akzeptanz ist keine Resignation, sondern ein aktiver, kraftvoller Prozess:

Normalisierung von Ambivalenz: Erkennen Sie, dass innere Konflikte ein normaler Teil des menschlichen Erlebens sind, keine Zeichen von Schwäche oder Unentschlossenheit. Jeder Mensch erlebt widersprüchliche Impulse.

Dialogische Haltung entwickeln: Statt einen Teil von sich zum Schweigen zu bringen, führen Sie einen inneren Dialog. Fragen Sie sich: „Welche Teile von mir sind hier in Konflikt? Was möchte jeder Teil erreichen oder schützen?"

Die Weisheit des Widerstands entdecken: Widerstände gegen bestimmte Aufgaben enthalten oft wichtige Informationen. Fragen Sie sich: „Was versucht mein Widerstand mir mitzuteilen? Welches Bedürfnis wird hier nicht erfüllt?"

Von Entweder-Oder zu Sowohl-Als-Auch: Überwinden Sie dualistisches Denken, das Konflikte oft verstärkt. Suchen Sie nach Möglichkeiten, scheinbar widersprüchliche Bedürfnisse zu integrieren, anstatt eines zugunsten des anderen zu opfern.

Ein Beispiel für diesen Ansatz: Anstatt den Konflikt zwischen beruflichem Ehrgeiz und dem Wunsch nach mehr Familienzeit zu unterdrücken (was zu Prokrastination bei der Karriereplanung führen könnte), könnten Sie diesen Konflikt anerkennen und erforschen, wie beide Werte in einem integrierten Lebensentwurf Platz finden können.

Praktische Übungen zur Konfliktannahme

Die folgenden Übungen können Ihnen helfen, Ihre Fähigkeit zur Erkennung und Annahme innerer Konflikte zu entwickeln:

Übung 1: Inneres Konflikttagebuch

Führen Sie über eine Woche ein spezielles Tagebuch, in dem Sie prokrastinationsbezogene innere Konflikte dokumentieren:

Die Situation, in der Sie prokrastinieren

Die widerstreitenden Impulse oder Werte, die Sie erkennen können

Körperliche Empfindungen, die mit dem Konflikt verbunden sind

Typische Gedanken oder innere Dialoge

Verhaltensweisen, die aus dem Konflikt resultieren

Dieses systematische Protokollieren kann Muster offenbaren und Ihr Bewusstsein für innere Konflikte schärfen.

Übung 2: Die Zwei-Stühle-Technik

Diese aus der Gestalttherapie stammende Methode kann helfen, innere Konflikte zu externalisieren und zu erkunden:

Stellen Sie zwei Stühle einander gegenüber.

Setzen Sie sich auf einen Stuhl und sprechen Sie als der Teil von Ihnen, der eine bestimmte Aufgabe erledigen möchte.

Wechseln Sie dann zum anderen Stuhl und sprechen Sie als der Teil, der Widerstand leistet.

Führen Sie diesen Dialog fort, indem Sie mehrmals die Stühle wechseln.

Achten Sie auf neue Einsichten oder Lösungsansätze, die aus diesem Dialog entstehen.

Diese Technik kann verblüffend wirksam sein, um verborgene Aspekte eines inneren Konflikts ans Licht zu bringen und Integration zu fördern.

Übung 3: Werte-Priorisierungs-Übung

Bei Wertkonflikten kann diese Übung helfen:

Erstellen Sie eine Liste Ihrer 5-7 wichtigsten Werte (z.B. Gesundheit, Familie, beruflicher Erfolg, Kreativität, Autonomie).

Ordnen Sie diese nach ihrer aktuellen Priorität in Ihrem Leben.

Identifizieren Sie Bereiche, in denen Sie prokrastinieren, und untersuchen Sie, welche Wertkonflikte dort auftreten könnten.

Fragen Sie sich: „Ist meine aktuelle Wertehierarchie noch stimmig? Muss ich Prioritäten anpassen oder neue Wege finden, scheinbar widersprüchliche Werte zu integrieren?"

Diese Übung kann helfen, die tieferen Ursachen von Prokrastination zu adressieren, die in Wertekonflikten wurzeln.

Übung 4: Mindful Check-In

Entwickeln Sie die Gewohnheit eines regelmäßigen achtsamen „Check-Ins" im Laufe des Tages:

Halten Sie kurz inne (1-2 Minuten) und richten Sie Ihre Aufmerksamkeit nach innen.

Beobachten Sie Ihren Atem, körperliche Empfindungen, emotionalen Zustand und Gedankenmuster.

Fragen Sie sich: „Erlebe ich gerade innere Konflikte oder Widerstände?"

Wenn ja, nehmen Sie diese mit einer Haltung der Neugierde und des Mitgefühls wahr, ohne sie sofort lösen zu wollen.

Diese regelmäßige Praxis kann Ihre Fähigkeit stärken, innere Konflikte zu erkennen, bevor sie zu Prokrastination führen.

8.2 Konstruktive Konfliktlösung: Werkzeuge und Methoden

Nachdem wir uns mit der Erkennung und Annahme innerer Konflikte beschäftigt haben, wenden wir uns nun konkreten Werkzeugen zur konstruktiven Konfliktlösung zu. Diese Methoden helfen Ihnen, sowohl innere als auch interpersonelle Konflikte zu navigieren, statt sie durch Prokrastination zu vermeiden.

Integrative Konfliktlösung statt Win-Lose-Denken

Ein zentrales Prinzip konstruktiver Konfliktlösung ist die Überwindung des „Win-Lose"-Denkens zugunsten integrativer Ansätze:

Interessen statt Positionen fokussieren: Hinter starren Positionen stehen oft legitime Interessen und Bedürfnisse. Fragen Sie sich oder Ihr Gegenüber: „Was ist mir/dir daran wirklich wichtig? Welches Bedürfnis soll erfüllt werden?"

Gemeinsame Interessen identifizieren: Selbst in scheinbar polarisierten Konflikten gibt es oft gemeinsame übergeordnete Ziele oder Werte. Diese zu identifizieren schafft eine Basis für Kooperation.

Optionen erweitern: Vor der Bewertung und Entscheidung zunächst möglichst viele Lösungsoptionen generieren. Kreatives Brainstorming kann Alternativen hervorbringen, die beide Seiten eines Konflikts zufriedenstellen.

Win-Win-Lösungen suchen: Streben Sie nach Lösungen, die die wichtigsten Interessen aller Beteiligten berücksichtigen, anstatt nach Kompromissen, bei denen alle Seiten gleichermaßen unzufrieden sind.

Dieses integrative Mindset kann sowohl bei inneren Konflikten (z.B. zwischen verschiedenen persönlichen Zielen) als auch bei interpersonellen Konflikten angewendet werden und ist ein wirksames Gegenmittel gegen konfliktvermeidende Prokrastination.

Das Harvard-Konzept für Konfliktverhandlungen

Eine der weltweit anerkanntesten Methoden für konstruktive Konfliktlösung ist das Harvard-Konzept, entwickelt von Roger Fisher und William Ury. Seine Prinzipien können auch auf konfliktvermeidende Prokrastination angewendet werden:

1. Menschen und Probleme trennen

In Konfliktsituationen vermischen wir oft sachliche Probleme mit persönlichen Beziehungen. Diese Trennung ist wichtig, um:

Bei interpersonellen Konflikten die Person zu respektieren, während man in der Sache klar bleibt

Bei inneren Konflikten Selbstkritik von sachlicher Problemanalyse zu trennen

2. Auf Interessen fokussieren, nicht auf Positionen

Positionen („Ich will/will nicht X") verhärten Konflikte, während das Verstehen zugrundeliegender Interessen („Ich brauche/wünsche mir Y") Lösungsräume eröffnet:

Bei interpersonellen Konflikten: „Was ist Ihnen/dir daran wichtig?"

Bei inneren Konflikten: „Welches Bedürfnis versucht dieser Teil von mir zu erfüllen?"

3. Optionen zum beidseitigen Vorteil entwickeln
Vor der Entscheidung:

Möglichst viele Alternativen generieren ohne sofortige Bewertung
Kreative „Sowohl-als-auch"-Lösungen suchen
Nach Synergien zwischen scheinbar widersprüchlichen Zielen forschen

4. Objektive Kriterien anwenden
Für die Entscheidungsfindung:

Gemeinsam akzeptierte, faire Standards entwickeln
Entscheidungen auf Fakten und Prinzipien, nicht auf Macht oder Willkür basieren
Bei inneren Konflikten: persönliche Werte als objektive Kriterien nutzen

Die Anwendung dieser Prinzipien kann Konflikte von bedrohlichen, zu vermeidenden Situationen in lösbare Probleme verwandeln – ein wesentlicher Schritt zur Überwindung konfliktvermeidender Prokrastination.
Umgang mit emotionalen Aspekten von Konflikten

Ein häufiger Grund für Konfliktvermeidung ist die Furcht vor den damit verbundenen unangenehmen Emotionen. Folgende Strategien können helfen, den emotionalen Aspekt von Konflikten besser zu bewältigen:
Emotionale Selbstregulation

Physiologische Regulation: Bewusste Atemtechniken, progressive Muskelentspannung oder kurze Bewegungspausen können die körperliche Erregung in Konfliktsituationen reduzieren.
Kognitive Umstrukturierung: Identifizieren und hinterfragen Sie katastrophisierende Gedanken über Konflikte („Wenn ich widerspreche, wird er/sie mich hassen") und ersetzen Sie sie durch realistischere Einschätzungen.
Emotionslabeling: Das bloße Benennen von Emotionen („Ich spüre jetzt Angst") kann ihre Intensität reduzieren und den präfrontalen Kortex aktivieren.

Emotionale Kommunikation

Ich-Botschaften: Formulieren Sie Gefühle als Ich-Aussagen („Ich fühle mich übergangen") statt als Vorwürfe („Du ignorierst mich immer").
Emotionales Aktives Zuhören: Versuchen Sie, die Gefühle hinter den Worten des anderen zu erkennen und zu spiegeln („Es klingt, als ob du dich unter Druck gesetzt fühlst").
Emotionale Validierung: Anerkennen Sie die Gefühle des anderen als verständlich, selbst wenn Sie die Sichtweise

nicht teilen („Ich verstehe, dass diese Situation für dich frustrierend ist").

Integration statt Unterdrückung

Emotionen als Informationsquelle: Behandeln Sie Emotionen als wertvolle Signale über Ihre Bedürfnisse und Werte, nicht als Störfaktoren.

Balanced Awareness: Entwickeln Sie die Fähigkeit, Emotionen zu erleben, ohne von ihnen überwältigt zu werden oder sie zu unterdrücken.

Emotionale Akzeptanz: Erlauben Sie sich, auch unangenehme Gefühle wie Angst, Ärger oder Traurigkeit im Zusammenhang mit Konflikten zu empfinden, ohne sich dafür zu verurteilen.

Diese emotionalen Kompetenzen machen Konflikte weniger bedrohlich und reduzieren damit den Drang, sie durch Prokrastination zu vermeiden.

Konfliktlösungsstrategien für verschiedene Konflikttypen

Je nach Art des Konflikts können unterschiedliche Lösungsstrategien angemessen sein:

Für Wertkonflikte:

Hierarchisierung: Ordnen Sie Ihre Werte nach ihrer relativen Wichtigkeit in dieser spezifischen Situation.

Kontextualisierung: Definieren Sie, in welchen Lebensbereichen welche Werte Vorrang haben dürfen.

Integration: Suchen Sie nach kreativen Wegen, mehrere Werte gleichzeitig zu leben.

Neudefinition: Hinterfragen Sie, ob der wahrgenommene Konflikt tatsächlich unvermeidlich ist oder auf zu engen Wertdefinitionen basiert.

Für Ressourcenkonflikte (Zeit, Energie, Geld):

Priorisierung: Entwickeln Sie klare Kriterien zur Bewertung konkurrierender Anforderungen.

Effizienzsteigerung: Suchen Sie nach Wegen, Ressourcen effektiver zu nutzen oder zu mehren.

Sequenzierung: Planen Sie eine zeitliche Abfolge, wenn nicht alles gleichzeitig möglich ist.

Delegation oder Unterstützung: Identifizieren Sie Aufgaben, die andere übernehmen könnten.

Für Beziehungskonflikte:

Perspektivwechsel: Versuchen Sie, die Situation aus der Sicht des anderen zu betrachten.

Bedürfniskommunikation: Drücken Sie Ihre Bedürfnisse klar und nicht-anklagend aus.

Beziehungsbilanzen: Trennen Sie einzelne Konflikte von der Gesamtbeziehung.

Win-Win-Lösungen: Suchen Sie nach Ergebnissen, die die Beziehung stärken statt schwächen.

Für innere Identitätskonflikte:

Identitätsexpansion: Erweitern Sie Ihr Selbstbild, um scheinbar widersprüchliche Aspekte zu integrieren.

Rollenklarheit: Definieren Sie, welche Ihrer Rollen in welchen Kontexten Vorrang hat.

Lebensdesign: Gestalten Sie Ihr Leben bewusst so, dass verschiedene Identitätsaspekte Ausdruck finden können.

Narrative Integration: Entwickeln Sie eine kohärente Geschichte, die verschiedene Facetten Ihrer Identität verbindet.

Die Wahl der geeigneten Strategie hängt vom spezifischen Konflikt ab, und oft ist eine Kombination verschiedener Ansätze am wirksamsten.

8.3 Assertivität entwickeln: Für sich selbst einstehen

Ein zentraler Aspekt der Konfliktfähigkeit ist Assertivität – die Fähigkeit, für die eigenen Bedürfnisse und Überzeugungen einzustehen, ohne die Rechte anderer zu verletzen. Mangelnde Assertivität ist ein Hauptgrund für konfliktvermeidende Prokrastination, besonders bei aufgabenbezogenen Konflikten mit anderen.

Das Assertivitäts-Kontinuum verstehen

Assertivität liegt auf einem Kontinuum zwischen zwei dysfunktionalen Extremen:

Passivität: Eigene Bedürfnisse unterdrücken, um Konflikte zu vermeiden; führt oft zu Prokrastination, Ressentiments und letztendlich zu „passiv-aggressivem" Verhalten.

Aggressivität: Eigene Bedürfnisse durchsetzen ohne Rücksicht auf andere; kann kurzfristig erfolgreich sein, beschädigt aber Beziehungen und führt langfristig zu Isolation.

Assertivität: Der Mittelweg, bei dem eigene Bedürfnisse und Grenzen klar kommuniziert werden, während gleichzeitig die Bedürfnisse und Rechte anderer respektiert werden.

Für viele Menschen, die zu konfliktvermeidender Prokrastination neigen, besteht die Herausforderung darin, von Passivität zu gesunder Assertivität zu gelangen, ohne ins andere Extrem zu verfallen.

Grundlegende assertive Kommunikationstechniken

Folgende Techniken können Ihnen helfen, assertiver zu kommunizieren und damit konfliktvermeidende Prokrastination zu reduzieren:

Ich-Botschaften: Formulieren Sie Aussagen aus Ihrer persönlichen Perspektive („Ich fühle mich überfordert, wenn zu viele Aufgaben gleichzeitig auf mich zukommen") statt als verallgemeinernde Du-Botschaften („Du überforderst mich immer mit zu vielen Aufgaben").

DESC-Formel:

Describe: Beschreiben Sie die Situation objektiv und faktisch.

Express: Drücken Sie Ihre Gefühle und Gedanken dazu aus.

Specify: Nennen Sie konkret, was Sie sich wünschen.

Consequences: Erläutern Sie die positiven Folgen, wenn Ihr Wunsch erfüllt wird.

Beispiel: „Wenn drei Projekte gleichzeitig mit ‚höchster Priorität' markiert werden (D), fühle ich mich überfordert und unsicher, womit ich beginnen soll (E). Ich möchte, dass wir eine klare Priorisierung vornehmen (S). Das würde mir helfen, effizienter zu arbeiten und bessere Ergebnisse zu liefern (C)."

Gebrochene-Schallplatten-Technik: Wiederholen Sie Ihre Kernbotschaft ruhig und beständig, ohne sich ablenken zu lassen oder in Rechtfertigungen zu verfallen. Diese Technik ist besonders nützlich, wenn andere versuchen, das Thema zu wechseln oder Ihnen Schuldgefühle zu machen.

Negative Anfragen: Bitten Sie aktiv um konstruktive Kritik („Könnten Sie mir genauer erklären, was an meinem Vorschlag problematisch ist?"). Dies reduziert die Angst vor Kritik und verschafft Ihnen wertvolle Informationen.

Selektives Ignorieren: Lernen Sie, manipulative oder unfaire Aspekte einer Kommunikation zu ignorieren, während Sie auf den sachlichen Kern eingehen.

Die konsistente Anwendung dieser Techniken kann Ihre Assertivität schrittweise stärken und die Angst vor konflikthaften Situationen reduzieren.

Grenzen setzen und „Nein" sagen lernen

Die Fähigkeit, Grenzen zu setzen und „Nein" zu sagen, ist entscheidend für die Überwindung konfliktvermeidender Prokrastination. Viele Menschen schieben wichtige eigene

Aufgaben auf, weil sie Schwierigkeiten haben, Anfragen anderer abzulehnen.

Warum Grenzen wichtig sind:

Sie schützen Ihre Zeit und Energie für prioritäre Aufgaben
Sie fördern gegenseitigen Respekt in Beziehungen
Sie verhindern Überlastung und Burnout
Sie ermöglichen authentische Kommunikation

Praktische Strategien zum Grenzen-Setzen:
Die direkte Ablehnung: Ein klares, höfliches „Nein" ohne übermäßige Erklärungen oder Entschuldigungen.
„Es tut mir leid, aber ich kann dieses Projekt nicht übernehmen."
Das bedingte Ja: Akzeptieren unter klar definierten Bedingungen.
„Ich kann dir damit helfen, aber erst nächste Woche, und ich kann maximal zwei Stunden investieren."
Die Alternative anbieten: Ablehnen mit einem konstruktiven Gegenvorschlag.
„Ich kann diesen Teil nicht übernehmen, aber ich könnte dir stattdessen bei der Datenanalyse helfen."
Die Bedenkzeit: Vermeiden Sie spontane Zusagen.
„Ich muss in meinen Kalender schauen und überlegen, ob ich das leisten kann. Ich gebe dir morgen Bescheid."
Der Realitätscheck: Machen Sie die Konsequenzen einer Zustimmung deutlich.

„Wenn ich das übernehme, bedeutet das, dass Projekt X sich um mindestens zwei Wochen verzögern wird. Ist das akzeptabel?"

Übung: Graduelle Exposition für „Nein-Sagen"

Um Ihre Fähigkeit zum Grenzen-Setzen schrittweise zu entwickeln:

Beginnen Sie mit niedrigschwelligen Situationen (z.B. Ablehnen eines zusätzlichen Desserts im Restaurant)

Steigern Sie sich zu mittelschweren Situationen (z.B. Zurückweisen von Verkaufsangeboten)

Arbeiten Sie sich vor zu anspruchsvolleren Situationen (z.B. Ablehnen einer zusätzlichen Aufgabe von einem Kollegen)

Üben Sie schließlich in den schwierigsten Kontexten (z.B. Grenzen gegenüber Vorgesetzten oder emotional wichtigen Personen setzen)

Dokumentieren Sie Ihre Erfahrungen und feiern Sie jeden Fortschritt. Mit der Zeit wird das Grenzen-Setzen leichter und die damit verbundene Angst, die oft zu Prokrastination führt, nimmt ab.

Selbstwertgefühl und innere Erlaubnis stärken

Mangelnde Assertivität wurzelt oft in einem schwachen Selbstwertgefühl und der fehlenden „inneren Erlaubnis", für die eigenen Bedürfnisse einzustehen. Die Stärkung dieser Faktoren ist daher grundlegend für die Überwindung konfliktvermeidender Prokrastination.

Grundlegende Selbstwert-Überzeugungen überprüfen:

Identifizieren Sie einschränkende Grundüberzeugungen wie:

„Meine Bedürfnisse sind weniger wichtig als die anderer."
„Wenn ich Grenzen setze, werden andere mich ablehnen."
„Ich muss immer nett und hilfsbereit sein, um akzeptiert zu werden."
„Konflikte sind grundsätzlich negativ und schädlich."

Ersetzen Sie diese durch ermächtigende Überzeugungen:

„Meine Bedürfnisse sind genauso legitim wie die anderer."
„Klare Grenzen fördern gesunde, respektvolle Beziehungen."
„Ich kann authentisch sein und trotzdem wertvolle Beziehungen haben."
„Konstruktive Konflikte können zu Wachstum und tieferer Verbindung führen."

Innere Erlaubnis kultivieren:
Entwickeln Sie bewusst eine innere Stimme, die Ihnen „erlaubt":

Eigene Meinungen zu haben und zu äußern
Bedürfnisse zu artikulieren und für sie einzustehen
Grenzen zu setzen und „Nein" zu sagen
Fehler zu machen und aus ihnen zu lernen

In Konflikten standzuhalten, ohne sie zu eskalieren oder zu fliehen

Diese innere Erlaubnis kann durch tägliche Affirmationen, Visualisierungen oder Tagebuchübungen gestärkt werden.
Erfolge und Fortschritte würdigen:
Führen Sie ein „Assertivitäts-Erfolgsjournal", in dem Sie dokumentieren:

Situationen, in denen Sie erfolgreich für sich eingestanden sind
Positive Folgen assertiven Verhaltens
Überraschende Reaktionen anderer (oft positiver als erwartet)
Persönliche Wachstumserfahrungen durch bewältigte Konflikte

Die bewusste Wahrnehmung und Würdigung dieser Erfolge stärkt das Selbstwertgefühl und motiviert zu weiteren Schritten in Richtung gesunder Assertivität.
8.4 Kommunikationsstrategien für schwierige Gespräche
Neben allgemeiner Assertivität erfordert die Überwindung konfliktvermeidender Prokrastination auch spezifische Kommunikationsstrategien für besonders herausfordernde Gespräche – von der Aushandlung von Deadlines bis zur Klärung von Missverständnissen.
Vorbereitung auf schwierige Gespräche

Eine gründliche Vorbereitung kann die Angst vor konflikthaften Gesprächen reduzieren und damit Prokrastination entgegenwirken:

Mentale Vorbereitung:

Klären Sie Ihre Ziele: Was möchten Sie in diesem Gespräch erreichen?
Identifizieren Sie Ihre Grenzen: Was ist verhandelbar, was nicht?
Antizipieren Sie mögliche Reaktionen und Einwände
Visualisieren Sie einen positiven Gesprächsverlauf und -ausgang
Bereiten Sie Ihre emotionale Regulationsstrategie vor

Inhaltliche Vorbereitung:

Sammeln Sie relevante Fakten und Informationen
Strukturieren Sie Ihre Kernbotschaften
Formulieren Sie schwierige Aussagen im Voraus
Bereiten Sie konkrete Beispiele vor
Klären Sie, welche Lösungsvorschläge Sie anbieten können

Rahmenbedingungen optimieren:

Wählen Sie einen günstigen Zeitpunkt (nicht unter Zeitdruck oder in emotionaler Erregung)
Sorgen Sie für eine geeignete, neutrale Umgebung

Eliminieren Sie Störfaktoren (Telefon lautlos, keine Unterbrechungen)
Planen Sie ausreichend Zeit ein
Erwägen Sie bei besonders wichtigen Gesprächen ein „Dress Rehearsal" mit einem Vertrauten

Diese Vorbereitung gibt Sicherheit und reduziert den Impuls, das Gespräch durch Prokrastination zu vermeiden.
Konstruktive Gesprächsführung im Konfliktfall
Während des eigentlichen Gesprächs helfen folgende Techniken, einen konstruktiven Verlauf zu fördern:
Einstieg gestalten:

Beginnen Sie mit einem positiven Anknüpfungspunkt
Stellen Sie den gemeinsamen Zweck oder das übergeordnete Ziel klar
Signalisieren Sie Kooperationsbereitschaft
Vereinbaren Sie bei Bedarf explizite Gesprächsregeln

Beispiel: „Danke, dass du dir Zeit für dieses Gespräch nimmst. Mir ist wichtig, dass wir eine Lösung finden, mit der wir beide gut arbeiten können."
Aktives Zuhören praktizieren:

Schenken Sie Ihrem Gegenüber volle Aufmerksamkeit
Paraphrasieren Sie das Gehörte („Wenn ich dich richtig verstehe, geht es dir darum, dass...")

Stellen Sie offene,Rollenkonflikte entstehen, wenn verschiedene soziale Rollen, die wir einnehmen, widersprüchliche Anforderungen stellen – etwa wenn die Rolle als engagierte Führungskraft mit der Rolle als präsenter Elternteil konkurriert.

Identitätskonflikte betreffen grundlegende Aspekte unseres Selbstbilds. Sie treten auf, wenn eine Handlung oder Entscheidung mit dem Bild, das wir von uns selbst haben oder haben wollen, in Widerspruch steht. Beispielsweise kann jemand, der sich als kreative, spontane Person sieht, bei strukturierten, routinemäßigen Aufgaben prokrastinieren.

Vermeidungs-Annäherungs-Konflikte entstehen, wenn wir gleichzeitig eine Sache anstreben und eine andere vermeiden wollen, diese Ziele aber miteinander verbunden sind. Ein typisches Beispiel ist der Wunsch nach beruflichem Erfolg bei gleichzeitiger Angst vor erhöhter Verantwortung und potenziellem Scheitern.

9. Entscheidungsfähigkeit stärken

Nachdem wir im vorigen Kapitel Strategien zur Überwindung von Konfliktvermeidung kennengelernt haben,

widmen wir uns nun der zweiten Kernursache der Prokrastination: der Entscheidungslähmung. Wie wir in Kapitel 5 gesehen haben, führen Perfektionismus, Angst vor
Fehlern und die Überforderung durch zu viele Optionen
häufig zu einem Zustand der Handlungsunfähigkeit, in
dem wir wichtige Entscheidungen immer weiter aufschieben.

Die gute Nachricht ist, dass Entscheidungsfähigkeit keine
angeborene Eigenschaft ist, sondern eine Kompetenz, die
systematisch entwickelt werden kann. In diesem Kapitel
werden wir konkrete Strategien und Techniken vorstellen,
um Entscheidungsprozesse zu strukturieren, perfektionistische Tendenzen zu überwinden, den Umgang mit
Unsicherheit zu verbessern und effektive Entscheidungsheuristiken zu nutzen.

9.1 Entscheidungsprozesse strukturieren

Ein wesentlicher Grund für Entscheidungslähmung ist das
Fehlen einer klaren Struktur. Wenn wir nicht wissen, wie
wir eine Entscheidung systematisch angehen sollen,
können wir uns schnell überwältigt fühlen und in einen
Zustand der Prokrastination verfallen. Eine klare Strukturierung des Entscheidungsprozesses kann diese Lähmung
durchbrechen.

Der DECIDE-Rahmen für systematische Entscheidungsfindung

Ein praktischer Rahmen für die Strukturierung von Entscheidungen ist das **DECIDE-Modell**. Es bietet einen Schritt-für-Schritt-Ansatz, der besonders hilfreich bei komplexeren Entscheidungen ist:

D - Define the problem (Problem definieren)
- Formulieren Sie präzise, worüber entschieden werden muss
- Klären Sie den Entscheidungsspielraum: Was ist verhandelbar, was nicht?
- Definieren Sie den zeitlichen Rahmen: Bis wann muss entschieden werden?
- Bestimmen Sie, wer in die Entscheidung einbezogen werden sollte

E - Establish criteria (Kriterien festlegen)
- Identifizieren Sie die relevanten Faktoren für die Entscheidung
- Gewichten Sie diese Kriterien nach ihrer Wichtigkeit
- Berücksichtigen Sie sowohl objektive als auch subjektive Kriterien
- Stellen Sie sicher, dass die Kriterien Ihre wesentlichen Werte reflektieren

C - Consider alternatives (Alternativen betrachten)
- Generieren Sie multiple Optionen ohne sofortige Bewertung

- Suchen Sie aktiv nach unkonventionellen oder innovativen Alternativen
- Vermeiden Sie die vorzeitige Einengung auf nur wenige Optionen
- Berücksichtigen Sie auch die Option „nichts tun" oder „später entscheiden"

I - Identify the best alternative (Beste Alternative identifizieren)
- Bewerten Sie jede Option anhand der festgelegten Kriterien
- Nutzen Sie bei Bedarf Entscheidungsmatrizen oder andere analytische Tools
- Berücksichtigen Sie potenzielle Risiken und Chancen jeder Option
- Achten Sie auf Trade-offs zwischen verschiedenen Kriterien

D - Decide and implement (Entscheiden und umsetzen)
- Treffen Sie die Entscheidung basierend auf Ihrer Analyse
- Entwickeln Sie einen konkreten Implementierungsplan
- Legen Sie messbare Meilensteine für die Umsetzung fest
- Kommunizieren Sie die Entscheidung klar an alle Beteiligten

E - Evaluate results (Ergebnisse evaluieren)
- Verfolgen Sie die Ergebnisse Ihrer Entscheidung
- Überprüfen Sie, ob die erwarteten Vorteile eintreten

- Identifizieren Sie unerwartete Konsequenzen
- Ziehen Sie Lehren für zukünftige Entscheidungen

Dieser strukturierte Ansatz reduziert die kognitive Belastung und das Gefühl der Überforderung, das oft zu entscheidungsbezogener Prokrastination führt. Er lenkt den Fokus von der potenziell lähmenden Gesamtkomplexität auf einzelne, handhabbare Schritte.

Entscheidungsmatrizen nutzen

Eine praktische Technik zur Objektivierung komplexer Entscheidungen ist die Entscheidungsmatrix:

Schritt 1: Matrix erstellen
- Listen Sie alle Optionen in Zeilen auf
- Listen Sie alle relevanten Kriterien in Spalten auf
- Fügen Sie eine Spalte für die Gewichtung der Kriterien hinzu (1-10)

Schritt 2: Bewertung durchführen
- Bewerten Sie jede Option für jedes Kriterium (z.B. auf einer Skala von 1-5)
- Multiplizieren Sie jede Bewertung mit der Gewichtung des jeweiligen Kriteriums
- Berechnen Sie die Gesamtpunktzahl für jede Option

Schritt 3: Analyse und Reflexion

- Betrachten Sie die Option mit der höchsten Punktzahl als vorläufige Präferenz
- Führen Sie einen „Bauchgefühl-Check" durch: Fühlt sich das Ergebnis richtig an?
- Bei Diskrepanzen: Überprüfen Sie Kriterien und Gewichtungen
- Nutzen Sie die Matrix als Entscheidungshilfe, nicht als automatischen Entscheider

Beispiel einer einfachen Entscheidungsmatrix für einen Jobwechsel:

Option	Gehalt (×8)	Work-Life-Balance (×9)	Entwicklungsmöglichkeiten (×7)	Arbeitsweg (×6)	Gesamt
Job A	4 (32)	3 (27)	5 (35)	2 (12)	106
Job B	3 (24)	5 (45)	3 (21)	4 (24)	114
Job C	5 (40)	2 (18)	4 (28)	3 (18)	104

In diesem Beispiel wäre Job B trotz niedrigerem Gehalt die beste Option basierend auf den gewichteten Kriterien.

Entscheidungsmatrizen sind besonders wertvoll für Personen, die zu Perfektionismus und Überanalyse neigen, da sie den Entscheidungsprozess externalisieren und objektivieren.

Die Bedeutung von Zeitbegrenzungen

Ein oft übersehener Aspekt der Entscheidungsstrukturierung ist das bewusste Setzen von Zeitbegrenzungen:

Parkinson's Law beachten: Arbeit (und auch Entscheidungsprozesse) dehnen sich aus, um die verfügbare Zeit zu füllen. Ohne Zeitlimit kann Entscheidungsfindung endlos werden.

Angemessene Timeboxes festlegen: Definieren Sie im Voraus, wie viel Zeit der Entscheidungsprozess verdient:
- Kleine Entscheidungen (z.B. Restaurantwahl): Minuten bis Stunden
- Mittlere Entscheidungen (z.B. Urlaubsplanung): Stunden bis Tage
- Große Entscheidungen (z.B. Jobwechsel): Tage bis Wochen
- Lebensentscheidungen (z.B. Karrierewechsel): Wochen bis Monate

Countdown statt offenes Ende: Arbeiten Sie mit konkreten Deadlines statt vagen Zeiträumen:
- „Ich werde bis Freitag, 17 Uhr entscheiden" statt „Ich entscheide in den nächsten Tagen"

- Kalendereinträge für verschiedene Phasen des Entscheidungsprozesses erstellen
- Timer oder Alarme für kürzere Entscheidungsphasen nutzen

Einfache Regel: 10/10/10-Methode: Bei Unsicherheit fragen Sie sich:
- Welche Auswirkungen hat diese Entscheidung in 10 Minuten?
- Welche Auswirkungen hat sie in 10 Monaten?
- Welche Auswirkungen hat sie in 10 Jahren?

Diese Zeitperspektive hilft, die angemessene Zeitinvestition für die Entscheidung zu bestimmen und vermeidet sowohl voreilige als auch endlos verschleppte Entscheidungen.

Die Rolle externer Strukturen und Unterstützung

Manchmal brauchen wir externe Strukturen, um Entscheidungslähmung zu überwinden:

Entscheidungspartner einbinden:
- Einen vertrauten Kollegen oder Freund als „Entscheidungsmentor" gewinnen
- Regelmäßige Check-ins vereinbaren, um Fortschritte bei wichtigen Entscheidungen zu besprechen
- Gegenseitige Rechenschaftspflicht etablieren

- Unterschied zur Delegation: Sie treffen die Entscheidung, aber der Partner unterstützt den Prozess

Externe Deadlines nutzen:
- Wo möglich, natürliche externe Deadlines nutzen
- Bei deren Fehlen künstliche externe Commitments schaffen
- Beispiel: Einen Termin zur Verkündung Ihrer Entscheidung vereinbaren
- Soziale Verpflichtungen als Motivation nutzen

Entscheidungsrituale entwickeln:
- Einen spezifischen Ort für wichtige Entscheidungen definieren
- Bestimmte Tageszeiten für Entscheidungsfindung reservieren
- Eine konsistente Vorgehensweise etablieren
- Symbolische Handlungen als Abschluss des Entscheidungsprozesses einführen

Diese externen Strukturen können besonders für Menschen hilfreich sein, die zu entscheidungsbezogener Prokrastination neigen, indem sie zusätzliche Verbindlichkeit und Unterstützung bieten.

9.2 Vom Perfektionismus zum gesunden Streben

Wie wir in Kapitel 5 gesehen haben, ist Perfektionismus eine der Hauptursachen für Entscheidungslähmung. Der

Wunsch nach der „perfekten" Entscheidung führt oft dazu, dass gar keine Entscheidung getroffen wird. In diesem Abschnitt werden wir Strategien kennenlernen, um perfektionistische Tendenzen in ein gesundes, produktives Streben nach Exzellenz zu transformieren.

Perfektionistische Gedankenmuster erkennen und umstrukturieren

Der erste Schritt zur Überwindung des lähmenden Perfektionismus ist die Identifikation und Umstrukturierung typischer perfektionistischer Denkmuster:

Dichotomes Denken: Die Tendenz, Ergebnisse nur als perfekt oder katastrophal zu bewerten.
- Erkennen: „Wenn diese Entscheidung nicht optimal ist, ist sie ein komplettes Versagen."
- Umstrukturieren: „Die meisten Entscheidungen liegen auf einem Spektrum zwischen ideal und suboptimal. Eine gute Entscheidung, die jetzt getroffen wird, ist wertvoller als eine perfekte, die nie zustande kommt."

Katastrophisieren: Das Überbewerten möglicher negativer Konsequenzen einer nicht-perfekten Entscheidung.
- Erkennen: „Wenn ich die falsche Wahl treffe, wird meine gesamte Karriere ruiniert sein."
- Umstrukturieren: „Selbst wenn diese Entscheidung nicht ideal ist, kann ich mich anpassen, lernen und den Kurs

korrigieren. Die meisten Entscheidungen sind reversibel oder modifizierbar."

Mentale Filter: Die selektive Wahrnehmung potenzieller Probleme bei gleichzeitiger Ausblendung positiver Aspekte.
- Erkennen: „Option A hat diesen einen Nachteil, daher kann sie nicht die richtige Wahl sein."
- Umstrukturieren: „Jede Option hat Vor- und Nachteile. Ich betrachte das Gesamtbild und akzeptiere, dass es keine perfekte Option ohne jegliche Nachteile gibt."

Übermäßige Verantwortungsübernahme: Die Überzeugung, dass man alle möglichen Auswirkungen einer Entscheidung kontrollieren kann und muss.
- Erkennen: „Ich muss alle potenziellen Konsequenzen dieser Entscheidung vorhersehen und verhindern."

10. Energie und Motivation

Nachdem wir im vorigen Kapitel Strategien zur Überwindung von Entscheidungslähmung kennengelernt haben, widmen wir uns nun der dritten Kernursache der Prokrastination: den Herausforderungen im Energiemanagement und der Motivation. Wie wir in Kapitel 6 gesehen haben, steckt hinter dem, was oft simplizistisch als „Faulheit" bezeichnet wird, in Wirklichkeit ein komplexes Zusammenspiel aus biologischen Energieprozessen, motivationalen Faktoren und Selbstregulationsmechanismen.

In diesem Kapitel werden wir praktische Strategien und Techniken vorstellen, um Ihre persönlichen Energiemuster zu verstehen und zu optimieren, effektive Arbeitsrhythmen zu etablieren, tiefere Motivationsquellen zu erschließen und innere Widerstände zu überwinden. Das Ziel ist nicht, durch pure Willenskraft gegen die eigene Natur anzukämpfen, sondern ein intelligentes System des Energiemanagements zu entwickeln, das Prokrastination an der Wurzel bekämpft.

10.1 Persönliche Energiemuster verstehen

Die Grundlage eines effektiven Energiemanagements ist das tiefere Verständnis Ihrer individuellen Energiemuster. Jeder Mensch hat einzigartige biologische Rhythmen und Energiekurven, die es zu erkennen und zu nutzen gilt, anstatt gegen sie anzukämpfen.

Die persönliche Energiekartierung

Ein systematisches Verständnis Ihrer Energiemuster beginnt mit einer detaillierten Kartierung:

Die Energietagebuch-Methode:

Führen Sie über 2-3 typische Wochen ein Energietagebuch

Notieren Sie stündlich Ihre subjektive Energie (1-10) und Konzentrationsfähigkeit

Dokumentieren Sie parallel wichtige Einflussfaktoren:

Schlafqualität und -dauer
Mahlzeiten (Zeit, Zusammensetzung, Größe)
Körperliche Aktivität
Stress- und Erholungsphasen
Soziale Interaktionen
Koffein- und andere Substanzaufnahme

Identifizieren Sie Muster in Ihren täglichen und wöchentlichen Energiezyklen

Analyse und Umsetzung:

Identifizieren Sie Ihre persönlichen Hochenergiephasen
Erkennen Sie typische Energietiefs und ihre Auslöser
Kartieren Sie die Aktivitäten, die Ihre Energie steigern vs. erschöpfen
Analysieren Sie die Zusammenhänge zwischen Energieniveau und Prokrastinationsneigung

Diese systematische Selbstbeobachtung liefert wertvolle Erkenntnisse, die weit über allgemeine Energiemanagement-Tipps hinausgehen. Sie bildet die Grundlage für ein personalisiertes Energiemanagement-System, das mit Ihren natürlichen Rhythmen arbeitet, statt gegen sie.
Chronobiologie und persönlicher Chronotyp
Die Wissenschaft der Chronobiologie hat gezeigt, dass Menschen unterschiedliche „Chronotypen" haben – gene-

tisch bedingte Präferenzen für Aktivität zu verschiedenen Tageszeiten:

Die Chronotypen verstehen:

Frühtypen („Lerchen"):

Natürliches Aufwachen: 5-7 Uhr
Energiehöhepunkt: Vormittag bis früher Nachmittag
Natürliche Schlafenszeit: 21-22 Uhr
Optimale Hochkonzentrationsaufgaben: 8-12 Uhr

Spättypen („Eulen"):

Natürliches Aufwachen: 8-10 Uhr oder später
Energiehöhepunkt: Später Nachmittag bis Abend
Natürliche Schlafenszeit: Nach Mitternacht
Optimale Hochkonzentrationsaufgaben: 16-20 Uhr oder später

Intermediärtypen:

Liegen zwischen den Extremen
Flexiblere Anpassungsfähigkeit
Moderate Präferenzen für frühere oder spätere Aktivität

Chronotyp-Anpassungsstrategien:
Für Frühtypen:

Planen Sie komplexe, anspruchsvolle Aufgaben für den Vormittag

Nutzen Sie nachmittags/abends für Routine, soziale oder kreative Aktivitäten

Vermeiden Sie wichtige Entscheidungen am späten Nachmittag

Berücksichtigen Sie den früheren Leistungsabfall bei Tagesplanung

Für Spättypen:

Wenn möglich, verschieben Sie anspruchsvolle Arbeit auf den Nachmittag/Abend

Morgens: Routineaufgaben, Vorbereitung, administrative Tätigkeiten

In traditionellen 9-5-Umgebungen: Nutzen Sie die ersten Stunden für Planung und einfache Aufgaben

Bewahren Sie wichtige kreative oder analytische Arbeit für Ihre Hochleistungszeiten auf

Praktische Implementierung:

Identifizieren Sie Ihren Chronotyp durch Selbstbeobachtung oder validierte Tests

Strukturieren Sie, wenn möglich, Ihren Tag in Übereinstimmung mit diesem natürlichen Rhythmus

Priorisieren Sie kognitive Herausforderungen während Ihrer biologischen Primetime

Nutzen Sie Energietiefs für andere wertvolle, aber weniger anspruchsvolle Aktivitäten

Die Anerkennung und Berücksichtigung Ihres Chronotyps kann einen dramatischen Einfluss auf Ihre Produktivität und Prokrastinationsneigung haben. Viele Menschen kämpfen unnötig gegen ihre biologischen Uhren an und erschöpfen damit wertvolle Energie.

Energiequellen und Energiesenken identifizieren

Neben den tagesrhythmischen Schwankungen ist es wichtig, die spezifischen Aktivitäten, Umgebungen und Interaktionen zu identifizieren, die Ihre Energie beeinflussen:

Persönliche Energiequellen kartieren:

Reflektieren und dokumentieren Sie Aktivitäten, die regelmäßig Ihre Energie steigern:

Physische Energiequellen:

Bestimmte Bewegungsformen (z.B. Laufen, Yoga, Krafttraining)

Spezifische Ernährungsmuster (z.B. proteinreiches Frühstück, regelmäßige kleine Mahlzeiten)

Aufenthalt in der Natur

Ausreichender, qualitativer Schlaf

Tiefe Atmung und Entspannungstechniken

Mentale Energiequellen:

Flow-Erlebnisse bei bestimmten Tätigkeiten

Lernen in Interessensgebieten

Kreative Aktivitäten (Schreiben, Zeichnen, Musizieren etc.)

Meditation oder Achtsamkeitspraktiken

Systematisches Problemlösen

Emotionale Energiequellen:

Zeit mit bestimmten Menschen, die inspirieren und unterstützen
Dankbarkeits- und Anerkennungspraktiken
Sinnstiftende Aktivitäten
Fortschritte bei persönlich wichtigen Projekten
Hilfe für andere oder Gemeinschaftsengagement

Persönliche Energiesenken identifizieren:
Ebenso wichtig ist das Erkennen von Aktivitäten und Situationen, die Ihre Energie systematisch erschöpfen:
Physische Energiesenken:

Lange, ununterbrochene Sitzzeiten
Schlafmangel oder unregelmäßiger Schlaf
Bestimmte Ernährungsgewohnheiten (z.B. zuckerreiche Mahlzeiten, die zu Blutzuckerschwankungen führen)
Dehydrierung
Übermäßige Koffeinaufnahme, besonders am Nachmittag

Mentale Energiesenken:

Multitasking und ständige Unterbrechungen
Informationsüberflutung und digitale Überreizung
Perfektionistisches Überarbeiten
Endloses Scrollen durch soziale Medien

Übermäßige Planung ohne Umsetzung

Emotionale Energiesenken:

Konflikte und ungelöste Spannungen
Zeit mit energiezehrenden Personen
Ständige Selbstkritik und negative innere Dialoge
Unterdrückte Emotionen
Wertekonflikte zwischen Handlungen und persönlichen Überzeugungen

Nutzung dieser Erkenntnisse:

Entwickeln Sie bewusste Strategien, um Energiequellen in Ihren Alltag zu integrieren
Schaffen Sie Puffer um unvermeidliche Energiesenken herum
Planen Sie energieintensive Aktivitäten für Hochenergiephasen
Gestalten Sie bewusste „Energietankphasen" vor herausfordernden Aufgaben

Diese personalisierte Energieinventur geht weit über generische Ratschläge hinaus und ermöglicht es Ihnen, ein maßgeschneidertes Energiemanagementsystem zu entwickeln, das Prokrastination durch optimale Energienutzung reduziert.
Das Energiebudget-Konzept

Ein hilfreiches mentales Modell für das persönliche Energiemanagement ist das Konzept des „Energiebudgets": Grundprinzipien des Energiebudgets:

Begrenzte Ressource: Energie ist wie ein finanzielles Budget begrenzt und muss bewusst verwaltet werden
Verschiedene Energiewährungen: Unterscheidung zwischen physischer, mentaler und emotionaler Energie
Investition vs. Verschwendung: Manche Aktivitäten „investieren" Energie und bringen Rendite, andere verbrauchen sie nur
Tägliche Erneuerung: Das Energiebudget muss täglich (und längerfristig) ausgeglichen werden
Individuelle Variation: Jeder Mensch hat ein unterschiedlich großes Gesamtbudget und verschiedene Ausgabenmuster

Praktische Anwendung des Energiebudget-Konzepts: Energiebilanzierung:

Führen Sie ein „Energiekonto" mit Einnahmen (Energiequellen) und Ausgaben (fordernde Aktivitäten)
Streben Sie eine positive oder ausgeglichene Energiebilanz an
Identifizieren Sie „Energieschulden" und deren Auswirkungen

Strategische Energieinvestitionen:

Unterscheiden Sie zwischen Aktivitäten, die Energie verbrauchen, und solchen, die sie langfristig vermehren
Investieren Sie bewusst Zeit in energieaufbauende Aktivitäten (z.B. Bewegung, Meditation, Natur)
Verstehen Sie diese nicht als „Luxus", sondern als notwendige Investition

Energetische Verschuldung vermeiden:

Erkennen Sie die Warnsignale energetischer Überziehung (Reizbarkeit, Konzentrationsprobleme, etc.)
Implementieren Sie Puffer in Ihren Zeitplan für unerwartete Energieausgaben
Entwickeln Sie einen „Notfallplan" für Phasen extremer Energieknappheit

Energietransferoptimierung:

Manche Aktivitäten verbrauchen eine Energieform, während sie eine andere auffüllen
Beispiel: Körperliche Aktivität verbraucht physische Energie, kann aber mentale und emotionale Energie aufladen
Identifizieren Sie Ihre persönlichen optimalen Energietransferaktivitäten

Das Energiebudget-Konzept hilft, ein nachhaltiges Gleichgewicht zu finden und vermeidet die typischen Boom-Bust-Zyklen, die zu Prokrastination beitragen. Statt der illusorischen Vorstellung, immer gleich leistungsfähig sein zu können, fördert es einen realistischen, ressourcenbewussten Umgang mit der eigenen Energie.

10.2 Effektive Arbeitsrhythmen etablieren

Mit dem tieferen Verständnis Ihrer persönlichen Energiemuster können Sie nun effektive Arbeitsrhythmen entwickeln, die mit Ihren natürlichen Zyklen harmonieren und Prokrastination reduzieren.

Die Wissenschaft der Arbeits- und Erholungszyklen

Unsere Produktivität und Konzentrationsfähigkeit folgt natürlichen Rhythmen, die wir nutzen können, statt gegen sie anzukämpfen:

Ultradiane Rhythmen verstehen:

Der menschliche Körper funktioniert in etwa 90-120-Minuten-Zyklen, die als Basic Rest-Activity Cycles (BRAC) oder ultradiane Rhythmen bekannt sind:

Während eines Zyklus durchlaufen wir Phasen höherer und niedrigerer Alertheit

Nach einer Phase intensiver Konzentration (90-120 Minuten) braucht das Gehirn Erholung

Erzwungenes Weiterarbeiten ohne Pause führt zu dramatisch verminderter Leistung

Ignorierte Erholungsbedürfnisse können zu kompensatorischer Prokrastination führen

Wissenschaftliche Erkenntnisse zu optimalen Arbeitsrhythmen:

Die 52/17-Regel:

Datenanalysen zeigen, dass hochproduktive Menschen oft etwa 52 Minuten konzentriert arbeiten
Gefolgt von etwa 17 Minuten echter Pause
Diese Proportionen spiegeln einen natürlichen Arbeits-Erholungs-Rhythmus wider

Die Pomodoro-Technik und ihre Variationen:

Klassisches Pomodoro: 25 Minuten Arbeit, 5 Minuten Pause
Nach vier Pomodoros eine längere Pause (15-30 Minuten)
Personalisierte Pomodoros können an individuelle Konzentrationsspannen angepasst werden
Forschungen zeigen, dass dieser strukturierte Ansatz Prokrastination signifikant reduzieren kann

Effektive Arbeitsrhythmen etablieren bedeutet, mit unseren natürlichen Zyklen zu arbeiten. Wissenschaftsbasierte Arbeits-Pausen-Verhältnisse, qualitativ hochwertige Pausen, die strategische Planung von Tiefenarbeit und flacher Arbeit sowie die bewusste Kultivierung von Flow-Zuständen optimieren unsere Leistungsfähigkeit und reduzieren Prokrastination.
Motivationsstrategien jenseits von Willenskraft fokussieren auf tiefere, nachhaltigere Antriebsquellen. Durch die gezielte Kultivierung intrinsischer Motivation, die bewusste Gestaltung motivationsfördernder Umgebungen, sinnstiftende Zielsetzung und die systematische Sichtbar-

machung von Fortschritt können wir Motivation als erneuerbare Ressource erschließen.

Innere Widerstände überwinden erfordert spezifische Techniken. Das Verständnis der Psychologie des Aufgabenwiderstands, Mikrotechniken zum sofortigen Widerstandsabbau, psychologisches Reframing von Aufgaben sowie emotionale Regulationsstrategien während schwieriger Aufgaben ermöglichen es, auch bei anfänglicher Abneigung produktiv zu bleiben.

Die Kunst der strategischen Pausen komplettiert das Energiemanagement-System. Eine ausgewogene Regenerationsökologie, mehrstufige Pausenstrategien für verschiedene Zeithorizonte und die Etablierung wirksamer Erholungsrituale sorgen für nachhaltige Energie und Motivation.

Die Überwindung energiebezogener Prokrastination erfordert nicht mehr Willenskraft oder moralische Stärke, sondern ein intelligentes System des Energiemanagements und der Motivationskultivierung. Mit den vorgestellten Strategien können Sie Ihre natürlichen Energie- und Motivationsmuster verstehen und nutzen, statt gegen sie anzukämpfen – ein entscheidender Schritt zur nachhaltigen Überwindung von Prokrastination.

Im nächsten Kapitel werden wir uns mit der vierten und letzten Kernursache der Prokrastination beschäftigen: der zeitlichen Diskontierung und Strategien, wie wir die systematische Abwertung zukünftiger Belohnungen überwinden können.Domänenspezifische Fortschrittsmessung:

Für verschiedene Tätigkeitsbereiche können spezifische Fortschrittsmetriken entwickelt werden:
Kreative Projekte:

Komponentenbasierte Messung statt linearer Fortschritt
Meilenstein-Feier statt kontinuierlicher Messung
Experimentzählung (Anzahl der Versuche/Iterationen)
Ideengenerierungs-Metriken

Wissensarbeit:

Erkenntnisprotokollierung („Heute habe ich gelernt...")
Konzeptionsfortschritt (z.B. Mindmap-Erweiterung visualisieren)
Offene Fragen geklärt vs. neue Fragen entdeckt
Wissensvermittlung als Fortschrittsindikator

Verhaltensänderung:

Kleine Gewohnheitsstreaks visualisieren
Rückfallmuster identifizieren und Verbesserungen erkennen
„Nicht-Maßnahmen" zählen (z.B. Tage ohne Prokrastination)
Trigger-Awareness-Fortschritte dokumentieren

Social Sharing als Verstärker:
Die selektive Veröffentlichung von Fortschritten kann als motivationaler Verstärker wirken:

„Accountability Partners": Regelmäßiger Austausch über Fortschritte mit einem vertrauten Partner

Selektive öffentliche Commitments: Strategisches Teilen von Zielen und Fortschritten

Fortschritts-Communities: Teilnahme an Gruppen mit ähnlichen Zielen

Mentoring-Beziehungen: Regelmäßige Fortschrittsberichte an einen Mentor oder Coach

Die bewusste Sichtbarmachung von Fortschritt verwandelt abstrakte Ziele in konkrete Erfahrungen und nutzt den „endogenen Belohnungsmechanismus" - die Ausschüttung von Dopamin bei Zielerreichung und Fortschrittserleben - als natürlichen Motivator gegen Prokrastination.

10.4 Innere Widerstände überwinden: Praktische Techniken

Selbst mit optimiertem Energiemanagement und starker Motivation erleben wir manchmal innere Widerstände gegen wichtige Aufgaben. Diese Widerstände manifestieren sich als plötzlicher Drang zur Prokrastination kurz vor oder während einer Aufgabe. In diesem Abschnitt lernen wir praktische Techniken kennen, um diese spezifischen Widerstände zu überwinden.

Die Psychologie des Aufgabenwiderstands verstehen

Um innere Widerstände effektiv zu adressieren, müssen wir zunächst ihre Natur und Ursprünge verstehen:

Typische Erscheinungsformen des Widerstands:

Körperliche Manifestationen:

Plötzliches Gefühl von Müdigkeit oder Energielosigkeit
Körperliches Unbehagen oder Unruhe
Impuls aufzustehen, umherzugehen oder den Raum zu verlassen
Hunger, Durst oder andere körperliche Bedürfnisse intensiv wahrnehmen

Kognitive Manifestationen:

Plötzliche Erinnerung an „wichtigere" Aufgaben
Kreative Rechtfertigungen für Aufschub („Ich brauche erst mehr Recherche")
Gedankliche Ablenkungen und Abschweifen
Katastrophisieren bezüglich der Aufgabenschwierigkeit

Emotionale Manifestationen:

Aufwallen von Angst, Langeweile oder Frustration
Gefühl der Überwältigung oder Hilflosigkeit
Plötzlicher Stimmungsabfall
Impulsives Verlangen nach sofortiger Befriedigung

Psychologische Ursprünge des Widerstands:
Bedrohung des Selbstwertgefühls:

Angst vor Versagen oder Unzulänglichkeit
Vermeidung von Situationen, die das Selbstbild gefährden könnten

Selbstwertschutz durch Externalisierung („Ich habe es nicht geschafft, weil ich keine Zeit hatte" statt „...weil ich nicht gut genug bin")

Freiheits- und Autonomiebedrohung:

Reaktanz gegen wahrgenommene Einschränkungen
Psychologischer Widerstand gegen externe oder internalisierte „Muss"-Forderungen
Unbewusstes Bedürfnis, Kontrolle zu behaupten

Emotionale Regulationsprobleme:

Vermeidung aufgabenbezogener negativer Emotionen (Angst, Frustration)
Nutzung von Prokrastination als kurzfristige emotionale Regulationsstrategie
Emotionale Unverträglichkeit mit dem Aufgabenzustand

Unangemessene mentale Repräsentation:

Zu abstrakte oder überwältigende Vorstellung der Aufgabe
Fehlende mentale Klarheit über konkrete nächste Schritte
Kognitiver Missmatch zwischen Aufgabenanforderung und mentalem Zustand

Das Verständnis dieser verschiedenen Widerstandsformen und -ursachen ermöglicht die Auswahl gezielter Gegenstrategien anstelle generischer Motivationssprüche oder reiner Willensanstrengung.

Sofortiger Widerstandsabbau: Mikrotechniken

Folgende praktische Mikrotechniken können helfen, akuten Aufgabenwiderstand zu überwinden:

Die 5-Sekunden-Regel (Mel Robbins):

Bei Widerstandsgefühl von 5 rückwärts zählen: 5-4-3-2-1

Unmittelbar nach dem Countdown physisch in Bewegung setzen

Unterbricht das Grübeln und aktiviert den präfrontalen Kortex

Verhindert, dass das emotionale Gehirn die Kontrolle übernimmt

Die 2-Minuten-Regel (David Allen):

Verpflichten Sie sich, nur für 2 Minuten an der Aufgabe zu arbeiten

Nach 2 Minuten erlauben Sie sich aufzuhören

Nutzt den Zeigarnik-Effekt: Begonnene Aufgaben erzeugen kognitiven Spannungszustand

Überwindet die Anfangshürde, die oft am höchsten ist

Implementations-Intentionen:

Spezifische Wenn-Dann-Pläne formulieren: „Wenn ich X denke/fühle, dann tue ich Y"

Beispiel: „Wenn ich den Impuls spüre, die E-Mails zu checken, dann trinke ich stattdessen einen Schluck Wasser und arbeite 5 weitere Minuten"

Automatisiert angemessene Reaktionen auf typische Widerstandstrigger

Reduziert kognitive Belastung in Widerstandsmomenten

Physische Zustandsveränderung:

Schnelle körperliche Interventionen bei aufkommendem Widerstand:

10 tiefe Atemzüge

20 Sekunden Stretching oder schnelle Bewegung

Wechsel der Körperhaltung oder des Arbeitsplatzes

Kurze Exposition mit kaltem Wasser (Hände, Gesicht)

Durchbricht emotionalen Zustand und schafft neuen physiologischen Kontext

Mikro-Commitment-Kaskade:

Aufgabe in winzige Teilschritte zerlegen

Sich nur auf den allerersten, kleinstmöglichen Schritt verpflichten

Nach Abschluss sofort den nächsten Mikroschritt definieren

Schritt für Schritt vorwärts bewegen, ohne an das Gesamtprojekt zu denken

Diese Mikrotechniken sind besonders wertvoll, weil sie in Echtzeit angewendet werden können, wenn Widerstand aufkommt, und weil sie minimalen Aufwand erfordern – gerade genug, um die initiale Widerstandsbarriere zu durchbrechen.

Psychologisches Reframing von Aufgaben
Der Widerstand gegen eine Aufgabe hängt oft mit ihrer mentalen Repräsentation zusammen. Durch bewusstes Reframing – die Neuinterpretation oder Umrahmung – können wir die subjektive Erfahrung der Aufgabe grundlegend verändern:

Linguistisches Reframing:
Von „Müssen" zu „Wählen":

„Ich muss diesen Bericht schreiben" → „Ich wähle, diesen Bericht zu schreiben, weil..."
Betont eigene Handlungsmacht und reduziert Reaktanz
Verbindet die Aufgabe mit persönlichen Werten oder Zielen
Aktiviert intrinsische statt extrinsischer Motivation

Von „fertigstellen" zu „anfangen":

„Ich muss dieses Projekt abschließen" → „Ich kann mit diesem kleinen Teil beginnen"
Reduziert wahrgenommenen Druck und kognitive Belastung
Fokussiert auf Prozess statt Ergebnis

Verringert perfektionistische Blockaden

Von „schwer/langweilig" zu spezifischeren Beschreibungen:

„Diese Aufgabe ist so langweilig" → „Dieser Teil der Aufgabe erfordert wiederholte Dateneingabe"
Entmystifiziert vage negative Bewertungen
Ermöglicht präzisere Problemlösung
Reduziert emotionale Aufladung

Identitätsbasiertes Reframing:
Rollenaktivierung:

Identität aktivieren, für die diese Aufgabe charakteristisch ist
„Wie würde ein professioneller Analyst diese Daten angehen?"
„Als engagierter Mentor möchte ich dieses Feedback sorgfältig gestalten"
Nutzt die motivierende Kraft von Identitätskongruenz

Kompetenzaktivierung:

Aufgaben mit bereits gemeisterten Herausforderungen verknüpfen
„Dies ist wie Projekt X, das ich erfolgreich bewältigt habe"

„Ich kann die Fähigkeiten nutzen, die ich bei Y entwickelt habe"
Stärkt Selbstwirksamkeitsüberzeugungen

Experimentelles Mindset:

Aufgabe als Experiment oder Lernmöglichkeit rahmen
„Ich probiere für 20 Minuten aus, wie weit ich komme"
„Dies ist eine Gelegenheit, meine Fähigkeit in Z zu verbessern"
Reduziert Versagensangst und perfektionistischen Druck

Prozessuales Reframing:
Von Ergebnis zu Prozess:

Fokus von fertigem Produkt auf den Arbeitsprozess verlagern
„Ich konzentriere mich darauf, 30 Minuten konzentriert zu arbeiten" statt „Ich muss dieses perfekte Ergebnis erzielen"
Schafft erreichbare Metriken unabhängig vom Endergebnis

Aufgabe als Puzzle oder Spiel:

Spielerische Elemente in die Aufgabenstruktur einbauen
Herausforderungen und Belohnungen definieren
„Wie schnell kann ich 10 E-Mails beantworten?"
Aktiviert intrinsische Motivationssysteme

Tempus-Reframing:

„Präsens-Selbst" vs. „Zukunfts-Selbst" neu kalibrieren
Die Perspektive des „zukünftigen Selbst" einnehmen
„Wie wird sich mein Ich von morgen fühlen, wenn dies erledigt ist?"
Verringert zeitliche Diskontierung

Diese Reframing-Techniken verändern nicht die Aufgabe selbst, aber fundamental, wie wir sie wahrnehmen und erleben – oft genug, um lähmenden Widerstand in handhabbares Unbehagen oder sogar Interesse zu verwandeln.
Emotionale Regulation während schwieriger Aufgaben
Selbst nach erfolgreicher Initiierung können unangenehme Emotionen während der Aufgabenbearbeitung zu erneuter Prokrastination führen. Strategien zur emotionalen Regulation können helfen, diese Hürde zu überwinden:
Emotionen als Daten behandeln:
Emotionale Achtsamkeit:

Aufkommende Emotionen bemerken und benennen
„Ich bemerke, dass Frustration aufkommt"
Emotionen als temporäre mentale Ereignisse, nicht als Wahrheiten betrachten
Urteilsfreie Beobachtung statt Identifikation mit Emotionen

RAIN-Technik (Tara Brach):

Recognize: Emotion erkennen
Allow: Emotion erlauben, da zu sein, ohne zu kämpfen
Investigate: Körperempfindungen, Gedanken, Auslöser untersuchen
Nurture: Selbstmitgefühl und Unterstützung anbieten

Emotionales Tagebuch während der Arbeit:

Kurze Notizen zu emotionalen Zuständen während der Aufgabe
Muster erkennen: Wann treten negative Emotionen auf?
Verbindung zu Fortschritt oder Hindernissen herstellen
Als Datenbasis für künftige Strategieanpassungen nutzen

Praktische Emotionsregulationsstrategien:
Kognitive Umbewertung:

Situation aus anderer Perspektive betrachten
Alternative Interpretationen generieren
„Diese Herausforderung ist ein Zeichen für Wachstum" statt „Ich bin nicht gut genug"
„Diese Schwierigkeit ist temporär und spezifisch" statt „Alles ist immer schwierig"

Emotionale Distanzierung:

Dritte-Person-Perspektive einnehmen

Sich selbst mit Namen ansprechen: „Maria steht vor dieser Herausforderung"

Zeitliche Distanzierung: „Wie wichtig wird dies in einem Monat sein?"

Räumliche Vorstellung: Emotion als Objekt außerhalb betrachten

Akzeptanzbasierte Strategien:

Emotionales Unbehagen als Teil des Prozesses akzeptieren

„Ich kann diese Unsicherheit/Frustration fühlen UND trotzdem handeln"

Widerstand gegen die Emotion loslassen

„Surfen" auf der emotionalen Welle statt Kampf

Selbstmitgefühl kultivieren:

Selbstmitgefühl – eine freundliche, unterstützende Haltung gegenüber sich selbst – ist besonders wirksam gegen prokrastinationsfördernde negative Emotionen:

Selbstmitgefühls-Pause:

Bei aufkommenden Schwierigkeiten kurz innehalten

Anerkennen, dass Schwierigkeiten zum menschlichen Erleben gehören

Sanfte, unterstützende Worte zu sich selbst sprechen

Physische Geste des Selbstmitgefühls (z.B. Hand aufs Herz)

Mitfühlende Selbstansprache:

Bewusst den inneren Kritiker durch unterstützende Stimme ersetzen
Sprechen Sie zu sich, wie zu einem geschätzten Freund in ähnlicher Situation
Bekräftigen Sie eigene Fähigkeiten und bisherige Erfolge
Normalisieren Sie Schwierigkeiten und Rückschläge

Bedingte Selbstakzeptanz überwinden:

Erkennen, wenn Selbstwert an Leistung gebunden ist
Selbstakzeptanz unabhängig von Erfolg oder Misserfolg praktizieren
„Ich bin wertvoll, unabhängig von der Qualität dieses Ergebnisses"
Personzentrierte statt leistungszentrierte Perspektive entwickeln

Diese emotionalen Regulationsstrategien ermöglichen es, auch bei schwierigen oder unangenehmen Aufgaben handlungsfähig zu bleiben, statt in Vermeidung oder Prokrastination zu flüchten.

10.5 Die Kunst der strategischen Pausen

Die letzte Komponente im Energiemanagement und Motivationssystem ist der bewusste, strategische Einsatz von Pausen und Erholungsphasen. Anders als spontane Prokrastination, die oft mehr erschöpft als erholt, sind geplante Pausen entscheidend für nachhaltige Produktivität und Motivation.

Die Regenerationsökologie verstehen

Unser Energiesystem ähnelt einem Ökosystem mit verschiedenen interdependenten Komponenten, die alle Aufmerksamkeit benötigen:

Die vier Energiedimensionen (nach Jim Loehr):

Physische Energie:

Grundlage aller anderen Energieformen

Abhängig von Schlaf, Ernährung, Bewegung und Erholung

Manifestiert sich in Ausdauer, Kraft und Widerstandsfähigkeit

Zeichen von Defizit: Müdigkeit, reduzierte Immunfunktion, verminderte kognitive Leistung

Emotionale Energie:

Fähigkeit, positive emotionale Zustände zu kultivieren und aufrechtzuerhalten

Beeinflusst durch Beziehungsqualität, emotionale Regulation, positive Erlebnisse

Manifestiert sich in Resilienz, Optimismus und emotionaler Stabilität

Zeichen von Defizit: Reizbarkeit, emotionale Erschöpfung, Zynismus

Mentale Energie:

Kapazität für Fokus, Konzentration und klares Denken
Beeinflusst durch kognitive Pausen, Stimulation/Herausforderung, Informationsmanagement
Manifestiert sich in Aufmerksamkeitskontrolle, Problemlösefähigkeit, Kreativität
Zeichen von Defizit: Gedankenrasen, Vergesslichkeit, reduzierte Entscheidungsqualität

Spirituelle Energie:

Verbindung mit tieferen Werten, Sinn und Purpose
Beeinflusst durch Wertklarheit, bedeutsame Aktivitäten, Reflexion
Manifestiert sich in Sinnerleben, Integrität, Erfüllung
Zeichen von Defizit: Wertekonflikte, Sinnleere, existenzielle Fragen

Strategische Energiebalancierung:
Defizitbereiche identifizieren:

Regelmäßig alle vier Energiebereiche evaluieren
Frühwarnzeichen für Erschöpfung in jedem Bereich kennen
Schwächsten Energiebereich als Priorität behandeln
Verständnis entwickeln, wie die Bereiche sich gegenseitig beeinflussen

Energierückgewinnungsaktivitäten für jeden Bereich:

Physische Regeneration:

Kurze Bewegungspausen (5-10 Minuten leichte Bewegung)
Power-Napping (10-20 Minuten)
Natürliche Umgebungen aufsuchen
Atmungs- und Entspannungsübungen

Emotionale Regeneration:

Positive soziale Interaktionen
Dankbarkeitsübungen
Humor und Spiel
Emotionales Journaling oder Austausch

Mentale Regeneration:

Meditativer Fokus auf einen einzelnen Punkt
Naturaufenthalt (Attention Restoration Theory)
Wechsel zwischen verschiedenen Denkmodj (analytisch, kreativ, reflektiv)
Komplett arbeitsunbezogene mentale Aktivitäten

Spirituelle Regeneration:

Reflexion über persönliche Werte und Ziele
Verbindung zur größeren Gemeinschaft
Künstlerischer oder kreativer Ausdruck
Meditation oder kontemplative Praktiken

Die bewusste Balance dieser verschiedenen Energie-dimensionen verhindert einseitige Erschöpfung und schafft ein robusteres Energiesystem mit geringerer Prokrastinationsneigung.

Pausenstrategien für verschiedene Zeithorizonte

Ein umfassendes Erholungssystem umfasst Pausen und Regenerationsphasen auf verschiedenen zeitlichen Ebenen:

Mikropausen (30 Sekunden bis 5 Minuten):

Wann einsetzen:

Bei ersten Anzeichen von Konzentrationsverlust
Nach Abschluss einer Teilaufgabe
Bei Übergängen zwischen verschiedenen Aktivitäten
Als präventive Maßnahme alle 25-45 Minuten

Effektive Mikropausenaktivitäten:

Kurze Bewegungs- oder Dehnungsübungen
Bewusste Atemübungen (z.B. 4-7-8-Atmung)
Kurzer Blick aus dem Fenster in die Ferne
Schnelle Hydration und kurze Entspannung

Standardpausen (10-30 Minuten):

Wann einsetzen:

Nach 60-90 Minuten fokussierter Arbeit
Bei mittelgradigen Ermüdungszeichen

Zwischen verschiedenen Projekten oder Aufgabentypen
Als fester Bestandteil strukturierter Arbeitsblöcke

Effektive Standardpausenaktivitäten:

Kurzer Spaziergang, vorzugsweise in der Natur
Leichte körperliche Aktivität (Treppensteigen, Dehnübungen)
Kurze soziale Interaktion mit positiven Personen
Entspannungs- oder Achtsamkeitsübungen
Snack mit komplexen Kohlenhydraten und Protein

Längere Erholungsphasen (mehrere Stunden):
Wann einsetzen:

Nach intensiven Arbeitsphasen (z.B. mehrere Tage mit Hochleistung)
Präventiv in regelmäßigen Abständen (z.B. wöchentlich)
Bei Anzeichen tieferer Erschöpfung oder reduzierter Kreativität
Als Belohnung nach Projektmeilensteinen

Effektive längere Erholungsaktivitäten:

Ausgedehnte Naturaufenthalte
Völlig arbeitsunbezogene Aktivitäten und Hobbys
Soziale Verbindungen pflegen
Körperliche Aktivität mit Freudenfokus
Kreative oder künstlerische Tätigkeiten

Ausgedehnte Regenerationsphasen (mehrere Tage bis Wochen):
Wann einsetzen:

Regelmäßig geplant (Jahresurlaub, Quartalsretreats)
Nach Abschluss größerer Projekte
Bei Anzeichen von Burnout oder chronischer Erschöpfung
Als bewusste Strategie zur Langzeiterneuerung

Effektive ausgedehnte Regenerationsaktivitäten:

Vollständiger Kontextwechsel (Reisen, Naturaufenthalt)
Tiefere Verbindung mit persönlichen Werten und Beziehungen
Mentale und physische Distanz zur Arbeitsumgebung
Balance zwischen aktiver und passiver Erholung
Reflexion über größere Lebensziele und -richtung

Pausenstrategien personalisieren:
Ein effektives persönliches Pausensystem berücksichtigt individuelle Unterschiede:

Erholungstyp identifizieren: Werden Sie durch soziale Interaktion oder Einsamkeit erholt?
Energetische Präferenzen erkennen: Aktive vs. passive Erholung als Präferenz

Erholungsgeschwindigkeit verstehen: Wie schnell regenerieren Sie in verschiedenen Kontexten?

Umgebungspräferenzen beachten: Natur, urbane Umgebung, Zuhause als optimale Regenerationsumgebung

Diese personalisierten, mehrstufigen Pausenstrategien bilden ein Präventionssystem gegen energie- und motivationsbedingte Prokrastination und ermöglichen langfristig hohe Leistungsfähigkeit ohne Burnout.

Erholungsrituale etablieren

Neben dem „Was" und „Wann" der Pausen ist das „Wie" entscheidend – die Qualität und Art, wie wir Erholung angehen. Bewusste Erholungsrituale können die Regenerationswirkung erheblich verstärken:

Tägliche Erholungsrituale:

Morgenritual: Energieaufbau für den Tag

Persönliche „Power Hour" vor Arbeitsbeginn
Kombination aus Bewegung, Achtsamkeit und Inspiration
Bewusste Fokussierung vor Reaktivität
Festlegen der Tagesintention und -prioritäten

Transitionsrituale: Übergänge zwischen Kontexten

Bewusster Abschluss einer Arbeitsphase
Klare mentale und physische Trennung
Beispiel: Nach Heimkehr 10 Minuten Meditation oder kurzer Spaziergang

Unterstützt mentales Umschalten zwischen verschiedenen Rollen

Abendritual: Tagesabschluss und Erholung

Bewusster Arbeitsabschluss mit Review und Planung
Digitale Auszeit vor dem Schlaf
Entspannungsroutine für bessere Schlafqualität
Dankbarkeitsreflexion oder positive Tagesbilanz

Wöchentliche Erholungsrituale:
Tiefe Freizeitaktivitäten (statt „passivem Auftanken")

Aktivitäten mit Flow-Potenzial
Herausforderung ohne Leistungsdruck
Skill-Building in interessanten Bereichen
Beispiele: Musizieren, Sport, Kunsthandwerk, Kochen

Digitale Sabbaticals

Regelmäßige, geplante Auszeiten von digitalen Geräten
Vollständige oder partielle Disconnection
Erholung der konstant stimulierten Aufmerksamkeitssysteme
Wiederverbindung mit physischer Welt und Sinnlichkeit

Reflexionspraxis

Wöchentliche strukturierte Reflexionszeit

Rückblick auf Erfolge, Herausforderungen, Lektionen
Verbindung mit größeren Zielen und Werten herstellen
Anpassung von Strategien basierend auf Erfahrungen

Saisonale Erneuerungsrituale:
Quartalsretreats

Tiefere Auszeit (1-3 Tage) alle drei Monate
Fokus auf Reflexion, Neukalibrierung und Regeneration
Idealerweise in natürlicher Umgebung
Balance zwischen Struktur und Freiheit

Jahreszeitenübergänge markieren

Saisonale Übergangsrituale etablieren
Anpassung der Arbeits- und Erholungsrhythmen an natür-
liche Zyklen
Bewusste Reduktion im Winter, Expansion im Frühjahr/
Sommer
Verbindung mit kulturellen oder persönlichen Bedeu-
tungstraditionen

Jährliche Tiefenregeneration

Ausgedehnte Auszeit (1-4 Wochen)
Vollständiger Kontextwechsel
Kombination aus aktiver und passiver Erholung
Zeit für tiefere Lebensfragen und -ausrichtung

Ritualisierung verstärken durch:
Symbolische Elemente

Physische Objekte, die Übergänge markieren
Spezifische Umgebungen für verschiedene Rituale
Sensorische Anker (bestimmte Musik, Duft, Textur)
Visuelle Erinnerungen an den Zweck des Rituals

Konsistenz und Flexibilität balancieren

Kernelemente des Rituals konsistent halten
Flexibilität in der Anpassung an verschiedene Umstände
„Minimalversionen" für Zeiten mit Einschränkungen
Evolution der Rituale mit veränderten Bedürfnissen

Diese bewussten Erholungsrituale transformieren Pausen
von „verlorener Zeit" zu essenziellen, strukturierten Elementen eines nachhaltigen Energiemanagementsystems
und bieten damit ein Gegenmittel zu energiebedingter
Prokrastination.
Zusammenfassung: Die wichtigsten Erkenntnisse
In diesem Kapitel haben wir uns mit der dritten Kernursache der Prokrastination beschäftigt – Herausforderungen
im Energiemanagement und der Motivation – und konkrete Strategien zu ihrer Überwindung entwickelt:

Persönliche Energiemuster verstehen ist der Ausgangspunkt. Durch systematische Selbstbeobachtung, Kenntnis
des eigenen Chronotyps, Identifikation persönlicher Ener-

giequellen und -senken sowie das Energiebudget-Konzept können wir unsere biologischen Rhythmen und Energieschwankungen nutzen statt bekämpfen.

Effektive Arbeitsrhythmen etablieren bedeutet, mit unseren natürlichen Zyklen zu arbeiten. Wissenschaftsbasierte Arbeits-Pausen-Verhältnisse, qualitativ hochwertigeLänge optimaler Arbeitsphasen:

Studien zur Aufmerksamkeitsspanne zeigen, dass die optimale Dauer fokussierter Arbeit individuell variiert

Durchschnittlich können die meisten Menschen etwa 45-90 Minuten hochkonzentriert arbeiten, bevor die Effektivität nachlässt

Experten können in Flow-Zuständen auch längere Perioden (bis zu 2-3 Stunden) aufrechterhalten

Anfänger in einer Disziplin haben typischerweise kürzere optimale Arbeitsphasen (25-45 Minuten)

Praktische Implementierung wissenschaftsbasierter Arbeitsrhythmen:

Persönlichen optimalen Rhythmus finden:

Experimentieren Sie mit verschiedenen Arbeits-Pausen-Verhältnissen (25/5, 50/10, 90/20)

Dokumentieren Sie subjektive Produktivität und Konzentrationsniveau

Achten Sie auf natürliche Aufmerksamkeitsschwankungen

Entwickeln Sie einen personalisierten Standard-Arbeitsrhythmus

Unterschiedliche Rhythmen für unterschiedliche Aufgaben:

Kreative vs. analytische vs. administrative Tätigkeiten können verschiedene optimale Rhythmen haben
Komplexe Aufgaben benötigen möglicherweise längere Anlaufzeiten und profitieren von längeren Arbeitsblöcken
Repetitive oder einfachere Aufgaben können in kürzeren Blöcken effizient erledigt werden

Integration in den Tagesablauf:

Platzieren Sie anspruchsvolle Tiefenarbeitsblöcke in Ihren persönlichen Hochenergiephasen
Nutzen Sie natürliche Energietiefs für leichtere Aufgaben oder aktive Erholung
Schaffen Sie Pufferzonen zwischen verschiedenen Aufgabentypen für mentale Umstellung

Diese wissenschaftlich fundierten Arbeitsrhythmen minimieren Prokrastination, indem sie das Gleichgewicht zwischen Anforderung und Ressourcen optimieren und mit unseren natürlichen biologischen Zyklen arbeiten statt gegen sie.
Die Qualität der Pausen optimieren

Nicht jede Pause ist gleich erholsam. Die Art, wie wir Pausen gestalten, hat erheblichen Einfluss auf unsere Erholungsqualität und damit auf unsere Prokrastinationsneigung:

Wissenschaftliche Erkenntnisse zur Pausenqualität:

Aktive vs. passive Pausen:

Studien zeigen, dass leichte körperliche Aktivität in Pausen erholsamer ist als passive Ruhe

Kurzer Spaziergang, Dehnübungen oder einfache Bewegungsroutinen erhöhen die kognitive Erholung

Insbesondere nach längeren Sitzperioden ist Bewegung essenziell für optimale Erholung

Naturexposition:

Selbst kurze Kontakte mit natürlichen Umgebungen (5-15 Minuten) zeigen signifikante kognitive Erholungseffekte

Blick aus dem Fenster auf Grünflächen, kurze Aufenthalte im Freien oder sogar Betrachtung von Naturbildern haben messbare Wirkung

„Attention Restoration Theory" erklärt, wie natürliche Umgebungen unsere gerichtete Aufmerksamkeit erholen

Digitale vs. analoge Pausen:

Forschungen zeigen, dass digitalfreie Pausen effektivere kognitive Erholung bieten

Social-Media-Nutzung oder Email-Checking in Pausen verringert die Erholungswirkung
Mentaler Kontextwechsel ist ein Schlüssel zu effektiver Regeneration

Verschiedene Pausentypen für verschiedene Bedürfnisse:
Mikropausen (30 Sekunden bis 2 Minuten):

Kurzes Aufstehen und Stretchen
Blick in die Ferne richten (20-20-20-Regel: Alle 20 Minuten 20 Sekunden etwas in 20 Fuß Entfernung betrachten)
Tiefe Atemübungen oder Mini-Meditation
Kurzes Schließen der Augen

Standardpausen (5-15 Minuten):

Kurzer Spaziergang
Progressive Muskelentspannung
Leichte Dehnübungen
Wassertrinken und kleine Snacks
Kurzes Gespräch mit Kollegen (über nicht-arbeitsbezogene Themen)

Längere Erholungspausen (20-60 Minuten):

Mittagspaziergang in der Natur
Kurzes Power-Napping (10-20 Minuten)
Leichtes Mittagessen ohne digitale Geräte

Meditation oder Achtsamkeitsübung
Hobby-bezogene Aktivitäten

Pausenprotokolle entwickeln:
Für verschiedene Arbeitskontexte können Sie optimierte
Pausenprotokolle entwickeln:
Intensivarbeitstag-Protokoll:

Morgens: 90/15-Rhythmus (90 Minuten Arbeit, 15 Minuten aktive Pause)
Mittags: 60 Minuten echte Erholung (Natur, Bewegung, soziale Interaktion)
Nachmittags: 60/10-Rhythmus an Energieniveau angepasst
Mini-Pausen (30 Sekunden Dehnen, Augenentspannung) bei ersten Konzentrationsschwankungen

Kreative Projektarbeit-Protokoll:

Längere Arbeitsblöcke (120 Minuten) für Flow-Zustände
Zwischen Blöcken: 30 Minuten „Inkubationspausen" für unbewusstes Problemlösen
Bewusster Wechsel der Umgebung in Pausen
Inspirationspausen (Natur, Kunst, Musik) zur Anregung kreativer Prozesse

Die bewusste Gestaltung qualitativ hochwertiger Pausen ist nicht Zeitverschwendung, sondern eine kritische Komponente effektiven Energiemanagements und somit ein wirksames Mittel gegen energiebedingte Prokrastination.

Tiefenarbeit vs. flache Arbeit strategisch planen

Ein wichtiger Aspekt effektiver Arbeitsrhythmen ist die bewusste Unterscheidung und strategische Planung verschiedener Arbeitstypen:

Das Konzept von Tiefen- und flacher Arbeit (nach Cal Newport):

Tiefenarbeit (Deep Work):

Kognitiv anspruchsvolle Aktivitäten, die Ihre volle Konzentration erfordern

Erschafft neuen Wert, entwickelt Fähigkeiten und ist schwer zu replizieren

Erfordert längere, ununterbrochene Zeitblöcke (idealerweise 1-4 Stunden)

Beispiele: Konzeptentwicklung, Schreiben, komplexes Problemlösen, Lernen neuer Fähigkeiten

Flache Arbeit (Shallow Work):

Logistisch orientierte, weniger kognitiv fordernde Aufgaben

Oft reaktiv statt proaktiv

Kann in kürzeren Zeitblöcken und mit mehr Unterbrechungen erledigt werden

Beispiele: E-Mails beantworten, Besprechungen, administrative Tätigkeiten, Routineaufgaben

Strategische Integration in den Arbeitsrhythmus:
Tiefenarbeit priorisieren und schützen:

Identifizieren Sie, welche Ihrer Aufgaben echte Tiefenarbeit sind
Reservieren Sie Ihre besten Energiephasen für diese Aufgaben
Blockieren Sie längere, ununterbrochene Zeitfenster (mind. 90 Minuten)
Schaffen Sie optimale Bedingungen (minimale Ablenkungen, geeignete Umgebung)
Signalisieren Sie anderen Ihren „Tiefenarbeitsmodus" (geschlossene Tür, Statusanzeige)

Flache Arbeit effizient bündeln:

Gruppieren Sie ähnliche Aufgaben für Effizienzgewinne (z.B. alle E-Mails in dedizierten Zeitblöcken)
Platzieren Sie flache Arbeit in Energietiefs oder Übergangsphasen
Setzen Sie klare Zeitlimits für flache Arbeitsblöcke
Automatisieren oder delegieren Sie wiederkehrende flache Aufgaben, wo möglich

Zeitliche Verhältnisplanung:

Bestimmen Sie Ihr ideales Verhältnis von Tiefen- zu flacher Arbeit (abhängig von Rolle und Zielen)

Tracken Sie das tatsächliche Verhältnis über einige Wochen

Implementieren Sie schrittweise Veränderungen, um das Verhältnis zu optimieren

Überprüfen Sie regelmäßig, ob Tiefenarbeit an Ihren wichtigsten Prioritäten ausgerichtet ist

Wochenplanung für optimale Rhythmen:

Ein strategischer Wochenplan könnte beispielsweise so aussehen:

Montagvormittag: Dedizierter Tiefenarbeitsblock (3 Stunden)

Montagnachmittag: Administrative Aufgaben und E-Mails (flache Arbeit)

Dienstag & Donnerstag: „Tiefenarbeitstage" mit minimalen Meetings

Mittwoch & Freitag: Kollaborationstage mit mehr sozialer Interaktion

Täglich: Kurzer flacher Arbeitsblock am Ende des Tages für Vorbereitung des nächsten Tages

Diese strategische Unterscheidung zwischen Tiefen- und flacher Arbeit hilft, Energie gezielt dort einzusetzen, wo sie den größten Mehrwert schafft, und reduziert die Tendenz, wichtige, aber anspruchsvolle Aufgaben aufzuschieben.

Flow-Zustände kultivieren

Flow-Zustände – jene Erfahrungen völliger Absorption in einer Aktivität, bei der die Zeit zu vergehen scheint und Selbstbewusstsein zurücktritt – stellen den Gegenpol zur Prokrastination dar. Die bewusste Kultivierung von Flow kann ein mächtiger Ansatz gegen Aufschiebeverhalten sein:

Die Wissenschaft des Flow-Zustands (nach Mihaly Csikszentmihalyi):

Flow entsteht typischerweise, wenn folgende Bedingungen erfüllt sind:

Klare Ziele und unmittelbares Feedback
Balance zwischen Herausforderung und Fähigkeiten
Verschmelzung von Handlung und Bewusstsein
Konzentration auf die unmittelbare Aufgabe
Gefühl von Kontrolle
Verlust des Selbstbewusstseins
Verändertes Zeitempfinden
Autotelische Erfahrung (die Aktivität wird um ihrer selbst willen als belohnend empfunden)

Flow strategisch in Arbeitsrhythmen integrieren:
Optimale Voraussetzungen schaffen:

Externe Ablenkungen systematisch eliminieren (Benachrichtigungen, Unterbrechungen)
Interne Ablenkungen minimieren (offene Schleifen schließen, Gedanken externalisieren)
Klare, spezifische Ziele für die Arbeitssession setzen

Ritualisierter Einstieg in die Tiefenarbeit (konsistente Startsequenz)
Physische Umgebung optimieren (Komfort, minimale Störungen, benötigte Ressourcen)

Die Flow-Schwelle überwinden:

Anerkennen, dass die ersten 15-20 Minuten oft die schwierigsten sind
„Nur 5 Minuten"-Technik nutzen, um die initiale Widerstandsbarriere zu durchbrechen
Mikroziele für den Einstieg definieren („Ich schreibe nur einen Absatz")
Implementierungsintentionen formulieren („Wenn ich mich hinsetze, dann öffne ich sofort das Dokument und schreibe den ersten Satz")

Flow aufrechterhalten:

Optimale Zeitfenster respektieren (typischerweise 60-120 Minuten)
Kontinuierliches Feedback einbauen (Fortschrittsvisualisierung, Zwischenziele)
Herausforderungsniveau dynamisch anpassen (zu leicht = Langeweile, zu schwer = Angst)
Unterbrechungen antizipieren und proaktiv verhindern
Bei Störungen: Schnell dokumentieren, wo Sie waren, und kognitive Kontextwechselkosten minimieren

Nach dem Flow:

Kurze Reflexion über die Erfahrung (Was hat den Flow ermöglicht? Was hat ihn behindert?)
Den nächsten Einstiegspunkt für die folgende Session definieren
Errungenschaften würdigen, ohne perfektionistisch zu werden
Angemessene Erholung nach intensiven Flow-Perioden einplanen

Persönliche Flow-Auslöser identifizieren:
Jeder Mensch hat spezifische Faktoren, die Flow-Zustände begünstigen oder behindern:

Umgebungsfaktoren: Bestimmte Musik/Geräusche, Licht-verhältnisse, Raumtemperatur
Körperliche Faktoren: Optimales Energieniveau, vor-herige leichte Bewegung, Hydratation
Psychologische Faktoren: Bestimmte Denkroutinen, Visualisierungen, Affirmationen
Zeitliche Faktoren: Tageszeit, Dauer der Sitzung, Rhyth-mus der Arbeit

Durch systematisches Experimentieren und Dokumen-tieren können Sie Ihre persönlichen Flow-Trigger identi-fizieren und gezielt einsetzen.
Die bewusste Kultivierung von Flow-Zuständen verändert grundlegend die Erfahrung anspruchsvoller Arbeit – von

etwas, das aufgeschoben wird, zu etwas, das intrinsisch belohnend ist und aktiv gesucht wird.

10.3 Motivationsstrategien jenseits von Willenskraft

Motivation ist weit mehr als pure Willensanstrengung. In diesem Abschnitt erforschen wir wissenschaftlich fundierte Strategien zur Steigerung und Aufrechterhaltung von Motivation, die tiefer und nachhaltiger wirken als reine Disziplin.

Intrinsische vs. extrinsische Motivation nutzen

Ein fundamentales Konzept der Motivationspsychologie ist die Unterscheidung zwischen intrinsischer und extrinsischer Motivation. Beide Formen können strategisch eingesetzt werden, um Prokrastination zu überwinden:

Die Selbstbestimmungstheorie verstehen (Deci & Ryan):

Diese einflussreiche Theorie postuliert, dass intrinsische Motivation auf der Befriedigung dreier psychologischer Grundbedürfnisse basiert:

Autonomie: Das Gefühl, selbstbestimmt zu handeln und eigene Entscheidungen zu treffen

Kompetenz: Das Erleben von Wirksamkeit und Meisterschaft

Verbundenheit: Das Gefühl der sozialen Zugehörigkeit und Bedeutsamkeit

Intrinsische Motivation kultivieren:

Autonomie stärken:

Räume für Wahlfreiheit in Aufgaben identifizieren (wie, wann, wo, mit wem)

Persönlichen Sinn und Bedeutung in Pflichtaufgaben finden

„Müssen" in „Wählen" umformulieren („Ich muss diesem Meeting beiwohnen" vs. „Ich wähle, teilzunehmen, weil...")

Selbstauferlegte vs. externale Verpflichtungen unterscheiden

Kompetenzerleben fördern:

Aufgaben in bewältigbare Teilschritte zerlegen, die Erfolgserleben ermöglichen

Feedback-Mechanismen schaffen, die Fortschritt sichtbar machen

Kompetenzwachstum dokumentieren und würdigen

Aufgaben an der Grenze der eigenen Fähigkeiten suchen (weder über- noch unterfordernd)

Verbundenheit nutzen:

Den Beitrag der Aufgabe zu größeren Zielen oder zur Gemeinschaft verdeutlichen

Soziale Unterstützung und Zusammenarbeit in Projekte integrieren

Lernen und Fortschritt mit anderen teilen

Mentoring oder Lehren als Motivationsverstärker nutzen

Extrinsische Motivation gezielt einsetzen:

Während intrinsische Motivation idealerweise im Zentrum steht, kann extrinsische Motivation als ergänzende Strategie wertvoll sein:

Arten extrinsischer Motivation (von extern nach internalisiert):

Externe Regulation: Rein durch äußere Belohnungen oder Strafen motiviert

Introjizierte Regulation: Durch internen Druck motiviert (Schuld, Scham, Stolz)

Identifizierte Regulation: Handeln aufgrund der erkannten Wichtigkeit der Aufgabe

Integrierte Regulation: Handeln in Übereinstimmung mit eigenen Werten und Identität

Strategien für gesunde extrinsische Motivation:

Belohnungssysteme gestalten:

Unmittelbare kleine Belohnungen mit langfristigen Zielen verknüpfen

Persönlich bedeutsame Belohnungen wählen (nicht nur materielle)

Unvorhersehbare Belohnungen integrieren (erhöht dopaminerge Reaktion)

Belohnungssystem regelmäßig anpassen, um Habituation zu vermeiden

Sozialen Druck positiv nutzen:

Öffentliche Selbstverpflichtungen eingehen (erhöht Verbindlichkeit)

Rechenschaftspartner finden für gegenseitige Unterstützung

Gruppendynamik für Motivation nutzen (gemeinsame Challenges, Wettbewerbe)

Soziale Anerkennung als Verstärker einsetzen

Fokus auf internalisierte Formen:

Von externer Regulation zu identifizierter/integrierter Regulation übergehen

Verknüpfung zwischen Aufgaben und persönlichen Werten stärken

Persönliche „Warum"-Statements für wichtige Aufgaben formulieren

Regelmäßige Reflexion über langfristige Vorteile prokrastinierter Aufgaben

Die bewusste Integration intrinsischer und extrinsischer Motivation schafft ein robusteres Motivationssystem als das Vertrauen auf nur eine Quelle und reduziert damit die Wahrscheinlichkeit von Prokrastination erheblich.

Motivationsarchitektur: Umgebungen gestalten

Unsere physische und digitale Umgebung hat einen tiefgreifenden, oft unterschätzten Einfluss auf unsere Motivation. Durch bewusstes Design dieser Umgebungen können wir Prokrastination systematisch reduzieren:

Prinzipien der Motivationsarchitektur:

Reibungsreduktion für positive Handlungen:

Identifizieren Sie Barrieren, die gewünschtes Verhalten erschweren
Reduzieren Sie die erforderlichen Schritte zum Beginnen einer Aufgabe
Beispiel: Arbeitsmaterialien stets einsatzbereit halten
Ziel: Die ersten 20 Sekunden einer Tätigkeit so einfach wie möglich gestalten

Reibungserhöhung für Prokrastination:

Bewusst Hindernisse für prokrastinierende Aktivitäten einbauen
Ablenkende Apps/Websites hinter zusätzliche Hürden legen
Beispiel: Social Media vom Smartphone entfernen und nur auf Desktop nutzen
Ziel: Unterbrechung der Automatismen, die zu Prokrastination führen

Gestaltung der physischen Arbeitsumgebung:
Dedizierte Funktionszonen schaffen:

Spezifische Bereiche für unterschiedliche Aktivitätstypen definieren
Räumliche Trennung zwischen Arbeit und Erholung etablieren

Bei begrenztem Platz: Zeitliche Umgestaltung oder visuelle Signale nutzen
Physische Grenzen zwischen Aktivitätsbereichen schaffen

Ablenkungsfreie Räume gestalten:

Visuelles Chaos reduzieren (nur unmittelbar relevante Gegenstände im Blickfeld)
Akustische Umgebung optimieren (Noise-Cancelling, geeignete Hintergrundgeräusche)
Ergonomie für anhaltenden Komfort sicherstellen
Natürliches Licht maximieren, Farbpsychologie berücksichtigen

Motivationale Hinweisreize integrieren:

Visuelle Erinnerungen an langfristige Ziele platzieren
Fortschrittstracker an sichtbaren Stellen anbringen
Inspirationsobjekte bewusst in den Arbeitsbereich integrieren
Positive Verstärker in Sichtweite positionieren

Optimierung der digitalen Umgebung:
Digitales Zeitmanagement:

Blocken von Ablenkungsseiten während Arbeitszeiten
Benachrichtigungen standardmäßig deaktivieren
Digitale Pomodoro-Tools implementieren
Automatische Zeiterfassung für besseres Bewusstsein

App- und Browser-Organisation:

Smartphone-Homescreen auf essenzielle produktive Apps reduzieren

Browser-Startseite und -lesezeichen produktivitätsorientiert gestalten

Erweiterungen für fokussiertes Arbeiten installieren

Automatisierungen für wiederkehrende digitale Prozesse einrichten

Digitale Nudges implementieren:

Erinnerungen und Hinweise an strategischen Punkten platzieren

Standard-Einstellungen zu Ihrem Vorteil ändern

Visuelle Indikatoren für Fortschritt integrieren

Positive digitale Verstärker für Produktivität einbauen

Soziale Umgebung als Motivationsfaktor:
Peer-Effekte nutzen:

Sich bewusst mit produktiven, motivierten Menschen umgeben

Arbeitsgemeinschaften oder Co-Working-Arrangements schaffen

Produktivitätspartner für gegenseitige Motivation finden

„Body doubling" – stille Anwesenheit einer anderen Person als Fokusanker

Erwartungsmanagement im sozialen Umfeld:

Klare Kommunikation über Arbeitszeiten und Verfügbarkeit
Unterstützung für wichtige Ziele im nahen Umfeld sichern
Grenzen setzen bezüglich Unterbrechungen
Soziale Verpflichtungen als externe Motivatoren nutzen

Die bewusste Gestaltung der Motivationsarchitektur reduziert den Bedarf an Willenskraft erheblich, indem sie den Weg des geringsten Widerstands mit dem gewünschten Verhalten in Einklang bringt.
Zielsetzung und Sinnfindung als Motivationstreiber
Ein oftmals unterschätzter Motivationsfaktor ist die tiefere Bedeutung und Ausrichtung unserer Aktivitäten. Sinnvolle Ziele und ein Gefühl von Purpose können fundamentale Motivationsquellen jenseits von Willenskraft sein:
Effektive Zielsetzung nach SMART-Plus-Prinzipien:
Die klassischen SMART-Kriterien (Spezifisch, Messbar, Attraktiv, Realistisch, Terminiert) können um motivationspsychologische Aspekte erweitert werden:
S - Spezifisch UND Selbstkongruent (im Einklang mit eigenen Werten)
M - Messbar UND Meaningful (persönlich bedeutsam)
A - Attraktiv UND Approach-oriented (auf Erreichen statt Vermeiden ausgerichtet)

R - Realistisch UND Responsive (anpassbar an veränderte Umstände)

T - Terminiert UND Trackable (kontinuierlich verfolgbar)

Zielhierarchien aufbauen:

Ein kohärentes System aus miteinander verbundenen Ziel-ebenen schafft Orientierung und Motivation:

Vision: Langfristige, inspirierende Zukunftsvorstellung (3-10+ Jahre)

Missionen: Mittelfristige Hauptprojekte zur Realisierung der Vision (1-3 Jahre)

Ziele: Konkrete, messbare Ergebnisse innerhalb der Missionen (3-12 Monate)

Projekte: Zusammenhängende Aktivitätsgruppen zur Erreichung der Ziele (Wochen bis Monate)

Nächste Aktionen: Unmittelbar ausführbare, spezifische Handlungen (heute, morgen)

Diese hierarchische Struktur ermöglicht es, die täglichen Aufgaben mit größeren, sinnstiftenden Zielen zu verbinden und damit ihre motivationale Kraft zu stärken.

Persönliche Sinnfindung als Antrieb:

Psychologische Forschung zeigt, dass tiefere Sinnhaftigkeit eine der stärksten intrinsischen Motivationsquellen ist:

Ikigai-Prinzip: Die japanische Konzeption von Ikigai verbindet vier Dimensionen:

Was Sie lieben

Was Sie gut können

Was die Welt braucht

Wofür Sie bezahlt werden können

Die Überschneidung dieser Dimensionen schafft ein Gefühl von Purpose und nachhaltiger Motivation.
Persönliche Sinnhaftigkeit reflektieren:

Wie trägt diese Aufgabe/dieses Projekt zu meinen Kernwerten bei?
Welchen Unterschied macht meine Arbeit für andere Menschen?
Wie hilft mir diese Tätigkeit, in einem wichtigen Lebensbereich zu wachsen?
Welche größere Geschichte oder Narration ist mit dieser Arbeit verbunden?

Praktische Sinnverknüpfungstechniken:
Job Crafting: Bewusste Umgestaltung der eigenen Arbeit zur Stärkung von Sinnhaftigkeit:

Aufgaben umgestalten (mehr Zeit für bedeutsame Aspekte)
Beziehungen umgestalten (mehr Verbindung zu inspirierenden Menschen)
Perspektive umgestalten (neue Betrachtungsweise der eigenen Rolle)

Beneficiary Contact: Direkter Kontakt mit den Menschen, die von Ihrer Arbeit profitieren:

Kundengeschichten und -feedback sammeln
Direkte Begegnungen mit Endnutzern schaffen
Positive Auswirkungen Ihrer Arbeit visualisieren

Legacy Thinking: Reflexion über den langfristigen Beitrag und Einfluss:

„Wozu wird diese Arbeit in 5, 10, 20 Jahren beigetragen haben?"
„Was möchte ich in diesem Bereich hinterlassen haben?"
„Welche Werte möchte ich durch meine Arbeit zum Ausdruck bringen?"

Die Verbindung alltäglicher Aufgaben mit tieferen Bedeutungsebenen schafft eine Form der Motivation, die weit weniger anfällig für Prokrastination ist als oberflächlichere Anreize.
Fortschritt sichtbar machen
Eine der stärksten motivationalen Kräfte ist das Erleben von Fortschritt. Die bewusste Gestaltung von Feedbacksystemen, die Fortschritt sichtbar machen, kann Prokrastination erheblich reduzieren:
Der Fortschritts-Prinzip (Teresa Amabile):
Forschung zeigt, dass das Erleben von Fortschritt – selbst kleinen Fortschritts – der stärkste Motivator im Arbeitsalltag ist:

Positive Fortschrittserlebnisse verstärken intrinsische Motivation

Wahrnehmung von Rückschritten oder Stillstand führt zu dramatischem Motivationsverlust
Der subjektive Eindruck von Fortschritt ist ebenso wichtig wie objektiver Fortschritt

Fortschrittssichtbarkeit strategisch gestalten:
Mikro-Fortschritte definieren und feiern:

Aufgaben in kleinstmögliche, bedeutsame Schritte zerlegen
Sofortige Anerkennung selbst minimaler Fortschritte
„Doneness-Kriterien" für jede Teilaufgabe definieren
„Klein anfangen"-Mentalität kultivieren

Visuelle Fortschrittstracker implementieren:

Physische Fortschrittsindikatoren (Kanban-Boards, Fortschrittsbalken)
Digitale Tracking-Systeme mit visueller Komponente
Fortschrittsjournale oder -tagebücher führen
Vor-Nach-Vergleiche dokumentieren

Komplettheits-Bias nutzen:

Die psychologische Tendenz, unvollständige Aufgaben fertigstellen zu wollen
„Künstliche Lücken" in Fortschrittssystemen schaffen, die zum Füllen einladen
Teilweise vorausgefüllte Checklistensysteme nutzen

„Fortsetzungseinladungen" am Ende jeder Arbeitssession hinterlassen

11. Zeitliche Diskontierung

Nachdem wir im vorigen Kapitel Strategien zur Optimierung von Energiemanagement und Motivation kennengelernt haben, widmen wir uns nun der vierten und letzten Kernursache der Prokrastination: der zeitlichen Diskontierung. Wie wir in Kapitel 7 gesehen haben, neigen wir dazu, zukünftige Belohnungen und Kosten systematisch abzuwerten, was dazu führt, dass wir kurzfristige Befriedigung oft über langfristige, wertvollere Ziele stellen.

In diesem Kapitel werden wir praktische Strategien und Techniken vorstellen, um diese tief verwurzelte Tendenz zu überwinden. Wir werden lernen, wie wir die Zukunft greifbarer machen können, wie wir sofortige und verzögerte Belohnungen geschickt verbinden können, wie wir uns selbst binden können, um zukünftige Schwächen zu überwinden, und wie wir langfristige Werte als Entscheidungsanker nutzen können.

11.1 Die Zukunft greifbar machen: Visualisierungstechniken

Eine der wirksamsten Strategien gegen zeitliche Diskontierung ist es, die abstrakte, blasse Zukunft konkreter, lebendiger und emotional relevanter zu gestalten. Visuali-sierungstechniken können diese Brücke schlagen und die zukünftigen Konsequenzen unserer heutigen Entschei-dungen greifbarer machen.

Episodisches Zukunftsdenken

„Episodisches Zukunftsdenken" bezeichnet die Fähigkeit, sich zukünftige Ereignisse in lebendigen, konkreten Details vorzustellen – als würde man eine „Erinnerung an die Zukunft" erschaffen. Diese Technik hat sich in wissenschaftlichen Studien als besonders wirksam zur Reduzierung der zeitlichen Diskontierung erwiesen: Grundprinzipien des episodischen Zukunftsdenkens:

Mentale Zeitreise: Sich selbst in einen spezifischen zukünftigen Moment versetzen, komplett mit sensori-schen Details und emotionalem Erleben
Konkretheit: Spezifische Umstände, Umgebungen und Situationen visualisieren, nicht nur abstrakte Ergebnisse
Multimodale Simulation: Alle Sinne einbeziehen – Sehen, Hören, Fühlen, Riechen, Schmecken
Emotionales Engagement: Die emotionalen Konse-quenzen des zukünftigen Szenarios erleben
Verknüpfung mit dem Jetzt: Verbindung zwischen gegen-wärtigen Handlungen und zukünftigem Ergebnis herstel-len

Praktische Anwendung des episodischen Zukunftsdenkens:
Tägliche Visualisierungspraxis (5-10 Minuten):

Bequem hinsetzen, Augen schließen, einige tiefe Atemzüge nehmen
Einen spezifischen zukünftigen Zeitpunkt wählen (z.B. Projektabschluss, Zielgewicht erreicht)
Sich mental in diese Zukunft versetzen: „Es ist der 15. Juli 2023..."
Die Szene mit allen Sinnen erkunden:

Was sehen Sie um sich herum?
Welche Geräusche nehmen Sie wahr?
Wie fühlt sich Ihr Körper an?
Welche Emotionen erleben Sie?

Erfolgserlebnis und positive Konsequenzen in Detail visualisieren
Verbindung zur Gegenwart herstellen: „Diese Zukunft wird möglich, weil ich heute..."

Zukunftstagebuch-Technik:

Schreiben Sie Tagebucheinträge aus der Perspektive Ihres zukünftigen Selbst
Verwenden Sie Gegenwartsform und reichern Sie mit Details an

Beschreiben Sie sowohl die Ergebnisse als auch den Weg dorthin

Reflektieren Sie über die „vergangenen" Herausforderungen (die in Ihrer realen Gegenwart liegen)

Fotomontage-Technik:

Erstellen Sie visuelle Repräsentationen Ihrer Zukunftsvision

Nutzen Sie Bildbearbeitungsprogramme oder physische Collagen

Platzieren Sie diese Bilder an strategischen Stellen in Ihrer Umgebung

Aktualisieren Sie die Visualisierungen regelmäßig mit neuen Details

Wissenschaftliche Grundlagen und Wirksamkeit:
Mehrere Studien belegen die Wirksamkeit episodischen Zukunftsdenkens für die Reduzierung von Impulsivität und zeitlicher Diskontierung:

Untersuchungen zeigen, dass Menschen nach episodischem Zukunftsdenken signifikant geduldiger werden und häufiger größere, verzögerte Belohnungen wählen

fMRT-Studien zeigen, dass diese Technik Hirnregionen aktiviert, die mit prospektivem Denken, Selbstregulation und Wertberechnung zusammenhängen

Die Wirkung ist am stärksten, wenn die imaginierten Szenarien persönlich relevant, emotional bedeutsam und lebendig ausgestaltet sind

Diese Technik nutzt die Tatsache, dass unser Gehirn ähnliche neuronale Netzwerke für die Erinnerung an vergangene und die Vorstellung zukünftiger Ereignisse verwendet. Durch bewusstes Training dieser Fähigkeit können wir die abstrakte Zukunft zu einer konkreten, motivierenden Kraft in unserer Gegenwart machen.

Die Technik des zukünftigen Selbst

Eine spezielle Form der Zukunftsvisualisierung konzentriert sich auf unser „zukünftiges Selbst" – die Person, die wir werden. Interessanterweise zeigt die Forschung, dass wir unser zukünftiges Selbst neuronal oft ähnlich wie eine fremde Person verarbeiten, was die Diskontierung verstärkt. Diese Techniken helfen, die Verbindung zum zukünftigen Selbst zu stärken:

Grundprinzipien der Zukunfts-Selbst-Verbindung:

Kontinuitätsbewusstsein: Verstehen, dass das zukünftige Selbst keine andere Person ist, sondern eine Fortsetzung des gegenwärtigen Selbst

Empathie-Entwicklung: Mitgefühl für das zukünftige Selbst kultivieren, das die Konsequenzen heutiger Entscheidungen tragen muss

Identitätsbrücke: Eine durchgängige Narrative vom jetzigen zum zukünftigen Selbst entwickeln

Dialogischer Ansatz: Einen aktiven „Austausch" mit dem zukünftigen Selbst pflegen

Praktische Zukunfts-Selbst-Techniken:
Brief an das zukünftige Selbst:

Schreiben Sie einen detaillierten Brief an Ihr zukünftiges Selbst (in 1, 5 oder 10 Jahren)
Beschreiben Sie Ihre gegenwärtigen Hoffnungen, Befürchtungen und Entscheidungen
Erklären Sie, wie Sie hoffen, dass Ihre heutigen Handlungen das Leben Ihres zukünftigen Selbst verbessert haben
Verwenden Sie Plattformen wie FutureMe.org, um den Brief tatsächlich zu einem späteren Zeitpunkt zu erhalten

Brief vom zukünftigen Selbst:

Umgekehrte Perspektive: Schreiben Sie einen Brief von Ihrem zukünftigen Selbst an Ihr heutiges Selbst
Lassen Sie Ihr zukünftiges Selbst Dankbarkeit ausdrücken für positive heutige Entscheidungen
Integrieren Sie sanfte „Warnungen" über die Konsequenzen von Prokrastination
Bieten Sie „Ratschläge" aus der Zukunftsperspektive an

Digitales Altern:

Verwenden Sie Apps oder Programme, die zeigen, wie Sie in der Zukunft aussehen werden
Besonders wirksam für gesundheitsbezogene Entscheidungen
Ergänzen Sie mit schriftlichen Szenarien über den Gesundheitszustand dieses zukünftigen Selbst
Verbinden Sie das Bild mit spezifischen heutigen Gewohnheiten und deren Langzeitauswirkungen

Zukünftiges-Selbst-Interview:

Führen Sie ein imaginäres Interview mit Ihrem zukünftigen Selbst
Stellen Sie spezifische Fragen zu Entscheidungen, Erfolgen und Herausforderungen
Lassen Sie Ihr zukünftiges Selbst „erzählen", wie bestimmte gegenwärtige Entscheidungen sich ausgewirkt haben
Dokumentieren Sie diese Unterhaltung schriftlich oder als Audioaufnahme

Wissenschaftliche Grundlagen:
Die Forschung zur Selbstkontinuität zeigt:

Menschen mit stärkerer emotionaler Verbindung zu ihrem zukünftigen Selbst zeigen geringere Diskontierungsraten
Interventionen, die die Verbindung zum zukünftigen Selbst stärken, führen zu geduldigeren finanziellen Ent-

scheidungen, gesünderem Verhalten und reduzierter Prokrastination

Die neuronale Repräsentation des zukünftigen Selbst kann durch wiederholte Visualisierungen verändert werden, sodass es mehr wie das gegenwärtige Selbst und weniger wie eine fremde Person verarbeitet wird

Diese Techniken helfen, die psychologische Distanz zum zukünftigen Selbst zu verringern und schaffen damit einen stärkeren Anreiz, heute Entscheidungen zu treffen, die diesem zukünftigen Selbst zugutekommen.

Gegenwärtige Anker für zukünftige Ziele schaffen

Um die Kluft zwischen Gegenwart und Zukunft zu überbrücken, können wir physische und visuelle Anker in unserer Umgebung platzieren, die regelmäßig an unsere langfristigen Ziele erinnern:

Grundprinzipien des Umgebungsankerns:

Sichtbarkeit: Langfristige Ziele im täglichen Blickfeld halten

Emotionale Resonanz: Anker wählen, die emotionale Reaktionen auslösen

Kontextrelevanz: Anker in Entscheidungssituationen platzieren

Multiplizität: Verschiedene Arten von Ankern für verschiedene Sinneskanäle

Aktualität: Regelmäßige Aktualisierung, um Gewöhnung zu vermeiden

Praktische Anker-Techniken:
Physische Zielerinnerungen:

Objektbasierte Repräsentationen von Langzeitzielen in der Arbeitsumgebung platzieren
Beispiele: Ein Modell des Traumhauses, ein Symbol für beruflichen Erfolg, ein Bild vom Zielreiseziel
Diese Objekte an strategisch wichtigen Stellen platzieren – dort, wo Prokrastinationsentscheidungen getroffen werden
Regelmäßig berühren oder interagieren, um die emotionale Verbindung zu stärken

Visuelle Fortschrittsanzeigen:

Große, sichtbare Tracker für Langzeitziele installieren
Beispiele: Wandkalender mit visualisiertem Countdown, thermometerartige Fortschrittsbalken, visuelle Meilensteinpläne
Sichtbare Veränderung bei jedem Fortschritt – die Befriedigung des „Abhakens" nutzen
In Bereichen platzieren, wo Prokrastinationsentscheidungen häufig sind

Digitale Erinnerungssysteme:

Strategisch geplante Erinnerungen jenseits einfacher Terminalarme

Kurze Zukunftsvisualisierungen als Smartphone-Hintergrundbild
Zufällige Erinnerungen an langfristige Ziele während des Tages
Spezielle Apps nutzen, die nicht nur „Was" zu tun ist, sondern auch „Warum" anzeigen

Soziale Anker:

Prokrastinationsgefährdete Ziele öffentlich machen
Regelmäßige Check-ins mit Rechenschaftspartnern vereinbaren
Symbolische Wetten oder Verpflichtungen eingehen
Gemeinsame Visualisierungsrituale mit Gleichgesinnten etablieren

Implementierungsbeispiel: Das Ankersystem
Ein vollständiges persönliches Ankersystem könnte so aussehen:

Morgens: Kurze Zukunftsvisualisierung beim Aufwachen, unterstützt durch ein symbolisches Objekt auf dem Nachttisch
Arbeitsplatz: Visueller Fortschrittstracker prominent platziert, ergänzt durch ein kleines symbolisches Objekt im ständigen Blickfeld
Digitale Umgebung: Zukunftsbezogene Passwörter, inspirierende Bildschirmhintergründe, strategische Erinnerungen

Übergangspunkte: Spezielle Anker an Orten, wo typischerweise Prokrastinationsentscheidungen getroffen werden (z.B. ein Zitat am Kühlschrank, ein Symbol am Computer)

Abends: Reflexionsritual mit Tagebuch und Zukunftsverbindung, gemeinsam mit einem physischen Symbol des Langzeitziels

Solche allgegenwärtigen, aber nicht aufdringlichen Anker schaffen eine Umgebung, in der langfristige Ziele kontinuierlich präsent sind und die Entscheidungsarchitektur subtil beeinflussen.

Mentale Kontrastierung und Wenn-Dann-Planung

Eine besonders wirksame Kombination zur Überwindung zeitlicher Diskontierung ist die von Gabriele Oettingen entwickelte Technik der „Mentalen Kontrastierung" in Verbindung mit „Wenn-Dann-Plänen":

Mentale Kontrastierung (MC):

Diese Technik verbindet systematisch die positive Zukunftsvision mit der gegenwärtigen Realität:

Positive Zukunft visualisieren: Lebhaft vorstellen, wie es sein wird, wenn ein wichtiges Ziel erreicht ist

Gegenwärtige Realität identifizieren: Ehrlich die aktuellen Hindernisse und Schwierigkeiten anerkennen

Kontrastierung: Systematischer Vergleich zwischen Wunschzukunft und gegenwärtigen Hindernissen

Energetisierung: Diese Kluft erzeugt eine energetisierende Spannung, die zur Handlung motiviert

Im Gegensatz zu reinem positiven Denken, das oft kontra-produktiv sein kann, aktiviert mentale Kontrastierung realistische Handlungsbereitschaft.

Wenn-Dann-Planung (Implementation Intentions):
Nach der mentalen Kontrastierung werden spezifische Pläne für den Umgang mit identifizierten Hindernissen formuliert:

Hindernisse identifizieren: Was könnte mich vom Errei-chen meines Ziels abhalten?
Spezifische Auslöser definieren: In welchen Situationen tritt dieses Hindernis typischerweise auf?
Konkrete Reaktionen planen: Was genau werde ich in diesen Situationen tun?
Wenn-Dann-Format: „Wenn Situation X eintritt, dann werde ich Y tun."

Diese vorprogrammierten Reaktionen automatisieren die Überwindung von Hindernissen und reduzieren die kogni-tive Belastung in Versuchungssituationen.

Die WOOP-Methode (Wish, Outcome, Obstacle, Plan):
Oettingen hat diese Techniken in einer einfach anwend-baren 4-Schritt-Methode zusammengefasst:

Wish: Identifizieren Sie einen bedeutsamen Wunsch oder ein Ziel
Outcome: Stellen Sie sich das bestmögliche Ergebnis lebendig vor

Obstacle: Identifizieren Sie das größte innere Hindernis
Plan: Formulieren Sie einen Wenn-Dann-Plan für dieses
Hindernis

Praktische Anwendung der WOOP-Methode gegen Prokrastination:
Morgenritual (5-10 Minuten):

WOOP für den wichtigsten Tagespunkt durchführen
Spezifische Prokrastinations-Trigger antizipieren
Konkrete Wenn-Dann-Pläne für diese Trigger formulieren
Visuelle oder schriftliche Erinnerung an den Plan erstellen

Wöchentliches WOOP-Ritual (15-20 Minuten):

Größere, längerfristige Ziele mit WOOP bearbeiten
Muster in den Hindernissen der Vorwoche identifizieren
Wirksamkeit bisheriger Wenn-Dann-Pläne evaluieren
Pläne anpassen und verfeinern

WOOP für spezifische Prokrastinations-Hotspots:

Identifizieren Sie Ihre typischen Prokrastinationsmuster
Entwickeln Sie maßgeschneiderte Wenn-Dann-Pläne für
jeden Typ
Beispiel: „Wenn ich den Impuls verspüre, Social Media
zu checken während ich an meinem Bericht arbeite, dann
werde ich mein Telefon in eine andere Schublade legen

und mir eine 5-Minuten-Pause nach 25 Minuten Arbeit versprechen."

Wissenschaftliche Grundlagen:
Zahlreiche Studien belegen die Wirksamkeit dieser kombinierten Methode:

Mentale Kontrastierung alleine erhöht die Zielbindung und Energiemobilisierung
Wenn-Dann-Pläne alleine verbessern die Handlungsinitiierung und Durchhaltevermögen
Die Kombination beider Techniken zeigt die stärksten und nachhaltigsten Effekte
Metaanalysen zeigen mittlere bis starke Effektgrößen über verschiedene Verhaltensbereiche hinweg

Die WOOP-Methode ist besonders wirksam gegen zeitliche Diskontierung, weil sie zwei Schlüsselprobleme adressiert: Sie macht die Zukunft lebendiger und emotional relevanter (durch die Outcome-Visualisierung) und sie überbrückt die Implementierungslücke durch konkrete Handlungspläne für kritische Momente.

11.2 Temptation Bundling: Angenehmes mit Notwendigem verbinden

Eine besonders elegante Strategie gegen zeitliche Diskontierung ist das „Temptation Bundling" – die bewusste Verknüpfung einer sofortigen Belohnung mit einer Aktivität, die langfristigen Nutzen bietet, aber kurzfristig weniger attraktiv ist.

Das Prinzip des Temptation Bundling
Entwickelt von der Verhaltensökonomin Katherine Milkman, basiert Temptation Bundling auf einer einfachen, aber wirkungsvollen Idee:
Grundprinzipien:

Koppelung: Eine Aktivität mit sofortiger Belohnung wird exklusiv mit einer Aktivität mit verzögerter Belohnung verbunden
Exklusivität: Die unmittelbare Belohnung ist nur während der langfristig wertvollen Aktivität verfügbar
Komplementarität: Idealerweise ergänzen sich beide Aktivitäten, statt sich zu stören
Attraktive Einschränkung: Die Selbstbegrenzung wird durch die sofortige Belohnung attraktiv

Die Logik dahinter:
Temptation Bundling löst das Problem der zeitlichen Diskontierung elegant, indem es:

Die Kosten des Wartens reduziert (sofortige Befriedigung)
Die unmittelbaren Kosten der langfristig wertvollen Aktivität senkt
Die Selbstkontrollkonflikte minimiert (statt „entweder/oder" ein „sowohl/als auch" schafft)
Schuldgefühle bezüglich „Versuchungen" reduziert (da sie strategisch eingesetzt werden)

Klassische Beispiele:

Katherine Milkman's ursprüngliche Studie untersuchte das Bündeln von Fitnessstudio-Besuchen (langfristiger Nutzen) mit dem Hören von Hörbüchern von pageturner Romanen (sofortige Belohnung). Die Teilnehmer, die diese Aktivitäten bündelten, besuchten das Fitnessstudio signifikant häufiger als die Kontrollgruppe.

Weitere typische Beispiele sind:

Lieblingsserie nur während des Bügelns schauen

Lieblingsmusik nur beim Aufräumen hören

Spezielle Snacks nur beim Bearbeiten von Steuerdokumenten genießen

Treffen mit Freunden nur während gemeinsamer Lerngruppen

Persönliches Temptation Bundling gestalten

Um ein wirksames persönliches Temptation-Bundling-System zu entwickeln, folgen Sie diesem strukturierten Prozess:

Schritt 1: Inventar erstellen

Liste prokrastinierter Aktivitäten:

Welche wichtigen Tätigkeiten mit langfristigem Nutzen schieben Sie regelmäßig auf?

Welche Aufgaben erscheinen Ihnen besonders unangenehm oder langweilig?

Welche wertvollen Gewohnheiten haben Sie Schwierigkeiten zu etablieren?

Sortieren Sie diese nach Häufigkeit und Wichtigkeit

Liste persönlicher „Versuchungen":

Welche Aktivitäten bieten Ihnen sofortige Befriedigung?
Welche Tätigkeiten oder Konsumgüter genießen Sie besonders?
Was sind Ihre typischen Prokrastinationsaktivitäten?
Sortieren Sie diese nach Attraktivität und Flexibilität

Schritt 2: Kompatible Paare identifizieren
Nicht alle Kombinationen funktionieren gleich gut. Achten Sie auf:
Physische Kompatibilität:

Können beide Aktivitäten gleichzeitig durchgeführt werden?
Beeinträchtigt die Vergnügungsaktivität die Qualität der wichtigen Aufgabe?
Sind beide Aktivitäten am gleichen Ort durchführbar?

Zeitliche Passung:

Ähnliche Zeitdauer oder natürliche Unterteilungen
Regelmäßigkeit beider Aktivitäten
Kompatible Tageszeiten oder Kontexte

Psychologische Synergie:

Verstärken sich die Aktivitäten gegenseitig?
Reduziert die Belohnungsaktivität den spezifischen Widerstand gegen die Hauptaktivität?
Entsteht ein positiver Gesamtkontext?

Schritt 3: Bundling-Regeln definieren
Klare Regeln erhöhen die Wirksamkeit des Temptation Bundling:
Strikte Exklusivität:

Die Belohnung ist AUSSCHLIESSLICH während der Zielaktivität verfügbar
Keine Ausnahmen oder „Cheating" erlauben
Klare Start- und Endpunkte definieren

Zugang kontrollieren:

Physische Barrieren für die Belohnungsaktivität außerhalb des Bundlings schaffen
Beispiel: Lieblingsserie nur auf Tablet im Fitnessstudio, nicht zuhause
Technologische Einschränkungen nutzen (z.B. Apps, die bestimmte Inhalte nur zu bestimmten Zeiten freischalten)

Dosierung beachten:

Ausreichend Belohnung für Motivation, ohne Übersättigung
Progressive Steigerung für längerfristige Bundles

Rotation verschiedener Belohnungen für anhaltende Attraktivität

Schritt 4: Implementation und Tracking
Klarer Startpunkt:

Offiziellen „Launching-Tag" für jedes Bundle festlegen
Vorbereitungen treffen (Equipment, Zugangsbeschränkungen etc.)
Commitment öffentlich machen oder dokumentieren

Konsistentes Tracking:

Erfolg des Bundles dokumentieren (Häufigkeit, Dauer, Qualität)
Subjektives Erleben notieren (Widerstand, Vergnügen, Fluss)
Anpassungsbedarf identifizieren

Regelmäßige Anpassung:

Bundles alle 1-2 Monate überprüfen und anpassen
Neue Belohnungen einführen, wenn alte ihren Reiz verlieren
Erfolgreiche Bundles auf andere Bereiche übertragen

Beispiel eines vollständigen Temptation-Bundling-Systems:

Morgenroutine-Bundle: Podcast-Folge nur während morgendlicher Sportübungen

Arbeits-Bundle: Lieblingskaffee/-tee nur während des Bearbeitens der am meisten aufgeschobenen beruflichen Aufgabe

Admin-Bundle: Spezielle Playlist nur während Haushaltsaufgaben oder administrativer Tätigkeiten

Entwicklungs-Bundle: Besondere Umgebung (z.B. schönes Café) ausschließlich für Lern- oder Weiterbildungsaktivitäten

Ein solches System schafft positive Vorfreude auf ansonsten aufgeschobene Aktivitäten und verändert die Entscheidungsarchitektur grundlegend: Was vorher gegen die zeitliche Diskontierung ankämpfen musste, nutzt nun die unmittelbare Belohnungsorientierung für langfristige Ziele.

Digitale und technologische Bundling-Lösungen

In der digitalen Ära bieten Technologien neue Möglichkeiten, Temptation Bundling zu automatisieren und durchzusetzen:

App-basierte Bundling-Lösungen:

Inhalts-Blockierungs-Apps: Programme, die bestimmte Inhalte (Serien, Musik, Spiele) nur freischalten, wenn gleichzeitig produktive Aktivitäten nachgewiesen werden

Fitness-Belohnungs-Apps: Anwendungen, die Unterhaltungsmedien an das Erreichen von Bewegungszielen koppeln (z.B. Freischaltung einer Serienepisode nach 5000 Schritten)

Produktivitäts-Gamification: Systeme, die virtuelle Belohnungen oder Fortschritte in Spielen an produktive Tätigkeiten koppeln

Smart Home Integration:

Automatisierte Umgebungskontrolle: Smart-Home-Systeme, die bestimmte Umgebungsfaktoren (Beleuchtung, Musik,

Die letzte und vielleicht fundamentalste Strategie gegen zeitliche Diskontierung ist die Verankerung von Entscheidungen in langfristigen persönlichen Werten. Dieser Ansatz adressiert die tieferen Dimensionen der Prokrastination und schafft einen bedeutungsvollen Kontext für tägliche Entscheidungen.

Zusammenfassend haben wir in diesem Kapitel vier wirksame Strategien zur Überwindung der zeitlichen Diskontierung kennengelernt:

Die Zukunft greifbar machen: Durch episodisches Zukunftsdenken, Techniken des zukünftigen Selbst, präsente Anker und mentale Kontrastierung können wir die abstrakte Zukunft konkret und emotional relevant gestalten.

Temptation Bundling: Die geschickte Verknüpfung sofortiger Belohnungen mit langfristig wertvollen Aktivitäten nutzt unsere Präferenz für unmittelbare Befriedigung, statt gegen sie anzukämpfen.

Precommitment: Durch strategische Selbstbindung können wir unser gegenwärtiges Selbst vor zukünftigen Momenten der Schwäche schützen und Entscheidungsarchitekturen schaffen, die Prokrastination strukturell reduzieren.

Die Kraft kleiner sofortiger Belohnungen: Mit systematischen Mikrobelohnungen, einem ausgewogenen Belohnungsportfolio und der Kultivierung kompetenter Selbstbelohnung können wir die natürliche Tendenz zur Bevorzugung des Sofortigen konstruktiv nutzen.

Mit diesem umfassenden Instrumentarium können wir die vierte Kernursache der Prokrastination – die zeitliche Diskontierung – gezielt adressieren und unsere Fähigkeit stärken, auch ohne unmittelbare Belohnung konsequent auf langfristige, wertvolle Ziele hinzuarbeiten.

Im nächsten Kapitel werden wir uns mit der Entwicklung einer personalisierten Anti-Prokrastinations-Strategie beschäftigen, die alle vier Kernursachen der Prokrastination integriert und auf Ihre individuellen Bedürfnisse zugeschnitten ist.Smart Home Integration:

Automatisierte Umgebungskontrolle: Smart-Home-Systeme, die bestimmte Umgebungsfaktoren (Beleuchtung, Musik, Temperatur) nur während produktiver Aktivitäten aktivieren

IoT-Einschränkungen: Internetfähige Geräte, die Zugang zu bestimmten Vergnügungen an produktive Aktivitäten koppeln

Aktivitätsbasierte Automation: Systeme, die belohnende Aktivitäten automatisch starten, wenn produktive Aktivität erkannt wird

Wearable-Technology:

Aktivitätsgetriggerte Belohnungen: Fitness-Tracker, die bestimmte digitale Belohnungen freischalten, wenn Aktivitätsziele erreicht werden

Verhaltensverknüpfung: Systeme, die Belohnungsmedien nur aktivieren, wenn der Nutzer sich in bestimmten Umgebungen aufhält (z.B. Bibliothek, Büro, Fitnessstudio)

Feedback-Loops: Technologie, die kontinuierliches Feedback über die Balance zwischen produktiven und vergnüglichen Aktivitäten liefert

Beispiele technologiebasierter Bundles:

Smart-Bike-Bundle: Lieblingsserie läuft nur auf dem Bildschirm, wenn das Heimtrainingsrad in Bewegung ist; Geschwindigkeit beeinflusst Bildqualität

Fokus-App-Bundle: Social-Media-Zugang wird für 30 Minuten freigeschaltet, nachdem 90 Minuten fokussierte Arbeit (gemessen durch App-Aktivitätstracking) nachgewiesen wurden

Smarte Beleuchtung: Besonders angenehme, stimmungsvolle Beleuchtung wird automatisch aktiviert, wenn der Nutzer am Schreibtisch arbeitet, und deaktiviert, wenn Ablenkungswebsites geöffnet werden

Diese technologiebasierten Lösungen reduzieren den Willensaufwand für das Bundling und erhöhen die Konsistenz der Implementierung – ein entscheidender Faktor für langfristigen Erfolg.

Soziale und gemeinschaftliche Bundling-Strategien

Besonders wirksam kann Temptation Bundling sein, wenn es mit sozialen Elementen kombiniert wird:

Gruppenbasiertes Bundling:

Soziale Aktivitäten als Belohnung: Treffen mit Freunden werden ausschließlich mit produktiven Aktivitäten verbunden

Geteilte Accountability: Gruppen vereinbaren, bestimmte Vergnügungen nur nach gemeinsam erreichten Produktivitätszielen zu genießen

Synchronisiertes Bundling: Freunde oder Kollegen implementieren ähnliche Bundles und unterstützen sich gegenseitig

Partner-Bundling:

„Erarbeitete" soziale Zeit: Zeit mit dem Partner/der Partnerin wird an bestimmte produktive Aktivitäten gekoppelt

Gemeinsame Belohnungen: Paare definieren gemeinsame Vergnügungen, die nur nach bestimmten produktiven Aktivitäten beider Partner zugänglich sind

Gegenseitige Verstärkung: Partner übernehmen die Rolle des „Bundling-Wächters" füreinander

Soziale Kontrakte:

Öffentliche Verpflichtungen: Bundling-Regeln werden öffentlich gemacht, um soziale Erwartungen zu schaffen

Bundling-Wetten: Finanzielle oder soziale „Einsätze" mit Freunden vereinbaren, die an die Einhaltung der Bundling-Regeln geknüpft sind

Gruppenprogramme: Strukturierte Programme, bei denen Teams gemeinsam bestimmte Produktivitäts-Vergnügen-Verknüpfungen implementieren

Die Kombination von Temptation Bundling mit sozialen Mechanismen nutzt zwei mächtige psychologische Motivatoren gleichzeitig: unmittelbare Belohnung und soziale Verbindung/Verpflichtung. Diese Synergie kann besonders wirksam sein, da soziale Faktoren zu den stärksten Verhaltenstriebnern gehören.

11.3 Precommitment: Sich selbst binden

Eine der mächtigsten Strategien gegen zeitliche Diskontierung ist das Precommitment – die bewusste Einschränkung zukünftiger Wahlmöglichkeiten, um den zukünftigen Selbst vor Impulsivität und Willensschwäche zu schützen. Diese Strategie erkennt an, dass unser gegen-

wärtiges Selbst unter bestimmten Umständen bessere Entscheidungen treffen kann als unser zukünftiges Selbst in
Versuchungssituationen.

Das Precommitment-Prinzip verstehen

Das Precommitment-Prinzip hat eine lange intellektuelle
Geschichte, von Odysseus, der sich an den Mast binden
ließ, um den Sirenen zu widerstehen, bis zu modernen
verhaltensökonomischen Theorien:

Grundkonzepte des Precommitments:

Strategische Selbstbindung: Die vorausschauende Einschränkung zukünftiger Handlungsoptionen

Opportunitätskosten-Management: Die bewusste
Erhöhung der Kosten unerwünschten Verhaltens

Externe Kontrolle: Die Übertragung von Kontrolle an
externe Faktoren, die nicht von momentaner Willkür
beeinflusst werden

Intertemporale Autonomie: Die Freiheit des gegenwärtigen Selbst, das zukünftige Selbst zu schützen

Psychologische Mechanismen:

Precommitment funktioniert durch mehrere psychologische Mechanismen:

Erhöhung der Barrieren: Erhöht die „Kosten" für zukünftige Verhaltensänderungen

Reduzierte kognitive Belastung: Eliminiert die Notwendigkeit, in Versuchungssituationen Willenskraft auf-
zuwenden

Identitätskonsistenz: Schafft psychologischen Druck, konsistent mit früheren Verpflichtungen zu handeln
Eindeutige Signale: Schafft klare „Stopp-Signale" statt gradueller Übergänge, die leicht rationalisiert werden können

Wissenschaftliche Grundlagen:
Die Wirksamkeit von Precommitment ist gut dokumentiert:

Studien zeigen, dass Menschen, die freiwillig Selbstbindungsoptionen wählen können, signifikant häufiger langfristige Ziele erreichen
Neurowissenschaftliche Forschung zeigt, dass Precommitment die Aktivität im präfrontalen Kortex reduziert und damit den „Kampf der Willenskraft" umgeht
Verhaltensökonomische Studien belegen, dass Precommitment-Strategien bei der Überwindung von Zeitinkonsistenzen wirksamer sind als bloße Willensanstrengung

Praktische Precommitment-Strategien
Es gibt zahlreiche praktische Möglichkeiten, das Precommitment-Prinzip im Alltag umzusetzen:
Finanzielle Selbstbindung:

Commitment-Verträge: Plattformen wie stickK.com ermöglichen es, Geld zu verlieren, wenn Ziele nicht erreicht werden

Vorauszahlungen: Dienstleistungen im Voraus bezahlen, um den finanziellen Anreiz zur Nutzung zu erhöhen (z.B. Jahresmitgliedschaft im Fitnessstudio)

Automatisierte Finanzen: Automatische Überweisungen für Sparkonten, die nur unter bestimmten Bedingungen zugänglich sind

Pfand-Arrangements: Wertvolle Gegenstände bei einem Treuhänder hinterlegen, bis Ziele erreicht sind

Technologische Selbstbindung:

Blockierungs-Software: Programme wie Freedom oder Cold Turkey, die ablenkende Websites oder Apps für voreingestellte Zeiten blockieren

Selbstbegrenzende Einstellungen: Gerätebeschränkungen, die nach bestimmten Nutzungszeiten automatisch aktiviert werden

Passwort-Delegierung: Komplexe Passwörter für ablenkende Dienste erstellen und einem Freund anvertrauen

Vorprogrammierte Geräte: WLAN-Router, die zu bestimmten Zeiten automatisch abschalten, oder Apps, die nach festgelegter Zeit inaktiv werden

Physische Umgebungsgestaltung:

Versuchungsbeseitigung: Ablenkende oder prokrastinationsfördernde Objekte aus der Umgebung entfernen

Physische Barrieren: Physische Hindernisse zwischen sich und Versuchungen platzieren

Commitment-Räume: Spezifische Orte ausschließlich für bestimmte produktive Aktivitäten einrichten

Zeit-Ort-Kapselungen: Bestimmte Aktivitäten an spezifische Orte und Zeiten binden

Soziale Selbstbindung:

Öffentliche Verpflichtungen: Ziele öffentlich ankündigen, um sozialen Druck zu erzeugen

Leistungsgarantien: Verbindliche Versprechen gegenüber anderen abgeben (z.B. „Ich garantiere, dass der Bericht bis Freitag fertig ist")

Accountability-Partner: Eine Person beauftragen, regelmäßig Fortschritte zu überprüfen und Konsequenzen durchzusetzen

Soziale Pfand-Arrangements: Peinliche Konsequenzen vereinbaren, wenn Ziele nicht erreicht werden

Beispiel eines umfassenden Precommitment-Systems:
Ein wirksames System gegen Prokrastination könnte folgende Elemente kombinieren:

Morgens: Blockier-App aktivieren, die soziale Medien für die ersten 3 produktiven Stunden des Tages sperrt

Arbeitsumgebung: Computer so einrichten, dass bestimmte Anwendungen nur im Büro oder in der Bibliothek zugänglich sind (ortsbasierte Einschränkungen)

Finanziell: Commitment-Vertrag über StickK abschließen, bei dem Geld an eine ungeliebte Organisation geht, wenn wöchentliche Produktivitätsziele nicht erreicht werden

Sozial: Wöchentliche Check-ins mit einem Accountability-Partner vereinbaren, mit konkreten berichtbaren Metriken

Physisch: Ablenkende Geräte in einem zeitgesteuerten Tresor verschließen während wichtiger Arbeitszeiten

Diese vielfältigen, sich gegenseitig verstärkenden Precommitment-Strukturen können eine robuste externe Architektur schaffen, die zeitliche Diskontierung weitgehend umgeht und Prokrastination strukturell reduziert.

Die Balance zwischen Bindung und Flexibilität

Bei der Implementierung von Precommitment-Strategien ist es wichtig, ein gesundes Gleichgewicht zwischen starker Selbstbindung und notwendiger Flexibilität zu finden:

Herausforderungen zu starrer Bindung:

Veränderte Umstände: Das Leben ist unvorhersehbar und erfordert manchmal Anpassungen

Backlash-Effekt: Zu rigide Einschränkungen können zu Reaktanz und vollständiger Aufgabe des Systems führen

Erschöpfung der Entschlossenheit: Zu viele simultane Selbstbindungen können den „Commitment-Muskel" überfordern

Verminderte Selbstregulationsfähigkeit: Übermäßiges Vertrauen auf externe Kontrollen kann die Entwicklung interner Regulationsfähigkeiten behindern

Strategien für ausgewogene Selbstbindung:
Mehrstufige Commitments:

Verschiedene „Härtegrade" der Selbstbindung für verschiedene Prioritätsstufen
Primäre Ziele mit starken Bindungen, sekundäre mit flexibleren Mechanismen
Klare Kriterien für jede Bindungsstufe

Escape-Klauseln mit Hürden:

Möglichkeit, Commitments zu brechen, aber mit signifikanten, vordefinierten Kosten
Beispiel: „Ich kann dieses Ziel aufgeben, wenn ich bereit bin, X zu tun/zu zahlen/aufzugeben"
Diese Hürden sorgen für bewusste Entscheidungen statt impulsiver Aufgabe

Temporäre vs. permanente Bindungen:

Zeitlich begrenzte Intensiv-Commitments für spezifische Projekte oder Phasen
Längerfristige, moderatere Bindungen für kontinuierliche Gewohnheiten
Regelmäßige „Commitment-freie" Perioden zur Reflexion und Anpassung

Adaptiver Selbstbindungs-Algorithmus:

System zur regelmäßigen Überprüfung und Anpassung von Commitments

Datenbasierte Entscheidungen über Intensivierung oder Lockerung

Beispiel: „Wenn ich dreimal hintereinander mein Ziel erreiche, lockere ich die Bindung leicht; wenn ich es dreimal verpasse, verstärke ich sie"

Persönliches Beispiel: Adaptive Selbstbindung für ein Schreibprojekt

Ein Autor könnte folgendes System implementieren:

Kernbindung: Blockier-Software sperrt ablenkende Websites täglich von 9-11 Uhr – keine Ausnahmen

Flexible Bindung: Soziale Media nur nach Erreichen von 1000 Wörtern pro Tag – kann an zwei Tagen pro Woche ausgesetzt werden

Adaptive Komponente: Nach drei erfolgreichen Wochen wird das Tagesziel auf 800 Wörter reduziert; nach zwei verfehlten Wochen wird der Accountability-Partner täglich statt wöchentlich informiert

Notfall-Ausstiegsklausel: Bei echten Notfällen kann die Bindung ausgesetzt werden, erfordert aber eine 100€-Spende an eine vorher festgelegte Organisation

Diese ausbalancierte Herangehensweise nutzt die Kraft des Precommitments, während sie gleichzeitig Raum für Lebensrealitäten und persönliches Wachstum lässt.

Psychologische Aspekte erfolgreicher Selbstbindung

Um Precommitment-Strategien optimal zu nutzen, ist es wichtig, die psychologischen Feinheiten zu verstehen, die den Unterschied zwischen erfolgreichen und gescheiterten Selbstbindungsversuchen ausmachen:

Autonomie vs. Kontrolle:

Die Selbstbestimmungstheorie betont die Bedeutung wahrgenommener Autonomie für intrinsische Motivation. Paradoxerweise kann zu starke externe Kontrolle die Motivation untergraben. Daher ist es wichtig:

Selbstbindungen als selbstgewählte Werkzeuge zu betrachten, nicht als auferlegte Einschränkungen

Den Unterschied zwischen „Ich muss" und „Ich wähle, mich zu binden" zu betonen

Regelmäßig die Verbindung zwischen Selbstbindungen und persönlichen Werten/Zielen zu reflektieren

Die Erfahrung der Selbstwirksamkeit durch erfolgreiche Selbstbindung zu würdigen

Identitätsintegration:

Erfolgreiche Selbstbindung wird durch Alignment mit der persönlichen Identität verstärkt:

Selbstbindungen als Ausdruck des „wahren Selbst" oder des „besten Selbst" rahmen

Verbindung zu persönlichen Werten und Idealen herstellen

Narrative entwickeln, die Selbstbindung als Teil der persönlichen Wachstumsgeschichte integrieren

Identitätsbasierten Stolz kultivieren („Ich bin jemand, der zu seinen Commitments steht")

Der psychologische Vertrag mit dem zukünftigen Selbst: Erfolgreiche Selbstbindung hängt von der Qualität der „Vertragsbeziehung" mit dem zukünftigen Selbst ab:

Dialog mit dem zukünftigen Selbst pflegen („Ich tue dies für mein zukünftiges Ich")

Empathie für das zukünftige Selbst in schwierigen Momenten entwickeln

Realistische, faire „Vertragsbedingungen" setzen, die das zukünftige Selbst nicht überfordern

Dankbarkeit des gegenwärtigen Selbst für frühere Selbstbindungsentscheidungen reflektieren

Diese psychologischen Dimensionen verwandeln Selbstbindung von einer rein mechanischen, externen Kontrolle in einen bedeutungsvollen Akt der Selbstfürsorge und längerfristigen Identitätsausrichtung – ein Ansatz, der weitaus nachhaltiger ist als rein technische oder regelbasierte Systeme.

11.4 Die Kraft der sofortigen kleinen Belohnungen

Während andere Strategien darauf abzielen, zeitliche Diskontierung zu „überlisten" oder zu umgehen, nutzt dieser Ansatz die Präferenz für sofortige Belohnungen strategisch aus, indem er sie gezielt mit langfristigen Zielen verknüpft.

Mikrobelohnungen: Kleine sofortige Verstärker
Mikrobelohnungen sind kleine, unmittelbare positive Verstärker, die direkt nach (oder sogar während) einer prokrastinationsgefährdeten Aktivität eingesetzt werden:
Grundprinzipien effektiver Mikrobelohnungen:

Unmittelbarkeit: Die Belohnung erfolgt sofort nach oder während des gewünschten Verhaltens
Konsistenz: Zuverlässige Verknüpfung zwischen Verhalten und Belohnung
Salienz: Die Belohnung ist deutlich erkennbar und bewusst
Angemessenheit: Die Größe der Belohnung passt zur Schwierigkeit der Aufgabe
Persönliche Relevanz: Die Belohnung ist individuell bedeutsam und motivierend

Arten von Mikrobelohnungen:
Sensorische Belohnungen:

Angenehme Geschmackserlebnisse (besonderer Tee, kleines Stück Schokolade)
Taktile Erfahrungen (kurze Massage, angenehme Texturen)
Visuelle Reize (kurzes Betrachten schöner Bilder oder Natur)
Auditive Belohnungen (Lieblingsmusik für 2-3 Minuten)

Emotionale Mikrobelohnungen:

Kurze Momente der Selbstanerkennung oder des Stolzes
Visualisierung eines erfolgreichen Moments
Positive Selbstaffirmationen
Dankbarkeitsmomente

Aktivitätsbasierte Mikrobelohnungen:

Kurze Pausen (2-5 Minuten)
Physische Bewegung (Stretching, kurzer Spaziergang)
Kurze soziale Interaktionen
Micro-Entspannungstechniken

Digitale Mikrobelohnungen:

Kurzer Social-Media-Check nach abgeschlossenen Aufgaben
Sammel- oder Achievement-Systeme
Visuelle Fortschrittsanzeigen
Positive digitale Erinnerungen (Fotos, Videos)

Praktische Anwendung von Mikrobelohnungen:
Das 3-Teile-System:

Identifikation: Aufgaben identifizieren, die regelmäßig aufgeschoben werden

Segmentierung: Diese Aufgaben in kleine Einheiten (5-25 Minuten) unterteilen
Belohnungskopplung: Spezifische Mikrobelohnungen an jedes Segment koppeln

Beispiel für ein persönliches Mikrobelohnungssystem:

Nach 25 Minuten fokussierter Arbeit: 2 Minuten Stretching + 1 Stück dunkle Schokolade
Nach Abschluss eines Projektabschnitts: 3 Minuten Lieblingsmusik + kurzes Tagebucheintrag
Nach Erledigungen von 3 administrativen Aufgaben: 5 Minuten Social Media + kurzer Spaziergang

Verstärkerpläne optimieren:
Die Verhaltenspsychologie kennt verschiedene Verstärkungspläne, die strategisch eingesetzt werden können:
Kontinuierliche Verstärkung:

Jedes gewünschte Verhalten wird belohnt
Besonders wirksam in der Anfangsphase neuer Gewohnheiten
Schafft klare Kausalverbindung zwischen Verhalten und Belohnung

Quotenbasierte Verstärkung:

Belohnung nach einer bestimmten Anzahl von Verhaltenswiederholungen

Beispiel: Nach jedem dritten Pomodoro eine größere Belohnung
Fördert konsistente Verhaltenswiederholung

Intervalbasierte Verstärkung:

Belohnung nach bestimmten Zeitintervallen produktiven Verhaltens
Beispiel: Nach jeder Stunde fokussierter Arbeit
Fördert anhaltende Aufmerksamkeit über längere Zeiträume

Variable Verstärkung:

Unvorhersehbare Belohnungen nach dem gewünschten Verhalten
Besonders wirksam für langfristige Verhaltensaufrechterhaltung
Erzeugt höhere Resistenz gegen Auslöschung

Die Kombination dieser verschiedenen Verstärkungspläne – beginnend mit kontinuierlicher Verstärkung und schrittweisem Übergang zu variablen Plänen – kann ein besonders robustes System schaffen.
Die Belohnungsforschungslücke schließen
Ein häufiger Fehler im Umgang mit Prokrastination ist die Fokussierung auf die Produktivitätsseite, während die Belohnungsseite vernachlässigt wird. Dieses Ungleichge-

wicht kann durch bewusstes „Belohnungslernen" korrigiert werden:
Belohnungspräferenzen kartieren:

Persönliches Belohnungsinventar: Systematische Erfassung aller Aktivitäten, Erfahrungen und Reize, die als belohnend empfunden werden
Belohnungskategorisierung: Einteilung in verschiedene Typen (sensorisch, sozial, leistungsbezogen, kreativ etc.)
Effektivitätsbewertung: Empirische Überprüfung, welche Belohnungen tatsächlich die stärkste motivierende Wirkung haben
Kontextspezifische Präferenzen: Identifikation, welche Belohnungen in welchen Situationen besonders wirksam sind

Belohnungsvielfalt kultivieren:

Belohnungsportfolio: Entwicklung eines breiten Spektrums verschiedener Belohnungstypen
Rotation und Variation: Regelmäßiger Wechsel zwischen verschiedenen Belohnungen, um Habituation zu vermeiden
Saisonale Anpassung: Veränderung des Belohnungssystems mit Jahreszeiten, Lebensphasen oder Projekten
Experimentelles Mindset: Aktives Ausprobieren neuer potenzieller Belohnungen

Belohnungssensitivität steigern:

Viele chronische Prokrastinierer haben ihre Fähigkeit, kleine Belohnungen zu genießen, teilweise verloren. Gezielte Übungen können diese Sensitivität wiederherstellen:

Achtsamer Genuss: Bewusste Fokussierung auf positive sensorische Erfahrungen
Belohnungstagebuch: Dokumentation kleiner täglicher Freuden und deren bewusste Wahrnehmung
Belohnungsentzug: Temporärer Verzicht auf bestimmte Annehmlichkeiten, um deren Belohnungswert zu steigern
Sensorisches Training: Systematische Übungen zur Verfeinerung der Wahrnehmung angenehmer Stimuli

„Belohnungsethik" entwickeln:
Ein nachhaltiges Belohnungssystem basiert auf einer durchdachten Philosophie:

Nachhaltige vs. erschöpfende Belohnungen: Unterscheiden zwischen Belohnungen, die Ressourcen erneuern vs. verbrauchen
Belohnungs-Ökologie: Balance verschiedener Belohnungstypen für ganzheitliches Wohlbefinden
Wertealignment: Auswahl von Belohnungen, die langfristigen Werten und Zielen entsprechen
Belohnungsfairness: Angemessenes Verhältnis zwischen Anstrengung und Belohnung

Diese tiefergehende Auseinandersetzung mit der Belohnungsseite der Gleichung schafft ein robusteres System zur Überwindung zeitlicher Diskontierung als die bloße Fokussierung auf Disziplin und Pflichterfüllung.

Kompetente Selbstbelohnung kultivieren

Die Fähigkeit zur effektiven Selbstbelohnung ist eine unterschätzte Metakompetenz, die systematisch entwickelt werden kann:

Mentale Barrieren zur Selbstbelohnung überwinden:

Viele Menschen haben Schwierigkeiten mit angemessener Selbstbelohnung aufgrund von:

Leistungsabhängigem Selbstwert: Überzeugung, Belohnungen „verdienen" zu müssen

Puritanischem Arbeitsethos: Kulturell verankerte Vorstellung, dass Vergnügen nach „vollständiger" Pflichterfüllung kommen sollte

Schuldgefühlen: Unbehagen beim Genießen von Belohnungen, besonders bei unvollendeten Aufgaben

Perfektionismus: Glaube, dass nur perfekte Leistung Belohnung verdient

Strategien zur Überwindung dieser Barrieren:

Belohnungen als Werkzeuge rahmen: Selbstbelohnung als strategisches Produktivitätsinstrument betrachten, nicht als „Nachgeben"

Prozess statt Ergebnis belohnen: Belohnungen an Einsatz und Engagement koppeln, nicht nur an perfekte Ergebnisse

Permissionsarbeit: Bewusste Erlaubnis zur Selbstbelohnung kultivieren

Positive Belohnungsnarrative: Geschichten über die Produktivitätsvorteile von Belohnungen sammeln

Progressive Selbstbelohnungspraxis:
Die Fähigkeit zur effektiven Selbstbelohnung kann schrittweise entwickelt werden:

Mikrobelohnungen: Mit sehr kleinen, unumstrittenen Belohnungen beginnen

Belohnungshierarchie: Schrittweise größere und bedeutsamere Belohnungen integrieren

Belohnungsrituale: Formalisierte Praktiken entwickeln, die Übergänge von Arbeit zu Belohnung markieren

Belohnungsgemeinschaften: Soziale Gruppen bilden, die gegenseitige Selbstbelohnung unterstützen und normalisieren

Belohnungsautomatisierung:
Mit zunehmender Praxis können Belohnungsmechanismen teilweise automatisiert werden:

Umgebungstrigger: Physische oder digitale Hinweise, die automatisch Belohnungsmodi aktivieren

Zeitbasierte Auslöser: Automatische Belohnungsperioden nach produktiven Zeitfenstern

Belohnungsroutinen: Standardisierte Abfolgen von Belohnungen, die wenig aktive Entscheidungen erfordern

Technologiegestützte Automation: Apps und Geräte, die vordefinierte Belohnungen nach bestimmten Leistungen freischalten

Die Selbstbelohnung-Balance-Checkliste:

Um ein ausgewogenes Selbstbelohnungssystem zu gewährleisten, kann folgende Checkliste hilfreich sein:

Sind die Belohnungen unmittelbar genug, um zeitliche Diskontierung zu überwinden?

Sind sie groß genug, um motivierend zu wirken, aber klein genug für häufigen Einsatz?

Stehen sie in einem angemessenen Verhältnis zur investierten Anstrengung?

Unterstützen sie langfristige Ziele oder untergraben sie diese?

Sind sie abwechslungsreich genug, um Habituation zu vermeiden?

Sprechen sie verschiedene Belohnungssysteme an (sensorisch, emotional, sozial)?

Sind sie praktisch und realistisch im Alltag implementierbar?

Ein ausgereiftes Selbstbelohnungssystem, das diese Kriterien erfüllt, kann die natürliche Tendenz zur zeitlichen

Diskontierung strategisch nutzen, statt gegen sie anzukämpfen.

11.5 Langfristige Werte als Entscheidungsanker

Die letzte und vielleicht fundamentalste Strategie gegen
zeitliche Diskontierung ist die Verankerung von Entscheidungen.

12. Persönliche Anti Prokrastinationsme-
thode

In den vorangegangenen Kapiteln haben wir die vier
Kernursachen der Prokrastination analysiert und für jede
spezifische Interventionsstrategien kennengelernt. Nun ist
es an der Zeit, diese Erkenntnisse in einer kohärenten,
personalisierten Strategie zusammenzuführen. Denn so
unterschiedlich wie die Ursachen der Prokrastination sein
können, so individuell sollte auch der Ansatz zu ihrer
Überwindung sein.

In diesem Kapitel werden wir einen strukturierten Prozess
durchlaufen, der Ihnen hilft, Ihre spezifischen Auslöser zu
identifizieren, maßgeschneiderte Interventionen auszuwählen, einen realistischen Implementierungsplan zu
erstellen, Fortschritte zu messen und langfristige Verhaltensänderungen zu sichern. Das Ziel ist eine Anti-Prokrastinations-Strategie, die genau auf Ihre Bedürfnisse,

Herausforderungen und Lebensumstände zugeschnitten ist.

12.1 Diagnose: Ihre spezifischen Auslöser identifizieren
Der erste Schritt zu einer personalisierten Strategie ist eine gründliche Diagnose Ihrer individuellen Prokrastinationsmuster. Dieses tiefere Verständnis bildet die Grundlage für gezielte, effektive Interventionen.

Das persönliche Prokrastinationsprofil erstellen
Um ein genaues Bild Ihrer spezifischen Auslöser zu erhalten, können Sie folgende strukturierte Selbstanalyse durchführen:

Schritt 1: Prokrastinationsbereichsanalyse
Erstellen Sie eine Liste der Lebensbereiche, in denen Sie am häufigsten prokrastinieren:

LebensbereichHäufigkeit (1-10)Beispiele typischer aufgeschobener AufgabenBeruf/Studium??Finanzen??Gesundheit??Sozialbeziehungen??Haushalt??Persönliche Entwicklung??

Identifizieren Sie die 2-3 Bereiche mit den höchsten Werten – diese sollten im Fokus Ihrer Strategie stehen.

Schritt 2: Tiefenanalyse der Hauptauslöser
Für jeden der identifizierten Hauptbereiche, untersuchen Sie systematisch die vier Kernursachen der Prokrastination:

Konfliktvermeidung:

Gibt es in diesem Bereich interpersonelle Konflikte, die ich vermeide?

Welche inneren Konflikte oder Ambivalenzen erlebe ich hier?

Fällt es mir schwer, in diesem Bereich Grenzen zu setzen oder „Nein" zu sagen?

Entscheidungslähmung:

Zögere ich aufgrund von Perfektionismus oder Angst vor Fehlern?

Fühle ich mich durch zu viele Optionen oder Komplexität überwältigt?

Fehlen mir klare Entscheidungskriterien oder -strukturen?

Energiemanagement:

Fehlt mir die physische, mentale oder emotionale Energie für diese Aufgaben?

Zu welchen Tageszeiten oder unter welchen Umständen ist dieser Bereich besonders herausfordernd?

Welche spezifischen Aktivitäten in diesem Bereich empfinde ich als besonders anstrengend?

Zeitliche Diskontierung:

Bietet dieser Bereich zu wenige unmittelbare Belohnungen?

Erscheinen mir die langfristigen Vorteile zu abstrakt oder zu weit entfernt?

Gibt es sofortige Versuchungen, die mich von langfristigen Zielen in diesem Bereich ablenken?

Schritt 3: Auslöser-Dokumentation
Führen Sie über eine Woche ein Prokrastinations-Tagebuch mit folgenden Kategorien:

Situation/Aufgabe: Was genau haben Sie aufgeschoben?
Kontext: Wo waren Sie? Welche Tageszeit? Welche Umstände?
Gedanken: Was ging Ihnen durch den Kopf?
Gefühle: Welche Emotionen haben Sie erlebt?
Körperempfindungen: Welche physischen Reaktionen haben Sie bemerkt?
Ausweichverhalten: Was haben Sie stattdessen getan?
Vermutete Hauptursache: Welche der vier Kernursachen war vermutlich am stärksten beteiligt?

Dieses Tagebuch enthüllt oft Muster, die durch reine Selbstreflexion nicht erkennbar sind.
Schritt 4: Muster-Identifikation
Analysieren Sie Ihre gesammelten Daten auf wiederkehrende Muster:

Welche spezifischen Auslöser tauchen immer wieder auf?
Gibt es bestimmte Tageszeiten, Umgebungen oder Umstände, die Prokrastination begünstigen?
Welche emotionalen Zustände gehen Ihrer Prokrastination typischerweise voraus?

Welche der vier Kernursachen scheint bei Ihnen dominant zu sein?

Gibt es Unterschiede zwischen verschiedenen Lebensbereichen?

Diese systematische Analyse liefert ein differenziertes Bild Ihrer persönlichen Prokrastinationslandschaft und bildet die Grundlage für maßgeschneiderte Interventionen.

Prokrastinationsintensitäts-Assessment

Um den Schweregrad Ihrer Prokrastination genauer einzuschätzen und späteren Fortschritt messen zu können, ist ein strukturiertes Assessment hilfreich:

Quantitative Selbsteinschätzung:

Bewerten Sie folgende Aspekte auf einer Skala von 1-10:

Häufigkeit: Wie oft prokrastinieren Sie bei wichtigen Aufgaben?

Dauer: Wie lange dauern Ihre typischen Prokrastinationsepisoden?

Schweregrad der Konsequenzen: Wie stark beeinträchtigt Prokrastination Ihr Leben?

Emotionale Belastung: Wie stark ist das mit Prokrastination verbundene emotionale Unbehagen?

Kontrollverlust: Wie stark ist Ihr Gefühl, die Prokrastination nicht kontrollieren zu können?

Bereichsübergreifung: In wie vielen verschiedenen Lebensbereichen prokrastinieren Sie?

Der Gesamtwert (6-60) gibt Aufschluss über die Intensität Ihrer Prokrastinationsneigung und dient als Baseline für spätere Fortschrittsmessung.

Qualitative Einschätzung:

Ergänzend zur quantitativen Bewertung, reflektieren Sie:

Wie hat sich Ihre Prokrastination im Laufe der Zeit entwickelt?

In welchen Situationen gelingt es Ihnen, nicht zu prokrastinieren?

Welche Strategien haben in der Vergangenheit zumindest teilweise funktioniert?

Wie reagiert Ihr Umfeld auf Ihre Prokrastination?

Welche Werte oder Ziele werden durch Ihre Prokrastination am stärksten beeinträchtigt?

Diese qualitativen Einsichten ergänzen die numerischen Werte um wichtige Kontext- und Ressourceninformationen.

Die Prokrastinationstypologie nutzen

Basierend auf den bisher gesammelten Informationen können Sie nun Ihren dominanten Prokrastinationstyp identifizieren. Diese Typologie orientiert sich an den vier Kernursachen, wobei Mischtypen häufig sind:

Der Konfliktvermeidende Prokrastinator:

Schiebt besonders Aufgaben auf, die potenzielle Konflikte oder unangenehme Gespräche beinhalten

Vermeidet Situationen, in denen Grenzen gesetzt werden müssen

Zeigt Schwierigkeiten bei der Bewältigung innerer Ambivalenzen und widersprüchlicher Impulse

Interventionsfokus: Konfliktfähigkeit stärken, innere Konflikte integrieren

Der Entscheidungsgelähmte Prokrastinator:

Verliert sich in endlosen Abwägungen und Informationssammlung

Zeigt perfektionistische Tendenzen und Angst vor „falschen" Entscheidungen

Fühlt sich durch Komplexität und multiple Optionen überwältigt

Interventionsfokus: Entscheidungsprozesse strukturieren, Perfektionismus reduzieren

Der Energiedefizitäre Prokrastinator:

Erlebt chronischen Energiemangel und Motivationsdefizite

Prokrastiniert verstärkt in Energietiefs oder bei hoher kognitiver Last

Kämpft mit Selbstregulationsproblemen und erschöpften Willenskraftreserven

Interventionsfokus: Energiemanagement optimieren, intrinsische Motivation fördern

Der Zeitlich Diskontierende Prokrastinator:

Priorisiert systematisch kurzfristige Belohnungen über langfristige Ziele
Erlebt die Zukunft als abstrakt und emotional wenig relevant
Zeigt impulsive Tendenzen und Schwierigkeiten mit Belohnungsaufschub
Interventionsfokus: Zukunft greifbarer machen, Precommitment-Strategien

Ihre Identifikation mit einem oder mehreren dieser Typen hilft, die Interventionsschwerpunkte Ihrer persönlichen Strategie zu bestimmen.
Lebenskontext und Ressourcen analysieren
Eine erfolgreiche Anti-Prokrastinations-Strategie berücksichtigt nicht nur Ihre Auslöser, sondern auch Ihren Lebenskontext und verfügbare Ressourcen:
Äußere Umstände:

Wie sieht Ihre typische Tagesstruktur aus?
Welche Umgebungen stehen Ihnen zur Verfügung (Arbeitsplatz, Wohnsituation etc.)?
Welche sozialen Verpflichtungen und Zeitanforderungen bestehen?
Welche technologischen Tools und Hilfsmittel können Sie nutzen?

Innere Ressourcen:

Welche persönlichen Stärken können Sie im Kampf gegen Prokrastination einsetzen?

In welchen Bereichen haben Sie bereits erfolgreiche Selbstregulation entwickelt?

Welche intrinsischen Motivatoren sind für Sie besonders stark?

Welche Werte könnten als kraftvolle Anker gegen Prokrastination dienen?

Soziale Ressourcen:

Welche Personen könnten Sie in Ihren Anti-Prokrastinations-Bemühungen unterstützen?

Gibt es potenzielle Accountability-Partner in Ihrem Umfeld?

Welche sozialen Systeme könnten externe Struktur bieten?

Wer könnte von ähnlichen Zielen profitieren und ein „Prokrastinations-Bekämpfungs-Team" bilden?

Die Berücksichtigung dieser kontextuellen Faktoren stellt sicher, dass Ihre Strategie nicht nur theoretisch fundiert, sondern auch praktisch umsetzbar ist und optimal in Ihren Lebensalltag integriert werden kann.

12.2 Maßgeschneiderte Interventionen auswählen

Mit einem klaren Verständnis Ihrer spezifischen Prokrastinationsmuster können Sie nun gezielt Interventionen auswählen, die auf Ihre dominanten Ursachen, persönlichen Präferenzen und Lebensumstände zugeschnitten sind.

Interventionsauswahl basierend auf dominanten Ursachen

Für jede der vier Kernursachen haben wir in den vorangegangenen Kapiteln zahlreiche Strategien kennengelernt. Nun gilt es, die vielversprechendsten für Ihre spezifische Situation auszuwählen:

Für Konfliktvermeidung:

Wenn Konfliktvermeidung eine Hauptursache Ihrer Prokrastination ist, wählen Sie aus:

Innere Konfliktakzeptanz: Techniken wie die Zwei-Stühle-Methode oder achtsame Selbstbeobachtung

Assertivitätstraining: Systematischer Aufbau von Selbstsicherheit und Grenzsetzungsfähigkeit

Kommunikationsstrategien: Spezifische Techniken für schwierige Gespräche wie die DESC-Formel

Graduelle Exposition: Schrittweise Konfrontation mit zunehmend herausfordernden Konfliktsituationen

Wählen Sie 2-3 Techniken, die am besten zu Ihrem spezifischen Konfliktvermeidungsmuster passen.

Für Entscheidungslähmung:

Bei dominanter Entscheidungslähmung, wählen Sie aus:

Entscheidungsstrukturierung: Frameworks wie DECIDE oder Entscheidungsmatrizen

Anti-Perfektionismus-Techniken: Die 70%-Regel, kognitive Umstrukturierung perfektionistischer Gedanken

Unsicherheitstoleranz-Übungen: Praktiken zur Stärkung der Fähigkeit, mit Ungewissheit umzugehen
Entscheidungsheuristiken: Einfache Faustregeln für verschiedene Entscheidungstypen

Priorisieren Sie die Techniken, die Ihre spezifischen Entscheidungshindernisse am direktesten adressieren.
Für Energiemanagementprobleme:
Falls Energiemangel und Motivationsdefizite dominieren:

Persönliche Energiekartierung: Systematisches Verstehen und Nutzen Ihrer natürlichen Energiezyklen
Optimierte Arbeitsrhythmen: Angepasste Pomodoro-Varianten oder andere Strukturierungstechniken
Motivationsstrategien: Techniken zur Stärkung intrinsischer Motivation und persönlicher Sinnfindung
Widerstandsbewältigungstechniken: Spezifische Strategien gegen innere Widerstände und Startblockaden

Wählen Sie Techniken, die zu Ihrem Chronotyp, Ihren Energiemustern und Motivationspräferenzen passen.
Für zeitliche Diskontierung:
Bei starker Zukunftsabwertung, wählen Sie aus:

Zukunftsvisualisierungstechniken: Episodisches Zukunftsdenken oder Verbindungsstärkung zum zukünftigen Selbst
Temptation Bundling: Strategische Verknüpfung sofortiger Belohnungen mit langfristig wertvollen Aktivitäten

Precommitment-Strategien: Selbstbindungstechniken, die auf Ihren spezifischen Versuchungskontext zugeschnitten sind
Mikrobelohnungssysteme: Unmittelbare kleine Verstärker für prokrastinationsgefährdete Aktivitäten

Berücksichtigen Sie dabei Ihre persönlichen Belohnungspräferenzen und typischen Versuchungsmuster.

Die Interventionsmatrix erstellen

Um die ausgewählten Interventionen systematisch zu organisieren, ist eine persönliche Interventionsmatrix hilfreich:

UrsacheSymptom/AuslöserInterventionImplementationsdetailsKonfliktvermeidungz.B. Aufschieben von Feedback-Gesprächenz.B. Graduelle Exposition + Gesprächsskriptez.B. Wöchentlich ein zunehmend herausforderndes Gespräch führen, mit vorbereitetem SkriptEntscheidungslähmungz.B. Endlose Recherche bei Kaufentscheidungenz.B. 70%-Regel + Zeitbegrenzungz.B. Timer auf 30 Minuten stellen, dann mit vorhandenen Informationen entscheidenEnergiedefizitz.B. Nachmittagstief führt zu Social-Media-Ablenkungz.B. Energiekurven-angepasste Aufgabenplanungz.B. Nachmittags nur leichte administrative Aufgaben planen, morgens TiefenarbeitZeitliche Diskontierungz.B. Langfristige Projekte zugunsten kurzfristiger Ablenkungen aufschiebenz.B. Temptation Bundling + Precommitmentz.B. Lieblingspodcast nur beim Arbeiten am Langzeitprojekt hören + Website-Blocker

Für jede Zeile in Ihrer Matrix definieren Sie einen konkreten Auslöser oder ein Symptom und verknüpfen es mit 1-2 spezifischen Interventionen sowie deren genauen Implementationsdetails.

Interventionsintegration und Synergien

Besonders wirksam wird Ihre Anti-Prokrastinations-Strategie, wenn verschiedene Interventionen sich gegenseitig verstärken:

Systemische Integration:

Identifizieren Sie potenzielle Synergien zwischen verschiedenen Interventionen:

Wie können Energiemanagement-Strategien Ihre Konfliktfähigkeit unterstützen?

Wie können Entscheidungsstrukturen mit Precommitment-Techniken kombiniert werden?

Wie können Visualisierungstechniken Ihre intrinsische Motivation stärken?

Interventionskaskaden:

Planen Sie Interventionssequenzen, bei denen der Erfolg einer Technik die nächste vorbereitet:

Energieniveau durch optimierte Morgenroutine steigern

Diese Energie für eine herausfordernde Entscheidung nutzen

Die getroffene Entscheidung durch Precommitment absichern

Erfolgreiche Umsetzung mit Mikrobelohnungen verstärken

Mehrebenen-Ansatz:
Stellen Sie sicher, dass Ihre Interventionen auf verschiedenen Ebenen wirken:

Kognitiv: Gedankenmuster und mentale Modelle
Emotional: Gefühle und emotionale Regulation
Verhaltensbezogen: Konkrete Handlungen und Routinen
Umgebungsbezogen: Physische und soziale Umgebungsgestaltung
Identitätsbezogen: Selbstbild und Werte

Ein solcher integrierter Ansatz schafft ein robustes System, das verschiedene Aspekte der Prokrastination gleichzeitig adressiert.
Individualisierung durch Experimentelles Mindset
Statt einer starren „Einheitsstrategie" ist ein experimentelles Mindset bei der Interventionsauswahl besonders wirksam:
Der persönliche Interventionstestplan:

Betrachten Sie Interventionen als Experimente, nicht als endgültige Lösungen
Testen Sie eine begrenzte Anzahl von Techniken für einen definierten Zeitraum (typischerweise 1-2 Wochen)
Dokumentieren Sie systematisch die Ergebnisse und Ihre subjektiven Erfahrungen

Passen Sie basierend auf diesem Feedback an: verstärken, modifizieren oder ersetzen

A/B-Testing persönlicher Strategien:

Vergleichen Sie systematisch verschiedene Ansätze für ähnliche Prokrastinationssituationen
Beispiel: Testen Sie an geraden Tagen Pomodoro, an ungeraden Tagen Flow-basierte Zeitblöcke
Bewerten Sie quantitativ und qualitativ, welcher Ansatz für Sie besser funktioniert
Verfeinern Sie den wirksameren Ansatz weiter

Adaptive Strategieentwicklung:

Beginnen Sie mit einer „Minimalversion" jeder Intervention
Steigern Sie schrittweise Intensität, Frequenz oder Komplexität
Identifizieren Sie den „Sweet Spot" für maximale Wirkung bei minimaler Anstrengung
Entwickeln Sie persönliche Variationen etablierter Techniken

Dieser experimentelle, personalisierte Ansatz berücksichtigt, dass jeder Mensch einzigartig ist und auch bewährte Strategien individueller Anpassung bedürfen.
12.3 Einen realistischen Implementierungsplan erstellen

Die beste Strategie bleibt wirkungslos ohne einen durchdachten, realistischen Implementierungsplan. In diesem Abschnitt entwickeln wir einen strukturierten Ansatz zur schrittweisen, nachhaltigen Integration Ihrer ausgewählten Interventionen in den Alltag.

Der Phasenansatz: Graduelle Implementation

Statt zu versuchen, alle Interventionen gleichzeitig umzusetzen, ist ein phasenweiser Ansatz deutlich erfolgversprechender:

Phase 1: Fundamentaufbau (Wochen 1-2)

Konzentrieren Sie sich zunächst auf grundlegende Veränderungen, die weitere Interventionen unterstützen:

Selbstbeobachtung: Fortführung und Verfeinerung des Prokrastinationstagebuchs

Umgebungsgestaltung: Grundlegende Optimierung Ihrer physischen und digitalen Umgebung

Energiebasis: Einfache Routinen zur Stabilisierung Ihres Energieniveaus

Mikro-Intervention: Eine einzelne, sehr einfache Technik für Ihre dominante Prokrastinationsursache

Der Fokus liegt hier auf hoher Erfolgswahrscheinlichkeit und Aufbau von Selbstwirksamkeit.

Phase 2: Kerninterventionen (Wochen 3-6)

Nun integrieren Sie schrittweise Ihre Hauptinterventionen:

Woche 3: Einführung der ersten Hauptintervention mit täglichem Tracking

Woche 4: Anpassung basierend auf Erfahrungen, Hinzufügen einer zweiten Intervention

Woche 5-6: Sukzessive Integration weiterer Techniken, jeweils mit Feedback-Schleifen

Achten Sie darauf, neue Elemente erst dann hinzuzufügen, wenn vorherige stabil implementiert sind.

Phase 3: Integration und Optimierung (Wochen 7-10)

In dieser Phase verfeinern und verknüpfen Sie die eingeführten Interventionen:

Optimierung des Zusammenspiels verschiedener Techniken

Feinabstimmung basierend auf gesammelten Erfahrungen

Entwicklung persönlicher Variationen standardisierter Ansätze

Integration in größere Lebenssysteme und -routinen

Phase 4: Aufrechterhaltung und Weiterentwicklung (ab Woche 11)

Die letzte Phase fokussiert auf langfristige Nachhaltigkeit:

Etablierung eines Wartungsmodus mit reduziertem Tracking

Regelmäßige Überprüfung und Anpassung (z.B. monatlich)

Systematische Erweiterung auf neue Lebensbereiche

Entwicklung von Strategien für Rückfälle und Hochbelastungsphasen

Dieser phasenweise Ansatz respektiert die Grenzen unserer Veränderungsfähigkeit und maximiert die Chancen auf nachhaltige Implementation.

Micro-Habit-Formation: Die Kraft kleiner Anfänge

Ein besonders wirksamer Ansatz zur Implementation neuer Verhaltensweisen ist die Fokussierung auf „Micro-Habits" – winzige Verhaltensänderungen, die schrittweise wachsen können:

Das Prinzip der Minigewohnheiten:

Beginnen Sie mit einer absurd kleinen Version jeder Intervention

So klein, dass Widerstand oder Willenskraftprobleme minimiert werden

Beispiel: Statt „täglich 30 Minuten meditieren" beginnen Sie mit „täglich 1 Minute meditieren"

Konsistenz hat Vorrang vor Intensität oder Dauer

Der Micro-Habit-Implementationsplan:

Für jede Kernintervention:

Definieren Sie die „Minimalversion" (1-5 Minuten oder weniger)

Koppeln Sie diese an einen bestehenden täglichen Auslöser (Habit Stacking)

Führen Sie diese Minimalversion für mindestens eine Woche täglich aus
Erhöhen Sie nur dann schrittweise Dauer oder Intensität, wenn die Konsistenz stabil ist

Beispiele für Anti-Prokrastinations-Micro-Habits:

Konfliktkompetenz: Täglich eine 2-minütige Reflexion über einen potenziellen Konflikt
Entscheidungsfähigkeit: Täglich eine bewusst schnelle Entscheidung (unter 30 Sekunden) treffen
Energiemanagement: Eine 3-minütige Energiecheck-Routine vor jeder Hauptmahlzeit
Zeitliche Diskontierung: 1-minütige Visualisierung des zukünftigen Selbst jeden Morgen

Diese Minigewohnheiten mögen zunächst trivial erscheinen, können jedoch durch Konsistenz und graduelles Wachstum zu substanziellen Verhaltensänderungen führen.
Hindernisvorwegnahme und Wenn-Dann-Pläne
Ein häufiger Grund für das Scheitern von Implementierungsplänen ist die mangelnde Vorbereitung auf Hindernisse. Eine systematische Hindernisvorwegnahme kann dies verhindern:
Die Hindernisanalyse:
Für jede geplante Intervention:

Brainstorming: „Was könnte schief gehen oder die Umsetzung verhindern?"

Priorisierung: Identifikation der 2-3 wahrscheinlichsten oder schwerwiegendsten Hindernisse

Strategieentwicklung: Konkrete Pläne für den Umgang mit jedem Haupthindernis

Wenn-Dann-Pläne für Hindernisse:

Formulieren Sie spezifische Wenn-Dann-Pläne für jedes identifizierte Hindernis:

„Wenn [spezifisches Hindernis eintritt], dann werde ich [spezifische Gegenmaßnahme ergreifen]."

Beispiele:

„Wenn ich morgens zu müde für meine Visualisierungs-übung bin, dann werde ich sie stattdessen in meine erste Kaffeepause integrieren."

„Wenn unerwartete Meetings meine geplante tiefe Arbeitszeit blockieren, dann werde ich automatisch den nächsten Tag von 8-10 Uhr blocken."

„Wenn ich den Impuls verspüre, meine Precommitment-Software zu umgehen, dann werde ich sofort meinen Accountability-Partner benachrichtigen."

Diese vorprogrammierten Reaktionen reduzieren die kognitive Last in Hinderinssituationen und erhöhen die Wahrscheinlichkeit konsistenter Implementation.

Kontinuierliche Hindernisanpassung:

Führen Sie ein „Hindernislogbuch" für unerwartete Implementierungsprobleme
Aktualisieren Sie Ihre Wenn-Dann-Pläne wöchentlich basierend auf realen Erfahrungen

Fortschritt messen und anpassen ermöglicht kontinuierliche Verbesserung. Ein persönliches Metrik-System, adaptive Strategieentwicklung, wirksame Fortschrittsvisualisierung und systematisches Rückfallmanagement schaffen einen datenbasierten Feedbackkreislauf für nachhaltige Entwicklung.

Langfristige Verhaltensänderung sichern durch den Übergang von bewussten Interventionen zu automatischen Gewohnheiten, identitätsbasierten Veränderungen, Integration in größere Lebenssysteme und kontinuierliches Lernen. Diese tieferen Verankerungsebenen sind entscheidend für dauerhafte Transformation jenseits kurzfristiger Verbesserungen.

Mit diesem umfassenden, personalisierten Ansatz können Sie eine Anti-Prokrastinations-Strategie entwickeln, die genau auf Ihre individuellen Bedürfnisse, Herausforderungen und Lebenssituation zugeschnitten ist. Statt generischer Ratschläge zu folgen, haben Sie nun die Werkzeuge, um ein maßgeschneidertes System zu schaffen, das alle vier Kernursachen der Prokrastination adressiert und die Grundlage für dauerhafte Verhaltensänderung legt.

Im nächsten Kapitel werden wir über die individuelle Ebene hinausgehen und uns damit beschäftigen, wie unsere physische und digitale Umgebung so gestaltet werden kann, dass sie produktives Verhalten fördert und Prokrastination strukturell reduziert.- Führen Sie ein „Hindernislogbuch" für unerwartete Implementierungsprobleme

Aktualisieren Sie Ihre Wenn-Dann-Pläne wöchentlich basierend auf realen Erfahrungen
Entwickeln Sie ein Repertoire von Backup-Strategien für wiederkehrende Hindernisse

Diese adaptive Hindernisvorwegnahme verwandelt potenzielle Rückschläge in Lernmöglichkeiten und stärkt die Resilienz Ihres Implementierungsplans.
Umgebungsdesign für erfolgreiche Implementation
Die Gestaltung Ihrer physischen und digitalen Umgebung kann entscheidend für die erfolgreiche Umsetzung Ihrer Anti-Prokrastinations-Strategie sein:
Physische Umgebungsoptimierung:

Implementationsauslöser: Sichtbare Erinnerungen oder Symbole für Ihre geplanten Interventionen
Friction Management: Reduzierung von Reibung für gewünschte Verhaltensweisen, Erhöhung für unerwünschte
Arbeitszonendefinition: Klar definierte Bereiche für verschiedene Aktivitätstypen

Ablenkungsminimierung: Systematische Elimination oder Abschirmung potenzieller Ablenkungsquellen

Digitale Umgebungsgestaltung:

App-Ökologie: Kuratierung der digitalen Werkzeuge nach ihrem tatsächlichen Nutzen für Ihre Ziele
Benachrichtigungsmanagement: Strategische Kontrolle über Mitteilungen und Unterbrechungen
Implementationswerkzeuge: Spezifische Apps oder Programme zur Unterstützung Ihrer Kerninterventionen
Automatisierungen: Technologiegestützte Routinen, die Willensanstrengung reduzieren

Soziale Umgebungsgestaltung:

Implementationspartner: Identifikation und Einbindung unterstützender Personen
Strategische Sichtbarkeit: Bewusste Entscheidungen darüber, welche Aspekte Ihrer Strategie Sie mit wem teilen
Accountability-Strukturen: Formalisierte Verantwortlichkeitsmechanismen mit anderen
Prokrastinationsfreie Zonen: Vereinbarungen über bestimmte soziale Kontexte ohne typische Prokrastinationsaktivitäten

Eine durchdachte Umgebungsgestaltung kann implementationsfördernde Gewohnheiten fast automatisch entstehen lassen und Willenskraftanforderungen erheblich reduzieren.

12.4 Fortschritt messen und anpassen

Ein kritischer Faktor für langfristigen Erfolg ist die systematische Messung des Fortschritts und die datenbasierte Anpassung Ihrer Strategie. In diesem Abschnitt entwickeln wir einen maßgeschneiderten Ansatz zur Fortschrittsverfolgung und kontinuierlichen Verbesserung.

Das persönliche Fortschrittsmetriken-System

Um Ihren Fortschritt effektiv zu verfolgen, benötigen Sie ein individualisiertes Metrik-System, das sowohl objektive als auch subjektive Aspekte erfasst:

Kernmetriken identifizieren:

Für eine ausgewogene Messung sollten Sie verschiedene Metriktypen kombinieren:

Verhaltensmetriken: Objektiv beobachtbare Handlungen

Anzahl erfolgreich absolvierter Pomodoro-Einheiten
Prozentsatz rechtzeitig erledigter Aufgaben
Durchschnittliche Zeitdauer zwischen Aufgabenzuweisung und -beginn
Häufigkeit spezifischer Prokrastinationsaktivitäten

Ergebnismetriken: Konkrete Resultate

Abgeschlossene Projekte oder Meilensteine
Produktivitätskennzahlen in relevanten Bereichen
Externe Bewertungen oder Feedback
Systemische Verbesserungen (z.B. reduzierte Fehlerrate)

Prozessmetriken: Qualität der Umsetzung

Konsistenz bei der Anwendung bestimmter Interventionen
Geschwindigkeit der Wiederaufnahme nach Unterbrechungen
Anpassungsfähigkeit bei unerwarteten Hindernissen
Integration verschiedener Strategiekomponenten

Subjektive Metriken: Inneres Erleben

Prokrastinationsbezogene Schuldgefühle oder Stress
Subjektives Gefühl der Kontrolle über das eigene Verhalten
Zufriedenheit mit der eigenen Produktivität
Psychisches Wohlbefinden und Work-Life-Balance

Wählen Sie aus jeder Kategorie 1-2 Schlüsselmetriken, die für Ihre spezifische Situation besonders relevant sind. Erstellung eines persönlichen Tracking-Systems: Basierend auf Ihren ausgewählten Metriken entwickeln Sie ein maßgeschneidertes Tracking-System: Tägliches Micro-Tracking:

2-3 Minuten am Tagesende
Fokus auf Verhaltens- und Prozessmetriken
Einfaches Format (z.B. Skala 1-5 oder Ja/Nein-Fragen)
Konsistenz hat Vorrang vor Umfang

Wöchentliche Reflexion:

15-20 Minuten am Wochenende
Tiefere Analyse von Mustern und Trends
Kombination quantitativer und qualitativer Betrachtung
Dokumentation von Erkenntnissen und Anpassungsideen

Monatliches Review:

30-60 Minuten am Monatsende
Umfassende Analyse aller Metrikbereiche
Vergleich mit Vormonaten und Ausgangszustand
Strategische Anpassungen für den kommenden Monat

Vierteljährliches Assessment:

1-2 Stunden Tiefenreflexion
Wiederholung der ursprünglichen Diagnose-Assessments
Evaluierung langfristiger Trends und Muster
Größere strategische Neuausrichtungen bei Bedarf

Die regelmäßige Mehrebenen-Betrachtung ermöglicht sowohl schnelle taktische Anpassungen als auch strategische Neuorientierungen, wenn nötig.
Adaptive Strategieentwicklung
Die gesammelten Daten bilden die Grundlage für eine kontinuierliche, evidenzbasierte Weiterentwicklung Ihrer Anti-Prokrastinations-Strategie:

Der Feedback-Anpassungs-Zyklus:

Datensammlung: Systematisches Tracking der definierten Metriken
Musteranalyse: Identifikation von Trends, Korrelationen und Auffälligkeiten
Hypothesenbildung: Entwicklung von Annahmen über Ursache-Wirkungs-Zusammenhänge
Experimentelle Anpassung: Gezielte Modifikation basierend auf Hypothesen
Ergebnisevaluation: Messung der Wirkung der Anpassungen
Iterative Verfeinerung: Kontinuierliche Wiederholung des Zyklus

Dieser wissenschaftlich inspirierte Ansatz verwandelt Ihre Prokrastinationsbekämpfung in einen systematischen Lernprozess.
Anpassungsstrategien basierend auf Datenfeedback:
Bei positiven Ergebnissen:

Identifizieren der besonders wirksamen Komponenten
Schrittweise Ausweitung auf weitere Lebensbereiche
Feinjustierung für noch bessere Ergebnisse
Verankerung durch tiefere Integration in Identität und Routinen

Bei gemischten Ergebnissen:

Differenzierung: Was funktioniert wann, wo und wie?
Kontextspezifische Anpassungen verschiedener Komponenten
Kombination erfolgreicher Elemente verschiedener Ansätze
Entwicklung kontextsensibler Variationen

Bei unzureichenden Ergebnissen:

Diagnose der spezifischen Problempunkte
Substantielle Modifikation oder alternative Ansätze
Rückkehr zu fundamentaleren Interventionen bei Bedarf
Überprüfung der ursprünglichen Problemanalyse

Dynamische Balancierung verschiedener Faktoren:
Ein Schlüsselelement der adaptiven Strategieentwicklung ist die kontinuierliche Neubalancierung verschiedener Faktoren:

Stabilität vs. Flexibilität: Kernelemente konsistent halten, während andere angepasst werden
Breite vs. Tiefe: Wechsel zwischen Fokussierung auf wenige Techniken und Erweiterung des Repertoires
Struktur vs. Autonomie: Balance zwischen externen Kontrollen und Stärkung innerer Regulation
Anstrengung vs. Nachhaltigkeit: Equilibrium zwischen Veränderungstempo und langfristiger Durchhaltbarkeit

Diese bewusste Balancierung verschiedener Dimensionen verhindert typische Fallstricke wie Rigidität, Überforderung oder unzureichende Veränderungstiefe.

Fortschrittsvisualisierung und Motivation

Die Art, wie wir Fortschritt wahrnehmen und visualisieren, hat erheblichen Einfluss auf unsere fortgesetzte Motivation. Daher ist die bewusste Gestaltung von Fortschrittsvisualisierungen ein wichtiger Teil Ihrer Strategie:

Wirkungsvolle Visualisierungsformate:

Trendcharts: Zeigen Entwicklung über Zeit

Besonders wirksam für graduelle Verbesserungen

Helfen, kurzfristige Schwankungen in langfristige Trends einzuordnen

Visualisieren sowohl absolute Werte als auch Veränderungsraten

Progress Bars/Fortschrittsbalken: Zeigen Annäherung an Ziele

Schaffen unmittelbare visuelle Befriedigung

Besonders motivierend bei etwa 60-80% Fortschritt

Können mit Meilensteinen oder Zwischenzielen ergänzt werden

Heatmaps: Zeigen Konsistenz und Muster

Visualisieren Häufigkeit oder Intensität über verschiedene Zeiträume

Machen Muster und Rhythmen sichtbar
Fördern Streak-basierte Motivation (ununterbrochene Ketten)

Radar-Charts: Zeigen Fortschritt in verschiedenen Dimensionen

Visualisieren Balance zwischen verschiedenen Aspekten
Machen Stärken und Entwicklungsbereiche sofort sichtbar
Ermöglichen ganzheitliche Betrachtung komplexer Fortschritte

Psychologisch optimierte Fortschrittsdarstellung:
Bei der Visualisierung Ihres Fortschritts sollten Sie bestimmte psychologische Prinzipien berücksichtigen:
Framing-Effekte:

Fortschritt relativ zum Ausgangspunkt betonen (nicht relativ zum Idealzustand)
„Bereits erreicht" statt „Noch zu erreichen" hervorheben
Verbesserungen in Prozent statt absoluten Zahlen darstellen

Motivierende Referenzpunkte:

Vergleich mit Ihrem früheren Selbst statt mit idealisierten Standards
Meilensteine und „kleine Siege" explizit markieren

Persönliche Bestleistungen hervorheben und feiern

Emotionale Verknüpfung:

Fortschrittsvisualisierungen mit positiven emotionalen Erinnerungen verbinden
Bedeutsame Symbole oder persönliche Metaphern integrieren
Visualisierungen physisch an Orten platzieren, die positive Assoziationen wecken

Ein durchdachtes Visualisierungssystem kann Fortschritte sichtbarer, greifbarer und motivierender machen – besonders in Phasen, in denen die Veränderung subjektiv kaum spürbar ist.
Rückfallprävention und -management
Rückfälle sind ein normaler Teil jedes Veränderungsprozesses. Der entscheidende Unterschied zwischen temporären und dauerhaften Rückschlägen liegt im systematischen Umgang mit ihnen:
Präventive Rückfallstrategien:
Hochrisikosituationen identifizieren:

Typische Trigger, die Prokrastination besonders wahrscheinlich machen
Muster in bisherigen Rückfällen erkennen
Persönliche Verwundbarkeiten (Müdigkeit, bestimmte emotionale Zustände etc.)

Vorbeugende Maßnahmen:

Spezifische Wenn-Dann-Pläne für identifizierte Risikosituationen
Präventive Umgebungsanpassungen für vulnerable Phasen
„Minimalprogramme" für Stress- oder Belastungszeiten

Frühwarnsystem:

Persönliche Rückfallindikatoren definieren
Regelmäßige Selbstüberprüfung dieser Indikatoren
Niedrigschwellige Interventionen bei ersten Warnzeichen

Reaktives Rückfallmanagement:
Wenn es trotz Prävention zu einem Rückfall kommt:
Die 24-Stunden-Regel:

Nach einem Rückfall innerhalb von 24 Stunden aktiv werden
Unmittelbare Wiederaufnahme der Kerninterventionen
Schwellenreduzierung für den Wiedereinstieg

Konstruktive Rückfallanalyse:

Genaue Untersuchung der Umstände und Auslöser
Unterscheidung zwischen externen Faktoren und internen Prozessen

Verhaltensmuster identifizieren, nicht persönliches Versagen

Adaptiver Wiedereinstieg:

Anpassung der Strategie basierend auf Rückfallerkenntnissen
Temporäre Vereinfachung oder Intensivierung je nach Bedarf
Fokus auf Konsistenz statt Perfektion beim Neustart

Mentale Modelle für Rückfallresilienz:
Die Art, wie wir über Rückfälle denken, beeinflusst maßgeblich unsere Fähigkeit, sie zu überwinden:
Das Reise-Modell statt Alles-oder-Nichts-Denken:

Rückfälle als normale Wegabschnitte einer längeren Reise betrachten
Fortschritt als nicht-linear verstehen, mit natürlichen Auf und Abs
Gesamtrichtung wichtiger als einzelne Schritte

Die Lern-Perspektive:

Rückfälle als wertvolle Datenquellen über eigene Muster sehen
Fragen: „Was kann ich hieraus lernen?" statt „Warum habe ich versagt?"
Jeder Rückfall als Chance zur Verfeinerung der Strategie

Die 90%-Regel:

Anerkennen, dass 90% Umsetzung realistischer und nachhaltiger ist als 100%

Fokus auf langfristige Konsistenz statt kurzfristige Perfektion

Elastische Erwartungen, die Lebensrealitäten berücksichtigen

Diese Kombination aus präventiven Strategien, reaktivem Management und resilienten mentalen Modellen verwandelt Rückfälle von Bedrohungen in Gelegenheiten für tieferes Verständnis und langfristigen Fortschritt.

12.5 Langfristige Verhaltensänderung sichern

Der ultimative Erfolg Ihrer Anti-Prokrastinations-Strategie bemisst sich nicht an kurzfristigen Verbesserungen, sondern an nachhaltigen Verhaltensänderungen. In diesem Abschnitt erforschen wir Ansätze, um kurzfristige Interventionen in dauerhafte Gewohnheiten, Identitätsaspekte und Lebenssysteme zu transformieren.

Von Interventionen zu Gewohnheiten

Der Übergang von bewussten Interventionen zu automatisierten Gewohnheiten ist ein entscheidender Schritt für langfristigen Erfolg:

Die Gewohnheitsbildungs-Wissenschaft:

Moderne Verhaltensforschung identifiziert mehrere Schlüsselelemente erfolgreicher Gewohnheitsbildung:

Der Gewohnheitskreislauf (nach Charles Duhigg):

Auslöser: Spezifischer Hinweisreiz, der die Gewohnheit initiiert

Routine: Die eigentliche Verhaltenssequenz

Belohnung: Positiver Verstärker, der das Verhalten festigt

Die vier Gesetze der Verhaltensänderung (nach James Clear):

Offensichtlich machen: Auslöser klar und unmittelbar gestalten

Attraktiv machen: Mit bestehenden Wünschen und Bedürfnissen verbinden

Einfach machen: Reibung und erforderliche Anstrengung minimieren

Befriedigend machen: Unmittelbare Befriedigung mit dem Verhalten verknüpfen

Die Identitätsschlaufe (nach BJ Fogg):

Kleine Erfolge → Positive Emotionen → Identitätsverschiebung → Mehr kleine Erfolge

Gewohnheitsstacking (nach SJ Scott):

Neue Gewohnheiten an bestehende, stabile Routinen ankoppeln

Nutzt vorhandene neuronale Pfade als „Autobahnen" für neue Gewohnheiten

Praktische Gewohnheitsbildungsstrategien:
Um Ihre Anti-Prokrastinations-Interventionen in stabile Gewohnheiten zu transformieren:
Gewohnheitsdesign:

Identifizieren Sie die wichtigsten 2-3 Interventionen für Gewohnheitstransformation
Definieren Sie präzise Auslöser (wann und wo genau)
Gestalten Sie die Routine so einfach und klar wie möglich
Verknüpfen Sie unmittelbare kleine Belohnungen
Tracken Sie die Konsistenz über mindestens 66 Tage (wissenschaftlich fundierte durchschnittliche Gewohnheitsbildungszeit)

Progressive Automatisierung:

Beginnen Sie mit bewussten, aufmerksamkeitsintensiven Umsetzungen
Schrittweise Reduzierung der kognitiven Kontrolle
Experimentieren mit verschiedenen Auslösern und Kontexten
Identifizieren des „Automatisierungspunkts", an dem wenig bewusste Steuerung nötig ist

Gewohnheitsketten entwickeln:

Verbinden Sie mehrere Anti-Prokrastinations-Gewohnheiten zu Sequenzen

Gestalten Sie Übergänge zwischen Gewohnheiten als nahtlos wie möglich

Entwickeln Sie Morgen-, Mittags- und Abendroutinen mit integrierten Interventionen

Nutzen Sie den Abschluss einer Gewohnheit als Auslöser für die nächste

Gewohnheitsökologie:

Betrachten Sie Gewohnheiten als interdependentes System

Identifizieren Sie „Keystone Habits" (Schlüsselgewohnheiten mit Kaskadeneffekten)

Schaffen Sie unterstützende Umgebungen für Ihre wichtigsten Gewohnheiten

Eliminieren oder modifizieren Sie konkurrierende Gewohnheiten

Durch diesen systematischen Ansatz können selbst komplexe Interventionsstrategien allmählich in das Gewohnheitssystem integriert werden, wodurch der erforderliche Willensaufwand drastisch reduziert wird.

Identitätsbasierte Veränderung

Während Gewohnheiten auf der Verhaltensebene ansetzen, bietet die Identitätsebene eine noch tiefere Verankerung von Veränderungen:

Das Prinzip identitätsbasierter Veränderung:

Verhaltensänderungen, die mit unserer Identität übereinstimmen, sind nachhaltiger

Der Prozess verläuft idealerweise von innen nach außen:

Identität („Wer ich bin") → Prozesse/Systeme → Ergebnisse

statt: Ergebnisse → Prozesse/Systeme → Identität

Von prokrastinierenden zu handlungsfähigen Selbstbildern:

Förderung identitätsbasierter Transformationen:

Neue Narrative entwickeln:

Identifizieren Sie die aktuellen Selbstgeschichten über Prokrastination

Entwickeln Sie alternative, ermächtigende Narrative

Von „Ich bin ein Prokrastinierer" zu „Ich bin jemand, der Herausforderungen systematisch angeht"

Sammeln Sie Beweise für das neue Narrativ und verstärken Sie es regelmäßig

Identitäts-Affirmationen:

Formulieren Sie spezifische, auf Handlungsfähigkeit bezogene Selbstaussagen

Verbinden Sie diese mit konkreten Beispielen aus Ihrem Leben

Sprechen Sie in der Gegenwartsform, als sei die Identität bereits etabliert

Integrieren Sie diese Affirmationen in tägliche Routinen

Identitätsrelevante Referenzgruppen:

Umgeben Sie sich mit Menschen, die die gewünschte Identität verkörpern
Suchen Sie Gemeinschaften, die produktive Gewohnheiten wertschätzen
Distanzieren Sie sich von sozialen Einflüssen, die Prokrastination normalisieren
Übernehmen Sie Rollen oder Positionen, die mit proaktivem Handeln verbunden sind

Symbolische Identitätsanker:

Etablieren Sie physische Symbole oder Rituale, die neue Identitätsaspekte repräsentieren
Gestalten Sie bewusst Umgebungen, die das neue Selbstbild widerspiegeln
Dokumentieren Sie „Identitätsbeweise" - Momente, die Ihr neues Selbstbild bestätigen
Entwickeln Sie persönliche Mantras oder Leitsätze, die Kernaspekte Ihrer neuen Identität erfassen

Diese identitätsbasierten Ansätze wirken synergistisch mit verhaltensorientierten Strategien und schaffen tiefere, widerstandsfähigere Veränderungen.
Integration in größere Lebenssysteme

Die höchste Stufe der Verankerung ist die vollständige Integration Ihrer Anti-Prokrastinations-Strategie in Ihre übergreifenden Lebenssysteme:
Systemische Integration auf verschiedenen Ebenen:
Zeitmanagement-Integration:

Verschmelzung Ihrer Anti-Prokrastinations-Praktiken mit Ihrem Kalender- und Planungssystem
Entwicklung prokrastinationsresistenter Zeitblöcke und Arbeitsrhythmen
Strategische Platzierung von Interventionen an kritischen Punkten Ihres Zeitplans
Saisonale Anpassungen basierend auf vorhersehbaren Energieschwankungen und Anforderungen

Produktivitätssystem-Integration:

Einbettung von Anti-Prokrastinations-Prinzipien in Ihre Aufgabenmanagement-Methodik
Anpassung von Tools und Workflows für maximale Prokrastinationsresistenz
Entwicklung prokrastinationsspezifischer Filter und Priorisierungskriterien
Integration von Progresstracking direkt in Ihr Produktivitätssystem

Soziale Integration:

Kommunikation Ihrer Strategie mit relevanten Bezugs-
personen
Etablierung unterstützender sozialer Normen und Erwar-
tungen
Entwicklung komplementärer Arbeits- oder Lernpartner-
schaften
Gestaltung sozialer Rituale, die Anti-Prokrastinations-
Praktiken verstärken

Physische Umgebungsintegration:

Dauerhafte Anpassung verschiedener Lebensumgebungen
(Arbeitsplatz, Zuhause etc.)
Etablierung prokrastinationsresistenter Zonen mit klaren
Regeln und Strukturen
Integration von Erinnerungen und Auslösern in die natür-
liche Umgebung
Anpassung von Infrastruktur und Ressourcenplatzierung
für optimale Handlungsunterstützung

Diese mehrschichtige systemische Integration schafft ein
selbstverstärkendes Ökosystem, das Prokrastination strukturell reduziert und produktives Handeln zum Pfad des
geringsten Widerstands macht.
Kontinuierliches Lebenslanges Lernen
Die letzte Komponente einer erfolgreichen langfristigen
Strategie ist die Etablierung eines Mindsets kontinuierlichen Lernens und Wachstums:
Das Anti-Prokrastinations-Wachstumsmindset:

Lebenslange Experimentierfreude:

Betrachten Sie Anti-Prokrastination als fortlaufende Forschungsreise
Bleiben Sie neugierig auf neue Ansätze und Erkenntnisse
Vermeiden Sie dogmatische Anhaftung an bestimmte Methoden
Kultivieren Sie eine spielerische Einstellung zum Experimentieren

Metakognitive Entwicklung:

Vertiefen Sie kontinuierlich Ihr Verständnis Ihrer eigenen kognitiven Prozesse
Entwickeln Sie zunehmend feinere Wahrnehmung für Prokrastinationsauslöser
Verfeinern Sie Ihre Fähigkeit, eigene mentale Zustände zu beobachten und zu steuern
Erweitern Sie Ihr Repertoire an inneren Dialogen und mentalen Werkzeugen

Adaptive Expertise:

Entwickeln Sie die Fähigkeit, Strategien flexibel an neue Kontexte anzupassen
Bauen Sie ein transferierbares Grundverständnis der Prinzipien auf, nicht nur spezifischer Techniken
Lernen Sie, Interventionen für verschiedene Lebensumstände zu modifizieren

Entwickeln Sie Intuition für die Passung zwischen Problemen und potenziellen Lösungen

Wissenserweiterung und -vertiefung:

Bleiben Sie informiert über neue Forschung zu Prokrastination und Verhaltensänderung
Erschließen Sie verwandte Wissensgebiete für neue Perspektiven
Tauschen Sie Erfahrungen mit anderen Lernenden aus
Dokumentieren Sie Ihre eigenen Erkenntnisse und Entwicklungen

Dieses Wachstumsmindset verhindert Stagnation und ermöglicht kontinuierliche Verfeinerung Ihrer Strategie über verschiedene Lebensphasen und -kontexte hinweg.
Abschlussreflexion: Der größere Kontext
Zum Abschluss dieses Kapitels ist es wertvoll, die entwickelte persönliche Anti-Prokrastinations-Strategie in einen größeren Lebenskontext einzuordnen:

Zweck der Produktivität: Reflektieren Sie, wozu genau Sie Prokrastination überwinden wollen – welche Werte und Ziele dadurch unterstützt werden
Balance und Wohlbefinden: Betrachten Sie Ihre Strategie im Kontext eines gesunden, ausgewogenen Lebens, nicht als Selbstzweck

Selbstentwicklung vs. Selbstoptimierung: Unterscheiden Sie zwischen wachstumsorientierter Entwicklung und endloser Optimierungsjagd

Prokrastination als Lehrer: Würdigen Sie den Wert der Erkenntnisse, die aus dem Umgang mit Prokrastination entstehen können

Eine erfolgreiche Anti-Prokrastinations-Strategie ist letztlich nicht nur ein Werkzeug für höhere Produktivität, sondern ein Weg zu größerer Handlungsfreiheit, Selbstwirksamkeit und letztlich einem Leben, das besser mit Ihren tiefsten Werten und Zielen übereinstimmt.

Zusammenfassung: Die wichtigsten Erkenntnisse

In diesem Kapitel haben wir einen umfassenden Ansatz zur Entwicklung einer personalisierten Anti-Prokrastinations-Strategie kennengelernt:

Diagnose Ihrer spezifischen Auslöser bildet die Grundlage für zielgerichtete Interventionen. Durch systematische Selbstbeobachtung, quantitative und qualitative Assessments, Identifikation Ihres Prokrastinationstyps und Analyse Ihres Lebenskontexts gewinnen Sie ein detailliertes Verständnis Ihrer individuellen Prokrastinationsmuster.

Maßgeschneiderte Interventionen auswählen bedeutet, aus dem breiten Spektrum möglicher Strategien diejenigen zu identifizieren, die am besten zu Ihren dominanten Prokrastinationsursachen, persönlichen Präferenzen und spezifischen Lebensumständen passen. Die Intervention-

Matrix und ein experimentelles Mindset helfen, einen optimal angepassten Ansatz zu entwickeln.

Einen realistischen Implementierungsplan erstellen ist entscheidend für den Übergang von Theorie zu Praxis. Der Phasenansatz, Micro-Habit-Formation, systematische Hindernisvorwegnahme und bewusstes Umgebungsdesign maximieren die Erfolgswahrscheinlichkeit bei der Umsetzung Ihrer Strategie.

Fortschritt messen und anpassen ermöglicht kontinuierliche Verbesserung. Ein persönliches Metrik-System, adaptive Strategieentwicklung, wirksame Fortschrittsvisualisierung und systematisches Rückfallmanagement schaffen einen datenbasierten Feedbackkreislauf für Ihre persönliche Anti-Prokrastinations-Strategie

13. Umgebungsgestaltung

Wenn Umgebungsdesign gegen Prokrastination
Während wir uns in den bisherigen Kapiteln vorwiegend mit inneren, psychologischen Faktoren der Prokrastination beschäftigt haben, wenden wir uns nun einer häufig unterschätzten Dimension zu: unserer Umgebung. Die Räume, in denen wir leben und arbeiten, die digitalen

Ökosysteme, die wir nutzen, und die sozialen Kontexte, in denen wir uns bewegen, können Prokrastination entweder dramatisch fördern oder substanziell hemmen.

In diesem Kapitel werden wir erforschen, wie die bewusste Gestaltung unserer physischen, digitalen und sozialen Umgebung ein mächtiges Instrument gegen Prokrastination sein kann. Statt gegen Umgebungsfaktoren anzukämpfen, die Aufschiebeverhalten begünstigen, werden wir Strategien entwickeln, um Ihre Umgebung zu einem aktiven Verbündeten in Ihrem Kampf gegen Prokrastination zu machen.

14. Die Macht der physischen Umgebung

Unsere physische Umgebung beeinflusst unser Verhalten oft subtil, aber tiefgreifend. Die Gestaltung unserer Räume kann entweder prokrastinationsfördernde Trigger minimieren oder produktives Handeln systematisch unterstützen.

Die Psychologie des Raums verstehen

Die Art, wie Räume auf unser Verhalten und unsere Psychologie wirken, wird von verschiedenen wissenschaftlichen Disziplinen untersucht:

Umweltpsychologie:

Diese Forschungsrichtung zeigt, dass unsere Umgebung auf mehreren Ebenen wirkt:

Kognitive Wirkung: Räume können kognitive Last erhöhen oder reduzieren

Visuelle Unordnung erhöht die Verarbeitungslast des Gehirns
Ablenkende Reize erschöpfen unsere Aufmerksamkeitsressourcen
Sichtbare unerledigte Aufgaben aktivieren das Zeigarnik-Prinzip (offene Schleifen erzeugen kognitive Spannung)

Emotionale Wirkung: Räume erzeugen Stimmungen und Gefühlszustände

Farben, Licht und Raumproportionen beeinflussen Emotionen
Natürliche Elemente reduzieren Stress und fördern Wohlbefinden
Ästhetisch ansprechende Umgebungen können intrinsische Motivation steigern

Verhaltenslenkende Wirkung: Räume suggerieren bestimmte Verhaltensweisen

„Affordances" – die Umgebung signalisiert mögliche Handlungen

Räumliche Arrangements priorisieren bestimmte Aktivitäten

Gewohnheitsauslöser können in die Raumgestaltung integriert werden

Verhaltensökonomie und Choice Architecture:
Die Verhaltensökonomie lehrt uns, dass unsere Entscheidungen stark von der „Entscheidungsarchitektur" beeinflusst werden:

Default-Effekt: Die voreingestellte Option wird überproportional häufig gewählt

Friktionseffekt: Selbst kleine Hürden können Verhalten signifikant beeinflussen

Salienzeffekt: Was auffällt und sofort sichtbar ist, wird eher gewählt

Nudging: Subtile Veränderungen der Umgebung können Entscheidungen sanft lenken

Neurowissenschaft des Raumerlebens:
Wie unser Gehirn Räume verarbeitet, hat direkten Einfluss auf Prokrastination:

Reizverarbeitung: Überstimulation kann zu kognitiver Erschöpfung führen

Neurologische Restoration: Bestimmte Umgebungen ermöglichen neuronale Erholung

Kontextabhängiges Gedächtnis: Räume aktivieren assoziierte Verhaltensweisen und Emotionen

Diese wissenschaftlichen Erkenntnisse bilden die Grundlage für ein evidenzbasiertes Umgebungsdesign gegen Prokrastination.

Produktivitätsfördernde Räume gestalten

Basierend auf diesen theoretischen Grundlagen können wir nun konkrete Strategien für die Gestaltung produktivitätsfördernder Räume entwickeln:

Zonierung: Dedizierte Funktionsbereiche schaffen

Das Prinzip der funktionalen Separation:

Trennen Sie Räume oder Bereiche nach ihrem Zweck
Schaffen Sie klare mentale Assoziationen zwischen Orten und Aktivitäten
Vermeiden Sie multifunktionale Räume, die widersprüchliche Verhaltenshinweise senden

Implementierungsstrategien:

„Tiefenarbeitszone": Ein Bereich ausschließlich für fokussierte, anspruchsvolle Arbeit
„Kommunikationszone": Separater Bereich für Meetings, Anrufe, Gespräche
„Erholungszone": Deutlich abgegrenzter Bereich für echte Pausen
Bei begrenztem Platz: Temporale Zonierung durch klare Zeitfenster und Umgestaltungsrituale

Zonengrenzen verstärken:

Visuelle Markierungen wie Raumteiler, Teppiche oder Farbwechsel
Lichtwechsel zwischen verschiedenen Zonen
Unterschiedliche akustische Atmosphären
Sichtbare Regeln oder Symbole für jede Zone

Ablenkungsminimierung und Fokusmaximierung

Visuelle Ablenkungen reduzieren:

Aufräumen und Ordnungssysteme implementieren
„Clean Desk Policy": Nur aktuell relevante Materialien im Sichtfeld
Hintergrund-Komplexität reduzieren (neutrale Wandfarben in Arbeitsbereichen)
Bildschirme so positionieren, dass sie nicht auf Bewegungen im Raum ausgerichtet sind

Akustische Umgebung optimieren:

Hintergrundgeräusche minimieren oder kontrollieren
Bei Bedarf: Gezielte akustische Maskierung (White Noise, Naturgeräusche)
Noise-Cancelling-Kopfhörer als „akustische Wände"
Schallabsorbierende Materialien in halligen Räumen

Taktile Komfortoptimierung:

Ergonomisch optimierte Arbeitsflächen und Sitzmöglichkeiten

Temperatur im optimalen kognitiven Bereich (20-22°C)

Luftqualität durch regelmäßige Frischluftzufuhr verbessern

Physisches Unbehagen als Prokrastinations-Trigger eliminieren

Strategische Reizpositionierung

Prokrastinationstrigger entfernen oder verbergen:

Versuchungsobjekte aus dem direkten Sichtfeld entfernen

Ablenkende Geräte in Schubladen oder geschlossenen Schränken aufbewahren

Bei Nichtgebrauch: Fernbedienungen, Smartphones und Tablets wegräumen

Besonders verführerische Objekte in anderen Räumen aufbewahren

Positive Aktivierungsreize strategisch platzieren:

Arbeitsrelevante Materialien prominent und griffbereit positionieren

Motivierende Symbole oder Erinnerungen im direkten Blickfeld

Angenehme, aber nicht ablenkende Elemente in der Arbeitsumgebung platzieren

Werkzeuge für häufige Aufgaben in optimaler Reichweite halten

Fallbeispiel: Transformation eines prokrastinationsfördernden Raums
Um diese Prinzipien zu veranschaulichen, betrachten wir die Transformation eines typischen prokrastionsfördernden Arbeitsbereichs:
Ausgangssituation:

Schreibtisch im Wohnzimmer mit Blick auf den Fernseher
Computer mit Benachrichtigungen und mehreren offenen Tabs
Smartphone in ständiger Griffweite
Ungeordnete Papiere und unerledigte Aufgaben im Sichtfeld
Bequemes Sofa in unmittelbarer Nähe

Transformierte Umgebung:

Schreibtisch neu positioniert, mit Blick zur Wand oder zum Fenster
Dedizierter Arbeitsbereich durch Raumteiler oder Bücherregal abgegrenzt
Computer: Nur arbeitsbezogene Anwendungen sichtbar, Benachrichtigungen deaktiviert
Smartphone in „Parkstation" außerhalb des Arbeitsbereichs

Ordnungssystem für Papiere, aktuelle Projekte in speziellen Mappen
Visueller und physischer Abstand zu Entspannungszonen

Diese Transformation demonstriert, wie selbst in begrenzten Räumen eine deutliche Veränderung der Umgebung das Prokrastinationsrisiko substanziell reduzieren kann.
Umgebungsbasierte Gewohnheitsveränderung
Die physische Umgebung spielt eine entscheidende Rolle bei der Bildung und Aufrechterhaltung von Gewohnheiten. Durch gezieltes Umgebungsdesign können wir sowohl prokrastinationsfördernde Gewohnheiten durchbrechen als auch produktive Routinen fördern:
Gewohnheitsauslöser in der Umgebung verankern

Sichtbare Auslöser für produktive Routinen:

„Wenn-Dann"-Pläne physisch manifestieren (z.B. visualisierte Checklisten)
Implementationsintentionen an relevanten Orten platzieren
Visuelle Erinnerungen für Gewohnheitssequenzen
Transition-Objekte, die den Übergang zwischen verschiedenen Modi signalisieren

Gewohnheitsverankerung durch physische Arrangements:

Materialien für Morgenroutinen in optimaler Sequenz anordnen

Arbeitsmaterialien in der Reihenfolge ihrer Verwendung positionieren

„Vorbereiteter Start" für häufig aufgeschobene Aktivitäten (z.B. Sportkleidung bereitgelegt)

„Nächste Aktion" stets sichtbar und griffbereit halten

Der 20-Sekunden-Regel von Shawn Achor

Diese einfache, aber wirkungsvolle Regel besagt: Reduziere die Aktivierungsenergie für gewünschte Verhaltensweisen um 20 Sekunden und erhöhe sie für unerwünschte Verhaltensweisen um 20 Sekunden.

Aktivierungsenergie für produktives Verhalten senken:

Werkzeuge für wichtige Aufgaben stets einsatzbereit halten

Software-Verknüpfungen für Arbeitsanwendungen prominent platzieren

„Einstiegsmaterialien" für komplexe Projekte zugänglich arrangieren

Vorbereitungsschritte bereits am Vortag erledigen

Aktivierungsenergie für Prokrastination erhöhen:

Fernbedienung ohne Batterien oder an entferntem Ort aufbewahren

Social-Media-Apps vom Homescreen entfernen

Spielekonsolen vom Stromnetz trennen und verstauen

Komplexere Passwörter für Unterhaltungswebseiten verwenden

Umgebungsbasierte Gewohnheitsunterbrechung
Für eingeschliffene Prokrastinationsgewohnheiten kann eine bewusste Umgebungsveränderung als „Pattern Interrupt" dienen:

Radikale Umgestaltung: Komplette Neuordnung des Arbeitsbereichs
Ortswechsel: Temporärer oder permanenter Wechsel des Arbeitsplatzes
Jahreszeiten-Redesign: Saisonale Anpassung der Umgebung zur Gewohnheitsunterbrechung
Konträre Umgebungssignale: Bewusster Einsatz ungewöhnlicher Umgebungselemente

Solche Umgebungsveränderungen durchbrechen automatisierte Verhaltensabläufe und öffnen ein „Fenster" für neue Gewohnheitsbildung.
Natürliche und restorative Umgebungselemente
Eine oft übersehene Dimension des produktivitätsfördernden Umgebungsdesigns ist die Integration natürlicher und restorativer Elemente:
Die Attention Restoration Theory (ART)
Diese von Rachel und Stephen Kaplan entwickelte Theorie erklärt, warum natürliche Umgebungen unsere Aufmerksamkeitsressourcen regenerieren:

Gerichtete vs. ungerichtete Aufmerksamkeit:

Gerichtete Aufmerksamkeit ist eine begrenzte Ressource
Ihre Erschöpfung führt zu erhöhter Prokrastinationsneigung
Natürliche Umgebungen ermöglichen ungerichtete, mühelose Aufmerksamkeit
Diese „weiche Faszination" regeneriert unsere Aufmerksamkeitskapazität

Praktische Implementierung der ART:

Positionierung des Arbeitsplatzes mit Blick auf Natur oder Grünflächen
Integration von Pflanzen in den Arbeitsbereich
Biophile Designelemente wie natürliche Materialien, Texturen und Formen
Naturbilder und -fotografie als Wanddekoration
Kurze „Naturpausen" zur kognitiven Regeneration

Licht und circadiane Rhythmen
Die Qualität und Quantität von Licht hat tiefgreifende Auswirkungen auf unsere kognitive Leistungsfähigkeit:

Natürliches Licht maximieren:

Arbeitsplatz nahe an Fenstern positionieren
Reflektierende Oberflächen zur Lichtverteilung nutzen

Leichte, helle Vorhänge statt lichtblockierender Alternativen
Regelmäßige Aufenthalte im Freien, besonders am Vormittag

Künstliche Beleuchtung optimieren:

Vollspektrum-Beleuchtung für bessere kognitive Funktion
Dynamische Beleuchtungssysteme, die dem natürlichen Tagesverlauf folgen
Blaulichtreduktion in den Abendstunden
Direkte Blendung vermeiden, indirekte Beleuchtung bevorzugen

Luftqualität und kognitive Funktion
Zunehmend zeigt die Forschung enge Zusammenhänge zwischen Luftqualität und kognitiver Leistungsfähigkeit:

CO_2-Konzentrationen reduzieren:

Regelmäßiges Stoßlüften (idealerweise alle 1-2 Stunden)
In größeren Räumen: CO_2-Monitoring und -Management
Personendichte in Arbeitsräumen beachten

Luftschadstoffe minimieren:

Pflanzen mit luftreinigenden Eigenschaften integrieren
Schadstoffarme Materialien und Möbel wählen
Bei Bedarf: Luftreiniger mit HEPA-Filtern einsetzen

Diese natürlichen und restorativen Elemente schaffen nicht nur eine angenehmere Arbeitsumgebung, sondern unterstützen direkt unsere kognitiven Ressourcen, die für die Überwindung von Prokrastination entscheidend sind.

Digitale Umgebungen optimieren

In der heutigen Welt verbringen wir einen Großteil unserer Zeit in digitalen Umgebungen, die oft als wahre Prokrastinationsmaschinerien gestaltet sind. Die bewusste Optimierung dieses digitalen Ökosystems kann einen dramatischen Einfluss auf unser Aufschiebeverhalten haben.

Digital Detox und bewusstes Tech-Management

Bevor wir spezifische Optimierungen betrachten, ist ein grundlegendes Verständnis unserer Beziehung zu digitaler Technologie hilfreich:

Die Aufmerksamkeitsökonomie verstehen

Das fundamentale Geschäftsmodell: Viele digitale Plattformen und Apps monetarisieren unsere Aufmerksamkeit

Design für maximales Engagement und Nutzungszeit
Algorithmische Optimierung für „Sticky User Experiences"
Ausnutzung psychologischer Verwundbarkeiten (variable Belohnungsschemen, soziale Validierung etc.)

Neurobiologische Wirkungsmechanismen:

Dopaminausschüttungen durch unvorhersehbare Beloh-nungen
Aktivierung des Belohnungssystems durch soziales Feed-back
Stressreaktion durch Fear of Missing Out (FOMO)
Gewohnheitsbildung durch operante Konditionierung

Digitale Minimalismus-Prinzipien
Der von Cal Newport geprägte Begriff „Digitaler Minimalismus" beschreibt einen bewussten, intentionalen Umgang mit Technologie:

Kosten-Nutzen-Bewertung: Jede App, jeden Service und jedes Gerät anhand seines tatsächlichen Werts für eigene Ziele evaluieren
Digitale Decluttering-Methoden:

30-Tage-Technologie-Reset: Temporärer Verzicht auf nicht essenzielle Tools
Digitales Inventar: Systematische Auflistung aller genutz-ten digitalen Tools
Bewusste Wiedereinführung: Nur Technologien zurück-holen, die echten Mehrwert bieten

Selektive und bewusste Technologienutzung:

Digitale Werkzeuge als Diener, nicht als Master behan-deln
Werte-basierte Auswahlkriterien entwickeln

„Just enough technology" statt maximaler Vernetzung

Technologische Selbstregulation
Für einen ausgewogenen Umgang mit Technologie sind praktische Selbstregulationsstrategien hilfreich:

Bewusste Tech-Grenzen:

Technik-freie Zeiten definieren (z.B. erste/letzte Stunde des Tages)
Technik-freie Zonen schaffen (z.B. Schlafzimmer, Esszimmer)
Digitale „Sabbats" – regelmäßige längere Auszeiten von Technologie

Physische Distanzstrategien:

Pomodoro-Technik mit physischer Entfernung von Geräten kombinieren
Ablenkende Geräte in anderen Räumen aufbewahren
Ladestationen außerhalb von Arbeits- und Schlafbereichen platzieren

Gruppenbasierte Tech-Regulation:

Gemeinsame Technologie-Regeln in Familien oder Teams
Social Accountability für digitale Gewohnheiten
Kollektive Tech-freie Erlebnisse gestalten

Diese grundlegenden Prinzipien bilden die Basis für ein gesünderes Verhältnis zu digitaler Technologie und reduzieren das allgegenwärtige Prokrastinationspotenzial unserer vernetzten Welt.

Digitale Werkzeuge gegen Prokrastination

Die Technologie, die oft zur Prokrastination verleitet, kann auch gezielt zu ihrer Überwindung eingesetzt werden:

Blockier- und Fokus-Software

Website- und App-Blocker:

Tools wie Freedom, Cold Turkey oder LeechBlock
Temporäre Blockierung ablenkender Websites und Apps
Planbare Blockierungszeiten für regelmäßige fokussierte Arbeit
Erweiterte Optionen wie erschwertes Deaktivieren oder „Nuclear Mode"

Fokus-Modi und -Apps:

Betriebssystem-integrierte Fokus-Modi (iOS Focus, Android Focus Mode)
Dedizierte Focus-Apps (Forest, Focus@Will, Brain.fm)
Pomodoro-Timer mit digitaler Blockierung
Smart-Home-Integration für fokussierte Umgebungen

Selbstüberwachungs-Tools:

Screen-Time-Tracking (RescueTime, Digital Wellbeing)
Aktivitätsanalyse-Tools zur Musteridentifikation
Produktivitätsanalyse-Dashboards
Automatische Benachrichtigungen bei übermäßiger Nutzung

Digitale Organisationssysteme

Aufgabenmanagement-Systeme:

Strukturierte To-Do-Apps (Todoist, Microsoft To Do, Things)
Projektmanagement-Tools (Trello, Asana, ClickUp)
Kanban-Boards für visuelle Aufgabenorganisation
Prokrastinationsresistente Aufgabenformatierung

Effektive Kalenderstrategien:

Zeitblockierung mit digitalen Kalendern
Farbkodierte Aktivitätskategorien
Automatische Buffer zwischen Terminen
Integrierte Erinnerungen und Vorbereitungszeiten

Externe Gedächtnissysteme:

Note-Taking-Apps für schnelles Externalisieren von Gedanken
Knowledge Management Systeme (Notion, Obsidian, Roam Research)

Automated Capture Tools für flüchtige Ideen
Integrierte Systeme zur Reduktion von Kontextwechseln

Automatisierung und Workflow-Optimierung

Schwellenreduktion durch Automatisierung:

Workflow-Automatisierungsdienste (Zapier, IFTTT, Microsoft Power Automate)
Email-Filter und -Automatisierungen
Textexpander und Snippets für wiederkehrende Inhalte
Document-Templates und Vorlagen

Kontextwechsel-Minimierung:

Workspace-Manager für verschiedene Projektkontexte
Browser-Profilen für unterschiedliche Aktivitätstypen
App-Integration zur Reduktion von Plattformwechseln
Single-Tasking-Interfaces und Distraktionsfreie Modi

Diese digitalen Werkzeuge können, strategisch eingesetzt, die kognitiven und systemischen Barrieren reduzieren, die oft zu Prokrastination führen.
Digitale Minimaloberflächen gestalten
Neben spezifischen Tools ist die allgemeine Gestaltung unserer digitalen Umgebungen entscheidend für Prokrastinationsresistenz:
Desktop- und Smartphone-Optimierung

Visuelles Entrümpeln:

Clean-Desktop-Policy: Nur essenzielle Icons und Dateien
Ablenkungsarmer Bildschirmhintergrund
Ordnersysteme statt visuell überladener Oberflächen
Systematische Archivierung statt Ansammlung

Smartphone-Detox:

Homescreen-Minimierung auf essenzielle Apps
Graustufenmodus zur Reduzierung visueller Verlockung
Benachrichtigungsmanagement (komplett deaktivieren
oder zeitlich begrenzen)
App-Drawer-Organisation nach Verwendungszweck,
nicht nach Verlockungspotenzial

Intelligente Standard-Einstellungen:

Browser startet mit fokussierter Arbeitsseite
E-Mail-Client standardmäßig offline
Automatischer Do-Not-Disturb-Modus während Fokus-
zeiten
Single-Click-Zugang zu produktivitätsfördernden Tools

Browser-Optimierung

Erweiterungen und Add-ons:

Ablenkungsreduzierende Browser-Erweiterungen (Unhook YouTube, News Feed Eradicator)
Tab-Management-Tools (Tab Wrangler, OneTab)
Reader-Modi für fokussiertes Lesen
Bookmark-Management-Systeme

Browser-Workflow-Design:

Separate Browser-Profile für Arbeit und Freizeit
Startseite als produktivitätsorientiertes Dashboard
Browser-Shortcuts für fokussierte Arbeitsbereiche
Session-Manager für kontextbezogene Tab-Sammlungen

Prokrastinationsresistente Lesezeichen-Struktur:

Funktionsorientierte statt themenbezogene Organisation
Zweistufige Bookmarking-Strategie (schneller Zugriff vs. Archiv)
Visuelle Unterscheidung zwischen Arbeits- und Freizeit-Lesezeichen
Regelmäßige Kuratierung und Entrümpelung

E-Mail- und Kommunikationsmanagement

Inbox-Design:

Zero-Inbox oder strukturierte Inbox-Kategorien
Automatische Sortierung und Filterung
Batching-freundliche E-Mail-Konfiguration

Visuelle Unterscheidung zwischen dringenden und routinemäßigen Nachrichten

Kommunikations-Hierarchie:

Klare Protokolle für verschiedene Kommunikationskanäle
Asynchrone Kommunikation als Standard festlegen
Erwartungsmanagement bezüglich Antwortzeiten
Fokusperioden ohne Kommunikationsunterbrechungen

Diese Optimierungen der digitalen Oberflächen reduzieren kognitive Last, minimieren ablenkende Stimuli und schaffen eine digitale Umgebung, die fokussiertes Arbeiten unterstützt statt sabotiert.

Digitale Nudges und Verhaltensdesign

Ein besonders wirksamer Ansatz ist die Integration von „Nudges" – subtilen Hinweisen und Anreizen – in die digitale Umgebung, um produktives Verhalten zu fördern:

Fortschritts-Nudges

Visuelle Fortschrittsanzeigen:

Fortschrittsbalken für längerfristige Projekte
Erledigte vs. ausstehende Aufgaben-Visualisierungen
Digitale Habit-Tracker mit visueller Komponente
Milestone-Celebrations und visuelle Belohnungen

Quantifizierte Produktivitätsmetriken:

Tägliche/wöchentliche Dashboards zu Schlüsselaktivitäten
Streaks und Konsistenz-Tracking
Vergleiche mit persönlichen Bestleistungen
Produktivitätstrends und -muster

Zeit-Nudges

Zeitbewusstsein fördern:

Countdown-Timer für Arbeitssessions
Zeitverbrauch-Visualisierungen
Verbleibende vs. verbrauchte Zeit-Anzeigen
Zielzeit vs. tatsächliche Zeit-Tracking

Zeitliche Erinnerungen und Intervention:

Intelligente Benachrichtigungen bei Prokrastinationsmustern
Microbreak-Reminder für optimale Arbeitsrhythmen
Tageszeit-spezifische Produktivitätsempfehlungen
Adaptive Zeitblöcke basierend auf vergangener Performance

Soziale Nudges

Accountability-Integration:

Digitale Commitment-Systeme mit sozialer Komponente (Beeminder, StickK)
Fortschritts-Sharing mit ausgewählten Partnern
Kollaborative Produktivitäts-Dashboards
Öffentliche Zielsetzung und -verfolgung

Positive soziale Bestärkung:

Achievements und Badges für produktives Verhalten
Peer-Recognition-Systeme
Gemeinschaftliche Challenges und Wettbewerbe

Soziale Nudges

Accountability-Integration:

Digitale Commitment-Systeme mit sozialer Komponente (Beeminder, StickK)
Fortschritts-Sharing mit ausgewählten Partnern
Kollaborative Produktivitäts-Dashboards
Öffentliche Zielsetzung und -verfolgung

Positive soziale Bestärkung:

Achievements und Badges für produktives Verhalten
Peer-Recognition-Systeme
Gemeinschaftliche Challenges und Wettbewerbe
Positive Feedback-Loops durch soziale Anerkennung

Verhaltensdesign-Integration

Implementation-Intentions-System:

Digitalisierte Wenn-Dann-Pläne für typische Prokrastinationsauslöser
Kontext-spezifische Erinnerungen an vorgefasste Pläne
Automatisierte Reaktionssequenzen für Prokrastinationstrigger
Adaptive Lernalgorithmen für personalisierte Intervention

Gewohnheits-Stacking-Unterstützung:

Digitale Erinnerungen für Gewohnheitssequenzen
Trigger-basierte Automation-Ketten
Visuelle Gewohnheits-Mappings
Gewohnheits-Tracking mit Kontext-Awareness

Das bewusste Design solcher digitaler Nudges nutzt die Erkenntnisse der Verhaltensökonomie, um eine digitale Umgebung zu schaffen, die produktives Verhalten unterstützt, statt es zu unterminieren – eine Umkehrung der sonst typischen aufmerksamkeitsraubenden Designprinzipien vieler digitaler Produkte.
Soziale Umgebungen als Unterstützungssystem
Neben der physischen und digitalen Umgebung spielt die soziale Umgebung eine entscheidende Rolle bei der Überwindung von Prokrastination. Die Menschen, mit denen wir interagieren, die sozialen Normen, denen wir ausge-

setzt sind, und die Beziehungsdynamiken, in denen wir uns bewegen, können unsere Prokrastinationsneigung dramatisch verstärken oder verringern.

Die sozialen Dynamiken der Prokrastination verstehen

Um soziale Umgebungen effektiv zu gestalten, müssen wir zunächst verstehen, wie soziale Faktoren Prokrastination beeinflussen:

Soziale Ansteckung und Normeffekte

15. Prokrastination als sozial ansteckendes Verhalten

Forschungen zeigen, dass Prokrastinationsverhalten „ansteckend" sein kann

Beobachtbare Prokrastination anderer senkt die Hemmschwelle für eigenes Aufschieben

Implizite soziale Normen bezüglich Zeitmanagement und Aufgabenerfüllung

Gruppendynamiken können Prokrastinationszyklen verstärken oder durchbrechen

Soziale Normbildung und ihre Wirkung:

Deskriptive Normen: Was andere tatsächlich tun (beobachtbares Verhalten)

Injunktive Normen: Was als sozial akzeptiert oder erwartet gilt

Gruppenspezifische Prokrastinationsnormen (z.B. in Studierendengruppen oder Teams)

Kulturelle Unterschiede in Zeitmanagement-Normen und deren Auswirkungen

Interpersonelle Prokrastination

Prokrastination in Abhängigkeitsbeziehungen:

Strategisches Aufschieben zur Kontrolle sozialer Dynamiken

Passive Aggression durch selektive Prokrastination

Vermeidung sozialer Verpflichtungen durch bewusstes Aufschieben

Relationaler Machtgewinn durch zeitliche Kontrolle

Ko-Prokrastination und Enabling-Verhalten:

Gegenseitige Verstärkung von Aufschiebeverhalten in engen Beziehungen

Implizite Vereinbarungen zum gemeinsamen Aufschieben

Gruppenrationalisierung für kollektive Prokrastination

Soziale Unterstützung für Prokrastination vs. produktives Verhalten

Soziale Ängste und Bewertungsdruck

Prokrastination aus Angst vor sozialer Bewertung:

Perfektionismus im sozialen Kontext: „Was werden andere denken?"
Selbstwertschutz durch Leistungsaufschieben
Attributionsvorteile der Prokrastination („Ich hätte es gekonnt, wenn...")
Vermeidung potenzieller sozialer Zurückweisung oder Kritik

Impostor-Syndrom und soziale Vergleiche:

Aufschub aus Angst, als inkompetent entlarvt zu werden
Prokrastination durch destruktive soziale Vergleichsprozesse
Selbstsabotagemuster in kompetitiven Umgebungen
Angst vor Erfolg und dessen sozialen Konsequenzen

Diese sozialen Dynamiken verdeutlichen, dass Prokrastination nicht nur ein individuelles Phänomen ist, sondern tief in sozialen Kontexten verankert sein kann. Dies bietet sowohl Herausforderungen als auch Chancen für die bewusste Gestaltung sozialer Umgebungen.
Soziale Unterstützungssysteme gestalten
Mit diesem Verständnis können wir nun bewusst soziale Strukturen gestalten, die Prokrastination entgegenwirken:
Accountability-Partnerschaften

Struktur effektiver Accountability-Beziehungen:

Klare Vereinbarungen über Ziele, Check-ins und Konsequenzen

Wahl geeigneter Partner (weder zu nachsichtig noch zu streng)

Balance zwischen Unterstützung und Herausforderung

Metriken und Berichtsmethoden definieren

Accountability-Varianten für verschiedene Bedürfnisse:

1:1-Partnerships für tiefe, individuelle Unterstützung

Kleingruppen (3-5 Personen) für vielfältige Perspektiven

Spezialisierte Coaches oder Mentoren für professionelle Accountability

Online-Communities mit spezifischem Accountability-Fokus

Erfolgreiche Accountability-Praktiken:

Regelmäßige, zeitlich begrenzte Check-ins

Prozessfokus statt reiner Ergebniskontrolle

Konstruktives Feedback und gemeinsame Problemlösung

Feier von Erfolgen und Lernmöglichkeiten aus Rückschlägen

Produktivitätsgemeinschaften

Formelle Arbeits- und Lerngruppen:

„Working/Studying Together": Co-Working mit klaren Strukturen
Fokussierte Mastermind-Gruppen mit gemeinsamen Zielen
Lerngruppen mit komplementären Fähigkeiten
Projektteams mit expliziten Anti-Prokrastinations-Protokollen

Informelle soziale Produktivitätsstrukturen:

„Body Doubling": Stille Anwesenheit eines anderen als Fokuskatalysator
Virtuelle Co-Working-Sessions (über Videokonferenz)
Spontane Produktivitäts-Sprints mit Freunden oder Kollegen
„Social Pomodoros": Gemeinsames Arbeiten in strukturierten Zeitblöcken

Gemeinschaftliche Motivation und Inspiration:

Erfolgsgeschichten und Best Practices teilen
Gemeinsame Ressourcen und Tools entwickeln
Wissensaustausch zu Produktivitätsstrategien
Soziale Anerkennung für produktives Verhalten

Soziale Umgebungstransformation

Produktivitätsfördernde soziale Normen etablieren:

Explizite Gespräche über Zeitmanagement und Prokrastination
Modellierung produktiven Verhaltens für andere
Anerkennung für Fortschritt und Bemühung statt nur für perfekte Ergebnisse
Gemeinsame Sprache für Produktivitätskonzepte entwickeln

Toxische soziale Dynamiken identifizieren und adressieren:

Bewusstsein für „Prokrastinations-Enabler" in sozialen Kreisen
Grenzen setzen bei chronischen Zeit- und Energieräubern
Konstruktive Konfrontation bei schädlichen sozialen Mustern
Distanzierung von übermäßig negativen oder demotivierenden Beziehungen

Soziale Kreise strategisch erweitern:

Bewusst Kontakte zu produktiven, zielorientierten Menschen suchen
Mentoren oder Vorbilder für spezifische Produktivitätsbereiche finden
Communities mit kompatiblen Werten und Zielen identifizieren
Networking mit Fokus auf gegenseitige Unterstützung und Wachstum

Die bewusste Gestaltung dieser sozialen Unterstützungssysteme kann einen erheblichen Einfluss auf die Überwindung von Prokrastination haben – oft stärker als individuelle Willensanstrengung oder isolierte technische
Lösungen.

Rollenklärung und Erwartungsmanagement
Ein weiterer wichtiger Aspekt sozialer Umgebungen ist
die klare Definition von Rollen und Erwartungen, besonders in Arbeits- und Kooperationsbeziehungen:
Klare Verantwortlichkeitsbereiche

Explizite Rollenvereinbarungen:

Präzise Zuständigkeitsabgrenzungen in Teams oder Partnerschaften
Dokumentation von Verantwortlichkeiten und Entschei-
dungsbefugnissen
Klärung von Überschneidungsbereichen und Schnittstel-
len
Regelmäßige Überprüfung und Anpassung von Rollen-
verteilungen

Diffusion of Responsibility bekämpfen:

Single Point of Responsibility für kritische Aufgaben
„Directly Responsible Individual" (DRI) für jeden Pro-
jektbereich

Transparente Zuordnung von Aufgaben und klare Ownership

Vermeidung vager oder überlappender Verantwortlichkeiten

Effektives Erwartungsmanagement

Realistische Zeitrahmen und Workloads:

Transparente Diskussion über realistische Zeithorizonte
Buffer-Zeiten für unerwartete Komplikationen einplanen
Priorisierung bei konkurrierenden Anforderungen
Frühe Signalisierung bei Verzögerungen oder Problemen

Kommunikationsprotokolle:

Vereinbarungen über Kommunikationsfrequenz und -medien
Erwartungen bezüglich Reaktionszeiten (vs. Fokuszeiten)
Eskalationswege bei Blockaden oder Problemen
Balance zwischen Autonomie und Berichterstattung

Feedback- und Anpassungssysteme

Konstruktive Feedback-Mechanismen:

Regelmäßige, strukturierte Feedback-Gespräche
Fokus auf Verbesserung statt Schuldzuweisung
Spezifische, handlungsorientierte Rückmeldungen

Bidirektionales Feedback in hierarchischen Beziehungen

Adaptive Anpassung von Vereinbarungen:

Regelmäßige Überprüfung der Wirksamkeit bestehender Strukturen
Formelle Prozesse zur Anpassung von Rollen und Erwartungen
Experimentelles Mindset für organisatorische Veränderungen
Kontinuierliche Verbesserung statt starrer Festlegungen

Diese Maßnahmen reduzieren die emotionale Last unklarer Erwartungen und Verantwortlichkeiten, die oft zu defensiver Prokrastination führt, und schaffen einen klareren Handlungsrahmen für alle Beteiligten.
Team- und Organisationsdesign gegen kollektive Prokrastination
Auf der Ebene von Teams und Organisationen können spezifische Strukturen und Prozesse entwickelt werden, um kollektive Prokrastination zu reduzieren:
Meetingkultur und Entscheidungsprozesse

Effiziente Meetingstrukturen:

Standardisierte Agenden mit klaren Zielen und Zeitlimits
Preparation Requirements für produktive Diskussionen
Entscheidungsorientierte vs. informationsorientierte Meetings trennen

Follow-up-Prozesse mit klaren Verantwortlichkeiten

Entscheidungsverfahren optimieren:

Klare Entscheidungsrahmen und -autoritäten
Angemessene Entscheidungsgeschwindigkeit für verschiedene Kontexte
Methoden zur Überwindung von Analyseparalyse
Balance zwischen Inklusion und Effizienz

Projektmanagement und Workflow-Design

Prokrastinationsresistente Projektsysteme:

Visuelles Management (Kanban, Scrum-Boards etc.)
Kleine, handhabbare Arbeitseinheiten (User Stories, Tasks)
Regelmäßige kurze Check-ins (Daily Stand-ups, Weekly Reviews)
Klare Definition von „Done" für alle Aufgabentypen

Systematische Blockaden-Beseitigung:

Impediment Removal als expliziter Prozess
Schnelle Eskalationswege bei Hindernissen
Cross-funktionale Teams zur Überwindung von Abhängigkeiten
„Andon Cord"-Prinzip: Jeder kann Hilfe anfordern bei Blockaden

Kulturelle Aspekte der organisatorischen Prokrastination

Psychologische Sicherheit fördern:

Kultur, in der Fragen und Probleme früh angesprochen werden können
Fehlertoleranz für schnelleres Lernen und Experimentieren
Wertschätzung von Initiative und proaktivem Handeln
Vermeidung von Blame-Kulturen, die defensive Prokrastination fördern

Werte und Normen für nachhaltige Produktivität:

Balance zwischen Dringlichkeit und nachhaltiger Arbeitsweise
Anerkennung für Tiefenarbeit und fokussierte Leistung
Ermutigung zu regelmäßiger Erholung und Regeneration
Realistische Erwartungen statt heroischer Überlastungskultur

Diese team- und organisationsbezogenen Maßnahmen adressieren kollektive Prokrastinationsmuster, die oft tief in Arbeitsweisen und Unternehmenskulturen verankert sind und individuellen Veränderungsbemühungen widerstehen können.

Nudges: Sanfte Stupser zur Selbststeuerung

Nachdem wir physische, digitale und soziale Umgebungen betrachtet haben, wenden wir uns nun einem übergreifenden Konzept zu: dem systematischen Einsatz von „Nudges" – sanften Stupsern, die unser Verhalten in gewünschte Richtungen lenken, ohne Wahlfreiheit einzuschränken.

Die Wissenschaft des Nudging

Das von Richard Thaler und Cass Sunstein popularisierte Konzept des Nudging basiert auf Erkenntnissen der Verhaltensökonomie und der kognitiven Psychologie:

Grundprinzipien des Nudging

Definition und Abgrenzung:

Nudges sind subtile Veränderungen der „Entscheidungsarchitektur"

Sie machen gewünschtes Verhalten wahrscheinlicher, ohne Optionen zu eliminieren

Unterschied zu Verboten, Geboten oder finanziellen Anreizen

Ethisches Prinzip des „libertären Paternalismus": Freiheit erhalten, aber wohlwollend lenken

Kognitive Grundlagen des Nudging:

System 1 (schnell, intuitiv, automatisch) vs. System 2 (langsam, reflektiv, analytisch)

Nudges wirken primär auf System 1, das für viele Alltagsentscheidungen zuständig ist

Kognitive Verzerrungen und Heuristiken als Ansatzpunkte für Nudges

Verhaltensänderung mit minimaler kognitiver Belastung

Zentrale Nudging-Mechanismen

Default-Effekt (Voreinstellungs-Effekt):

Menschen tendieren stark dazu, bei Voreinstellungen zu bleiben

Opt-out statt opt-in für gewünschte Verhaltensweisen

Beispiel: Standardmäßige Blockierung ablenkender Websites während Arbeitszeiten

Framing-Effekt:

Die Darstellung von Informationen beeinflusst Entscheidungen

Positive Frames („80% Erfolgsquote") vs. negative Frames („20% Misserfolgsquote")

Beispiel: Produktivität als „gewonnene Zeit" vs. Prokrastination als „verlorene Zeit" framen

Soziale Norm-Effekte:

Menschen orientieren sich stark an wahrgenommenen sozialen Normen

Bereitstellung von Informationen über das Verhalten anderer

Beispiel: „80% der erfolgreichen Studierenden beginnen Projekte innerhalb von 48 Stunden"

Salienz-Effekte:

Aufmerksamkeit wird von hervorstechenden Merkmalen angezogen
Strategische Erhöhung der Sichtbarkeit wichtiger Informationen oder Optionen
Beispiel: Visuelle Hervorhebung produktivitätsfördernder Apps auf dem Smartphone

Diese Grundmechanismen können gezielt eingesetzt werden, um Prokrastination zu reduzieren, ohne die Autonomie einzuschränken oder massiven Willensaufwand zu erfordern.
Persönliche Nudge-Strategien implementieren
Basierend auf diesen wissenschaftlichen Grundlagen können individuelle Nudge-Strategien entwickelt werden:
Physische Umgebungs-Nudges

Proximity Nudges (Nähe-Effekte):

Arbeitsrelevante Materialien in unmittelbarer Reichweite platzieren
Ablenkende Objekte physisch distanzieren
Regelmäßig genutzte Produktivitätswerkzeuge strategisch positionieren

Beispiel: Arbeitsmaterialien abends für den nächsten Morgen vorbereiten und prominent platzieren

Partition Nudges (Aufteilungs-Effekte):

Große Projekte in kleinere Einheiten visuell aufteilen
Physische Trennungen zwischen verschiedenen Arbeitsbereichen
Materialien in logische, handhabbare Einheiten vorportionieren
Beispiel: Dokumente in separate, benannte Stapel für verschiedene Bearbeitungsphasen aufteilen

Convenience Nudges (Bequemlichkeits-Effekte):

Reibungsreduktion für gewünschte Verhaltensweisen
Reibungserhöhung für Prokrastinationsaktivitäten
Gestaltung des Weges des geringsten Widerstands
Beispiel: Fernbedienung in einer Schublade verstauen, Notizbuch stets griffbereit halten

Zeitbezogene Nudges

Temporal Landmarks (Zeitliche Meilensteine):

Spezifische Zeitpunkte als bedeutsame „frische Starts" markieren
Monatsbeginn, Wochenanfang oder besondere Daten nutzen

Zeitliche Übergänge für Verhaltensänderungen nutzen
Beispiel: „Montags-Reset" als ritualisierter Neustart
produktiver Gewohnheiten

Implementation Prompts (Umsetzungs-Hinweise):

Zeitgebundene Erinnerungen für spezifische Intentionen
Kontextuell passende Hinweise auf vorgefasste Pläne
Verknüpfung von Zeitpunkten mit konkreten Handlungen
Beispiel: Kalendereinträge mit spezifischen Startanwei-
sungen versehen

Deadline Splitting (Frist-Aufteilung):

Künstliche Zwischendeadlines für längerfristige Projekte
Visuelle Timeline mit markierten Meilensteinen
Progressive Offenlegung von Aufgabenteilen
Beispiel: Finale Abgabe in vier gleichmäßige „Submis-
sion Drafts" aufteilen

Soziale Nudges

Commitment Devices (Selbstbindungsinstrumente):

Öffentliche Verpflichtungen zu bestimmten Handlungen
Social-Media-Ankündigungen mit Accountability
Verträge oder Vereinbarungen mit anderen Personen
Beispiel: In einer Gruppe ankündigen, wann ein bestimm-
tes Projektstadium erreicht sein wird

Social Proof Nudges (Soziale Beweis-Stupser):

Informationen über das Verhalten relevanter Peers bereitstellen
Fokus auf positive Vorbilder und erfolgreiche Strategien
Gemeinsame Erfahrungen mit Gleichgesinnten teilen
Beispiel: Produktivitäts-Dashboard mit anonymisierten Vergleichsdaten aus der Peergroup

Reputations-Nudges:

Situationen schaffen, in denen Reputation ein Faktor ist
Sichtbarkeit der eigenen Leistung für respektierte Andere erhöhen
Feedback-Loops mit vertrauenswürdigen Personen etablieren
Beispiel: Wöchentliche Fortschrittsberichte an einen Mentor senden

Die Entwicklung eines persönlichen „Nudge-Portfolios" ermöglicht eine systematische Verhaltenssteuerung, die weniger auf Willenskraft und mehr auf intelligenter Umgebungsgestaltung basiert.
Selbst-Nudging: Autonome Verhaltensarchitektur
Ein besonders interessanter Aspekt ist das „Selbst-Nudging" – die bewusste Selbstanwendung von Nudging-Prinzipien, um die eigene Verhaltensarchitektur zu gestalten:

Das Konzept des Selbst-Nudging

Definitionsmerkmale:

Selbstinitiierte Veränderungen der eigenen Entscheidungsumgebung
Bewusste Vorwegnahme zukünftiger Selbstregulationsprobleme
Respekt für die eigene Autonomie bei gleichzeitiger Verhaltenslenkung
Nutzung verhaltenswissenschaftlicher Erkenntnisse für Selbststeuerung

Psychologische Grundlagen:

Selbstregulation als begrenzte Ressource
Intrapersonelle Interessenkonflikte (aktuelles vs. zukünftiges Selbst)
Metakognitive Einsicht in eigene Verhaltenstendenzen
Selbstbindung als rationale Strategie gegen zeitliche Diskontierung

Praktische Selbst-Nudging-Techniken

Aufmerksamkeits-Management:

Bewusstes Neuarrangement der Aufmerksamkeitslandschaft
Selbstgeschaffene Erinnerungen und visuelle Hinweise

Strategische Informationsfilterung und -priorisierung
Beispiel: Persönliche „Fokus-Dashboards" mit relevanten Metriken und Zielen

Selbstkonstruierte Choice Architecture:

Vorausschauendes Design der eigenen Entscheidungssituationen
Selbstgesetzte Defaults und Standardoptionen
Bewusstes Framing der eigenen Entscheidungen
Beispiel: Automatische Überweisung eines Teils des Gehalts auf separates Projektkonto

Selbst-Feedback-Systeme:

Designierte Reflexionszeiten und -methoden
Personalisierte Tracking-Systeme für relevante Verhaltensweisen
Selbstgesetzte Benchmarks und Vergleichswerte
Beispiel: Persönliches „Produktivitäts-Dashboard" mit visualisierten Trends

Selbst-Nudging-Implementationsstrategien

Meta-Nudging-Rituale:

Regelmäßige „Umgebungsdesign-Reviews"
Checklisten für die Analyse der eigenen Entscheidungsumgebungen

Periodische Anpassung und Erneuerung von Nudges
Beispiel: Monatlicher „Nudge-Audit" mit systematischer
Überprüfung aller implementierten Strategien

Experimentelles Selbst-Nudging:

Systematisches Testen verschiedener Nudge-Varianten
A/B-Testing für persönliche Produktivitätsstrategien
Dokumentation von Wirksamkeit und subjektivem
Erleben
Beispiel: Zweiwöchiger Vergleich verschiedener Arbeits-
platz-Arrangements

Adaptives Selbst-Nudging:

Anpassung der Nudges an wechselnde Lebensumstände
Saisonale oder projektspezifische Nudge-Strategien
Evolution der Selbst-Nudges mit wachsender Selbst-
regulation
Beispiel: Intensivere Nudges während stressiger Projekt-
phasen, lockerere während Routinephasen

Selbst-Nudging repräsentiert eine besonders autonomie-
schonende Form der Selbststeuerung, die die Erkenntnisse
der Verhaltensökonomie nutzt, ohne die eigene Entschei-
dungsfreiheit einzuschränken – ein eleganter Mittelweg
zwischen rigider Selbstkontrolle und unkontrollierter
Impulsivität.
Implementierungsintentionen und Wenn-Dann-Pläne

Als Brücke zwischen Umgebungsdesign und persönlicher Strategie betrachten wir abschließend Implementierungsintentionen – spezifische „Wenn-Dann"-Pläne, die situative Auslöser mit vordefinierten Reaktionen verbinden und damit eine Art „mentale Umgebung" schaffen.

Die Wissenschaft der Implementierungsintentionen

Entwickelt vom Psychologen Peter Gollwitzer, stellen Implementierungsintentionen eine besonders wirksame Strategie gegen Prokrastination dar:

Grundkonzept und Wirkungsweise

Definition und Struktur:

Konkrete Pläne im Format „Wenn Situation X eintritt, dann führe ich Verhalten Y aus"
Spezifische Verknüpfung von situativen Auslösern mit automatisierten Reaktionen
Unterschied zu bloßen Absichten („Ich will X tun")
Präzise Definition von Kontext, Zeitpunkt und konkreter Handlung

Psychologische Wirkmechanismen:

Erhöhte kognitive Zugänglichkeit des situativen Auslösers
Automatisierung der Reaktion mit reduziertem Willensaufwand
Überbrückung der Intentions-Verhaltens-Lücke

Umgehung bewusster Entscheidungsprozesse in kritischen Momenten

Empirische Wirksamkeit:

Meta-Analysen zeigen mittlere bis starke Effekte auf Verhaltensänderung
Besonders wirksam bei Selbstregulationsproblemen wie Prokrastination
Wirkt auch bei hoher kognitiver Belastung oder Erschöpfung
Langanhaltendere Effekte als reine Motivationsstrategien

Anwendungsbereiche für Prokrastination

Initiierungsintentionen: Fokus auf das Beginnen von Aufgaben

Wann, wo und wie genau eine Aufgabe begonnen wird
Strategien für den Umgang mit Anfangswiderständen
Beispiel: „Wenn ich um 9 Uhr an meinem Schreibtisch sitze, dann öffne ich sofort das Dokument X und schreibe mindestens einen Absatz."

Abschirmungsintentionen: Fokus auf den Umgang mit Störungen

Antizipation typischer Ablenkungen und Versuchungen
Vordefinierte Reaktionen auf Prokrastinationstrigger

Beispiel: „Wenn ich während der Arbeit den Impuls verspüre, Social Media zu checken, dann trinke ich stattdessen einen Schluck Wasser und fokussiere mich für weitere 5 Minuten."

Beendigungsintentionen: Fokus auf den Abschluss von Aufgaben

Klare Definition, wann eine Aufgabe als abgeschlossen gilt
Strategien gegen Perfektionismus und endloses Überarbeiten
Beispiel: „Wenn ich alle Hauptpunkte meines Berichts abgedeckt habe, dann speichere ich die Datei, schließe sie und mache eine 15-minütige Pause."

Diese verschiedenen Arten von Implementierungsintentionen adressieren spezifische Phasen im Prokrastinationszyklus und bieten maßgeschneiderte Lösungen für typische Schwachstellen.

16. Mit Rückschlägen umgehen

16.1 Die Unvermeidbarkeit von Rückfällen akzeptieren

Die Reise zur Überwindung der Prokrastination gleicht selten einer geraden Linie zum Erfolg. Vielmehr ist sie ein Weg mit Höhen und Tiefen, Fortschritten und Rückschlägen. Diese Erkenntnis mag zunächst entmutigend wirken, birgt jedoch eine tiefe Wahrheit, die letztendlich befreiend wirkt: Rückfälle sind keine Ausnahme, sondern ein natürlicher Teil jedes Veränderungsprozesses.

Die Forschung zur Verhaltensänderung zeigt deutlich, dass nahezu jeder Mensch, der eine langfristige Gewohnheitsveränderung anstrebt, Phasen des Rückfalls erlebt. Dies gilt für die Überwindung von Suchtverhalten ebenso wie für die Etablierung neuer Gewohnheiten oder eben den Kampf gegen chronisches Aufschieben. James Prochaska und Carlo DiClemente haben mit ihrem Transtheoretischen Modell der Verhaltensänderung ein Rahmenwerk geschaffen, das diesen Prozess beschreibt und explizit die Phase des Rückfalls als integralen Bestandteil des Veränderungszyklus betrachtet. Nach ihrer Forschung durchlaufen Menschen typischerweise mehrere Zyklen von Vorbereitung, Handlung, Aufrechterhaltung und Rückfall, bevor eine nachhaltige Veränderung erreicht wird.

Die Akzeptanz dieser Realität stellt einen entscheidenden Wendepunkt dar. Wenn wir verstehen, dass Rückfälle nicht ein Zeichen persönlichen Versagens sind, sondern eine erwartbare Phase des Lernens und Wachsens, verändert sich unsere Perspektive grundlegend. Anstatt uns in Selbstvorwürfen zu verlieren, können wir beginnen, Rückfälle als wertvolle Informationsquellen zu betrachten – als Gelegenheiten, unsere Strategien zu verfeinern und tiefer zu verstehen, welche spezifischen Faktoren uns zurück in alte Muster führen.

Diese Akzeptanz bedeutet nicht Resignation oder die Aufgabe unserer Ziele. Im Gegenteil, sie schafft eine realistische Grundlage für nachhaltige Veränderung. Der Psychologe Albert Ellis, Begründer der Rational-Emotiven Verhaltenstherapie, betonte die Bedeutung von „hoher Frustrationstoleranz" – der Fähigkeit, Rückschläge zu ertragen, ohne das langfristige Ziel aufzugeben. Diese Fähigkeit entwickelt sich gerade durch die Akzeptanz der Tatsache, dass Veränderung selten linear verläuft.

Ein hilfreiches Konzept in diesem Zusammenhang ist das des „Erwartungsmanagements". Wenn wir von Anfang an wissen, dass Rückfälle Teil des Prozesses sind, können wir diese mental einplanen und uns darauf vorbereiten. Dies verringert die emotionale Belastung, wenn ein Rückfall tatsächlich eintritt, und erhöht die Wahrscheinlichkeit, dass wir trotz temporärer Misserfolge weitermachen.

Praktisch bedeutet dies, bereits bei der Planung Ihrer Strategie gegen Prokrastination Rückfälle zu antizipieren und konkrete Schritte festzulegen, wie Sie darauf reagieren werden. Sie könnten beispielsweise ein persönliches

„Rückfall-Protokoll" erstellen – einen Plan, der festlegt, welche Schritte Sie unternehmen, wenn Sie bemerken, dass Sie in alte Prokrastinationsmuster zurückfallen. Dieses Protokoll könnte beinhalten, wann und wie Sie Ihre Strategien überprüfen, welche unterstützenden Ressourcen Sie aktivieren und wie Sie die Balance zwischen Selbstreflexion und erneutem Handeln finden.

Die Akzeptanz der Unvermeidbarkeit von Rückfällen entlastet uns auch emotional. Der perfektionistische Anspruch, ab dem Moment der Entscheidung für Veränderung nie wieder in alte Muster zurückzufallen, setzt uns unter enormen Druck und schafft paradoxerweise oft die emotionalen Voraussetzungen für erneutes Aufschieben. Wenn wir hingegen Rückfälle als Teil des Weges akzeptieren, reduzieren wir Scham- und Schuldgefühle und schaffen eine psychologisch sicherere Basis für nachhaltiges Wachstum.

Ein weiterer Aspekt der Akzeptanz von Rückfällen betrifft unser Zeitempfinden. Die moderne Kultur ist geprägt von der Erwartung schneller, messbarer Ergebnisse. Die tiefgreifende Veränderung von Verhaltensmustern wie chronischer Prokrastination folgt jedoch einer anderen zeitlichen Logik – sie verläuft nicht linear und lässt sich nicht in ein enges Zeitkorsett zwängen. Die Akzeptanz dieser langsameren, zyklischen Natur des Veränderungsprozesses ermöglicht uns einen nachhaltigeren Zugang zu persönlichem Wachstum.

Letztendlich liegt die größte Stärke in der Fähigkeit, nach einem Rückfall wieder aufzustehen. Nicht die Abwesenheit von Rückschlägen, sondern die Resilienz im Umgang mit ihnen unterscheidet erfolgreiche von nicht erfolgreichen Veränderungsprozessen. Diese Resilienz beginnt mit der ehrlichen Akzeptanz, dass Rückfälle nicht nur möglich, sondern wahrscheinlich sind – und dass sie, richtig verstanden, wertvolle Schritte auf unserem Weg zu nachhaltiger Veränderung darstellen können.

16.2 Konstruktiver Umgang mit Misserfolgen

Wenn wir einen Rückfall in alte Prokrastinationsmuster erleben, steht uns ein entscheidender Moment bevor: Wir können entweder in Selbstvorwürfen versinken und den Rückfall als Bestätigung unserer Unfähigkeit deuten, oder wir können ihn als wertvolle Lernchance nutzen, die uns letztendlich stärker macht. Die Forschung zeigt eindeutig, dass der zweite Weg zu nachhaltigeren Erfolgen führt.

Der erste Schritt zu einem konstruktiven Umgang mit Misserfolgen ist die bewusste Unterbrechung automatischer negativer Gedankenmuster. Wenn wir bemerken, dass wir wieder in die Prokrastinationsfalle getappt sind, neigen viele von uns zu übermäßiger Selbstkritik und pauschalisierenden Urteilen über uns selbst. Gedanken wie „Ich schaffe es einfach nie", „Es hat wieder nicht geklappt" oder „Ich bin und bleibe ein hoffnungsloser Aufschieber" schießen uns durch den Kopf.

Diese Gedanken sind jedoch nicht nur schmerzhaft, sondern auch kontraproduktiv. Die Forschung von Carol Dweck zu Mindsets zeigt, dass Menschen mit einem „Growth Mindset" – der Überzeugung, dass Fähigkeiten durch Anstrengung und Lernen entwickelt werden können – Rückschläge besser verarbeiten und letztendlich größere Erfolge erzielen als jene mit einem „Fixed Mindset", die Fähigkeiten als unveränderliche Eigenschaften betrachten.

Ein praktischer Ansatz, um automatische negative Gedanken zu unterbrechen, ist die Technik des kognitiven Reframings. Hierbei geht es darum, die Situation in einem neuen, konstruktiveren Licht zu betrachten. Anstatt „Ich bin wieder gescheitert" könnten Sie denken „Ich habe eine wertvolle Information darüber gewonnen, welche Strategien für mich noch nicht optimal funktionieren". Oder anstelle von „Ich bin ein hoffnungsloser Fall" könnten Sie sich sagen „Ich bin mitten im Lernprozess, und Lernen beinhaltet naturgemäß Versuche und Irrtümer".

Der zweite wesentliche Schritt ist die analytische Betrachtung des Rückfalls, um seine Ursachen zu verstehen. Hierbei ist es hilfreich, eine Art „Misserfolgsanalyse" durchzuführen, die jedoch von Selbstvorwürfen frei bleibt und stattdessen auf Erkenntnisgewinn abzielt. Folgende Fragen können dabei leitend sein:

Welche spezifischen Umstände oder Trigger haben zu diesem Rückfall geführt?

Welche emotionalen Zustände gingen dem Rückfall voraus oder begleiteten ihn?

Welche Gedanken hatte ich in der Situation?

Welche Strategien hatte ich bisher angewendet, und warum waren sie in diesem Fall nicht wirksam?

Welche unterstützenden Ressourcen oder Strukturen haben in dieser Situation gefehlt?

Die Beantwortung dieser Fragen hilft, Muster zu erkennen und spezifische Schwachstellen in Ihrer aktuellen Strategie zu identifizieren. Vielleicht stellen Sie fest, dass bestimmte emotionale Zustände wie Stress oder Übermüdung Sie besonders anfällig für Prokrastination machen. Oder Sie erkennen, dass Ihre bisherigen Strategien in bestimmten Kontexten (z.B. im Homeoffice) gut funktionieren, in anderen (z.B. im Büro mit vielen Unterbrechungen) jedoch nicht.

Diese Erkenntnisse bilden die Grundlage für den dritten Schritt: die konkrete Anpassung Ihrer Strategien. Hier geht es darum, auf Basis der gewonnenen Einsichten gezielte Veränderungen vorzunehmen. Wenn Sie beispielsweise festgestellt haben, dass hoher Stress Sie in alte Prokrastinationsmuster zurückfallen lässt, könnten Sie Ihre Strategie um spezifische Stressbewältigungstechniken erweitern. Oder wenn Sie erkannt haben, dass soziale Unterstützung in bestimmten Situationen fehlt, könnten Sie gezielt Rechenschaftspartnerschaften für diese Kontexte etablieren.

Ein wichtiger Aspekt des konstruktiven Umgangs mit Misserfolgen ist auch die Neujustierung der Erwartungen. Oft setzen wir uns zu ehrgeizige Ziele oder erwarten zu schnelle Veränderungen. Eine realistische Einschätzung des Veränderungstempos kann helfen, Frustrationen zu reduzieren und die Motivation aufrechtzuerhalten. Das bedeutet nicht, Ihre Ziele aufzugeben, sondern sie in kleinere, erreichbarere Schritte zu unterteilen und den Zeithorizont anzupassen.

Besonders wertvoll im konstruktiven Umgang mit Rückschlägen ist das Führen eines „Lerntagebuchs". In diesem dokumentieren Sie nicht nur Ihre Erfolge, sondern explizit auch Ihre Rückschläge – jedoch immer verbunden mit den daraus gezogenen Lehren und den konkreten Anpassungen Ihrer Strategie. Ein solches Tagebuch schafft über die Zeit ein wertvolles Nachschlagewerk Ihrer persönlichen Erkenntnisse und verhindert, dass Sie wiederholt in die gleichen Fallen tappen.

Nicht zuletzt ist es wichtig, Misserfolge in den größeren Kontext Ihrer gesamten Entwicklung zu stellen. Ein einzelner Rückfall oder selbst eine Serie von Rückschlägen negiert nicht die bereits erreichten Fortschritte. Die Fähigkeit, den Blick auf das Gesamtbild zu richten und anzuerkennen, dass Fortschritt selten linear verläuft, stärkt die emotionale Resilienz und den Glauben an den langfristigen Erfolg.

Insgesamt geht es beim konstruktiven Umgang mit Misserfolgen also darum, die erfahrenen Rückschläge nicht als Endpunkte, sondern als Wendepunkte zu betrachten – als wertvolle Gelegenheiten, Ihre Strategien zu verfeinern, Ihr Selbstverständnis zu erweitern und letztendlich Ihre Fähigkeit zur Selbstregulation zu stärken. Denn paradoxerweise sind es oft gerade die gut verarbeiteten Misserfolge, die den Weg zu nachhaltigem Erfolg ebnen.

16.3 Von Selbstkritik zu Selbstmitgefühl

Der Weg aus der Prokrastination wird oft durch ein hartnäckiges Hindernis erschwert, das viele von uns in sich tragen: eine übersteigerte, oft unnachgiebige Selbstkritik. Wenn wir trotz guter Vorsätze wieder einmal eine wichtige Aufgabe aufgeschoben haben, meldet sich jene innere kritische Stimme zu Wort: „Da hast du es wieder nicht geschafft. Du wirst dich nie ändern. Was ist nur falsch mit dir?" Diese selbstgerichteten Vorwürfe und Abwertungen mögen auf den ersten Blick motivierend wirken – ein Versuch, uns durch Strenge zur Veränderung zu zwingen. Die Forschung zeigt jedoch eindeutig, dass Selbstkritik kein nachhaltiger Weg zur Verhaltensänderung ist, sondern im Gegenteil häufig zu verstärkter Prokrastination führt.

Die Arbeiten von Kristin Neff und anderen Forschern zum Selbstmitgefühl (Self-Compassion) haben ein alternatives Modell etabliert, das gerade für Menschen mit chronischen Prokrastinationsmustern wegweisend sein kann. Selbstmitgefühl bedeutet nicht, sich selbst zu entschuldigen oder die Verantwortung für eigenes Handeln abzulehnen. Es geht vielmehr darum, sich selbst mit der gleichen Freundlichkeit, Verständnis und Unterstützung zu begegnen, die wir einem guten Freund in einer ähnlichen Situation entgegenbringen würden.

Neff definiert Selbstmitgefühl über drei Kernkomponenten: Erstens, Selbstfreundlichkeit – eine wohlwollende Haltung sich selbst gegenüber, besonders in Momenten des Scheiterns. Zweitens, gemeinsame Menschlichkeit – das Erkennen, dass Schwierigkeiten und Unzulänglichkeiten Teil der universellen menschlichen Erfahrung sind und nicht ein Zeichen persönlicher Isolation oder Abnormalität. Und drittens, Achtsamkeit – die ausgewogene Wahrnehmung negativer Gedanken und Gefühle, ohne sie zu unterdrücken oder zu dramatisieren.

Mehrere Studien haben mittlerweile gezeigt, dass Selbstmitgefühl positiv mit emotionaler Resilienz, Motivation und der Fähigkeit zur Selbstregulation korreliert – allesamt Faktoren, die für die Überwindung von Prokrastination zentral sind. Paradoxerweise führt die freundlichere Haltung gegenüber eigenen Fehlern nicht zu mehr Nachsicht gegenüber unproduktivem Verhalten, sondern zu einer größeren Bereitschaft, Verantwortung zu übernehmen und aus Fehlern zu lernen.

Der Weg von der Selbstkritik zum Selbstmitgefühl ist jedoch keine einfache Entscheidung, sondern ein Prozess, der Übung und Geduld erfordert. Für viele von uns ist Selbstkritik eine tief verwurzelte Gewohnheit, die möglicherweise über Jahrzehnte hinweg kultiviert wurde und als (vermeintliche) Antriebsstrategie diente. Die Umstellung auf eine mitfühlendere Selbstbeziehung kann sich daher zunächst ungewohnt oder sogar bedrohlich anfühlen – als würden wir einen wichtigen Antrieb verlieren.

Ein praktischer Einstieg in die Kultivierung von Selbstmitgefühl kann die bewusste Veränderung unseres inneren Dialogs sein. Wenn Sie bemerken, dass Sie nach einem Rückfall in Prokrastinationsmuster in selbstkritische Gedanken verfallen, versuchen Sie, innezuhalten und sich zu fragen: „Wie würde ich mit einem guten Freund sprechen, der genau diese Situation erlebt?" Oft wird deutlich, dass wir anderen weit mehr Verständnis, Nachsicht und konstruktive Unterstützung entgegenbringen als uns selbst.

Eine weitere wirksame Übung ist das Schreiben eines „Mitfühlenden Briefes an sich selbst". Hierbei verfassen Sie einen Brief aus der Perspektive eines weisen, verständnisvollen Freundes, der Ihre Situation vollständig versteht und Ihnen mit Freundlichkeit und Weisheit begegnet. Dieser Brief sollte sowohl die Anerkennung Ihrer aktuellen Schwierigkeiten enthalten als auch eine ausgewogene Perspektive auf Ihre Stärken und die Veränderungsmöglichkeiten, die vor Ihnen liegen.

Besonders in Momenten des Rückfalls in alte Prokrastinationsmuster kann die Technik der „Selbstmitfühlenden Pause" hilfreich sein. Dabei unterbrechen Sie den automatischen Kreislauf aus Selbstkritik und emotionalem Rückzug, indem Sie bewusst innehalten und drei Schritte durchführen: Erstens, den emotionalen Schmerz anerkennen („Dies ist ein Moment des Leidens"). Zweitens, die universelle Natur dieses Kampfes erkennen („Ich bin nicht allein mit dieser Erfahrung; viele Menschen kämpfen mit ähnlichen Herausforderungen"). Und drittens, eine Geste der Selbstfreundlichkeit anbieten, sei es durch ein unterstützendes Selbstgespräch oder eine beruhigende physische Geste wie das Legen der Hand aufs Herz.

Ein häufiges Missverständnis im Zusammenhang mit Selbstmitgefühl ist die Annahme, es führe zu Selbstnachsicht oder mangelnder Motivation. Forschungsergebnisse zeigen jedoch das Gegenteil: Menschen mit hohem Selbstmitgefühl setzen sich häufig ambitioniertere persönliche Ziele und zeigen größere Ausdauer bei der Überwindung von Hindernissen als jene, die sich primär durch Selbstkritik motivieren. Der Unterschied liegt in der Motivation – während Selbstkritik oft von Angst und dem Wunsch nach Selbstschutz getrieben ist, entspringt Selbstmitgefühl dem authentischen Wunsch nach Wohlbefinden und persönlichem Wachstum.

Die Entwicklung von Selbstmitgefühl kann auch den Umgang mit Scham – einer zentralen Emotion bei chronischer Prokrastination – grundlegend verändern. Scham, das schmerzhafte Gefühl persönlicher Unzulänglichkeit, führt typischerweise zu Vermeidungsverhalten und verstärkt damit den Teufelskreis des Aufschiebens. Selbstmitgefühl hingegen schafft einen psychologisch sicheren Raum, in dem wir unsere Schwierigkeiten offen betrachten können, ohne von Scham überwältigt zu werden.

Letztendlich geht es beim Übergang von Selbstkritik zu Selbstmitgefühl um die Entwicklung einer reiferen, konstruktiveren Beziehung zu sich selbst – einer Beziehung, die Verantwortlichkeit mit Freundlichkeit, realistische Selbsteinschätzung mit Akzeptanz und den Wunsch nach Veränderung mit Geduld verbindet. Diese innere Haltung bildet einen fruchtbaren Boden für nachhaltige Veränderung und Wachstum, nicht nur im Umgang mit Prokrastination, sondern in allen Bereichen des Lebens.

16.4 Resilienztechniken für den langen Weg
Die Überwindung von Prokrastination ist selten ein kurzfristiges Projekt, sondern vielmehr eine Reise, die Ausdauer, Geduld und vor allem Resilienz erfordert. Resilienz – die Fähigkeit, angesichts von Rückschlägen und Widrigkeiten nicht nur zu bestehen, sondern zu wachsen – ist eine Qualität, die sich gezielt kultivieren lässt und den

Unterschied zwischen temporärem und nachhaltigem Erfolg ausmachen kann.

Die psychologische Forschung hat in den letzten Jahrzehnten ein differenziertes Verständnis von Resilienz entwickelt. Entgegen früherer Annahmen handelt es sich nicht um eine angeborene Eigenschaft, die manche Menschen haben und andere nicht, sondern um eine komplexe Fähigkeit, die aus verschiedenen Komponenten besteht und die systematisch gestärkt werden kann. Im Kontext der Prokrastinationsüberwindung sind mehrere Aspekte dieser emotionalen Widerstandsfähigkeit besonders relevant.

Ein zentrales Element resilienter Menschen ist ihre Fähigkeit zur kognitiven Umstrukturierung – **die Kompetenz, Ereignisse und Erfahrungen so zu interpretieren, dass sie Handlungsfähigkeit fördern statt lähmen. Konkret bedeutet dies, Rückschläge nicht als vernichtende Niederlagen zu betrachten, sondern als unvermeidliche Etappen auf dem Weg zum Ziel.** Diese Interpretationsflexibilität lässt sich trainieren, etwa durch die bewusste Praxis alternativer Deutungsrahmen: „Dieser Rückfall bedeutet nicht, dass ich versagt habe, sondern dass ich nun eine wichtige Information darüber habe, welche Strategien für mich in dieser Situation noch nicht optimal funktionieren."

Eng verbunden mit der kognitiven Umstrukturierung ist das Konzept des realistischen Optimismus – eine Balance zwischen positiver Zukunftserwartung und nüchterner Anerkennung gegenwärtiger Herausforderungen. Anders als naiver Optimismus, der Schwierigkeiten ausblendet, oder Pessimismus, der Erfolgsaussichten minimiert, ermöglicht realistischer Optimismus eine konstruktive Zuversicht, die durch Rückschläge nicht grundsätzlich erschüttert wird.

Ein praktischer Weg zur Stärkung dieser Form des Optimismus ist das regelmäßige Reflektieren über frühere Erfolge und überwundene Hindernisse. Ein „Erfolgsportfolio", in dem Sie bedeutsame persönliche Fortschritte dokumentieren, kann in Phasen der Entmutigung als kraftvolle Ressource dienen. Es erinnert Sie daran, dass Sie bereits Veränderungskompetenz bewiesen haben, auch wenn der aktuelle Weg steinig erscheint.

Eine weitere wichtige Komponente der Resilienz ist die Fähigkeit zur emotionalen Regulation – die Kompetenz, intensive Gefühle wahrzunehmen und zu steuern, ohne von ihnen überwältigt zu werden. Im Kontext der Prokrastination sind besonders Frustration, Angst und Selbstzweifel relevante Emotionen, die den Fortschritt behindern können, wenn sie nicht konstruktiv kanalisiert werden.

Achtsamkeitsbasierte Techniken haben sich als besonders wirksam für die Entwicklung emotionaler Regulationsfähigkeit erwiesen. Die regelmäßige Praxis der nicht-wertenden Beobachtung eigener Gedanken und Gefühle – sei es durch formelle Meditation oder informelle Achtsamkeitsübungen im Alltag – stärkt die Fähigkeit, einen inneren „Beobachtungsraum" zu den eigenen emotionalen Reaktionen zu etablieren. Dieser Raum ermöglicht es, auf Rückschläge zu reagieren, statt reflexhaft zu reagieren.

Besonders wirksam für die emotionale Resilienz sind sogenannte „Mini-Meditationen" – kurze Achtsamkeitspraktiken von 1-3 Minuten, die in den Alltag integriert werden können. Diese können gezielt in Momenten der Prokrastinationsgefahr oder nach erlebten Rückschlägen eingesetzt werden, um automatische negative Gedankenspiralen zu unterbrechen und den Zugang zu konstruktiveren Handlungsoptionen wiederherzustellen.

Ein weiterer zentraler Baustein der Resilienz ist die soziale Verbundenheit – die Einbettung in unterstützende Beziehungen und Gemeinschaften. Die Forschung zeigt konsistent, dass Menschen mit stabilen sozialen Bindungen besser mit Stress und Rückschlägen umgehen können als jene, die versuchen, allein durch schwierige Zeiten zu navigieren.

Im Kontext der Prokrastinationsüberwindung kann dies bedeuten, gezielt Verbindungen zu Menschen zu suchen oder zu stärken, die Ihre Veränderungsbemühungen verstehen und unterstützen. Dies können Freunde oder Familienmitglieder sein, aber auch spezialisierte Gruppen wie Produktivitätszirkel, Coaching-Gemeinschaften oder online-basierte Unterstützungsnetzwerke für Menschen, die an ähnlichen Herausforderungen arbeiten.

Besonders effektiv ist die Etablierung von Rechenschaftspartnerschaften – verbindlichen Beziehungen, in denen Sie regelmäßig Ihre Fortschritte und Herausforderungen teilen und konstruktives Feedback erhalten. Solche Partnerschaften bieten nicht nur praktische Unterstützung, sondern reduzieren auch die Isolation, die oft mit chronischer Prokrastination einhergeht und die Resilienz untergräbt.

Ein oft übersehener Aspekt der Resilienz ist die Bedeutung körperlicher Selbstfürsorge. Der physische Zustand unseres Körpers – insbesondere in Bezug auf Schlaf, Ernährung und Bewegung – hat direkten Einfluss auf unsere kognitive Flexibilität, emotionale Regulation und allgemeine Stressresistenz. In Phasen, in denen Sie verstärkt an der Überwindung von Prokrastination arbeiten, ist es daher besonders wichtig, diese grundlegenden Aspekte der Selbstfürsorge nicht zu vernachlässigen.

Konkret kann dies bedeuten, einen regelmäßigen Schlafrhythmus zu etablieren, auf ausreichende Hydration und nährstoffreiche Ernährung zu achten und regelmäßige

Bewegung in den Alltag zu integrieren – nicht als zusätzliche Belastung, sondern als fundamentale Unterstützung für Ihre psychische Resilienz und kognitive Leistungsfähigkeit.

Ein weiteres wirksames Werkzeug für den Aufbau von Resilienz ist die bewusste Kultivierung von Dankbarkeit. Regelmäßige Dankbarkeitspraktiken – etwa das tägliche Notieren von drei Dingen, für die Sie dankbar sind – haben sich in der Forschung als erstaunlich wirksame Intervention zur Stärkung des emotionalen Wohlbefindens und der Stressresistenz erwiesen. Im Kontext der Prokrastinationsüberwindung kann Dankbarkeit helfen, den Fokus von Defiziten und Rückschlägen auf vorhandene Ressourcen und bereits erreichte Fortschritte zu lenken.

Schließlich ist die Entwicklung von „Sinnorientierung" ein zentraler Resilienzfaktor für den langen Weg aus der Prokrastination. Menschen, die ihre Bemühungen mit einem größeren persönlichen Sinn verbinden können, zeigen deutlich höhere Ausdauer angesichts von Hindernissen als jene, die primär aus externem Druck oder abstrakten Sollvorstellungen handeln.

In der praktischen Umsetzung bedeutet dies, regelmäßig die Verbindung zwischen Ihren täglichen Anstrengungen und Ihren tieferen Werten und Zielen zu reflektieren. Fragen wie „Wie trägt diese Veränderung zu dem Leben bei, das ich wirklich führen möchte?" oder „Welche Werte drücke ich aus, wenn ich diese Herausforderung annehme?" können die motivationale Basis stärken und die emotionale Resilienz auch in schwierigen Phasen aufrechterhalten.

Die Integration dieser verschiedenen Resilienztechniken in Ihren Alltag schafft eine robuste Grundlage für den oft herausfordernden Weg der Prokrastinationsüberwindung. Sie befähigt Sie, Rückschläge nicht nur zu überstehen, sondern als Gelegenheiten für tieferes Lernen und persönliches Wachstum zu nutzen – und damit den Kreislauf der Prokrastination nachhaltig zu durchbrechen.

16.5 Das Konzept des kontinuierlichen Neustarts

Ein besonders machtvolles mentales Modell im Umgang mit Prokrastination ist das Konzept des „kontinuierlichen Neustarts". Dieses Konzept steht im Gegensatz zu einer Alles-oder-Nichts-Mentalität, die vielen Prokrastinatoren eigen ist und die oft zu einem Teufelskreis führt: Ein einziger Rückfall wird als vollständiges Scheitern interpretiert, was Entmutigung, verstärkte negative Selbstbewertung und letztlich die Aufgabe des Veränderungsversuchs zur Folge hat.

Das Konzept des kontinuierlichen Neustarts hingegen basiert auf der Erkenntnis, dass jeder Moment eine neue Gelegenheit bietet, zu produktivem Verhalten zurückzukehren – unabhängig davon, was in der Vergangenheit geschehen ist. Es handelt sich um eine radikale Form der

Präsenzorientierung, die den gegenwärtigen Moment als primären Handlungsraum betrachtet und die lähmende Fixierung auf vergangene „Fehlschläge" durchbricht.

Dieser Ansatz findet wissenschaftliche Unterstützung in der Forschung zur Willenskraft und Selbstregulation. Studien zeigen, dass die Fähigkeit, nach Unterbrechungen oder Ablenkungen zur fokussierten Arbeit zurückzukehren – was man als „kognitive Flexibilität" bezeichnet – ein zentraler Erfolgsfaktor bei der Überwindung von Prokrastination ist. Im Gegensatz zur verbreiteten Vorstellung von Willenskraft als einer begrenzten Ressource, die über längere Zeit aufrechterhalten werden muss.

Im Gegensatz zur verbreiteten Vorstellung von Willenskraft als einer begrenzten Ressource, die über längere Zeit aufrechterhalten werden muss, betont das Konzept des kontinuierlichen Neustarts die Möglichkeit, mentale Energie immer wieder neu zu aktivieren und die Selbstregulation nach Unterbrechungen wiederherzustellen.
Eine praktische Anwendung dieses Konzepts ist die „Nächste-Aktion-Technik": Anstatt nach einem Rückfall in Selbstvorwürfen zu versinken oder den gesamten Arbeitsplan neu zu strukturieren, fokussieren Sie sich ausschließlich auf die nächste sinnvolle Handlung, die Sie in Richtung Ihres Ziels bringen kann. Diese extreme Vereinfachung reduziert die kognitive Last in Momenten, in denen Ihre Selbstregulationsfähigkeit bereits geschwächt

ist, und ermöglicht einen niedrigschwelligen Wiedereinstieg in produktives Verhalten.

Der kontinuierliche Neustart manifestiert sich auch in der Praxis des „mentalen Abschnittsbildens". Hierbei unterteilen Sie Ihren Tag, Ihre Woche oder Ihr Projekt bewusst in verschiedene „Compartments" oder Abschnitte, die konzeptionell voneinander getrennt sind. Wenn ein Abschnitt nicht wie geplant verläuft – weil Sie prokrastiniert haben oder anderweitig vom Kurs abgekommen sind – kann der nächste Abschnitt als vollständig frischer Start betrachtet werden.

Ein anschauliches Beispiel: Wenn Ihr Morgen von Prokrastination geprägt war, kann die Mittagspause als klare Trennlinie fungieren, nach der Sie den Nachmittag als völlig neuen Abschnitt beginnen – ohne die Belastung des „verpatzten Morgens" mitzuschleppen. Diese mentale Segmentierung verhindert den häufigen Effekt, dass eine anfängliche Periode der Prokrastination den gesamten Tag „kontaminiert".

Sprachliche Praktiken spielen eine entscheidende Rolle bei der Umsetzung des kontinuierlichen Neustarts. Die bewusste Verwendung präsenzorientierter Sprache – „Jetzt beginne ich...", „In diesem Moment wähle ich...", „Ab hier fokussiere ich mich auf..." – stärkt die kognitive Ausrichtung auf gegenwärtige Handlungsmöglichkeiten statt auf vergangene Versäumnisse. Diese sprachlichen Anker können als verbale Rituale des Neustarts dienen, die den Übergang von Prokrastination zu fokussiertem Handeln markieren.

Eine weitere wirksame Strategie ist die „Mikro-Neustart-Technik": Statt den Neustart als große, formelle Entscheidung zu konzipieren, trainieren Sie die Fähigkeit, in immer kleineren Zeitintervallen zur Aufgabe zurückzukehren. Wenn Sie während einer Arbeitssession abgelenkt werden – sei es durch externe Störungen oder interne Gedankenwanderung – praktizieren Sie den unmittelbaren, reflexartigen Wiedereinstieg in die Aufgabe, ohne diesem Vorgang große Bedeutung beizumessen.

Diese Mikro-Neustarts können durch einfache physische Anker unterstützt werden: Ein tiefer Atemzug, eine bestimmte Körperhaltung oder eine kurze Geste können als somatische Signale dienen, die den mentalen Übergang zurück zur fokussierten Arbeit einleiten. Mit zunehmender Übung wird dieser Prozess zunehmend automatisiert und erfordert weniger bewusste Anstrengung.

Ein tieferes Verständnis des kontinuierlichen Neustarts erfordert auch die Auseinandersetzung mit dem Konzept der „verlorenen Kosten" aus der Verhaltensökonomie. Menschen neigen dazu, bereits investierte Zeit und Energie als Entscheidungsfaktor für zukünftiges Handeln zu betrachten, selbst wenn diese Investitionen irreversibel sind und rational betrachtet keine Rolle mehr spielen sollten. Im Kontext der Prokrastination kann dies bedeuten, dass wir an unproduktivem Verhalten festhalten, weil wir bereits „zu viel Zeit verloren haben" oder weil „der Tag ohnehin schon gelaufen ist".

Das Konzept des kontinuierlichen Neustarts durchbricht diesen kognitiven Fehler durch die konsequente Ausrichtung auf die gegenwärtigen Handlungsoptionen unabhängig von vergangenen Investitionen. Es erfordert die bewusste Praxis, den Blick nach vorne zu richten und Entscheidungen auf Basis des aktuellen Nutzens zu treffen, nicht auf Basis vergangener Kosten.

Von besonderer Bedeutung ist das Konzept des kontinuierlichen Neustarts für perfektionistisch veranlagte Prokrastinatoren. Der Perfektionismus, der häufig mit einem starren „Alles-muss-perfekt-sein-oder-es-ist-wertlos"-Denken einhergeht, führt oft zu vollständiger Aufgabe nach kleineren Abweichungen vom idealen Plan. Die Fähigkeit zum mentalen Neustart ermöglicht hingegen eine flexiblere, realitätsnähere Herangehensweise, die den unvermeidlichen Unregelmäßigkeiten des Lebens Rechnung trägt.

Die kontinuierliche Neustart-Praxis hat auch eine spirituelle Dimension, die in verschiedenen Weisheitstraditionen wurzelt. Das zen-buddhistische Konzept des „Anfängergeistes" (Shoshin) – die Fähigkeit, jeder Situation mit Offenheit und Frische statt mit vorgefassten Urteilen zu begegnen – bildet eine Parallele zum produktiven Neustart. Ebenso findet sich in der stoischen Philosophie die Betonung der Unterscheidung zwischen kontrollierbaren und nicht-kontrollierbaren Faktoren, wobei die Vergangenheit eindeutig zur zweiten Kategorie gehört.

In der praktischen Anwendung kann das Konzept des kontinuierlichen Neustarts durch konkrete Rituale unterstützt werden, die den symbolischen und tatsächlichen Übergang markieren. Dies kann eine kurze Achtsamkeitsübung sein, das Aufräumen des Arbeitsplatzes, ein kurzer Spaziergang oder eine andere klar definierte Handlung, die einen Schnitt zum vorherigen Zustand darstellt und den Beginn eines neuen Abschnitts signalisiert.

Langfristig führt die konsequente Praxis des kontinuierlichen Neustarts zu einer tiefgreifenden Veränderung des Selbstverständnisses. Anstatt sich als „Prokrastinator" mit einer festgelegten, unveränderlichen Identität zu betrachten, entwickelt sich zunehmend ein Selbstbild als jemand, der zwar gelegentlich prokrastiniert, aber immer wieder die Fähigkeit beweist, zu produktivem Verhalten zurückzukehren. Diese nuancierte Sichtweise schafft eine psychologisch gesündere Grundlage für nachhaltige Veränderung als die oft implizite Annahme, man müsste seine gesamte Identität transformieren, um Prokrastination zu überwinden.

Zusammenfassend bietet das Konzept des kontinuierlichen Neustarts einen praktischen und psychologisch fundierten Rahmen, um mit der Unvollkommenheit und Nicht-Linearität realer Veränderungsprozesse umzugehen. Es vermeidet sowohl die Fallstricke übertriebener Selbstkritik als auch die der Selbstnachsicht und fokussiert stattdessen auf die stets vorhandene Möglichkeit, im gegenwärtigen Moment eine produktive Entscheidung zu treffen – unabhängig davon, was in der Vergangenheit geschehen ist. Diese grundlegende Fähigkeit bildet nicht nur einen Schlüssel zur Überwindung der Prokrastination, sondern ist eine wertvolle Ressource für jede Form persönlicher Entwicklung und Veränderung.

17. Psychologische Bedingungen

17.2 Die Rolle früherer Erfahrungen und Prägungen
Unsere Neigung zur Prokrastination hat tiefe Wurzeln, die oft bis in unsere Kindheit und frühen formativen Erfahrungen zurückreichen. Die Art und Weise, wie wir heute mit Aufgaben, Fristen und inneren Widerständen umgehen, ist maßgeblich von frühen Erfahrungen geprägt, die unsere Grundüberzeugungen, emotionalen Reaktionsmuster und Selbstregulationsfähigkeiten formten. Um Prokrastination nachhaltig zu überwinden, ist es hilfreich, diese tieferen Zusammenhänge zu verstehen und anzuerkennen.

Die Entwicklungspsychologie lehrt uns, dass Kinder bereits früh implizite Botschaften darüber internalisieren, wie mit Anforderungen, Leistung und Zeit umzugehen ist. Diese Botschaften werden sowohl durch explizite Anweisungen und Regeln vermittelt als auch – oft wirkmächtiger – durch das beobachtete Verhalten der primären Bezugspersonen. Ein Kind, das beobachtet, wie Eltern regelmäßig Aufgaben aufschieben, unter Zeitdruck geraten und dann in Stress und Selbstvorwürfen versinken, internalisiert ein anderes Modell als eines, dessen Eltern einen ausgewogenen, strukturierten Ansatz zur Aufgabenbewältigung vorleben.

Neben diesen Modellierungseffekten spielen auch die emotionalen Reaktionen der Bezugspersonen auf die Leistungen des Kindes eine entscheidende Rolle. Wenn ein Kind erfährt, dass seine Leistung primär dann wertgeschätzt wird, wenn sie perfekt ist, kann sich daraus ein perfektionistisches Mindset entwickeln, das später zu Prokrastination führt – aus Angst, den eigenen oder fremden Ansprüchen nicht zu genügen. Umgekehrt kann ein Kind, dessen Anstrengungen unabhängig vom Ergebnis konsistent wertgeschätzt werden, eher ein gesundes Verhältnis zu Herausforderungen entwickeln.

Der Bindungsstil, den ein Kind in der Beziehung zu seinen primären Bezugspersonen entwickelt, wirkt sich ebenfalls auf spätere Prokrastinationsmuster aus. Die Bindungstheorie, begründet durch John Bowlby und weiterentwickelt durch Mary Ainsworth, unterscheidet verschiedene Bindungsstile, die jeweils mit spezifischen Überzeugungen und Verhaltensmustern einhergehen. Menschen mit einem sicheren Bindungsstil entwickeln typischerweise mehr Vertrauen in die eigene Selbstwirksamkeit und eine größere Fähigkeit, mit Unsicherheit und Stress umzugehen – zentrale Faktoren bei der Überwindung von Prokrastination.

Im Gegensatz dazu können unsichere Bindungsmuster – sei es in Form von ängstlicher, vermeidender oder desorganisierter Bindung – zu verschiedenen Ausprägungen von Prokrastination führen. Menschen mit ängstlichem Bindungsstil neigen etwa dazu, übermäßig besorgt über die Bewertung durch andere zu sein, was zu perfektionistischer Prokrastination führen kann. Personen mit vermeidendem Bindungsstil hingegen könnten Aufgaben aufschieben, um emotionale Abhängigkeit und Verletzlichkeit zu vermeiden, die mit dem Streben nach Erfolg verbunden sein können.

Traumatische Erfahrungen oder anhaltende Stresssituationen in der Kindheit können ebenfalls langfristige Auswirkungen auf die Selbstregulationsfähigkeiten haben, die für die Überwindung von Prokrastination entscheidend sind. Die Forschung zu „Adverse Childhood Experiences" (ACEs) zeigt, dass frühkindlicher Stress die Entwicklung des präfrontalen Kortex beeinträchtigen kann – jenes Hirnbereichs, der für Planung, Impulskontrolle und die Fähigkeit, kurzfristige Bedürfnisse zugunsten langfristiger Ziele zurückzustellen, verantwortlich ist.

Neben diesen grundlegenden Prägungen spielen auch spezifischere Lernerfahrungen eine Rolle. Wenn ein Kind wiederholt die Erfahrung macht, dass seine Bemühungen nicht zum gewünschten Erfolg führen, kann sich das Konzept der „erlernten Hilflosigkeit" entwickeln – die Überzeugung, keinen wirksamen Einfluss auf die eigenen Lebensumstände zu haben. Diese von Martin Seligman beschriebene psychologische Kondition kann zu einem generellen Vermeidungsverhalten führen, bei dem Aufgaben aufgeschoben werden, weil die eigene Handlungsfähigkeit grundsätzlich in Frage gestellt wird.

Auch das in der Kindheit und Jugend geprägte Verhältnis zur Zeit spielt eine wichtige Rolle. Kinder wachsen in unterschiedlichen „Zeitkulturen" auf – manche Familien leben stark in der Gegenwart und reagieren spontan auf aktuelle Bedürfnisse, andere sind stärker zukunftsorientiert und betonen Planung und Vorbereitung. Philip Zimbardo's Forschung zu „Zeitperspektiven" zeigt, dass eine ausgewogene Zeitperspektive – die Fähigkeit, situationsangemessen zwischen Vergangenheits-, Gegenwarts- und Zukunftsorientierung zu wechseln – mit geringerer Prokrastination und höherem Wohlbefinden korreliert.

Für die praktische Arbeit an der eigenen Prokrastination bedeutet dieses Verständnis früherer Prägungen nicht, in der Vergangenheit verhaftet zu bleiben oder die eigenen Eltern für aktuelle Schwierigkeiten verantwortlich zu machen. Vielmehr geht es darum, mit Mitgefühl und Klarheit zu erkennen, wie vergangene Erfahrungen zu aktuellen Mustern beigetragen haben, um diese Muster bewusster und effektiver verändern zu können.

Ein erster Schritt kann die bewusste Reflexion prägender Erfahrungen im Zusammenhang mit Leistung, Zeit und Selbstwert sein. Folgende Fragen können dabei hilfreich sein:

Welche expliziten und impliziten Botschaften habe ich in meiner Kindheit über Leistung, Erfolg und Scheitern erhalten?

Wie wurde in meiner Familie mit Aufgaben, Fristen und Zeitmanagement umgegangen?

Welche emotionalen Erfahrungen sind für mich mit Leistungssituationen verbunden?
Welche frühen Erlebnisse haben mein Vertrauen in meine Fähigkeiten gestärkt oder geschwächt?
Welche Überzeugungen über mich selbst und meine Fähigkeiten habe ich als Kind entwickelt, die noch heute mein Verhalten beeinflussen könnten?

Die Beantwortung dieser Fragen kann zu wertvollen Einsichten führen und helfen, aktuelle Prokrastinationsmuster in einem neuen Licht zu sehen. Besonders aufschlussreich ist oft die Erkenntnis, dass viele selbstsabotierende Verhaltensweisen, wie die Prokrastination, ursprünglich adaptive Strategien waren – Versuche, mit schwierigen emotionalen oder sozialen Situationen umzugehen. Diese Erkenntnis kann helfen, sich selbst mit mehr Mitgefühl zu begegnen und den Fokus von Selbstverurteilung auf konstruktive Veränderung zu verlagern.

Ein weiterer wichtiger Schritt ist die bewusste Neuinterpretation und Aktualisierung früherer Lernerfahrungen. Durch Techniken wie „Cognitive Reframing" können einschränkende Überzeugungen, die aus früheren Erfahrungen entstanden sind, identifiziert und in empowernde Perspektiven transformiert werden. Beispielsweise könnte die in der Kindheit entwickelte Überzeugung „Wenn ich etwas nicht perfekt machen kann, sollte ich es gar nicht erst versuchen" in „Fehler und Unvollkommenheiten sind ein natürlicher Teil des Lernens und Wachsens" umgedeutet werden.

Die Arbeit mit inneren Kind-Techniken kann ebenfalls hilfreich sein, um emotionale Blockaden zu lösen, die aus frühen Erfahrungen resultieren. Bei dieser aus der transpersonalen Psychologie stammenden Methode geht es darum, in einen inneren Dialog mit den jüngeren, vulnerableren Aspekten des Selbst zu treten und diesen die emotionale Unterstützung, Anerkennung oder Sicherheit anzubieten, die damals vielleicht gefehlt hat. Für Menschen, die als Kinder übermäßigen Leistungsdruck erfahren haben, kann diese Technik besonders heilsam sein.

Besonders wirksam für die Überwindung früher Prägungen ist die bewusste Kultivierung korrektiver Erfahrungen. Damit sind neue Erfahrungen gemeint, die im Widerspruch zu den einschränkenden Überzeugungen stehen, die aus früheren Erlebnissen entstanden sind. Wenn beispielsweise die Prokrastination durch die früh entwickelte Angst vor negativer Bewertung angetrieben wird, könnten schrittweise Erfahrungen des Sich-Zeigens in zunehmend sicheren Kontexten helfen, diese Ängste zu relativieren und neue Selbstwirksamkeitsüberzeugungen aufzubauen.

Auch die bewusste Entwicklung einer differenzierteren emotionalen Kompetenz spielt eine zentrale Rolle. Viele Prokrastinatoren haben in ihrer Kindheit nicht gelernt, unangenehme Emotionen wie Angst, Frustration oder Langeweile konstruktiv zu regulieren, und greifen stattdessen auf Vermeidungsstrategien wie das Aufschieben zurück. Die nachträgliche Entwicklung dieser emotionalen Fähigkeiten – etwa durch Achtsamkeitspraktiken, emotionale Selbstreflexion oder auch therapeutische Unterstützung – kann einen Schlüssel zur Überwindung hartnäckiger Prokrastinationsmuster darstellen.

In besonders tief verwurzelten Fällen, insbesondere wenn traumatische Erfahrungen eine Rolle spielen, kann professionelle therapeutische Unterstützung wertvoll sein. Ansätze wie die kognitive Verhaltenstherapie, Schema-Therapie, EMDR (Eye Movement Desensitization and Reprocessing) oder psychodynamische Therapien können helfen, tiefer liegende emotionale Blockaden zu lösen und neue adaptive Strategien zu entwickeln.

Letztendlich geht es bei der Auseinandersetzung mit früheren Prägungen nicht darum, in der Vergangenheit zu verharren, sondern vielmehr darum, sie bewusst zu integrieren, um freier in der Gegenwart handeln zu können. Das Verständnis der eigenen psychologischen Geschichte ermöglicht es, aktuelle Verhaltensweisen nicht als unveränderliche Persönlichkeitsmerkmale, sondern als erlernte und damit veränderbare Muster zu erkennen – ein entscheidender Schritt auf dem Weg zur Überwindung chronischer Prokrastination.

17.3 Identitätsaspekte des Aufschiebens

Das Phänomen der Prokrastination reicht oft weit über bloße Verhaltensgewohnheiten hinaus – es kann zu einem integralen Bestandteil unseres Selbstbildes, unserer Identität werden. „Ich bin eben ein Aufschieber" oder „Ich funktioniere nur unter Druck" sind Selbstbeschreibungen, die mehr als nur Beobachtungen des eigenen Verhaltens darstellen; sie sind Identitätsaussagen, die unsere Selbstwahrnehmung und damit unser zukünftiges Handeln prägen. Diese Identitätsaspekte der Prokrastination zu verstehen und zu transformieren, stellt einen entscheidenden, wenn auch oft übersehenen Schritt zur nachhaltigen Überwindung des Aufschiebens dar.

Die Sozialpsychologie und die narrative Psychologie lehren uns, dass Menschen kontinuierlich Geschichten über sich selbst konstruieren – kohärente Narrative, die Erfahrungen organisieren und Sinn stiften. Diese „Selbstnarrative" sind keine neutralen Beschreibungen, sondern aktive Konstruktionen, die unser Verhalten beeinflussen und lenken. Wenn Prokrastination Teil dieser Selbsterzählung wird, entsteht ein sich selbst verstärkender Kreislauf: Das Selbstbild als „Aufschieber" führt zu entsprechendem Verhalten, das wiederum das ursprüngliche Selbstbild bestätigt und festigt.

Der Identitätstheoretiker Erik Erikson betonte, dass unsere Identität nicht statisch, sondern dynamisch ist – ein kontinuierlicher Prozess der Integration vergangener Erfahrungen, gegenwärtiger Umstände und zukünftiger Aspirationen. In diesem Sinne kann die „Prokrastinations-Identität" als eine spezifische Konfiguration dieses Prozesses verstanden werden, in der vergangene Erfahrungen des Aufschiebens zu generalisierten Erwartungen für die Zukunft werden und so die gegenwärtigen Handlungsmöglichkeiten einschränken.

Besonders einflussreich für unser Verständnis der Identitätsaspekte der Prokrastination ist die Selbstbestimmungstheorie von Deci und Ryan. Diese unterscheidet zwischen verschiedenen Formen der Motivation, die auf einem Kontinuum von extern kontrolliert bis autonom selbstbestimmt liegen. Menschen, die Prokrastination als Teil ihrer Identität betrachten, erleben oft einen Konflikt zwischen extern motivierten Aufgaben („Ich muss das tun, weil andere es erwarten") und inneren Werten und Bedürfnissen. Dieser Konflikt kann zu einer Form von passivem Widerstand führen – dem Aufschieben als unbewusste Strategie, ein Gefühl von Autonomie zu bewahren oder wiederzuerlangen.

Die soziale Dimension der Identität spielt ebenfalls eine wichtige Rolle. Menschen definieren sich nicht im Vakuum, sondern in Beziehung zu sozialen Gruppen und deren Erwartungen. In bestimmten sozialen Milieus kann das „Last-Minute-Arbeiten" oder das Betonen der eigenen Unorganisiertheit sogar als Distinktionsmerkmal dienen – als Zeichen von Kreativität, Nonkonformismus oder natürlicher Begabung, die keiner disziplinierten Arbeit bedarf. Solche sozialen Verstärker können die Prokrastinations-Identität zusätzlich festigen.

Für die praktische Arbeit an der Überwindung von Prokrastination bedeutet dies, dass oberflächliche Verhaltensänderungen oft nicht ausreichen. Ohne eine Transformation des zugrundeliegenden Selbstverständnisses werden neue Verhaltensweisen leicht als „nicht authentisch" oder „nicht ich" empfunden und sind entsprechend schwer aufrechtzuerhalten. Die gute Nachricht ist jedoch, dass Identität – trotz ihrer Stabilität – veränderbar ist, insbesondere wenn dieser Prozess bewusst und strategisch angegangen wird.

Ein erster Schritt zur Transformation der Prokrastinations-Identität ist die bewusste Reflexion und Dekonstruktion bestehender Selbstnarrative. Folgende Fragen können dabei hilfreich sein:

Welche Geschichten erzähle ich mir und anderen über mich als „Aufschieber"?
Wann und wie hat sich dieses Selbstbild entwickelt?
Welche Vorteile oder Schutzfunktionen bietet mir diese Identität?
Welche alternativen Interpretationen meiner Erfahrungen sind möglich?
Welche Gegenbeispiele – Situationen, in denen ich nicht prokrastiniert habe – blende ich in meiner Selbsterzählung aus?
Diese Reflexion zielt darauf ab, die scheinbare Selbstverständlichkeit und Unveränderlichkeit der Prokrastinations-Identität in Frage zu stellen und Raum für neue Selbstdefinitionen zu schaffen. Besonders wirksam ist dabei die Identifikation von „Ausnahmen" – Bereichen oder Situationen, in denen keine oder weniger Prokrasti-

nation auftritt – und die Untersuchung, welche spezifischen Faktoren in diesen Kontexten anders sind.

Die bewusste Entwicklung einer „möglichen Identität" (possible self) stellt einen weiteren wichtigen Schritt dar. Die Forschung von Hazel Markus und anderen hat gezeigt, dass unsere Vorstellung davon, wer wir in Zukunft sein könnten oder möchten, einen starken Einfluss auf unser aktuelles Verhalten hat. Die detaillierte Visualisierung und emotionale Verbindung mit einem zukünftigen Selbst, das effektiv, rechtzeitig und mit innerer Ruhe handelt, kann als Brücke zwischen der aktuellen und der angestrebten Identität dienen.

Besonders wirksam für die Identitätstransformation ist die Technik des „Identity-Based Habit Building", die von Verhaltensforschern wie James Clear entwickelt wurde. Dieser Ansatz kehrt die konventionelle Vorstellung um, dass Verhaltensänderungen zu Identitätsveränderungen führen. Stattdessen beginnt der Prozess mit einer bewussten Identitätsentscheidung („Ich bin eine Person, die Aufgaben rechtzeitig erledigt"), die dann spezifische Verhaltensweisen informiert und motiviert. Der entscheidende Aspekt dieses Ansatzes ist, dass jede noch so kleine Handlung nicht nur als Schritt in Richtung eines externen Ziels, sondern als Bestätigung und Stärkung der neuen Identität interpretiert wird.

Ein komplementärer Ansatz ist die Entwicklung einer nuancierteren, differenzierteren Identität. Anstatt von einer globalen Transformation von „Prokrastinierer" zu „Nicht-Prokrastinierer" auszugehen, geht es darum, kontextspezifische Identitäten zu entwickeln: „Im beruflichen Kontext bin ich jemand, der Aufgaben proaktiv angeht", „Als Familienmitglied übernehme ich Verantwortung und plane vorausschauend" etc. Diese bereichsspezifische Herangehensweise reduziert den Widerstand, der oft entsteht, wenn wir versuchen, unsere gesamte Identität auf einmal zu transformieren.

Die Kraft der sozialen Identität kann ebenfalls strategisch genutzt werden. Der bewusste Anschluss an Gemeinschaften oder Gruppen, in denen proaktives Handeln und effektives Zeitmanagement geschätzt und praktiziert werden, kann die Entwicklung einer neuen Identität maßgeblich unterstützen. Dies können formelle Gruppen wie Produktivitätszirkel oder Mastermind-Gruppen sein, aber auch informellere Beziehungen zu Menschen, die die angestrebten Eigenschaften verkörpern und als positive Identifikationsfiguren dienen können.

Besonders wirksam für die Identitätstransformation ist das Konzept der öffentlichen Verpflichtung oder „Identity Announcement". Wenn wir anderen gegenüber explizit kommunizieren, wer wir sein wollen oder dabei sind zu werden, erhöht dies nicht nur die externe Rechenschaftspflicht, sondern stärkt auch die innere Verbindlichkeit der neuen Identität. Diese öffentlichen Deklarationen sollten jedoch vorsichtig und strategisch eingesetzt werden, idealerweise in unterstützenden sozialen Kontexten, die die angestrebte Identitätsveränderung bestärken.

Auch die Sprache, die wir über uns selbst verwenden, spielt eine entscheidende Rolle. Die bewusste Veränderung von essentialistischen Aussagen („Ich bin ein Aufschieber") zu verhaltensbezogenen Beschreibungen („Ich habe in der Vergangenheit oft Dinge aufgeschoben") und schließlich zu prozessorientierten Formulierungen („Ich lerne, Aufgaben rechtzeitig anzugehen") kann die kognitive und emotionale Basis für Identitätsveränderungen schaffen.

Eine besonders tiefgreifende Form der Identitätstransformation kann durch die Verbindung mit persönlichen Werten und einem größeren Sinnzusammenhang erreicht werden. Wenn die Überwindung der Prokrastination nicht nur als Produktivitätssteigerung, sondern als Ausdruck tiefer persönlicher Werte wie Integrität, Verantwortung oder Selbstfürsorge verstanden wird, entsteht eine stärkere intrinsische Motivation für Veränderung. Die Frage verschiebt sich von „Was sollte ich tun?" zu „Wer möchte ich sein und welche Werte möchte ich durch mein Handeln ausdrücken?"

Die Transformation der Prokrastinations-Identität ist kein linearer Prozess, sondern eher eine spiralförmige Entwicklung mit Fortschritten, Plateaus und gelegentlichen Rückschritten. In diesem Prozess sind Selbstmitgefühl und die Fähigkeit, zwischen dem Verhalten (das man ändern möchte) und dem Selbst (das man akzeptiert und wertschätzt) zu unterscheiden, entscheidende Ressourcen. Diese Unterscheidung ermöglicht es, mit Rückschlägen konstruktiv umzugehen, ohne in alte Identitätsmuster zurückzufallen.

Letztendlich geht es bei der Transformation der Prokrastinations-Identität nicht nur darum, ein spezifisches Problemverhalten zu überwinden, sondern um einen tiefgreifenderen Prozess der persönlichen Entwicklung und Selbstaktualisierung. Indem wir uns von einschränkenden Selbstdefinitionen lösen und bewusst wählen, wer wir sein wollen, gewinnen wir nicht nur an Produktivität, sondern auch an Autonomie, Authentizität und letztendlich an Lebensqualität.

17.4 Existenzielle Perspektiven auf Prokrastination
Jenseits der psychologischen und verhaltensbezogenen Dimensionen berührt das Phänomen der Prokrastination auch tiefere existenzielle Fragen: Wie gehen wir mit der Begrenztheit unserer Zeit um? Wie treffen wir bedeutsame Entscheidungen angesichts der Ungewissheit des Lebens? Wie finden wir Sinn in unseren Handlungen? Eine existenzielle Betrachtung der Prokrastination eröffnet neue Perspektiven, die über praktische Strategien

hinausgehen und die tieferen menschlichen Dimensionen des Aufschiebens beleuchten.

Die existenzialistische Philosophie, vertreten durch Denker wie Jean-Paul Sartre, Albert Camus und Martin Heidegger, betont die fundamentale Freiheit des Menschen – die sowohl Chance als auch Bürde ist. Diese Freiheit konfrontiert uns mit der Notwendigkeit, Entscheidungen zu treffen und Verantwortung für unser Leben zu übernehmen, ohne auf absolute Gewissheiten oder vorgegebene Wege zurückgreifen zu können. Prokrastination kann aus dieser Perspektive als eine Form des Ausweichens vor dieser existenziellen Verantwortung verstanden werden – ein Versuch, dem Gewicht der eigenen Freiheit und der damit verbundenen Angst zu entgehen.

Heideggers Konzept der „Eigentlichkeit" (Authentizität) versus „Uneigentlichkeit" bietet einen besonders erhellenden Rahmen für das Verständnis von Prokrastination. Nach Heidegger tendieren Menschen dazu, in einen Zustand der Uneigentlichkeit zu verfallen – ein Leben, das von sozialen Konventionen, oberflächlichen Ablenkungen und der Vermeidung tieferer Auseinandersetzung mit der eigenen Existenz geprägt ist. Prokrastination kann als eine Manifestation dieser Uneigentlichkeit betrachtet werden – ein Ausweichen vor der authentischen Konfrontation mit den eigenen Möglichkeiten und Grenzen.

Die existenzielle Psychologie, begründet von Rollo May und weiterentwickelt von Irvin Yalom und anderen, hat diese philosophischen Konzepte in eine therapeutische Praxis übersetzt. Sie identifiziert vier grundlegende existenzielle Herausforderungen, mit denen alle Menschen konfrontiert sind: Tod (die Unvermeidlichkeit unserer Sterblichkeit), Freiheit (die Abwesenheit äußerer Strukturen und die daraus resultierende Verantwortung), Isolation (die letztendliche Unmöglichkeit, vollständig mit anderen zu verschmelzen) und Sinnlosigkeit (die Abwesenheit eines vorgegebenen Sinns im Leben). Jede dieser Dimensionen kann mit Prokrastination in Verbindung stehen.

Die Konfrontation mit der eigenen Sterblichkeit – der begrenzten Zeit, die uns zur Verfügung steht – kann paradoxerweise sowohl zu Prokrastination als auch zu ihrer Überwindung führen. Einerseits kann das Bewusstsein der eigenen Endlichkeit überwältigend sein und zu einer Art „existenzieller Lähmung" führen, in der wichtige Entscheidungen und Handlungen aufgeschoben werden. Andererseits kann genau dieses Bewusstsein, wie es der römische Philosoph Seneca in „De Brevitate Vitae" (Über die Kürze des Lebens) ausdrückt, zu einer intensiveren, präsenteren Lebensweise motivieren, in der Zeit als kostbares, nicht erneuerbares Gut betrachtet wird.

Die existenzielle Freiheit – die Erkenntnis, dass wir kontinuierlich Entscheidungen treffen müssen, ohne absolute

Sicherheit über ihre Richtigkeit zu haben – kann ebenfalls Prokrastination fördern. **Das Aufschieben wichtiger Entscheidungen kann als Versuch verstanden werden, der Angst zu entgehen, die mit dieser radikalen Freiheit verbunden ist. Gleichzeitig kann das Annehmen dieser Freiheit – das Erkennen, dass wir nicht determiniert, sondern die Autoren unseres Lebens sind – eine kraftvolle Ressource gegen Prokrastination darstellen.**

Die existenzielle Isolation – die Erkenntnis, dass jeder Mensch letztlich allein mit seinen innersten Erfahrungen ist – kann ebenfalls mit Prokrastination in Verbindung stehen. Das Aufschieben kann als Versuch dienen, schmerzhafte Gefühle der Einsamkeit zu vermeiden, insbesondere bei Projekten oder Entscheidungen, die wir allein bewältigen müssen. Die bewusste Auseinandersetzung mit dieser existenziellen Dimension kann jedoch zu einer reiferen Haltung führen, in der sowohl die grundlegende Getrenntheit als auch die Möglichkeit bedeutungsvoller Verbindung anerkannt werden.

Die Frage nach dem Sinn – vielleicht die zentralste existenzielle Herausforderung – steht in besonders enger Verbindung zur Prokrastination. Viktor Frankl, Begründer der Logotherapie, betonte, dass Menschen primär vom „Willen zum Sinn" motiviert sind. Wenn Aufgaben oder Projekte als sinnlos oder unverbunden mit tieferen Werten erlebt werden, ist die Wahrscheinlichkeit des Aufschiebens hoch. Umgekehrt kann die bewusste Verbindung von

Tätigkeiten mit persönlich bedeutsamen Werten und Zielen – das, was Frankl „existenzielle Sinnfindung" nannte – als kraftvoller Antrieb gegen Prokrastination wirken.

Für die praktische Arbeit an der eigenen Prokrastination bietet die existenzielle Perspektive mehrere wertvolle Ansätze. Ein erster Schritt kann die bewusste Reflexion über das eigene Verhältnis zur Zeit sein. In seiner phänomenologischen Analyse unterschied Heidegger zwischen der „vulgären Zeit" – der linearen, messbaren Uhrzeit – und der „eigentlichen Zeitlichkeit", die durch das Bewusstsein unserer Endlichkeit und die Integration von Vergangenheit, Gegenwart und Zukunft geprägt ist. Die Frage „Wie erlebe ich Zeit, wenn ich prokrastiniere, und wie, wenn ich engagiert und präsent handle?" kann zu tieferen Einsichten führen als bloße Zeitmanagement-Techniken.

Eine weitere existenzielle Übung ist die „Memento Mori"-Reflexion – die bewusste Kontemplation der eigenen Sterblichkeit als Weg zu einem authentischeren, priorisierteren Leben. Diese Praxis, die in verschiedenen philosophischen und spirituellen Traditionen von den Stoikern bis zum Buddhismus zu finden ist, kann helfen, die wirklich bedeutsamen Aspekte des Lebens zu identifizieren und den Mut zu finden, Unwichtiges loszulassen oder zu delegieren – ein zentraler Aspekt der Prokrastinationsüberwindung.

Besonders wertvoll im existenziellen Kontext ist auch die Praxis der Werteklärung – ein Prozess, bei dem tiefere persönliche Werte identifiziert und bewusst mit konkreten Handlungen verbunden werden. Anstatt bei einer aufgeschobenen Aufgabe nur zu fragen „Wie kann ich mich motivieren, dies zu tun?", führt die tiefere Frage „Welcher meiner Kernwerte drückt sich aus, wenn ich diese Aufgabe angehe?" oft zu nachhaltigerer intrinsischer Motivation.

Die existenzielle Psychotherapie bietet auch das Konzept der „intentionalen Handlung" – Handeln, das nicht primär auf externe Ziele oder soziale Anerkennung ausgerichtet ist, sondern auf den Ausdruck und die Verkörperung des eigenen authentischen Selbst. Diese Perspektive verschiebt den Fokus von der Frage „Was muss ich tun?" zu „Wie möchte ich in dieser Situation präsent sein und handeln?" – eine subtile, aber kraftvolle Umorientierung, die das Aufschieben oft überflüssig macht.

Die Auseinandersetzung mit existenzieller Schuld – dem schmerzlichen Bewusstsein, hinter den eigenen Möglichkeiten zurückzubleiben – kann ebenfalls transformativ sein. Anders als neurotische Schuldgefühle, die lähmend wirken können, kann existenzielle Schuld als Wegweiser dienen, der auf nicht gelebte Potenziale und vernachlässigte Verantwortungen hinweist. Das Erkennen und Annehmen dieser tieferen Form von Schuld kann paradoxerweise befreiend wirken und zu entschiedenerem Handeln motivieren.

Ein besonders kraftvoller existenzieller Ansatz ist die Technik der „alternativen Zukunftsszenarien". Hierbei werden verschiedene mögliche Lebenswege visualisiert – einer, in dem chronische Prokrastination weiterhin das Leben bestimmt, und andere, in denen unterschiedliche Grade von Präsenz, Engagement und authentischem Handeln realisiert werden. Diese Übung, die auf Sartres Konzept des Entwurfs und der radikalen Freiheit basiert, kann die Konsequenzen gegenwärtiger Entscheidungen verdeutlichen und die Motivation zur Veränderung stärken.

Die existenzielle Perspektive lädt auch zur Reflexion über das Konzept der Zeit selbst ein. In vielen östlichen philosophischen Traditionen wird Zeit nicht als lineare Ressource betrachtet, die „gemanagt" werden muss, sondern als Dimension des Seins, die qualitativ erfahren wird. Der buddhistische Begriff „Kairos" – der rechte Moment für eine bestimmte Handlung – steht im Gegensatz zum quantitativen Zeitverständnis „Chronos". Diese alternative Zeitkonzeption kann helfen, den oft stressvollen Imperativ der „Zeitoptimierung" zu transzendieren und stattdessen eine intuitivere, situationsangemessenere Beziehung zum Handeln zu entwickeln.

Letztendlich bietet die existenzielle Perspektive auf Prokrastination weder einfache Lösungen noch technische

Fixes. Vielmehr lädt sie zu einer tieferen Auseinandersetzung mit grundlegenden Fragen des menschlichen Daseins ein – Fragen, die in unserer schnelllebigen, effizienzorientierten Kultur oft übersehen werden. Indem wir Prokrastination nicht nur als praktisches Problem, sondern als existenzielles Phänomen betrachten, eröffnen sich neue Wege des Verstehens und der Transformation, die über bloße Produktivitätssteigerung hinausgehen und zu einem authentischeren, präsenteren und letztlich erfüllteren Leben führen können.

17.5 Wann professionelle Hilfe sinnvoll ist

Die Überwindung von Prokrastination ist für viele Menschen ein Prozess, den sie mit Selbsthilfestrategien, Büchern wie diesem und persönlichem Engagement erfolgreich meistern können. Es gibt jedoch Situationen, in denen professionelle Unterstützung nicht nur hilfreich, sondern notwendig sein kann. Die Fähigkeit, zu erkennen, wann externe Hilfe angebracht ist, ist selbst ein Zeichen emotionaler Intelligenz und Selbstfürsorge – nicht von Schwäche oder Versagen.

Chronische Prokrastination kann in einigen Fällen Symptom oder Begleiterscheinung einer zugrundeliegenden psychischen Erkrankung sein. Depressionen beispielsweise gehen häufig mit verminderter Energie, Antriebslosigkeit und Schwierigkeiten bei der Entscheidungsfindung einher – Faktoren, die Prokrastination erheblich verstärken können. Angststörungen, insbesondere soziale

Angst oder generalisierte Angststörungen, können ebenfalls zu Vermeidungsverhalten führen, das sich als Prokrastination manifestiert. Aufmerksamkeitsdefizit-Hyperaktivitätsstörung (ADHS) ist eine weitere Kondition, die
häufig mit Schwierigkeiten bei der Selbstregulation,
Impulsivität und Konzentrationsproblemen verbunden ist
– allesamt Faktoren, die das Aufschieben begünstigen
können.

Ein erster wichtiger Indikator dafür, dass professionelle
Hilfe angebracht sein könnte, ist der Grad der Beeinträch-
tigung, den die Prokrastination im Leben verursacht.
Wenn das Aufschieben zu schwerwiegenden negativen
Konsequenzen führt – etwa zum Verlust des Arbeitsplatzes, zum Scheitern im Studium, zu erheblichen finanziellen Problemen oder zu bedeutsamen Konflikten in
Beziehungen – und dennoch nicht überwunden werden
kann, ist dies ein deutliches Signal, dass tiefere Faktoren
im Spiel sein könnten, die professionelle Aufmerksamkeit
erfordern.

Ein weiteres Warnsignal ist die Persistenz der Prokrastination trotz ernsthafter Bemühungen zur Veränderung.
Wenn Sie konsistent Strategien zur Überwindung des
Aufschiebens angewendet haben – sei es Zeitmanagement-Techniken, kognitive Umstrukturierung oder andere
in diesem Buch beschriebene Ansätze – und dennoch
keine signifikante Verbesserung feststellen, könnte dies
auf komplexere psychologische Dynamiken hindeuten,

die von einem geschulten Fachmann besser adressiert werden können.

Auch das Vorhandensein komorbider Symptome sollte Aufmerksamkeit erregen. Wenn Ihre Prokrastination von anhaltender Niedergeschlagenheit, Angstzuständen, Schlafstörungen, Substanzmissbrauch oder anderen psychischen Symptomen begleitet wird, ist es ratsam, diese nicht isoliert zu betrachten, sondern im Rahmen einer umfassenderen professionellen Beurteilung.

Besonders alarmierend sind suizidale Gedanken oder extreme Selbstabwertung im Zusammenhang mit Prokrastination. Wenn das Scheitern bei der Überwindung des Aufschiebens zu Gedanken führt wie „Ich bin wertlos" oder „Es wäre besser, wenn ich nicht mehr da wäre", ist professionelle Hilfe umgehend erforderlich. Diese Art von Gedanken deuten auf eine tiefere emotionale Krise hin, die über normale Frustration mit Prokrastination hinausgeht.

Auch wenn frühe traumatische Erfahrungen oder komplexe Familienprobleme als Wurzeln Ihrer Prokrastinationsmuster erkennbar sind, kann professionelle Unterstützung besonders wertvoll sein. Tief verwurzelte emotionale Muster, die aus vergangenen Verletzungen oder dysfunktionalen Beziehungsdynamiken stammen, lassen sich oft schwer alleine transformieren und profitieren von der sicheren, strukturierten Umgebung einer therapeutischen Beziehung.

Wenn Sie sich für professionelle Hilfe entscheiden, stehen verschiedene Optionen zur Verfügung, die je nach der spezifischen Natur Ihrer Prokrastination und eventuell begleitender Faktoren mehr oder weniger geeignet sein können.

Kognitive Verhaltenstherapie (KVT) hat sich als besonders wirksam bei der Behandlung von Prokrastination erwiesen. Dieser evidenzbasierte Ansatz fokussiert auf die Identifikation und Veränderung von dysfunktionalen Gedankenmustern und Verhaltensweisen durch strukturierte Interventionen. KVT-Therapeuten können spezifische Techniken zur Steigerung der Selbstregulation, zur Verhaltensaktivierung und zum Management von aufgabenbezogenen Ängsten vermitteln. Die zeitlich begrenzte, zielorientierte Natur der KVT passt gut zu den praktischen Herausforderungen der Prokrastination.

Für Personen, bei denen die Prokrastination mit tieferen identitätsbezogenen oder emotionalen Themen verbunden ist, können psychodynamische oder interpersonelle Therapieansätze hilfreich sein. Diese ermöglichen die Exploration unbewusster Konflikte, früher formativer Erfahrungen und komplexer Beziehungsmuster, die das aktuelle Prokrastinationsverhalten beeinflussen könnten. Obwohl diese Ansätze typischerweise weniger direktiv und strukturiert sind als KVT, können sie zu tiefgreifenderen Einsichten und Veränderungen auf der Ebene des Selbstverständnisses führen.

Akzeptanz- und Commitment-Therapie (ACT) bietet einen besonders wertvollen Rahmen für Menschen, die mit perfektionistischer Prokrastination oder erheblicher Selbstkritik kämpfen. Dieser Ansatz kombiniert Achtsamkeitsstrategien mit einem klaren Fokus auf persönliche Werte und engagiertes Handeln. ACT hilft Klienten, unangenehme Gedanken und Gefühle zu akzeptieren, ohne von ihnen kontrolliert zu werden, und gleichzeitig ein wertorientiertes Leben zu führen – eine Balance, die bei der Überwindung von Prokrastination besonders relevant ist.

Für Personen mit Verdacht auf ADHS oder andere neurologische Faktoren, die zur Prokrastination beitragen, kann eine umfassende neuropsychologische Beurteilung durch einen klinischen Psychologen oder Psychiater angezeigt sein. Diese kann standardisierte Tests der Aufmerksamkeit, Impulskontrolle und exekutiven Funktionen beinhalten und zu einer differenzierten Diagnose führen. In einigen Fällen kann eine Kombination aus Psychotherapie und medikamentöser Behandlung die effektivste Interventionsstrategie darstellen.

Coaching stellt eine weniger klinisch orientierte, aber dennoch wertvolle Form der Unterstützung dar, besonders für Personen, deren Prokrastination primär in beruflichen oder akademischen Kontexten auftritt und nicht mit ausgeprägter psychischer Belastung verbunden ist. Coaches spezialisieren sich oft auf praktische Strategien zur Verhaltensänderung, Zielsetzung und Rechenschaftspflicht und können eine strukturierte, lösungsorientierte Unterstützung bieten.

Selbsthilfegruppen oder unterstützende Gemeinschaften, ob in Person oder online, können eine wertvolle Ergänzung zu individueller Therapie darstellen oder in weniger schweren Fällen eine eigenständige Unterstützungsform sein. Der Austausch mit anderen, die ähnliche Herausforderungen erleben, kann die oft mit Prokrastination verbundene Isolation verringern und praktische Peer-Learning-Möglichkeiten bieten.

Bei der Suche nach professioneller Hilfe ist es ratsam, einen Spezialisten zu finden, der Erfahrung mit Prokrastination und verwandten Themen wie Zeitmanagement, Selbstregulation oder spezifischen komorbiden Zuständen hat. Nicht alle Therapeuten sind gleichermaßen vertraut mit der komplexen Dynamik des chronischen Aufschiebens, und eine spezialisierte Expertise kann den Therapieprozess erheblich effektiver gestalten.

Die Entscheidung für professionelle Hilfe sollte nicht als letzter verzweifelter Ausweg betrachtet werden, sondern als proaktiver, selbstfürsorglicher Schritt. In unserer

Kultur herrscht oft ein impliziter Druck, persönliche Herausforderungen alleine zu bewältigen, was dazu führen kann, dass Menschen zu lange warten, bevor sie Unterstützung suchen. Tatsächlich zeigt die Forschung, dass frühzeitige Intervention bei psychischen Herausforderungen zu besseren Langzeitergebnissen führt.

Ein besonders wichtiger Aspekt bei der Suche nach professioneller Hilfe ist die Therapeut-Klient-Passung. Die Qualität der therapeutischen Beziehung ist einer der stärksten Prädiktoren für erfolgreiche Therapieergebnisse. Es ist daher wichtig, einen Therapeuten zu finden, bei dem Sie sich verstanden, respektiert und nicht verurteilt fühlen. Zögern Sie nicht, ein Erstgespräch mit mehreren Therapeuten zu führen, bevor Sie eine längerfristige Zusammenarbeit beginnen.Auch pragmatische Überlegungen wie Kosten, Versicherungsdeckung und logistische Faktoren sollten bei der Entscheidung für professionelle Hilfe berücksichtigt werden. In vielen Gesundheitssystemen kann der Zugang zu psychotherapeutischer Unterstützung eingeschränkt sein, sei es durch lange Wartezeiten, geografische Barrieren oder finanzielle Hürden. Online-Therapie, skalierbare Interventionen wie geleitete Selbsthilfe oder gruppenbasierte Ansätze können in solchen Fällen wertvolle Alternativen darstellen.
Letztendlich sollten Sie sich daran erinnern, dass die Inanspruchnahme professioneller Hilfe kein Zeichen von Schwäche oder persönlichem Versagen ist, sondern ein Akt der Selbstfürsorge und des Mutes. Die Fähigkeit,

eigene Grenzen zu erkennen und angemessene Unterstützung zu suchen, ist selbst eine wichtige Kompetenz –
eine, die nicht nur bei der Überwindung von Prokrastination, sondern in allen Lebensbereichen von Wert ist.

Chronische Prokrastination kann eine komplexe, multi-
faktorielle Herausforderung sein, deren Überwindung
manchmal über die Grenzen dessen hinausgeht, was durch
Selbsthilfe allein erreicht werden kann. Das Erkennen,
wann professionelle Unterstützung angebracht ist, und das
aktive Suchen nach geeigneter Hilfe können entscheidende Schritte auf dem Weg zu einem produktiveren,
erfüllteren Leben sein – einem Leben, in dem Prokrastination nicht länger als unüberwindbare Barriere, sondern als
bewältigbare Herausforderung erscheint.

18. Prokrastination und moderne Arbeits-welt

18.1 Besondere Herausforderungen in der digitalen Ära
Die digitale Revolution hat unsere Arbeitswelt grundlegend verändert und mit diesen Veränderungen sind
neue, einzigartige Herausforderungen für die Selbstregulation und Produktivität entstanden. Die moderne
Arbeitswelt des 21. Jahrhunderts stellt uns vor Bedin-

gungen, die der menschlichen Psyche evolutionär fremd sind und die die Tendenz zur Prokrastination auf vielfältige Weise verstärken können. Um diese zeitgenössische Form des Aufschiebens effektiv zu adressieren, müssen wir zunächst ihre spezifischen Treiber und Manifestationen verstehen.

Eine der prägendsten Entwicklungen der digitalen Arbeitswelt ist die nahezu permanente Vernetzung und Erreichbarkeit. Wo früher klare räumliche und zeitliche Grenzen zwischen Arbeit und Privatleben existierten, erleben wir heute eine zunehmende Entgrenzung. Smartphones, Laptops und cloudbasierte Arbeitsplattformen ermöglichen es, nahezu jederzeit und überall zu arbeiten – was theoretisch Flexibilität bietet, praktisch jedoch oft zu einem diffusen Gefühl ständiger Verpflichtung führt. Diese „Always-on"-Kultur erschwert die Erholung und Regeneration, die für effektive Selbstregulation und fokussiertes Arbeiten essentiell sind.

Gleichzeitig hat die Digitalisierung zu einer beispiellosen Informations- und Kommunikationsflut geführt. Der durchschnittliche Wissensarbeiter erhält heute ein Vielfaches der Informationsmenge, die vor wenigen Jahrzehnten zu verarbeiten war. E-Mails, Instant Messaging, Social Media-Feeds, News-Alerts und andere digitale Kommunikationskanäle erzeugen einen konstanten Strom von Anforderungen um Aufmerksamkeit, der die kognitive Kapazität überlastet und zu dem führt, was Informationswissenschaftler als „Attention Fragmentation" (Aufmerksamkeitszersplitterung) bezeichnen.

Diese Fragmentierung der Aufmerksamkeit steht in direktem Konflikt mit dem, was die psychologische Forschung als optimale Bedingungen für tiefe Konzentration und Produktivität identifiziert hat. Der Psychologe Mihaly Csikszentmihalyi beschrieb den Zustand des „Flow" – eine hochproduktive, erfüllende Form fokussierter Arbeit – als abhängig von der Fähigkeit, Ablenkungen auszublenden und sich vollständig einer Aufgabe zu widmen. Die permanenten Unterbrechungen und Mikro-Ablenkungen der digitalen Arbeitswelt machen diesen Zustand zunehmend schwer erreichbar.

Ein weiteres Phänomen der digitalen Ära ist die „Task Switching Penalty" – die kognitive Kosten, die entstehen, wenn wir schnell zwischen verschiedenen Aufgaben oder Informationsquellen wechseln müssen. Neurowissenschaftliche Studien zeigen, dass jeder Aufgabenwechsel messbare kognitive Ressourcen verbraucht und die Effizienz reduziert. In einer Arbeitswelt, die durch Multitasking und ständige Unterbrechungen geprägt ist, summieren sich diese Kosten zu einer erheblichen mentalen Erschöpfung, die die Wahrscheinlichkeit der Prokrastination erhöht.

Die Digitalisierung hat auch die Natur der Arbeit selbst verändert. Viele moderne Berufstätige arbeiten in der sogenannten „Knowledge Economy" – ihre Hauptaufgaben bestehen aus abstraktem Denken, Kreativität, Problemlösung und Kommunikation. Diese Art von Arbeit ist inhärent weniger strukturiert und greifbar als traditionellere Formen der Arbeit. Während ein Handwerker das

Ergebnis seiner Arbeit unmittelbar sehen und anfassen kann, sind die Outputs eines Wissensarbeiters oft intangibel, komplex und in ihren Auswirkungen weniger unmittelbar sichtbar.

Diese Abstraktion und Intangibilität macht moderne Arbeitsaufgaben besonders anfällig für Prokrastination. Evolutionspsychologisch sind Menschen darauf programmiert, auf unmittelbare, konkrete Belohnungen zu reagieren – ein Erbe unserer Vergangenheit als Jäger und Sammler. Abstrakte, langfristige Projekte ohne klare Zwischenschritte und unmittelbare Feedback-Schleifen aktivieren dieses Belohnungssystem weniger effektiv, was es schwerer macht, die nötige Motivation und Fokussierung aufrechtzuerhalten.

Die digitale Ära hat auch eine beispiellose Vielfalt an hochwirksamen Ablenkungsmöglichkeiten geschaffen. Social Media-Plattformen, Streaming-Dienste, Online-Spiele und andere digitale Unterhaltungsangebote sind nicht nur allgegenwärtig zugänglich, sondern oft speziell darauf optimiert, unsere Aufmerksamkeit zu fesseln und zu halten. Diese Angebote sind so konzipiert, dass sie unmittelbare, variable Belohnungen liefern – ein Muster, das in der Verhaltenspsychologie als besonders effektiv für die Schaffung starker Gewohnheiten und sogar Abhängigkeiten bekannt ist.

Die Koexistenz dieser hochgradig optimierten Ablenkungen mit Arbeitsaufgaben auf denselben Geräten schafft eine ständige Versuchung zum „Digital Escapism" – der Flucht in digitale Welten, die unmittelbare Befriedigung versprechen, wenn die Arbeit schwierig, langweilig oder emotional herausfordernd wird. Während frühere Generationen von Arbeitern physische Barrieren zwischen Arbeit und Ablenkung überwinden mussten (z.B. den Arbeitsplatz verlassen), sind heute die verlockendsten Ablenkungen oft nur einen Klick oder Fingerwisch entfernt.

Auch die Art, wie wir moderne Arbeit organisieren und messen, trägt zur Prokrastination bei. Die Zunahme von flexiblen Arbeitszeiten, Remote-Arbeit und ergebnisorientierten statt zeitorientierten Bewertungssystemen bietet einerseits neue Freiheiten, erfordert andererseits aber auch ein höheres Maß an Selbstregulation und intrinsischer Motivation. Ohne die externe Struktur eines traditionellen Arbeitsumfelds müssen Arbeitnehmer zunehmend ihre eigenen Grenzen, Routinen und Motivationssysteme entwickeln – eine Anforderung, die für viele herausfordernd ist und bei unzureichender Bewältigung zu verstärkter Prokrastination führen kann.

Die digitale Transformation hat zudem zu einer Beschleunigung des Arbeitstempos und einer Verdichtung von Arbeitsprozessen geführt. Die Erwartung sofortiger Reaktionen, kontinuierlicher Verfügbarkeit und schneller Ergebnisse erzeugt einen chronischen Zeitdruck, der paradoxerweise sowohl Stress als auch Prokrastination fördern kann. Unter permanentem Zeitdruck neigen Menschen dazu, in einen reaktiven Modus zu verfallen, in dem sie auf unmittelbare Anforderungen reagieren, anstatt strategisch und proaktiv zu arbeiten – ein Muster, das langfristig wichtige aber nicht dringende Aufgaben auf die lange Bank schiebt.

Ein weiteres Phänomen der digitalen Arbeitswelt ist die „Virtualisierung" sozialer Interaktionen. Remote-Arbeit, virtuelle Teams und digitale Kommunikation ersetzen zunehmend persönliche Interaktionen. Während diese Entwicklung viele Vorteile bietet, reduziert sie auch wichtige soziale Mechanismen, die traditionell gegen Prokrastination wirken: die unmittelbare soziale Rechenschaftspflicht, informelles Peer-Feedback und die motivierende Wirkung gemeinschaftlicher Arbeit. Die physische Isolation kann zudem zu einer emotionalen Entfremdung von der Arbeit führen, was die Anfälligkeit für Aufschiebeverhalten erhöht.

Die kognitiven und emotionalen Herausforderungen der digitalen Arbeitswelt manifestieren sich in spezifischen, modernen Formen der Prokrastination. „Productive Procrastination" beispielsweise beschreibt das Phänomen, sich mit weniger wichtigen, aber leichter zu bewältigenden oder unmittelbar befriedigenden Aufgaben zu beschäftigen (wie dem Beantworten von E-Mails oder dem Organisieren digitaler Dateien), während man wichtigere, anspruchsvollere Projekte aufschiebt. Diese Form der Prokrastination ist besonders tückisch, da sie ein Gefühl von Produktivität vermittelt, während die wirklich bedeutsamen Aufgaben unerledigt bleiben.

„Digital Distraction Loops" sind ein weiteres modernes Phänomen: kurze, wiederholte Ablenkungszyklen, in denen Arbeitnehmer zwischen verschiedenen digitalen

Plattformen wechseln (z.B. E-Mail prüfen, Social Media scannen, Nachrichten lesen), ohne substanzielle Arbeit zu leisten, aber mit dem subjektiven Gefühl, „beschäftigt" zu sein. Diese Loops können zu einem erheblichen kumulativen Zeitverlust führen und die für tiefe Konzentration notwendige kognitive Ruhe untergraben.

Um diese spezifischen Herausforderungen der digitalen Ära zu bewältigen, bedarf es gezielter Strategien, die über traditionelle Antiprokratinations-Techniken hinausgehen. Diese werden wir in den folgenden Abschnitten dieses Kapitels näher betrachten. Es ist jedoch wichtig zu verstehen, dass die digitale Transformation nicht nur eine technologische, sondern auch eine tiefgreifende psychologische Veränderung unserer Arbeitsumgebung darstellt – eine, die neue Kompetenzen der Selbstregulation, Grenzsetzung und bewussten Medienkonsums erfordert.

Angesichts dieser Herausforderungen ist es entscheidend, die digitale Arbeitswelt nicht als unabänderliche Gegebenheit zu betrachten, sondern als gestaltbares Umfeld, in dem individuelle Praktiken, Teamkulturen und organisationale Strukturen eine entscheidende Rolle spielen können. In den folgenden Abschnitten werden wir untersuchen, wie auf verschiedenen Ebenen – von der individuellen Selbstregulation über Teamprozesse bis hin zu organisationalen Kulturen – Ansätze entwickelt werden können, die die Vorteile der digitalen Arbeitswelt nutzen, ohne ihren prokrastinationsfördernden Aspekten zu erliegen.

18.2 Zwischen Autonomie und Kontrolle: Die neue Arbeitswelt

Die moderne Arbeitswelt ist durch einen fundamentalen Widerspruch gekennzeichnet: Einerseits bietet sie ein bisher ungekanntes Maß an individueller Autonomie und Flexibilität, andererseits entstehen neue, teilweise subtilere Formen der Kontrolle und Überwachung. Dieses Spannungsfeld zwischen Selbstbestimmung und externer Steuerung hat direkte Auswirkungen auf unsere Prokrastinationsmuster und erfordert ein differenziertes Verständnis, um effektive Gegenstrategien zu entwickeln.

Die zunehmende Autonomie in der modernen Arbeitswelt manifestiert sich auf verschiedenen Ebenen. Flexible Arbeitszeiten, Home-Office-Optionen, selbstbestimmte Arbeitsabläufe und ergebnisorientierte statt anwesenheitsorientierte Leistungsbewertung sind heute in vielen Branchen Realität. Diese Entwicklung wurde durch die COVID-19-Pandemie massiv beschleunigt, die einen globalen Feldversuch für dezentrales, selbstorganisiertes Arbeiten darstellte und viele traditionelle Annahmen über die Notwendigkeit konstanter Präsenz und direkter Überwachung in Frage stellte.

Die Selbstbestimmungstheorie von Deci und Ryan bietet einen wertvollen Rahmen, um die psychologischen Implikationen dieser erhöhten Autonomie zu verstehen. Nach dieser Theorie ist das Bedürfnis nach Autonomie – neben Kompetenz und sozialer Eingebundenheit – ein grundlegendes menschliches Bedürfnis und wesentlich für intrinsische Motivation. Wenn Menschen das Gefühl haben, aus freien Stücken und in Übereinstimmung mit ihren Werten und Interessen zu handeln, sind sie typischerweise engagierter, kreativer und ausdauernder bei der Aufgabenbewältigung.

In diesem Sinne bietet die autonomere Arbeitsgestaltung ein großes Potenzial, Prokrastination zu reduzieren, indem sie die intrinsische Motivation stärkt und ermöglicht, Arbeitsprozesse besser an individuelle Präferenzen und Bedürfnisse anzupassen. Ein Morgenmensch kann früh beginnen und produktive Stunden nutzen, während ein Nachtmensch später starten und in den Abendstunden arbeiten kann. Jemand, der tiefe Konzentrationsphasen braucht, kann längere, ungestörte Arbeitsblöcke einplanen, während andere von häufigeren Wechseln und sozialer Interaktion profitieren.

Dieser Autonomiegewinn ist jedoch zweischneidig. Die Freiheit, selbst zu entscheiden, wann, wo und wie gearbeitet wird, erfordert ein hohes Maß an Selbstregulation, Struktur und intrinsischer Motivation – genau jene Fähigkeiten, die bei Menschen mit Prokrastinationsneigung oft weniger ausgeprägt sind. Ohne die externen Strukturen eines traditionellen Arbeitsplatzes – festgelegte Zeiten, physische Präsenz von Kollegen und Vorgesetzten, klare räumliche Trennung von Arbeit und

Privatleben – können latente Prokrastinationstendenzen leichter zum Vorschein kommen.

Die Forschung zur Remote-Arbeit bestätigt diese Ambivalenz. Während einige Arbeitnehmer in autonomeren Settings aufblühen und produktiver werden, kämpfen andere mit Selbstorganisation, Isolation und verschwimmenden Grenzen. Diese individuellen Unterschiede in der Reaktion auf erhöhte Autonomie unterstreichen, dass es keinen universellen Ansatz gibt und dass effektive Antiprokratinations-Strategien in der modernen Arbeitswelt individuell angepasst werden müssen.

Parallel zum Autonomiegewinn haben sich jedoch auch neue Formen der Kontrolle entwickelt. Die Digitalisierung ermöglicht eine beispiellose Granularität und Kontinuität der Leistungsüberwachung. Software zur Aktivitätsverfolgung, digitale Produktivitätsmetriken, kontinuierliches Performancefeedback und algorithmische Evaluationssysteme schaffen eine neue Form der „digitalen Panoptikon" – eine Umgebung, in der Arbeitnehmer sich ständig beobachtet und bewertet fühlen können, auch wenn keine direkte physische Überwachung stattfindet.

Diese neuen Kontrollformen können paradoxe Auswirkungen auf Prokrastination haben. Einerseits kann das Bewusstsein ständiger Überwachung kurzfristig zu erhöhter oberflächlicher Aktivität führen – dem Anschein von Produktivität. Andererseits kann es langfristig innere

Widerstände, Stress und eine Verschiebung von intrinsischer zu extrinsischer Motivation bewirken – Faktoren, die mit erhöhter Prokrastination und verminderter Kreativität und Eigeninitiative verbunden sind.

Besonders problematisch an diesen neuen Kontrollformen ist ihre Tendenz, quantifizierbare über qualitative Aspekte der Arbeit zu stellen. In vielen digitalen Überwachungssystemen werden leicht messbare Metriken wie Tastaturanschläge, Mausklicks, Antwortzeiten oder Anwesenheit in digitalen Meetings erfasst, während tiefere Aspekte wie Qualität der Gedankenarbeit, Kreativität oder strategisches Denken schwerer zu quantifizieren sind. Dies kann zu einer Verzerrung der Arbeitsprioritäten führen – einer Form von „Metric-Driven Procrastination", bei der wichtige, aber schwer messbare Aufgaben zugunsten von Aktivitäten vernachlässigt werden, die bessere Messwerte produzieren.

Eine weitere Entwicklung der modernen Arbeitswelt, die Prokrastinationsmuster beeinflusst, ist der Aufstieg der „Gig Economy" und projektbasierter Arbeit. Immer mehr Menschen arbeiten als Freelancer, in befristeten Projekten oder mit mehreren parallelen Auftraggebern. Diese Arbeitsformen bieten einerseits ein Höchstmaß an Flexibilität und Selbstbestimmung, andererseits erzeugen sie neue Unsicherheiten und Herausforderungen für die Selbstorganisation.

In solchen Settings fehlen oft die traditionellen organisationalen Strukturen, die Prokrastination eindämmen können: klare Hierarchien, standardisierte Arbeitsabläufe, direkte Supervision und kontinuierliches Peer-Feedback. Stattdessen müssen Gig-Worker und Projektarbeiter ihre eigenen Strukturen schaffen, multiple Deadlines und unterschiedliche Anforderungen jonglieren und selbständig zwischen konkurrierenden Prioritäten navigieren – alles Faktoren, die die kognitive Last erhöhen und das Prokrastinationsrisiko steigern können.

In der Spannung zwischen Autonomie und Kontrolle liegt eine zentrale Herausforderung der modernen Arbeitswelt: Wie können wir die Vorteile erhöhter Selbstbestimmung nutzen, ohne den negativen Konsequenzen mangelnder Struktur zu erliegen? Wie können wir sinnvolle Accountability-Mechanismen etablieren, ohne die intrinsische Motivation zu untergraben, die für nachhaltige Produktivität entscheidend ist?

Ein vielversprechender Ansatz findet sich im Konzept der „strukturierten Autonomie" – einem Rahmenwerk, das klare Grenzen, Prozesse und Erwartungen mit substantieller individueller Freiheit in der Ausführung verbindet. In der Praxis kann dies bedeuten, gemeinsam vereinbarte Ziele und Deadlines zu setzen, während der Weg dahin weitgehend selbstbestimmt bleibt, oder Core-Arbeitszeiten für Teamkollaboration festzulegen, während außerhalb dieser Zeiten flexible Arbeit möglich ist.

Auf individueller Ebene entspricht diesem Konzept die Praxis der „selbstgewählten Einschränkung" – die bewusste Entscheidung, die eigene unbegrenzte Freiheit durch selbstgesetzte Regeln, Routinen und Strukturen zu beschränken. Paradoxerweise kann diese Form der Selbsteinschränkung zu größerer tatsächlicher Freiheit führen, indem sie Prokrastination reduziert und die effektive Nutzung der verfügbaren Zeit ermöglicht. Konkret kann dies bedeuten, feste Arbeitszeiten für sich selbst zu definieren (auch wenn keine externe Anforderung besteht), digitale Tools zur Blockierung von Ablenkungen zu nutzen oder Rechenschaftssysteme mit Kollegen oder Mentoren zu etablieren.

Die erhöhte Autonomie der modernen Arbeitswelt bietet auch die Möglichkeit, Arbeitsprozesse besser an chronobiologische und psychologische Realitäten anzupassen. Die Forschung zur Chronobiologie zeigt deutliche interindividuelle Unterschiede in Tagesrhythmen und optimalen Konzentrationszeiten. In autonomeren Arbeitssettings können diese Unterschiede berücksichtigt werden, indem anspruchsvolle, fokussierte Arbeit in persönliche Hochleistungsphasen gelegt wird, während administrative oder weniger anspruchsvolle Aufgaben in Phasen geringerer mentaler Energie erledigt werden können.

Ein weiterer wichtiger Aspekt liegt in der bewussten Kultivierung von „Deep Work" (tiefer Arbeit) in einer zunehmend fragmentierten Arbeitslandschaft. Der Informationstechnologe Cal Newport hat diesen Begriff geprägt, um fokussierte, ungestörte kognitive Arbeit zu beschreiben, die komplexe Probleme löst oder wertvolle neue Einsichten produziert. In der autonomeren modernen Arbeitswelt liegt es zunehmend in der Verantwortung des Einzelnen, Bedingungen für solche tiefe Arbeit zu schaffen – durch bewusste Blockierung von Zeitfenstern, Schaffung distraktionsfreier Umgebungen und klare Kommunikation von Verfügbarkeiten gegenüber Kollegen.

Die Herausforderung der Balance zwischen Autonomie und Struktur ist nicht nur ein individuelles, sondern auch ein organisationales Thema. Progressive Unternehmen experimentieren mit Modellen, die versuchen, das Beste aus beiden Welten zu vereinen: Ergebnisorientierte Leistungsbewertung statt Mikromanagement, klare Zielvorgaben bei gleichzeitiger Freiheit in der Umsetzung, Kernarbeitszeiten für Kollaboration kombiniert mit flexiblen individuellen Arbeitszeiten, und transparente, faire Evaluationssysteme, die intrinsische Motivation stärken statt untergraben.

In der Navigation dieses Spannungsfelds zwischen Autonomie und Kontrolle liegt eine der zentralen Herausforderungen für die Überwindung von Prokrastination in der modernen Arbeitswelt. Die gute Nachricht ist, dass wir – individuell und kollektiv – die Möglichkeit haben, diese neue Arbeitswelt aktiv zu gestalten, statt sie als unveränderliche Gegebenheit zu akzeptieren. Durch bewusste Reflexion darüber, welche Strukturen uns persönlich helfen und welche uns einschränken, können wir Arbeitsumgebungen schaffen, die intrinsische Motivation fördern, sinnvolle Accountability ermöglichen und letztendlich Prokrastination reduzieren.

18.3 Teamdynamiken und kollektive Prokrastination
Prokrastination wird oft als rein individuelles Phänomen betrachtet – als persönliche Herausforderung, die primär von internen psychologischen Faktoren gesteuert wird. In der modernen Arbeitswelt, die zunehmend durch Teamarbeit, Kollaboration und interdependente Projekte geprägt ist, manifestiert sich Aufschiebeverhalten jedoch häufig als kollektives, systemisches Phänomen. Diese „kollektive Prokrastination" entsteht aus komplexen sozialen Dynamiken und kann ganze Teams, Abteilungen oder sogar Organisationen beeinflussen – oft mit schwerwiegenderen Konsequenzen als individuelles Aufschieben.

Kollektive Prokrastination kann verschiedene Formen annehmen, die jeweils unterschiedliche Ursachen haben und eigene Interventionsansätze erfordern. Eine häufige Manifestation ist das „Social Loafing" – die Tendenz von Individuen, in Gruppensettings weniger Anstrengung zu investieren als bei individueller Arbeit. Dieses von dem Psychologen Max Ringelmann bereits im 19. Jahrhundert beobachtete Phänomen tritt verstärkt auf, wenn individuelle Beiträge weniger sichtbar oder direkt zurechenbar sind, und kann zu einer kollektiven Verlangsamung von Arbeitsprozessen führen.

Ein verwandtes, aber subtileres Phänomen ist die „Diffusion von Verantwortung" – wenn Aufgaben nicht klar einzelnen Teammitgliedern zugeordnet sind, entsteht oft eine Situation, in der sich niemand wirklich verantwortlich fühlt. In solchen Kontexten können wichtige Aufgaben aufgeschoben werden, nicht weil einzelne Teammitglieder prokrastinieren möchten, sondern weil die strukturelle Unklarheit zu einem kollektiven Aufschieben führt.

Besonders problematisch in modernen, oft virtuellen Teams ist das Phänomen der „Pluralistischen Ignoranz". Dabei interpretieren Teammitglieder das Schweigen oder die Passivität anderer fälschlicherweise als Zustimmung oder Gleichgültigkeit, während in Wirklichkeit viele ähnliche Bedenken oder Unsicherheiten haben. In virtuellen Meetings beispielsweise kann die eingeschränkte nonverbale Kommunikation dazu führen, dass Teammitglieder nicht ausdrücken, wenn sie Bedenken haben oder mehr Zeit für eine Entscheidung benötigen – mit dem Ergebnis, dass wichtige Diskussionen aufgeschoben werden und suboptimale Entscheidungen getroffen werden.

Eine weitere Form kollektiver Prokrastination entsteht durch dysfunktionale Entscheidungsprozesse, insbesondere das Phänomen des „Analysis Paralysis" oder der „Entscheidungslähmung". Teams können in endlosen Analysen, Diskussionen und Informationssammlungen stecken bleiben, um die „perfekte" Entscheidung zu treffen – eine Form kollektiven Perfektionismus, der effektives Handeln verhindert.

Auch destruktive Konfliktvermeidung kann zu kollektiver Prokrastination führen. Wenn Teams schwierige Gespräche über Meinungsverschiedenheiten, Leistungsprobleme oder strategische Diskrepanzen aufschieben, entstehen „Elefanten im Raum" – offensichtliche Probleme, die alle sehen, aber niemand adressiert. Diese Form des kollektiven Aufschiebens kann besonders lähmend wirken, da sie oft zentrale, strategische Fragen betrifft.

Die digitale Transformation der Arbeit hat neue Formen kollektiver Prokrastination hervorgebracht oder verstärkt. Die „E-Mail-Prokrastination" beispielsweise – das kontinuierliche Hin- und Herschicken von Nachrichten ohne substanzielle Entscheidungen oder Fortschritte – kann ganze Teams in scheinbare Aktivität versetzen, während wichtigere Aufgaben unerledigt bleiben. Ähnlich können übermäßige Meetings oder die Kultur des „Let's schedule a call about this" zu kollektivem Aufschub direkter, entscheidungsorientierter Kommunikation führen.

Besonders in Organisationskulturen, die Fehler stark sanktionieren oder in denen Verantwortlichkeiten unklar sind, kann auch „defensives Aufschieben" als kollektive Strategie entstehen. Teams verzögern Entscheidungen oder Handlungen, um Risiken zu minimieren oder Verantwortung zu vermeiden – eine Form kollektiver Selbstschutzreaktion, die jedoch auf Kosten von Innovation und Effizienz geht.

Um diese verschiedenen Formen kollektiver Prokrastination zu adressieren, sind spezifische Interventionen auf Team- und Organisationsebene notwendig. Eine grundlegende Strategie ist die Etablierung klarer Verantwortlichkeiten und Zuständigkeiten. Das RACI-Modell (Responsible, Accountable, Consulted, Informed) bietet beispielsweise einen strukturierten Rahmen, um für jede Aufgabe oder Entscheidung klar festzulegen, wer verantwortlich ist, wer die letztendliche Entscheidungsgewalt hat, wer konsultiert werden sollte und wer informiert werden muss. Diese Klarheit reduziert das Risiko, dass Aufgaben durch Verantwortungsdiffusion „zwischen die Stühle fallen".

Ein weiterer wichtiger Ansatz ist die Entwicklung effektiver Entscheidungsprozesse und -protokolle. Teams sollten explizit festlegen, wie Entscheidungen getroffen werden (Konsens, Mehrheitsprinzip, delegierte Entscheidung etc.), welche Informationen für verschiedene Entscheidungstypen notwendig sind und welche Zeitrahmen angemessen sind. Amazon nutzt beispielsweise das Konzept der „Type 1/Type 2 Decisions" – wobei Typ-1-Entscheidungen schwer reversibel und hochimpactstark sind und daher sorgfältigere Deliberation erfordern, während Typ-2-Entscheidungen reversibel sind und schneller, mit weniger Konsultation getroffen werden können.

Die Förderung psychologischer Sicherheit im Team ist ebenfalls entscheidend. Die Forschung von Amy Edmondson und anderen hat gezeigt, dass Teams, in denen Mitglieder sich sicher fühlen, Risiken einzugehen, Fehler einzugestehen und abweichende Meinungen zu äußern, produktiver sind und weniger zu kollektiver Prokrastination neigen. In psychologisch sicheren Umgebungen können Konflikte konstruktiv adressiert werden, bevor sie zu lähmenden „Elefanten im Raum" anwachsen.

Strukturierte Prozesse für Feedback und Reflexion können ebenfalls helfen, kollektive Prokrastinationsmuster zu identifizieren und zu durchbrechen. Regelmäßige Retrospektiven – strukturierte Team-Reflexionsprozesse, die ursprünglich aus agilen Entwicklungsmethoden stammen – bieten einen Rahmen, um gemeinsam zu analysieren, was gut funktioniert, was verbessert werden könnte und welche spezifischen Anpassungen im nächsten Zyklus vorgenommen werden sollten. Solche Prozesse ermöglichen es Teams, kollektive Aufschiebemuster zu erkennen und gegenzusteuern, bevor sie chronisch werden.

Die bewusste Gestaltung von Meetingkultur und Kommunikationspraktiken kann ebenfalls kollektive Prokrastination reduzieren. Klare Agenden mit spezifischen Entscheidungspunkten, definierte Zeitlimits für Diskussionen, strukturierte Formate für kontroverse Themen und explizite Normen für Vor- und Nachbereitung können verhindern, dass Meetings zu Orten des kollektiven Aufschiebens werden. Ähnlich können Teams bewusst Normen für digitale Kommunikation entwickeln, die „E-Mail-Ping-Pong" reduzieren und klare Entscheidungswege fördern.

Ein besonders wichtiger Aspekt bei der Überwindung kollektiver Prokrastination ist die Entwicklung einer „Kultur des Abschließens". Teams können bewusst Praktiken entwickeln, die die psychologische Befriedigung des Aufgabenabschlusses verstärken – von visuellen Management-Tools, die Fortschritt sichtbar machen, über regelmäßige Feiern von Meilensteinen bis hin zu Ritualen, die den Übergang von einer Projektphase zur nächsten markieren. Diese Praktiken nutzen die intrinsische Befriedigung, die aus dem Abschluss von Aufgaben entsteht (der sogenannte „Zeigarnik-Effekt" in umgekehrter Richtung), um eine kollektive Dynamik zu fördern, die Aufschieben reduziert.

Die Führung spielt eine entscheidende Rolle bei der Überwindung kollektiver Prokrastination. Führungskräfte können durch ihr eigenes Verhalten Vorbilder für entschlossenes Handeln sein, indem sie Entscheidungen transparent treffen, konstruktiven Umgang mit Unsicherheit demonstrieren und die notwendige Balance zwischen Reflexion und Aktion vorleben. Gleichzeitig können sie strukturelle Bedingungen schaffen, die kollektives Aufschieben erschweren – durch klare Priorisierung, Ressourcenzuteilung auf Basis strategischer Prioritäten und konsequente Fokussierung auf definierte Ziele.

Auch die physische und virtuelle Arbeitsumgebung kann kollektive Prokrastinationsmuster beeinflussen. Arbeitsräume, die Kollaboration und spontanen Ideenaustausch fördern, können helfen, Kommunikationsbarrieren abzubauen, die oft zu kollektivem Aufschieben führen. In virtuellen Teams können bewusst gestaltete digitale Werkzeuge und Plattformen die Transparenz erhöhen, Fortschritte sichtbar machen und Rechenschaftsstrukturen stärken, die kollektiver Prokrastination entgegenwirken.

Die Überwindung kollektiver Prokrastination erfordert schließlich ein Bewusstsein für die spezifische Teamkultur und ihre impliziten Werte. In manchen Teams entwickeln sich unausgesprochene Normen, die Aufschieben indirekt belohnen oder fördern – etwa wenn „Krisenmanagement" mehr Anerkennung erhält als präventive Planung, oder wenn demonstratives „Busy-Sein" mehr geschätzt wird als fokussiertes Arbeiten an strategischen Prioritäten. Die bewusste Entwicklung einer Teamkultur, die Proaktivität, klare Priorisierung und rechtzeitiges Handeln wertschätzt, kann einen fundamentalen Beitrag zur Reduktion kollektiver Prokrastination leisten.

Letztendlich ist die Überwindung kollektiver Prokrastination ein kontinuierlicher Prozess, der Aufmerksamkeit, Reflexion und Anpassungsbereitschaft erfordert. Teams, die bereit sind, ihre eigenen Arbeitsprozesse und -dynamiken kritisch zu hinterfragen und kontinuierlich zu verfeinern, können kollektive Prokrastination von einem lähmenden Problem in eine Gelegenheit für organisationales Lernen und Entwicklung transformieren.

18.4 Führungsperspektiven: Teams gegen Aufschieben stärken

Führungskräfte spielen eine entscheidende Rolle dabei, Teams gegen Prokrastination zu wappnen und eine Kultur zu schaffen, die fokussiertes, rechtzeitiges Handeln fördert. Diese Aufgabe geht weit über traditionelles „Antreiben" oder „Kontrollieren" hinaus – vielmehr erfordert sie ein nuanciertes Verständnis der komplexen psychologischen, sozialen und strukturellen Faktoren, die Prokrastination auf Teamebene beeinflussen. Erfolgreiche Führungskräfte schaffen Bedingungen, unter denen Teams intrinsisch motiviert sind, Aufgaben proaktiv anzugehen, und entwickeln Systeme, die kollektives Aufschieben erschweren.

Ein fundamentaler Aspekt dieser Führungsaufgabe ist die bewusste Gestaltung von Sinn und Purpose. Die Forschung zeigt konsistent, dass Menschen weniger zur Prokrastination neigen, wenn sie ihre Arbeit als bedeutsam und mit größeren Zielen verbunden erleben. Führungskräfte können diese Sinnhaftigkeit fördern, indem sie regelmäßig die Verbindung zwischen täglichen Aufgaben und übergeordneten Zielen oder Werten herstellen, den Impact der Teamarbeit für Kunden oder andere Stakeholder sichtbar machen und individuelle Aufgaben in einen größeren Kontext einbetten.

Diese „Purpose-Orientierung" ist besonders wirksam gegen die in der modernen Arbeitswelt häufige Form der Prokrastination, bei der Mitarbeiter zwar beschäftigt sind, aber primär an leicht messbaren, unmittelbar befriedigenden Aufgaben arbeiten, während strategisch wichtigere, aber komplexere Projekte aufgeschoben werden. Durch kontinuierliche Rückbindung an den übergeordneten Zweck kann diese Tendenz zur „produktiven Prokrastination" reduziert werden.

Ein zweiter wesentlicher Führungsaspekt liegt in der Schaffung von Klarheit. Unklare Erwartungen, vage Prioritäten und diffuse Verantwortlichkeiten sind Nährböden für kollektive Prokrastination. Wirkungsvolle Führungskräfte sorgen für Klarheit auf mehreren Ebenen: Sie definieren präzise, messbare Ziele, kommunizieren explizite Prioritäten (und ebenso wichtig: was KEINE Priorität ist), etablieren eindeutige Verantwortlichkeiten und schaffen Transparenz über Entscheidungsprozesse und -befugnisse.

Diese Klarheit sollte jedoch nicht mit rigider Kontrolle verwechselt werden. Im Sinne des Konzepts der „strukturierten Autonomie" geht es darum, klare Grenzen, Erwartungen und Outcomes zu definieren, während gleichzeitig substantielle Freiheit in der Ausführung gewährt wird. Dieser Ansatz bedient sowohl das menschliche Bedürfnis nach Orientierung als auch nach Selbstbestimmung und schafft dadurch günstige Bedingungen für fokussiertes, selbstmotiviertes Handeln.

Ein dritter wesentlicher Aspekt ist die Förderung einer Kultur psychologischer Sicherheit. Amy Edmondson, Professorin für Leadership an der Harvard Business School, definiert psychologische Sicherheit als „die gemeinsame Überzeugung, dass das Team ein sicherer Ort für interpersonelle Risikobereitschaft ist". In Teams mit hoher psychologischer Sicherheit können Mitglieder Bedenken äußern, Hilfe suchen, Fehler eingestehen und kontroverse Themen adressieren, ohne negative Konsequenzen befürchten zu müssen.

Diese Sicherheit ist entscheidend für die Überwindung kollektiver Prokrastination, da viele Formen des Aufschiebens auf Teamebene mit Vermeidung unangenehmer Interaktionen, Angst vor negativer Bewertung oder

Zurückhaltung bei der Kommunikation von Problemen zusammenhängen. Führungskräfte können psychologische Sicherheit fördern, indem sie eigene Fehler und Unsicherheiten eingestehen, aktiv nach abweichenden Meinungen fragen, konstruktives Feedback positiv verstärken und konsistent zwischen Personenkritik und Sachkritik unterscheiden.

Ein vierter zentraler Führungsaspekt ist die bewusste Gestaltung von Arbeitsprozessen, die Prokrastination erschweren. Hierzu gehören beispielsweise:

Die Etablierung iterativer Arbeitszyklen mit regelmäßigen Zwischenergebnissen, die den gefürchteten „Blanc-Page-Effekt" reduzieren und kontinuierliches Feedback ermöglichen

Die Schaffung transparenter Visualisierungssysteme, die Fortschritt sichtbar machen und soziale Accountability fördern

Die Entwicklung effektiver Meeting-Strukturen, die klare Entscheidungen fördern und „Entscheidungs-Prokrastination" reduzieren

Die Implementierung von „Forcing Functions" – strukturellen Elementen, die Aufschubverhalten automatisch einschränken (wie obligatorische Zwischenschritte oder nicht-verhandelbare Deadlines für kritische Meilensteine)

Bei der Gestaltung dieser Prozesse ist es wichtig, dass Führungskräfte die Balance zwischen Struktur und Flexibilität finden. Zu rigide Systeme können Widerstand,

Umgehungsverhalten oder mechanische Compliance ohne echtes Engagement erzeugen, während zu lose Strukturen unzureichende Orientierung bieten. Der ideale Ansatz verbindet klare, konsistente Rahmenbedingungen mit ausreichend Spielraum für Anpassung an individuelle Präferenzen und situative Erfordernisse.

Ein fünfter wesentlicher Führungsaspekt betrifft die Entwicklung einer konstruktiven Feedbackkultur. Regelmäßiges, spezifisches und entwicklungsorientiertes Feedback hilft Teammitgliedern, blinde Flecken in Bezug auf eigene Prokrastinationsmuster zu erkennen und gibt ihnen die Möglichkeit, Verhalten anzupassen, bevor problematische Muster chronisch werden. Gleichzeitig ermöglicht eine offene Feedbackkultur dem Team, kollektive Aufschiebemuster zu identifizieren und gemeinsam Gegenstrategien zu entwickeln.

Erfolgreiche Führungskräfte etablieren formelle und informelle Feedbackmechanismen – von strukturierten Retrospektiven und Prozess-Reviews bis hin zu spontanen Check-ins und kollegialen Feedback-Schleifen. Sie achten dabei besonders darauf, dass Feedback als konstruktives Entwicklungsinstrument und nicht als Beurteilungs- oder Kontrollinstrument wahrgenommen wird, und modellieren selbst Offenheit für Feedback von Teammitgliedern.

Ein sechster wichtiger Aspekt ist die bewusste Gestaltung von Anreizstrukturen. Traditionelle Anreizsysteme fokussieren oft ausschließlich auf Ergebnisse und können dadurch unbeabsichtigt Prokrastination fördern – etwa wenn sie kurzfristige Erfolge über langfristige Investitionen stellen oder wenn sie Einzelleistung stärker belohnen als Kollaboration. Wirkungsvolle Führungskräfte entwickeln differenziertere Anreizsysteme, die nicht nur das „Was" (Ergebnisse), sondern auch das „Wie" (Prozesse, Verhaltensweisen) berücksichtigen und sowohl individuelle als auch kollektive Leistung wertschätzen.

Besonders wichtig ist dabei die Berücksichtigung intrinsischer Motivationsfaktoren wie Autonomie, Kompetenzerleben und soziale Verbundenheit. Anreizsysteme, die diese fundamentalen psychologischen Bedürfnisse adressieren – etwa durch Gewährung von Gestaltungsspielräumen, Anerkennung von Expertise oder Förderung von Teamzusammenhalt –

18.5 Organisationskultur und ihre Auswirkungen

Die Organisationskultur – jenes komplexe Geflecht aus Werten, Überzeugungen, Normen und unausgesprochenen Regeln, das das Leben in Unternehmen prägt – hat einen tiefgreifenden Einfluss darauf, wie und warum Menschen in Organisationen prokrastinieren. Sie schafft den Kontext, in dem individuelles und kollektives Aufschubverhalten entweder gedeiht oder gehemmt wird, oft weitgehend unbewusst und ohne explizite Steuerung. Um Prokrastination in Organisationen effektiv zu adressieren, müssen wir daher verstehen, wie kulturelle Faktoren das Aufschiebeverhalten beeinflussen und wie eine Kultur gestaltet werden kann, die Proaktivität und zeitgerechtes Handeln fördert.

Organisationskulturen unterscheiden sich erheblich in ihrem impliziten Umgang mit Zeit, Entscheidungen und Verantwortung – Faktoren, die direkt mit Prokrastination verbunden sind. Manche Kulturen bewerten schnelle Entscheidungen und unmittelbares Handeln positiv („Action-Orientation"), während andere reflektiertes Abwägen und ausführliche Analyse schätzen. Einige Kulturen betonen persönliche Autonomie und Eigenverantwortung, andere kollektive Entscheidungsfindung und geteilte Verantwortung. Diese kulturellen Ausrichtungen sind nicht per se gut oder schlecht, aber sie schaffen unterschiedliche Bedingungen, unter denen bestimmte Formen der Prokrastination wahrscheinlicher oder unwahrscheinlicher werden.

Besonders einflussreich sind die unausgesprochenen Normen und Annahmen einer Organisation – das, was Edgar Schein, der Pionier der Organisationskulturforschung, als „tiefere Ebenen der Kultur" bezeichnet. Diese manifestieren sich in vermeintlichen Selbstverständlichkeiten wie: „Hier arbeiten wir immer unter Zeitdruck und in letzter Minute" oder „Wir analysieren lieber gründlich, bevor wir handeln". Solche impliziten Annahmen können kollektive Prokrastinationsmuster normalisieren oder sogar als Teil der Organisationsidentität verankern.

Ein besonders mächtiger kultureller Faktor ist der Umgang mit Fehlern und Unsicherheit. In Organisationskulturen, die Fehler stark sanktionieren oder in denen Unsicherheit als Schwäche gilt, entsteht oft eine Form von „defensiver Prokrastination" – das Hinauszögern von Entscheidungen oder Handlungen, um das Risiko von Fehlern zu minimieren. Teammitglieder warten auf vollständige Informationen oder absolute Gewissheit, bevor sie handeln, oder verschieben Entscheidungen auf höhere Ebenen, um persönliche Verantwortung zu vermeiden. Diese kulturell bedingte Risikoaversion kann zu erheblichen Verzögerungen und verpassten Chancen führen.

Im Gegensatz dazu fördern Kulturen, die Experimentieren, Lernen aus Fehlern und „intelligentes Scheitern" wertschätzen, eine größere Bereitschaft, unter Unsicherheit zu handeln. Ein oft zitiertes Beispiel ist die von Amazon-Gründer Jeff Bezos geprägte Unterscheidung zwischen „Ein- und Zweiweg-Türen" – Entscheidungen, die irreversibel sind und daher sorgfältige Überlegung erfordern, versus Entscheidungen, die revidierbar sind und daher schneller getroffen werden können. Diese kulturelle Differenzierung reduziert unnötige Prokrastination bei reversiblen Entscheidungen, während sie angemessene Sorgfalt bei wirklich kritischen Entscheidungen bewahrt.

Ein weiterer kultureller Faktor mit starkem Einfluss auf Prokrastination ist die Bewertung und Anerkennung verschiedener Arbeitsformen. In manchen Organisationen werden sichtbare Aktivität, lange Präsenz und „Firefighting" – das dramatische Lösen akuter Probleme – stärker gewürdigt als unsichtbarere Formen von Arbeit wie vorausschauende Planung, Prävention oder tiefe Konzentration. Diese kulturellen Wertungen können unbeabsichtigt „produktive Prokrastination" fördern – wenn Mitarbeiter sich mit sofort sichtbaren, aber strategisch weniger wichtigen Aufgaben beschäftigen, während sie bedeutsamere, aber weniger unmittelbar sichtbare Arbeiten aufschieben.

Auch die vorherrschenden Kommunikationsnormen in einer Organisation beeinflussen Prokrastinationsmuster erheblich. Kulturen, die permanente Erreichbarkeit, sofortige Reaktion auf Nachrichten und eine „Always-on"-Mentalität fördern, können paradoxerweise zu verstärkter Prokrastination führen, indem sie kontinuierliche Unterbrechungen normalisieren und tiefe, fokussierte Arbeit erschweren. Im Gegensatz dazu können Kulturen, die bewusste Kommunikationsrhythmen, Respekt für ungestörte Arbeitsphasen und asynchrone Kommunikation wertschätzen, bessere Bedingungen für fokussiertes, nicht-prokrastinatives Arbeiten schaffen.

Die „Meetingkultur" einer Organisation spiegelt und verstärkt oft allgemeinere Prokrastinationsmuster. Organisationen mit übermäßig vielen, schlecht strukturierten Meetings oder einer Tendenz, Entscheidungen in immer neue Besprechungen zu verschieben, manifestieren eine Form kollektiver Prokrastination. Im Gegensatz dazu signalisieren Kulturen mit disziplinierten, fokussierten Meetings und klaren Entscheidungsprozessen, dass zielgerichtetes

Handeln und Respekt für die Zeit aller Beteiligten zentrale Werte sind.

Ein subtiler, aber wichtiger kultureller Faktor ist der Umgang mit Arbeitsbelastung und Priorisierung. In Organisationen, die chronische Überlastung normalisieren und keine klare Priorisierung vornehmen, entsteht oft eine Form von „Overwhelm-Prokrastination" – ein Zustand, in dem Mitarbeiter aufgrund der schieren Menge an Anforderungen paralysiert werden und sich in weniger wichtigen, aber leichter bewältigbaren Aufgaben verlieren. Kulturen hingegen, die realistische Arbeitsmengen, klare Priorisierung und die explizite Erlaubnis zum „Nicht-Tun" niederprioritärer Aufgaben fördern, schaffen bessere Bedingungen für fokussiertes, nicht-prokrastinatives Arbeiten an den wirklich wichtigen Dingen.

Die Gestaltung einer prokrastinationsreduzierenden Organisationskultur beginnt mit der bewussten Reflexion der bestehenden kulturellen Muster. Führungskräfte und Teams können gemeinsam analysieren, welche expliziten und impliziten Annahmen, Werte und Praktiken in ihrer Organisation Aufschiebeverhalten fördern oder hemmen. Diese kulturelle Selbstreflexion kann durch strukturierte Prozesse wie Culture Audits, Team-Retrospektiven oder moderierte Workshops unterstützt werden.

Auf dieser Basis können gezielte kulturelle Interventionen entwickelt werden. Ein wirkungsvoller Ansatz ist die Etablierung und Zelebration neuer „Kulturhelden" – Mitarbeiter, die exemplarisch für die gewünschten Verhaltensweisen stehen. Wenn beispielsweise Personen, die durch vorausschauende Planung dramatische „Feuerwehreinsätze" vermeiden, ebenso gewürdigt werden wie die traditionellen „Feuerwehrhelden", beginnt sich die Kulturwahrnehmung zu verschieben.

Die Entwicklung und explizite Kommunikation von „Arbeitsprinzipien" kann ebenfalls zur kulturellen Transformation beitragen. Diese Prinzipien – klare, handlungsorientierte Aussagen über die gewünschte Arbeitsweise – bilden eine Brücke zwischen abstrakten Werten und konkreten Praktiken. Beispiele könnten sein: „Wir priorisieren explizit und sagen bewusst Nein zu niederprioritären Anfragen" oder „Wir respektieren fokussierte Arbeitszeit und schaffen Kommunikationsrhythmen, die tiefe Arbeit ermöglichen".

Besonders wirkungsvoll ist die Verankerung dieser Prinzipien in konkreten Praktiken und Ritualen. Ein Unternehmen könnte beispielsweise „Meeting-freie Tage" einführen, um konzentrierte Arbeitsphasen zu ermöglichen, oder vierteljährliche Priorisierungsworkshops etablieren, in denen explizit festgelegt wird, was NICHT getan wird. Solche Praktiken machen kulturelle Werte sichtbar und erlebbar und helfen, neue Verhaltensweisen zu etablieren.

Auch die bewusste Gestaltung physischer und virtueller Arbeitsumgebungen kann kulturelle Transformation unterstützen. Räume für konzentrierte Einzelarbeit signalisieren, dass tiefe Fokussierung wertgeschätzt wird. Visuelle Management-Tools, die Fortschritt transparent machen, unterstreichen den Wert kontinuierlicher, inkrementeller Fortschritte statt Last-Minute-Arbeit. Digitale Werkzeuge, die asynchrone Kommunikation unterstützen, manifestieren den Respekt für ungestörte Arbeitszeit.

Ein besonders wirkmächtiger Hebel für kulturelle Veränderung ist das Führungsverhalten. Führungskräfte fungieren als Kulturträger und Vorbilder – ihr tägliches Verhalten signalisiert stärker als jede offizielle Aussage, welche Verhaltensweisen tatsächlich wertgeschätzt werden. Wenn Führungskräfte selbst Prokrastination vermeiden, klare Prioritäten setzen, fokussierte Arbeitszeit respektieren und konstruktiv mit Fehlern umgehen, senden sie starke Signale über die gewünschte Kultur.

Die Transformation einer Organisationskultur ist ein langfristiger Prozess, der Geduld, Konsistenz und kontinuierliche Aufmerksamkeit erfordert. Kulturelle Muster, die über Jahre oder Jahrzehnte entstanden sind, lassen sich nicht durch einzelne Interventionen oder Ankündigungen verändern. Vielmehr handelt es sich um einen iterativen Prozess, in dem neue Praktiken, Geschichten, Symbole und Führungsverhaltensweisen allmählich die kulturellen Grundannahmen verschieben.

In diesem Prozess ist es wichtig, nicht nur die offensichtlichen, formellen Aspekte der Kultur zu adressieren, sondern auch die tieferen, oft unbewussten Ebenen – die impliziten Annahmen, Tabus und „ungeschriebenen Regeln", die das Verhalten in Organisationen prägen. Diese tieferen Ebenen sind schwerer zu identifizieren und zu verändern, aber ihre Transformation ist entscheidend für nachhaltige Veränderung.

Ein realistischer Ansatz zur kulturellen Transformation erkennt an, dass nicht alle Aspekte einer Kultur gleichzeitig verändert werden können oder sollten. Stattdessen ist es oft effektiver, mit spezifischen kulturellen „Hebelpunkten" zu beginnen – Elementen, die besonders starken Einfluss auf Prokrastinationsmuster haben und relativ zugänglich für Veränderung sind. Ausgehend von diesen Punkten kann schrittweise eine breitere kulturelle Transformation angestrebt werden.

Schließlich ist es wichtig zu erkennen, dass kulturelle Veränderung nicht nur von oben verordnet werden kann, sondern die aktive Beteiligung aller Organisationsmitglieder erfordert. Partizipative Ansätze, die Mitarbeiter in die Identifikation kultureller Herausforderungen und die Entwicklung neuer Praktiken einbeziehen, haben größere Chancen auf Erfolg als top-down-Initiativen. Wenn Mitarbeiter selbst Teil des Veränderungsprozesses sind, entsteht ein tieferes Verständnis und stärkeres Commitment für die neue Kultur.

Die Gestaltung einer Organisationskultur, die Prokrastination reduziert und proaktives Handeln fördert, ist eine komplexe, aber lohnende Aufgabe. Sie erfordert ein tiefes Verständnis der kulturellen Dynamiken, konsistentes Führungsverhalten, die Entwicklung unterstützender Strukturen und Praktiken und die aktive Beteiligung aller Organisationsmitglieder. Gelingt diese Transformation, entsteht nicht nur eine produktivere, sondern oft auch eine erfüllendere und menschlichere Arbeitsumgebung – eine, in der individuelles und kollektives Potenzial besser zur Entfaltung kommen kann.

19. Lebenslange Implementierung

19.1 Von Taktiken zu Gewohnheiten
Die nachhaltige Überwindung von Prokrastination erfordert mehr als nur die Kenntnis effektiver Taktiken und Strategien – es geht um eine fundamentale Transformation täglicher Gewohnheiten und Routinen. Während Taktiken situativ eingesetzt werden und bewusste Anstrengung erfordern, laufen Gewohnheiten weitgehend automatisch ab und benötigen minimal kognitive Ressourcen. Dieser Übergang von bewusstem, willentlichem Handeln zu automatisierten Verhaltensmustern ist der Schlüssel zu langfristigem Erfolg im Kampf gegen die Prokrastination.

Die moderne Gewohnheitsforschung bietet wertvolle Einblicke in diesen Transformationsprozess. Entgegen populären Vereinfachungen wie „Es braucht 21 Tage, um eine Gewohnheit zu bilden", zeigt die Forschung, dass der Prozess der Gewohnheitsbildung komplex, individuell unterschiedlich und kontextabhängig ist. Eine Studie der University College London fand heraus, dass die Zeit bis zur Automatisierung eines neuen Verhaltens erheblich variiert – von 18 bis zu 254 Tagen, mit einem Durchschnitt von etwa 66 Tagen. Diese große Spannbreite unterstreicht die Notwendigkeit realistischer Erwartungen und personalisierter Ansätze.

Aus neurowissenschaftlicher Perspektive basiert Gewohnheitsbildung auf neuroplastischen Veränderungen im Gehirn, insbesondere in den Basalganglien, die für die Automatisierung von Verhaltenssequenzen verantwortlich sind. Durch wiederholte Ausführung in ähnlichen Kontexten werden neue neuronale Pfade gestärkt, während gleichzeitig die bewusste Kontrolle durch den präfrontalen Kortex abnimmt. Dieser Prozess erklärt, warum etablierte Gewohnheiten weniger anfällig für Willenskrafterschöpfung und emotionale Schwankungen sind – Faktoren, die bei bewusst gesteuerten Verhaltensweisen oft zu Prokrastination führen.

Ein fundamentales Modell für das Verständnis von Gewohnheiten ist die „Habit Loop" nach Charles Duhigg, bestehend aus drei Komponenten: Auslöser (Cue), Routine (Routine) und Belohnung (Reward). Um Prokrastination nachhaltig zu überwinden, müssen wir bestehende negative Gewohnheitsschleifen identifizieren und durch positive ersetzen. Wenn beispielsweise das Gefühl von Unsicherheit vor einer komplexen Aufgabe (Auslöser) bisher zum Ausweichen in Social Media (Routine) und kurzfristiger emotionaler Erleichterung (Belohnung) geführt hat, könnte eine neue Gewohnheitsschleife denselben Auslöser nutzen, aber mit einer produktiveren

Routine verbinden, die ebenfalls eine befriedigende Belohnung bietet.

James Clear hat dieses Modell in seinem einflussreichen Werk „Atomic Habits" zu einem Vier-Komponenten-Modell erweitert: Cue (Auslöser), Craving (Verlangen), Response (Reaktion) und Reward (Belohnung). Diese Erweiterung betont die oft übersehene Rolle des Verlangens als Bindeglied zwischen Auslöser und Handlung. Für die Überwindung von Prokrastination bedeutet dies, dass wir nicht nur die Auslöser und Handlungen, sondern auch die zugrundeliegenden emotionalen Bedürfnisse und Motivationen verstehen und adressieren müssen.

Basierend auf diesen Erkenntnissen lassen sich vier Hauptstrategien für die Transformation von Antiprokrationations-Taktiken in nachhaltige Gewohnheiten ableiten:

Umgebungsdesign als Gewohnheitsfundament: Die physische und digitale Umgebung so zu gestalten, dass produktive Gewohnheiten erleichtert und Prokrastinationstrigger minimiert werden. Dies kann bedeuten, Ablenkungsquellen zu entfernen, visuelle Erinnerungen für wichtige Aufgaben zu platzieren oder die Arbeitsumgebung so zu organisieren, dass der Einstieg in fokussierte Arbeit möglichst reibungslos erfolgt. Dieser Ansatz nutzt das Prinzip der „Reibungsreduktion" für gewünschte Verhaltensweisen und der „Reibungserhöhung" für unerwünschte Verhaltensweisen.

Implementation Intentions: Diese spezifische Form der Handlungsplanung, entwickelt vom Psychologen Peter

Gollwitzer, verbindet einen konkreten Auslöser mit einer definierten Handlung in einem „Wenn-Dann"-Format. Statt des vagen Vorsatzes „Ich werde früher mit wichtigen Aufgaben beginnen" wird eine präzise Verknüpfung etabliert: „Wenn ich morgens meinen ersten Kaffee trinke, dann arbeite ich 30 Minuten an meinem wichtigsten Projekt." Studien zeigen, dass diese konkrete Verknüpfung die Wahrscheinlichkeit der Handlungsausführung signifikant erhöht und den Automationsprozess beschleunigt.

Habit Stacking: Diese von BJ Fogg popularisierte Technik nutzt bestehende Gewohnheiten als Auslöser für neue Verhaltensweisen. Indem eine neue Gewohnheit direkt nach einer bereits etablierten Routine platziert wird, kann der Automationsprozess beschleunigt werden. Beispiel: „Nach dem Öffnen meines Laptops und vor dem Checken von E-Mails werde ich drei Minuten meine Prioritäten für den Tag notieren." Diese Methode ist besonders effektiv, weil sie die Schwelle für neue Verhaltensweisen reduziert, indem sie an bestehende neuronale Pfade anknüpft.

Mikro-Gewohnheiten und Skalierung: Statt sofort komplexe Verhaltensänderungen anzustreben, beginnt dieser Ansatz mit minimalen, fast lächerlich einfachen neuen Gewohnheiten und skaliert sie allmählich. Ein Beispiel wäre, mit dem Vorsatz zu beginnen, täglich nur zwei Minuten an einem wichtigen Projekt zu arbeiten. Diese Minimalschwelle überwindet den initialen Widerstand und setzt den „Two-Minute Rule" von David Allen um. Sobald die Mikro-Gewohnheit etabliert ist, kann sie schrittweise erweitert werden, wobei der Fokus nicht auf der Dauer, sondern auf der Konsistenz liegt.

Bei der praktischen Umsetzung dieser Strategien ist die Berücksichtigung individueller Unterschiede entscheidend. Die Forschung von Gretchen Rubin zu „Tendenztypen" (Upholder, Questioner, Obliger, Rebel) zeigt, dass Menschen unterschiedlich auf Erwartungen und Verpflichtungen reagieren. Ein „Obliger", der vor allem auf externe Erwartungen reagiert, profitiert möglicherweise von sozialen Rechenschaftsstrukturen, während ein „Questioner", der innere Logik und Begründungen braucht, eher durch tiefes Verständnis der Sinnhaftigkeit motiviert wird.

Ähnlich wichtig ist die Berücksichtigung der persönlichen chronobiologischen Muster. Die Anpassung neuer Gewohnheiten an individuelle Energiehochs kann den Erfolg erheblich steigern. Ein „Morgenmensch" könnte wichtige Fokusroutinen am frühen Morgen etablieren, während ein „Nachtmensch" produktivere Gewohnheiten möglicherweise besser in späteren Tageszeiten verankern kann.

Eine oft übersehene Dimension der Gewohnheitsbildung ist die emotionale Komponente. Traditionelle Ansätze betonen oft Willenskraft und Disziplin, doch die Forschung zeigt, dass die emotionale Erfahrung während und nach der Ausführung einer Gewohnheit entscheidend für ihre Verfestigung ist. Wenn das neue Verhalten konsistent mit positiven Emotionen verbunden wird – sei es durch intrinsische Befriedigung, Stolz über Fortschritte oder explizite Belohnungen – verstärkt dies die neuronalen Verbindungen und beschleunigt den Automationsprozess.

In diesem Zusammenhang ist auch das Konzept der „Identitätsbasierten Gewohnheiten" nach James Clear relevant. Statt sich primär auf Verhaltensänderungen zu konzentrieren, betont dieser Ansatz die Transformation des Selbstbildes. Der Fokus verschiebt sich von „Ich will weniger prokrastinieren" zu „Ich bin eine Person, die Aufgaben proaktiv angeht". Diese Identitätsverankerung schafft eine tiefere motivationale Basis für neue Gewohnheiten, da jede Handlungsausführung nicht nur ein Schritt zum Ziel, sondern eine Bestätigung der angestrebten Identität wird.

Für die langfristige Aufrechterhaltung neuer Gewohnheiten ist der konstruktive Umgang mit Unterbrechungen und Rückfällen entscheidend. Die Forschung zeigt, dass gelegentliche Aussetzer normal sind und nicht zwangsläufig zum Zusammenbruch der Gewohnheit führen müssen. Entscheidend ist die Reaktion auf diese Unterbrechungen. Die „Never Miss Twice"-Regel von James Clear – nie zweimal hintereinander eine Gewohnheit zu verpassen – bietet einen pragmatischen Ansatz, der Perfektion durch Konsistenz ersetzt und damit realistischer und nachhaltiger ist.

Ein weiterer wichtiger Aspekt ist die bewusste Integration von Reflexions- und Anpassungsroutinen. Gewohnheiten sollten nicht als starre, unveränderliche Strukturen betrachtet werden, sondern als dynamische Muster, die kontinuierlich verfeinert werden können. Regelmäßige „Gewohnheits-Audits" – bewusste Überprüfungen der Effektivität bestehender Routinen – können helfen, unproduktive Aspekte zu identifizieren und Anpassungen vorzunehmen, bevor Frustration oder Stagnation eintreten.

Die sozialen Dimensionen der Gewohnheitsbildung verdienen besondere Aufmerksamkeit. Die Forschung zeigt, dass wir stark von unserem sozialen Umfeld beeinflusst werden, oft auf unbewusster Ebene. Die bewusste Kultivierung eines „Gewohnheits-Ökosystems" – eines Umfelds aus Menschen, die die angestrebten Verhaltensweisen bereits praktizieren oder unterstützen – kann den Transformationsprozess erheblich beschleunigen. Dies kann formelle Strukturen wie Accountability-Partnerschaften oder Mastermind-Gruppen umfassen, aber auch informellere Aspekte wie die bewusste Exposition gegenüber Vorbildern oder die Kommunikation der eigenen Gewohnheitsziele gegenüber dem sozialen Umfeld.

In der modernen, digitalisierten Welt bieten technologische Tools zusätzliche Unterstützung bei der Gewohnheitsbildung. Habit-Tracking-Apps, digitale Erinnerungssysteme oder gamifizierte Ansätze können den Prozess erleichtern, indem sie kontinuierliches Feedback bieten, Fortschritte visualisieren oder zusätzliche Motivationsschübe durch spielerische Elemente liefern. Diese technologischen Hilfsmittel sollten jedoch als Unterstützung, nicht als Ersatz für die grundlegenden psychologischen Prozesse der Gewohnheitsbildung betrachtet werden.

Langfristig geht es bei der Transformation von Anti-Pro-krastinations-Taktiken in Gewohnheiten nicht nur um einzelne isolierte Verhaltensweisen, sondern um die Entwicklung eines integrierten Systems unterstützender Routinen. Wie der Verhaltensökologe B.J. Fogg betont, ist es oft effektiver, ein „Gewohnheitssystem" zu entwickeln – ein Netzwerk sich gegenseitig verstärkender Gewohnheiten, die gemeinsam eine produktive Lebensweise unterstützen. Dies könnte Morgenroutinen für fokussierte Arbeit, regelmäßige Reflexions- und Planungspraktiken, Energie- und Stressmanagement-Routinen und soziale Rechenschaftsstrukturen umfassen.

Der Übergang von taktischer zu habitueller Prokrastinationsüberwindung ist ein tiefgreifender Transformationsprozess, der Zeit, Geduld und kontinuierliche Anpassung erfordert. Es geht nicht um die perfekte Implementierung eines idealen Systems, sondern um die kontinuierliche Entwicklung persönlich angepasster Gewohnheiten, die sich im realen Leben bewähren. Mit diesem Verständnis und den richtigen Strategien kann die Überwindung der Prokrastination von einem ständigen Kampf zu einem integralen, weitgehend automatisierten Aspekt des täglichen Lebens werden – eine Transformation, die nicht nur Produktivität steigert, sondern auch tiefere Zufriedenheit und ein Gefühl von Selbstwirksamkeit und Kontrolle über das eigene Leben schafft.

19.2 Metakognitive Strategien für nachhaltigen Erfolg

Während konkrete Taktiken und Gewohnheiten die Bausteine für die Überwindung von Prokrastination darstellen, bilden metakognitive Strategien – unser Denken über unser Denken – das übergeordnete Betriebssystem, das diese Bausteine integriert und steuert. Metakognition umfasst die Fähigkeit, die eigenen kognitiven Prozesse zu überwachen, zu evaluieren und zu regulieren. Für die nachhaltige Überwindung von Prokrastination ist diese Ebene entscheidend, da sie es uns ermöglicht, über einzelne Techniken hinauszugehen und einen adaptiven, selbstreflexiven Zugang zu entwickeln.

Der Psychologe Robert Sternberg bezeichnet Metakognition als „die Exekutive, die unsere kognitiven Prozesse überwacht und kontrolliert" – eine treffende Metapher, denn wie ein guter Exekutiv entscheidet die Metakognition, welche Strategien in welchen Situationen eingesetzt werden sollten, evaluiert deren Wirksamkeit und nimmt bei Bedarf Anpassungen vor. Diese übergeordnete Steuerungsfunktion ist besonders relevant für die Prokrastinationsüberwindung, da Aufschiebeverhalten oft aus dem Fehlen genau solcher „exekutiver Funktionen" resultiert.

Eine zentrale metakognitive Fähigkeit ist das „Monitoring" – die kontinuierliche Überwachung der eigenen kognitiven und emotionalen Zustände. Menschen mit gut entwickelten Monitoring-Fähigkeiten erkennen frühzeitig, wenn sie in Prokrastinationsmuster abgleiten, können Warnzeichen wie innere Widerstände, Ablenkbarkeit oder bestimmte Gedankenmuster identifizieren und entsprechend gegensteuern. Diese Früherkennung ermöglicht Interventionen, bevor sich das Aufschiebeverhalten vollständig manifestiert.

Praktische Ansätze zur Stärkung dieser Monitoring-Fähigkeit umfassen regelmäßige „Metacognitive Check-Ins" – kurze, strukturierte Reflexionsmomente, in denen man den eigenen Zustand und das aktuelle Verhältnis zu anstehenden Aufgaben überprüft. Fragen wie „Was geht gerade in mir vor?", „Welche Gedanken oder Gefühle halten mich möglicherweise zurück?" oder „Stehe ich kurz davor, in ein Prokrastinationsmuster zu verfallen?" können solche Check-Ins leiten. Mit zunehmender Übung werden diese Reflexionen immer automatischer und können in den Arbeitsfluss integriert werden.

Eng verbunden mit dem Monitoring ist die Fähigkeit zur „metakognitiven Steuerung" – die bewusste Auswahl und Anpassung von Strategien basierend auf der aktuellen Situation. Während manche Anti-Prokrastinations-Ansätze eine One-Size-Fits-All-Methodik suggerieren, zeigt die Forschung, dass die Wirksamkeit verschiedener Strategien stark kontextabhängig ist. Was in einer Situation funktioniert (z.B. die Pomodoro-Technik bei Routineaufgaben), mag in einer anderen kontraproduktiv sein (z.B. bei kreativen Aufgaben, die längere Immersion erfordern).

Metakognitiv kompetente Menschen verfügen über ein breites Repertoire an Strategien und können flexibel zwischen ihnen wechseln, je nach Aufgabentyp, emotionalem Zustand und situativen Faktoren. Diese Flexibilität geht über das bloße Kennen verschiedener Techniken hinaus – sie umfasst ein tiefes Verständnis der eigenen Reaktionsmuster und der spezifischen Bedingungen, unter denen bestimmte Ansätze optimal funktionieren.

Eine strukturierte Methode zur Entwicklung dieser Flexibilität ist die Erstellung eines persönlichen „Strategie-Portfolios". Dabei werden systematisch verschiedene Anti-Prokrastinations-Ansätze in unterschiedlichen Kontexten getestet und die Ergebnisse dokumentiert. Diese Dokumentation umfasst nicht nur, ob eine Strategie „funktioniert hat", sondern auch detailliertere Aspekte wie emotionale Reaktionen, auftretende Hindernisse oder unerwartete Nebeneffekte. Über Zeit entsteht so ein differenziertes Verständnis der persönlichen Reaktionsmuster und ein maßgeschneidertes Arsenal an Strategien für verschiedene Situationen.

Ein weiterer wichtiger Aspekt der Metakognition ist das „metakognitive Wissen" – ein akkurates Verständnis der eigenen kognitiven Stärken, Schwächen und Tendenzen. Im Kontext der Prokrastination beinhaltet dies ein realistisches Bild davon, unter welchen Bedingungen man besonders anfällig für Aufschiebeverhalten ist, welche Arten von Aufgaben die stärksten inneren Widerstände auslösen und welche emotionalen Zustände die Selbstregulation besonders beeinträchtigen.

Die Entwicklung dieses metakognitiven Wissens erfordert systematische Selbstbeobachtung und -reflexion. Werkzeuge wie strukturierte Prokrastinationstagebücher, in denen nicht nur Aufschubverhalten dokumentiert, sondern auch dessen Kontext, Auslöser und Folgen analysiert werden, können diesen Prozess unterstützen. Eine solche Dokumentation könnte beispielsweise offenbaren, dass jemand besonders bei ambigen Aufgaben ohne klare Erfolgskriterien prokrastiniert, oder dass Perfektionismus speziell bei kreativen Projekten zum Hindernis wird.

Dieses differenzierte Selbstverständnis ermöglicht präventive statt nur reaktive Strategien. Anstatt erst zu handeln, wenn die Prokrastination bereits eingetreten ist, können metakognitiv kompetente Personen potenzielle Problemsituationen antizipieren und vorbeugende Maßnahmen ergreifen – sei es durch die Umstrukturierung von Aufgaben, die Anpassung der Arbeitsumgebung oder die bewusste Aktivierung spezifischer mentaler Zustände.

Eine besonders kraftvolle metakognitive Fähigkeit ist die „kognitive Restrukturierung" – die bewusste Veränderung der eigenen Denkmuster und Interpretationen. Prokrastination wird oft von dysfunktionalen Gedanken begleitet, wie katastrophisierenden Vorstellungen über die Schwierigkeit einer Aufgabe, übertriebenen Selbstzweifeln oder dichotomem „Alles-oder-Nichts"-Denken. Die Fähigkeit, diese Gedanken zu erkennen, zu hinterfragen und durch realistischere, konstruktivere Perspektiven zu ersetzen, bildet ein mächtiges Werkzeug gegen das Aufschieben.

Praktische Ansätze zur Förderung dieser Fähigkeit umfassen Techniken aus der kognitiven Verhaltenstherapie, wie das systematische Identifizieren und Herausfordern dysfunktionaler Gedanken, das Führen eines „Gedankenprotokolls" während Prokrastinationsepisoden oder die Entwicklung von „Standard-Gegenargumenten" gegen häufige aufschubfördernde Gedanken. Ein Beispiel für letzteres wäre die vorgefertigte Antwort „Ich muss nicht in Stimmung sein, um anzufangen – die Stimmung kommt oft erst durch das Handeln" als Erwiderung auf den häufigen Gedanken „Ich bin gerade nicht in der richtigen Stimmung für diese Aufgabe".

Eine weitere bedeutsame metakognitive Fähigkeit ist die „emotionale Regulation" – das bewusste Management der eigenen emotionalen Zustände. Da Prokrastination oft eine Form des Umgangs mit unangenehmen Emotionen darstellt, ist die Fähigkeit, diese Emotionen bewusst wahrzunehmen und konstruktiv mit ihnen umzugehen, fundamental für die langfristige Überwindung des Aufschiebens.

Metakognitiv versierte Personen verfügen über ein Repertoire an Strategien zur emotionalen Regulation, die sie situationsspezifisch einsetzen können – von Achtsamkeitstechniken, die helfen, unangenehme Gefühle zu akzeptieren ohne von ihnen kontrolliert zu werden, bis hin zu gezielten Interventionen, die den emotionalen Zustand aktiv verändern, etwa durch körperliche Aktivität, Visualisierungstechniken oder bewusste Perspektivwechsel.

Besonders relevant für die langfristige Prokrastinations-überwindung ist die metakognitive Fähigkeit zur „Entwicklungsperspektive" – das Verständnis des eigenen Veränderungsprozesses als kontinuierliche Reise statt als binärer Zustand von „Erfolg" oder „Versagen". Diese Perspektive ermöglicht es, Rückschläge als normale und sogar notwendige Bestandteile des Lernprozesses zu betrachten, statt sie als Beweise für persönliches Versagen oder die Unwirksamkeit der gewählten Strategien zu interpretieren.

Praktisch manifestiert sich diese Fähigkeit in der Technik des „konstruktiven Rückblicks" nach Phasen der Prokrastination. Statt in Selbstkritik zu verfallen, wird der Rückschlag analytisch und wohlwollend betrachtet: Welche spezifischen Faktoren haben zum Aufschieben beigetragen? Welche Strategien wurden versucht, und warum waren sie in diesem Fall nicht ausreichend? Welche Anpassungen könnten zukünftig hilfreich sein? Diese reflektierte Herangehensweise transformiert Rückschläge von Niederlagen in wertvolle Datenpunkte, die den kontinuierlichen Verbesserungsprozess informieren.

Eine oft übersehene, aber zentrale metakognitive Fähigkeit ist die „Aufgabenanalyse" – die Kompetenz, Aufgaben systematisch zu dekonstruieren und ihre kognitiven und emotionalen Anforderungen zu verstehen. Prokrastination tritt häufig bei Aufgaben auf, deren Struktur, Komplexität oder implizite Anforderungen nicht vollständig erfasst wurden. Die Fähigkeit, eine Aufgabe mental in ihre Bestandteile zu zerlegen, potenzielle Schwierigkeiten zu antizipieren und einen strategischen Ansatz zu entwickeln, kann den initialen Widerstand erheblich reduzieren.

Eine praktische Methode zur Förderung dieser Fähigkeit ist die „Strategische Aufgabenplanung", bei der vor dem Beginn einer Aufgabe systematisch Fragen gestellt werden wie: „Aus welchen konkreten Schritten besteht diese Aufgabe?", „Welche Ressourcen oder Informationen benötige ich?", „Wo könnten Schwierigkeiten auftreten?", „Welche spezifischen Fähigkeiten werden gefordert?". Diese strukturierte Analyse reduziert Ambiguität und Überwältigung – häufige Trigger für Prokrastination – und ermöglicht einen klareren, strategischeren Zugang.

Eine besonders wertvolle metakognitive Fähigkeit für die Prokrastinationsüberwindung ist das bewusste „Motivationsmanagement". Dies umfasst das Verständnis der eigenen Motivationsquellen und -dynamiken sowie die Fähigkeit, Motivation aktiv zu beeinflussen statt sie als exogene, unkontrollierbare Variable zu betrachten.

Metakognitiv kompetente Personen verstehen, dass Motivation nicht nur dem Handeln vorausgeht, sondern auch durch das Handeln selbst erzeugt wird. Sie können bewusst „Motivationspfade" gestalten – Sequenzen von Handlungen und Erfahrungen, die progressiv die intrinsische Motivation stärken. Dies kann durch Techniken wie die bewusste Fokussierung auf Fortschritte, die Schaffung bedeutsamer Verbindungen zwischen Aufgaben und persönlichen Werten oder die strategische Nutzung von „Flow-Triggern" geschehen – Bedingungen, die den Eintritt in hochkonzentrierte, intrinsisch befriedigende Arbeitszustände fördern.

Ein weiterer wichtiger Aspekt der Metakognition ist die „Entscheidungshygiene" – die bewusste Gestaltung von Entscheidungsprozessen, um kognitive Verzerrungen und impulsive Reaktionen zu minimieren. Prokrastination beinhaltet oft irrationale Entscheidungen, bei denen kurzfristige emotionale Erleichterung langfristigen Zielen vorgezogen wird. Die Fähigkeit, solche Entscheidungssituationen zu erkennen und bewusst strukturiertere Entscheidungsprozesse zu implementieren, kann diese Tendenz reduzieren.

Praktische Ansätze umfassen Techniken wie die „10-10-10-Regel", bei der Entscheidungen aus der Perspektive ihrer Konsequenzen in 10 Minuten, 10 Monaten und 10 Jahren betrachtet werden, oder die Technik der „Prä-Entscheidung", bei der potenzielle Prokrastinationssituationen antizipiert und feste Handlungspläne für diese Fälle festgelegt werden, bevor die emotionale Versuchung der Situation akut wird.

Für die langfristige Implementation metakognitiver Strategien ist die Entwicklung von „Metaroutinen" – regelmäßigen Zeiten und Strukturen für metakognitive Reflexion – besonders wertvoll. Dies könnten wöchentliche Reflexionssessions sein, in denen systematisch die Effektivität der eigenen Arbeitsstrategien evaluiert wird, monatliche Tiefenanalysen wiederkehrender Prokrastinationsmuster oder quartalsmäßige „Strategie-Audits", in denen das gesamte persönliche Produktivitätssystem überprüft und angepasst wird.

Solche Metaroutinen institutionalisieren die kontinuierliche Verbesserung und verhindern das häufige Phänomen, dass anfänglich erfolgreiche Antiprokratinations-Strategien mit der Zeit ihre Wirksamkeit verlieren, weil sie nicht an veränderte Bedingungen oder Bedürfnisse angepasst werden. Sie schaffen zudem einen geschützten Raum für die Art von Reflexion und Anpassung, die im täglichen Handlungsdruck oft untergeht.

Die Entwicklung metakognitiver Kompetenzen repräsentiert einen höheren Grad der Prokrastinationsüberwindung als die bloße Anwendung spezifischer Techniken. Sie ermöglicht einen flexibleren, adaptiveren und letztlich nachhaltigeren Ansatz, der sich an verändernde Lebensumstände und Anforderungen anpassen kann. Während konkrete Taktiken in bestimmten Situationen versagen mögen, bietet die metakognitive Kompetenz die Fähigkeit, aus diesen Erfahrungen zu lernen, neue Ansätze zu entwickeln und den eigenen Entwicklungsprozess kontinuierlich zu optimieren – eine fundamentale Ressource für die lebenslange Reise der Prokrastinationsüberwindung.

19.3 Flexible Anpassung an Lebensphasen

Die Überwindung von Prokrastination ist kein einmaliger Akt, sondern ein kontinuierlicher Prozess, der sich über unterschiedliche Lebensphasen erstreckt. Was in einer bestimmten Lebensperiode effektiv funktioniert, mag in einer anderen weniger wirksam oder sogar kontraproduktiv sein. Die Fähigkeit zur flexiblen Anpassung von Antiprokratinations-Strategien an wechselnde Lebensumstände, Rollen und Entwicklungsstufen ist daher entscheidend für langfristigen Erfolg.

Jede Lebensphase bringt spezifische Herausforderungen und Chancen für die Selbstregulation mit sich. Der Übergang vom Studium ins Berufsleben beispielsweise konfrontiert viele Menschen mit einem fundamentalen Wechsel von einer primär extern strukturierten Umgebung (mit klaren Deadlines, regelmäßigem Feedback und strukturierten Evaluationen) zu einem Kontext, der oft mehr Selbstorganisation und interne Motivation erfordert. Strategien, die im akademischen Umfeld funktioniert haben, müssen entsprechend angepasst werden.

Ähnliche Transitionen ergeben sich beim Wechsel zwischen verschiedenen beruflichen Rollen oder Branchen, beim Übergang in die Selbstständigkeit, bei der Familiengründung, beim Umgang mit gesundheitlichen Veränderungen oder beim Eintritt in neue Lebensjahrzehnte. Jede dieser Phasen verändert sowohl die externen Bedingungen als auch die internen Faktoren, die Prokrastination beeinflussen.

Die Forschung zu Lebensspannenentwicklung zeigt, dass sich mit dem Alter auch fundamentale psychologische Prozesse verändern, die für die Prokrastinationsüberwindung relevant sind. Die exekutiven Funktionen – jene kognitiven Prozesse, die für Planung, Impulskontrolle und Selbstregulation verantwortlich sind – entwickeln sich bis weit ins junge Erwachsenenalter hinein. Gleichzeitig verändern sich emotionsregulatorische Fähigkeiten, Persönlichkeitsmerkmale und motivationale Systeme über die Lebensspanne. Diese Entwicklungen erfordern entsprechende Anpassungen in den Strategien zur Prokrastinationsüberwindung.

Ein konstruktiver Ansatz zur adaptiven Anpassung beginnt mit der bewussten Wahrnehmung und Anerkennung von Lebensphasenübergängen. Statt stillschweigend zu erwarten, dass bisher erfolgreiche Strategien auch in der neuen Phase funktionieren werden, können solche Transitionen als explizite Gelegenheiten für Reflexion und Neuanpassung genutzt werden. Fragen wie „Welche Aspekte meiner bisherigen Selbstorganisation passen möglicherweise nicht mehr zu meiner neuen Lebenssituation?" oder „Welche neuen Ressourcen oder Einschränkungen ergeben sich aus dieser Veränderung?" können diesen Reflexionsprozess leiten.

Besonders bei größeren Lebensübergängen kann eine strukturierte „Prokrastinations-Inventur" hilfreich sein – eine systematische Bestandsaufnahme bisheriger Strategien, deren Effektivität und Passung zur neuen Situation. Diese Inventur umfasst sowohl externe Faktoren (verfügbare Zeit, räumliche Bedingungen, technologische Ressourcen, soziale Unterstützung) als auch interne Faktoren (Energieniveau, dominante Stressoren, motivationale Bedürfnisse, Werteprioritäten). Basierend auf dieser Analyse können dann gezielt neue oder modifizierte Strategien entwickelt werden.

Ein wichtiger Aspekt der flexiblen Anpassung ist die Berücksichtigung phasenspezifischer Prokrastinationstrigger. In frühen Karrierephasen mag Prokrastination oft mit Unsicherheit über die eigenen Fähigkeiten oder der Angst vor Beurteilung zusammenhängen, während in späteren Phasen möglicherweise Motivationsverlust durch Routine oder Burnout-Symptome dominieren. In der Familienphase stellen häufige Unterbrechungen und konkurrierende Prioritäten besondere Herausforderungen dar, während im späteren Erwachsenenalter veränderte kognitive Muster oder gesundheitliche Aspekte eine größere Rolle spielen können.

Die Anpassung an solche phasenspezifischen Trigger erfordert eine differenzierte Strategie. In Phasen, die von hoher Unsicherheit geprägt sind, könnten beispielsweise Ansätze wie strukturierte Mentorschaft, regelmäßiges Feedback-Einholen oder die bewusste Kompetenzerweiterung in kleinschrittigen, überschaubaren Projekten besonders hilfreich sein. In Phasen der Routine hingegen könnte der Fokus auf der Wiederentdeckung von Sinn und Bedeutung, der Integration neuer Herausforderungen oder der bewussten Verknüpfung von Aufgaben mit tieferen Werten liegen.

Besonders wichtig ist die adaptive Anpassung von Zeitmanagement-Strategien an verschiedene Lebensphasen. Die oft idealistischen Zeitmanagement-Modelle, die in vielen Produktivitätsratgebern präsentiert werden, setzen häufig implizit langfristig stabile, vorhersehbare Zeitblöcke voraus – eine Annahme, die in vielen Lebensphasen unrealistisch ist. Gerade Phasen mit hoher zeitlicher Variabilität oder häufigen Unterbrechungen (etwa durch Kinderbetreuung, Pflegeverantwortung oder variierende Arbeitszeiten) erfordern flexiblere, adaptivere Zeitmanagement-Ansätze.

In solchen Phasen können Strategien wie „Zeit-Mosaik-Planung" (die Fähigkeit, auch kleinste Zeitfenster effektiv zu nutzen), „Ready-to-Resume"-Praktiken (Aufgaben so zu organisieren, dass sie nach Unterbrechungen leicht wieder aufgenommen werden können) oder „Zeitkoordination" statt strenger Zeitplanung (flexible Prioritätensysteme statt starrer Zeitpläne) besonders wertvoll sein. Auch die Anpassung von Arbeitstechniken an physiologische Veränderungen – etwa an veränderte Energie- oder Konzentrationsmuster – kann entscheidend sein.

Ein weiterer Aspekt der flexiblen Anpassung betrifft die Nutzung sozialer Ressourcen. In verschiedenen Lebensphasen stehen unterschiedliche soziale Unterstützungssysteme zur Verfügung, die gezielt zur Prokrastinationsüberwindung genutzt werden können. Studierende können von der Einbindung in Lerngruppen profitieren, junge Berufstätige von Mentorenschaften, Eltern von gegenseitigen Betreuungsarrangements, die Fokuszeit ermöglichen, und ältere Erwachsene möglicherweise von altersgemischten Interessengruppen, die Motivation und Struktur bieten.

Die Fähigkeit, solche sozialen Ressourcen phasengerecht zu identifizieren und zu aktivieren, kann ein entscheidender Faktor für nachhaltige Prokrastinationsüberwindung sein. Dies erfordert sowohl Offenheit für neue Formen der Unterstützung als auch die Bereitschaft, bestehende soziale Konstellationen den veränderten Bedürfnissen anzupassen.

Besonders herausfordernd, aber auch besonders wichtig ist die flexible Anpassung in Krisenphasen – sei es durch gesundheitliche Probleme, berufliche Rückschläge, familiäre Krisen oder äußere Ereignisse wie die

COVID-19-Pandemie. In solchen Phasen kann die Aufrechterhaltung gewohnter Produktivitätsstandards unrealistisch oder sogar kontraproduktiv sein. Stattdessen ist ein bewusstes „Krisenmanagement" der Selbstregulation erforderlich – ein temporäres Anpassen von Erwartungen, Prioritäten und Strategien an die veränderten Umstände.

Dies beinhaltet möglicherweise eine Neudefinition dessen, was in der Krisensituation als „Erfolg" gilt, einen stärkeren Fokus auf Selbstfürsorge und Resilienz, oder die Entwicklung minimaler, aber aufrechterhaltbarer Routinen, die ein grundlegendes Funktionieren sicherstellen, ohne übermäßigen Druck zu erzeugen. Die Fähigkeit, solche temporären Anpassungen vorzunehmen, ohne vollständig in Prokrastination zu verfallen, ist eine wichtige Komponente langfristiger Selbstregulation.

Ein oft übersehener Aspekt der Anpassung an Lebensphasen ist die Veränderung fundamentaler Werte und Prioritäten. Was in einer Lebensphase als zentral und motivierend empfunden wird, kann in einer anderen an Bedeutung verlieren. Die Forschung zur Lebensspannenentwicklung zeigt beispielsweise, dass mit zunehmendem Alter oft eine Verschiebung von expansiven, wachstumsorientierten Zielen zu mehr erhaltungsorientierten, emotional bedeutsamen und relationalen Zielen stattfindet.

Diese Wertverschiebungen erfordern eine entsprechende Anpassung der motivationalen Strategien gegen Prokrastination. Während in früheren Phasen vielleicht externe Anerkennung, Karrierefortschritt oder Statusgewinn starke motivationale Anker bildeten, könnten in späteren Phasen Aspekte wie Sinnstiftung, Generativität (der Wunsch, etwas an jüngere Generationen weiterzugeben) oder emotionale Erfüllung an Bedeutung gewinnen. Die bewusste Neujustierung von Antiprokratinationsstrategien an diese veränderten motivationalen Grundlagen kann deren Effektivität erheblich steigern.

Ein weiterer wichtiger Aspekt der flexiblen Anpassung ist die Integration technologischer Veränderungen. Die rapide Evolution digitaler Tools und Plattformen schafft kontinuierlich neue Chancen und Herausforderungen für die Prokrastinationsüberwindung. Die Fähigkeit, neuartige technologische Ressourcen selektiv und reflektiert in das persönliche Produktivitätssystem zu integrieren, ohne von jedem neuen Trend überwältigt zu werden, ist eine wichtige metakognitive Kompetenz.

Dies beinhaltet die regelmäßige Überprüfung und Aktualisierung digitaler Werkzeuge, das bewusste Experimentieren mit neuen Ansätzen und die kritische Evaluation ihrer tatsächlichen Wirksamkeit im persönlichen Kontext. Besonders wichtig ist dabei die Balance zwischen Offenheit für hilfreiche Innovationen und der Vermeidung von „Produktivitäts-Hopping" – dem ständigen

Wechsel zwischen Systemen, der selbst eine Form der Prokrastination darstellen kann.

Die flexible Anpassung an Lebensphasen erfordert schließlich auch eine veränderte Perspektive auf die eigene Entwicklung im Umgang mit Prokrastination. Statt einen linearen Fortschritt zu erwarten, bei dem Prokrastination kontinuierlich abnimmt, ist ein zyklischeres, dynamischeres Modell realistischer. Dieses Modell erkennt an, dass in jeder neuen Lebensphase zunächst Anpassungsschwierigkeiten und temporäre Rückfälle in stärkere Prokrastination auftreten können, bevor neue, phasengerechte Strategien entwickelt und stabilisiert werden.

Diese Perspektive schützt vor Entmutigung bei scheinbaren Rückschritten und fördert stattdessen eine experimentelle, lernorientierte Haltung gegenüber den Herausforderungen neuer Lebensphasen. Sie ersetzt die binäre Vorstellung von „Erfolg versus Versagen" durch ein Verständnis kontinuierlichen Lernens und Anpassens – ein Ansatz, der der Komplexität und Dynamik menschlicher Entwicklung weit besser entspricht als statische Modelle der Prokrastinationsüberwindung.

In diesem Sinne ist die Fähigkeit zur flexiblen Anpassung an unterschiedliche Lebensphasen nicht nur ein Werkzeug zur effektiveren Bekämpfung von Prokrastination, sondern ein fundamentaler Aspekt einer reifen, reflektierten

Beziehung zu Produktivität, Zeit und Selbstregulation – einer Beziehung, die Veränderung nicht als Bedrohung etablierter Systeme, sondern als natürlichen Teil kontinuierlichen Wachstums und kontinuierlicher Entwicklung versteht.

19.4 Die Balance zwischen Disziplin und Selbstmitgefühl
Im Zentrum erfolgreicher, langfristiger Prokrastinationsüberwindung steht eine fundamental wichtige und doch häufig missverstandene Balance: die dynamische Integration von Disziplin und Selbstmitgefühl. Diese scheinbaren Gegensätze werden oft als unvereinbar betrachtet – entweder man ist „hart zu sich selbst" und überwindet Prokrastination durch Willenskraft, oder man ist „nachsichtig mit sich selbst" und akzeptiert Aufschiebeverhalten als Teil der eigenen Natur. Die Forschung und Praxis zeigen jedoch, dass gerade die Integration dieser vermeintlichen Pole den Schlüssel zu nachhaltiger Veränderung darstellt.

Disziplin – verstanden als die Fähigkeit, konsequent und zielgerichtet zu handeln, auch wenn kurzfristige Impulse in eine andere Richtung drängen – ist zweifellos ein wesentliches Element der Prokrastinationsüberwindung. Sie ermöglicht es, innere Widerstände zu überwinden, unangenehme aber wichtige Aufgaben anzugehen und langfristige Ziele gegenüber momentaner Bequemlichkeit zu priorisieren. Ohne ein gewisses Maß an Disziplin bleiben selbst die cleversten Produktivitätsstrategien wirkungslos.

Selbstmitgefühl hingegen – die Fähigkeit, sich selbst mit Verständnis, Freundlichkeit und Akzeptanz zu begegnen, besonders in Momenten des Scheiterns oder Kampfes – wurde lange als Gegenteil von Disziplin missverstanden, als eine Form der Selbstnachsicht, die Prokrastination eher fördert als verhindert. Die Forschung der letzten zwei Jahrzehnte, insbesondere die Arbeiten von Kristin Neff und anderen Pionieren auf diesem Gebiet, hat jedoch ein differenzierteres Bild gezeichnet.

Studien zeigen konsistent, dass echtes Selbstmitgefühl – im Gegensatz zu bloßer Selbstnachsicht – mit höherer Selbstmotivation, größerer emotionaler Resilienz und effektiverer langfristiger Verhaltensänderung korreliert. Menschen mit hohem Selbstmitgefühl sind eher bereit, aus Fehlern zu lernen, konstruktiv mit Rückschlägen umzugehen und sich realistischen Herausforderungen zu stellen. Diese Qualitäten sind für die nachhaltige Überwindung von Prokrastination essentiell.

Die scheinbare Diskrepanz zwischen Disziplin und Selbstmitgefühl löst sich auf, wenn wir verstehen, dass echtes Selbstmitgefühl nicht mit Selbstnachsicht oder unkritischer Selbstakzeptanz gleichzusetzen ist. Wie Neff betont, umfasst Selbstmitgefühl drei Kernkomponenten: Selbstfreundlichkeit (versus Selbstkritik), das Bewusstsein gemeinsamer Menschlichkeit (versus Isolation) und Achtsamkeit (versus überidentifikation mit Gedanken und Gefühlen). Keine dieser Komponenten steht im Widerspruch zu zielgerichtetem Handeln oder persönlicher Disziplin.

In der Praxis manifestiert sich die Balance zwischen Disziplin und Selbstmitgefühl auf verschiedene Weisen. Eine ist die Unterscheidung zwischen Person und Verhalten – die Fähigkeit, bestimmte Verhaltensweisen (wie Prokrastination) kritisch zu bewerten und ändern zu wollen, ohne den eigenen Wert als Person davon abhängig zu machen. Diese Unterscheidung ermöglicht gleichzeitig entschlossenes Handeln gegen Prokrastination und die Aufrechterhaltung einer mitfühlenden Haltung gegenüber sich selbst.

Eine weitere Manifestation ist die Unterscheidung zwischen „Tough Love" und destruktiver Selbstkritik. „Tough Love" – eine Form liebevoller, aber konsequenter Selbstführung – kann hohe Standards setzen und auf Veränderung drängen, tut dies jedoch aus einer grundlegenden Haltung des Wohlwollens und Respekts. Im Gegensatz dazu ist destruktive Selbstkritik von Abwertung, Scham und oft impliziten Annahmen unveränderlicher persönlicher Defizite geprägt – eine Haltung, die langfristig Prokrastination eher verstärkt als reduziert.

Die ausgewogene Integration von Disziplin und Selbstmitgefühl zeigt sich auch im Umgang mit Rückschlägen. Nach Episoden der Prokrastination tendieren Menschen oft zu einem von zwei extremen Reaktionsmustern: Entweder sie verfallen in exzessive Selbstkritik und Scham, was paradoxerweise oft zu weiterer Prokrastination aus Selbstschutz führt, oder sie rationalisieren und entschuldigen ihr Verhalten vollständig, was echtes Lernen und Veränderung verhindert.

Die mitfühlend-disziplinierte Alternative besteht darin, Rückfälle als normale und informative Teile des Lernprozesses zu betrachten. Sie werden weder dramatisiert noch ignoriert, sondern mit einer Haltung neugieriger Selbstreflexion untersucht: Was hat zu diesem Rückfall beigetragen? Welche Strategien haben gefehlt? Welche Anpassungen könnten hilfreich sein? Diese balancierte Perspektive ermöglicht kontinuierliches Lernen und Verbesserung ohne den demotivierenden Effekt übermäßiger Selbstkritik.

Ein weiterer wichtiger Aspekt ist die Unterscheidung zwischen intrinsischer und extrinsischer Motivation. Während Disziplin oft mit externalisierter Motivation durch Druck, Angst oder Pflichtgefühl assoziiert wird, zeigt die Forschung zur Selbstbestimmungstheorie, dass intrinsische oder internalisierte Motivation langfristig nachhaltiger und effektiver ist. Selbstmitgefühl kann dabei helfen, von einer Motivation durch Selbstkritik und Angst zu einer Motivation durch authentisches Interesse, persönliche Werte und Sinnerleben zu gelangen – ein Übergang, der sowohl die Qualität der Erfahrung als auch die Nachhaltigkeit der Motivation verbessert.

Diese transformative Wirkung von Selbstmitgefühl auf die Motivation erklärt das scheinbare Paradoxon, dass eine mitfühlendere Selbstbeziehung oft zu größerer Disziplin und Konsequenz führt, nicht zu weniger. Wenn Prokrastination nicht mehr als persönliches Versagen oder Charakterschwäche betrachtet wird, sondern als verständliche Reaktion auf bestimmte psychologische Bedingungen, wird der Weg frei für konstruktivere, lösungsorientierte Ansätze.

In der praktischen Anwendung kann die Balance zwischen Disziplin und Selbstmitgefühl auf verschiedene Weise kultiviert werden. Eine effektive Methode ist die Entwicklung eines „inneren Teams" aus verschiedenen Teilpersönlichkeiten oder Selbstaspekten, die unterschiedliche Funktionen erfüllen. Anstatt zwischen strenger Selbstdisziplinierung und unkritischer Selbstnachsicht zu oszillieren, können differenziertere innere Stimmen entwickelt werden – etwa ein „innerer Coach", der motiviert und herausfordert, ein „innerer Fürsorgender", der Verständnis und emotionale Unterstützung bietet, und ein „innerer Weiser", der größere Perspektiven und Prioritäten im Blick behält.

Diese inneren Teamrollen können durch spezifische Reflexionsfragen aktiviert werden. In Momenten der Prokrastination könnte man den „inneren Coach" befragen: „Was ist der nächste kleine Schritt, der mich voranbringen würde?", den „inneren Fürsorgenden": „Was brauche ich gerade, um mich dieser Herausforderung gewachsen zu fühlen?", und den „inneren Weisen": „Wie wichtig ist diese Aufgabe wirklich im größeren Kontext meines Lebens und meiner Werte?". Diese multiple Perspektive ermöglicht nuanciertere, ausgewogenere Reaktionen als ein rein disziplinierender oder rein nachsichtiger Zugang.

Eine weitere praktische Strategie ist die bewusste Differenzierung zwischen absoluten und relativen Maßstäben. Absolute Standards – etwa die Erwartung, niemals zu prokrastinieren oder immer maximal produktiv zu sein – führen fast zwangsläufig zu Frustration und Entmutigung. Relative Maßstäbe hingegen, die den aktuellen Kontext, die verfügbaren Ressourcen und die persönliche Entwicklung berücksichtigen, ermöglichen sowohl Herausforderung als auch Realismus.

Ein Beispiel für diesen balancierten Ansatz ist die „Better-Than-Yesterday"-Methode, bei der der Fokus nicht auf einem abstrakten Ideal liegt, sondern auf inkrementeller Verbesserung relativ zum bisherigen Zustand. Diese Perspektive kombiniert den Anspruch kontinuierlicher Entwicklung (Disziplin) mit der Anerkennung des aktuellen Ausgangspunkts und der Wertschätzung auch kleiner Fortschritte (Selbstmitgefühl).

Besonders relevant für die Balance zwischen Disziplin und Selbstmitgefühl ist der Umgang mit Erschöpfungszuständen und begrenzten Ressourcen. Die Forschung zu Willenskraft und Selbstregulation zeigt, dass diese Fähigkeiten von kognitiven und emotionalen Ressourcen abhängen, die erschöpfbar und regenerationsbedürftig sind. In Zuständen erhöhter Belastung, Stress oder Müdigkeit nimmt die Fähigkeit zur Selbstdisziplin natürlicherweise ab, was zu verstärkter Prokrastination führen kann.

In solchen Phasen ist ein ausgewogener Ansatz besonders wichtig. Eine rein disziplinorientierte Perspektive würde von „Versagen" oder „mangelnder Willenskraft" sprechen und möglicherweise zu Überanstrengung und langfristig kontraproduktiver Erschöpfung führen. Eine rein selbstmitfühlende Perspektive könnte hingegen zur völligen Aufgabe von Strukturen und Standards verleiten. Der ausgewogene Mittelweg besteht in der temporären Anpassung von Erwartungen und Anforderungen an den aktuellen Ressourcenzustand, bei gleichzeitiger Aufrechterhaltung grundlegender Strukturen und Standards.

Praktisch kann dies bedeuten, in Erschöpfungsphasen von umfassenden „optimalen" Produktivitätssystemen zu minimalen, aber aufrechterhaltbaren „Basissystemen" zu wechseln. Ein solches Basissystem könnte deutlich reduzierte, aber nicht eliminierte Standards umfassen – etwa eine verkürzte tägliche Fokuszeit, die Konzentration auf nur die wichtigsten Prioritäten oder vereinfachte Versionen sonst komplexerer Arbeitsroutinen. Diese temporäre Anpassung ermöglicht Regeneration ohne vollständigen Kontrollverlust und bildet eine Brücke zurück zu vollständigerer Funktionsfähigkeit.

Eine besonders wichtige Manifestation der Disziplin-Selbstmitgefühl-Balance ist der Umgang mit inneren Widerständen gegen bestimmte Aufgaben. Die traditionelle, rein disziplinorientierte Perspektive betrachtet diese Widerstände als zu überwindende Hindernisse, die durch Willenskraft bezwungen werden müssen. Die rein selbstmitfühlende Perspektive könnte diese Widerstände als definitive Signale interpretieren, die Aufgabe aufzuschieben oder zu vermeiden.

Der ausgewogene Mittelweg besteht in einem respektvollen Dialog mit dem Widerstand. Dieser Ansatz erkennt an, dass innere Widerstände oft wichtige Informationen enthalten – etwa über Ängste, unerfüllte Bedürfnisse oder legitime Überlastung. Gleichzeitig akzeptiert er nicht automatisch die oberflächliche „Botschaft" des Widerstands (die Aufgabe zu vermeiden), sondern sucht nach Wegen, die zugrundeliegenden Bedürfnisse zu adressieren, während die Aufgabe dennoch angegangen wird.

Praktisch kann dieser Dialog durch Fragen wie „Was genau fühlt sich bei dieser Aufgabe schwierig an?", „Welches legitime Bedürfnis versucht dieser Widerstand vielleicht zu schützen?" oder „Wie könnte ich diese Aufgabe angehen und gleichzeitig auf dieses Bedürfnis achten?" geführt werden. Dieser nuancierte Ansatz ermöglicht sowohl das Festhalten an wichtigen Zielen als auch die respektvolle Berücksichtigung der eigenen psychologischen Realität.

Eine weitere wichtige Dimension der Disziplin-Selbstmit-gefühl-Balance ist der Umgang mit Perfektionismus – einem häufigen Treiber von Prokrastination. Die rein disziplinorientierte Perspektive könnte dazu neigen, perfektionistische Standards als Motivation zu nutzen, während die rein selbstmitfühlende Perspektive mög-licherweise zu einer vollständigen Aufgabe hoher Stan-dards führen könnte.

Der ausgewogene Mittelweg besteht in der Unterschei-dung zwischen funktionalem Streben nach Exzellenz und dysfunktionalem Perfektionismus. Ersteres ist durch realistische Standards, Fokus auf Wachstum statt Valida-tion und die Fähigkeit, Fehler als Lernchancen zu betrach-ten, gekennzeichnet. Letzteres hingegen manifestiert sich in überhöhten Standards, Vermeidung von Situationen mit Fehlerrisiko und der Tendenz, Selbstwert an fehlerfreie Leistung zu koppeln.

Durch diese Unterscheidung wird es möglich, hohe Ansprüche an die eigene Arbeit zu stellen (Disziplin), während gleichzeitig die psychologischen Fallen des Perfektionismus vermieden werden (Selbstmitgefühl). Die praktische Umsetzung kann Techniken wie die Definition von „Genug-Kriterien" vor Projektbeginn, die bewusste Planung von Iterationszyklen statt sofortiger Perfektion oder die Entwicklung von Ritualen zum „Loslassen" ferti-ger Arbeiten umfassen.

Die Balance zwischen Disziplin und Selbstmitgefühl manifestiert sich auch in der zeitlichen Struktur von Arbeit und Erholung. Die rein disziplinorientierte Perspektive neigt dazu, Erholung als „verdient" zu betrachten – etwas, das erst nach ausreichender Leistung zulässig ist. Im Kontrast dazu könnte die rein selbstmitfühlende Perspektive zu übermäßiger, kompensatorischer Erholung ohne ausreichende produktive Phasen führen.

Der ausgewogene Mittelweg erkennt Erholung als fundamentalen Bestandteil nachhaltiger Produktivität an – nicht als Belohnung für Leistung, sondern als notwendige Ressource für fortgesetzte Leistungsfähigkeit. In diesem Verständnis werden Arbeit und Erholung nicht als konkurrierende, sondern als komplementäre Elemente eines gesunden Rhythmus betrachtet.

Praktisch kann dies durch bewusste „Oszillation" zwischen Phasen fokussierter Anstrengung und genuiner Entspannung umgesetzt werden, wie etwa in der Pomodoro-Technik (zeitlich begrenzte Fokusperioden mit definierten Pausen) oder in größerem Maßstab durch klare Grenzen zwischen Arbeits- und Freizeit. Diese rhythmische Struktur ermöglicht sowohl konsequentes Arbeiten an wichtigen Aufgaben als auch respektvollen Umgang mit den eigenen Regenerationsbedürfnissen.

Letztendlich ist die Balance zwischen Disziplin und Selbstmitgefühl keine statische Formel, sondern ein dynamischer Prozess, der kontinuierliche Aufmerksamkeit und Anpassung erfordert. Die optimale Balance variiert je nach Person, Situation und Lebensphase. Sie zu kultivieren bedeutet, sowohl die Fähigkeit zur konsequenten Selbstführung als auch die Fähigkeit zu authentischem Mitgefühl mit sich selbst zu entwickeln und situativ die angemessene Mischung zu finden.

Diese Integration scheint paradox, folgt jedoch einer tieferen Logik: Echte Disziplin ist nicht Härte gegen sich selbst, sondern Treue zu den eigenen höchsten Werten und Potentialen. Echtes Selbstmitgefühl ist nicht Nachgiebigkeit, sondern kluge Sorge um das eigene langfristige Wohlbefinden und Wachstum. In ihrer besten Form sind Disziplin und Selbstmitgefühl nicht Gegensätze, sondern komplementäre Aspekte einer reifen, weisen Selbstführung – einer Führung, die sowohl Herausforderung als auch Unterstützung bietet und damit den Weg zur nachhaltigen Überwindung von Prokrastination ebnet.

19.5 Prokrastination als Lebenskunst: Ein reifes Verständnis

Die Überwindung von Prokrastination wird oft als technisches Problem dargestellt – als eine Frage der richtigen Methoden, Systeme und Willenskraftstrategien. Je tiefer wir jedoch in das Thema eintauchen, desto deutlicher wird, dass es sich um weit mehr handelt: um eine Lebenskunst, die Aspekte von Selbsterkenntnis, Werteklarheit, emotionaler Intelligenz und Weisheit im Umgang mit der fundamentalen Spannung zwischen kurzfristigen Impulsen und langfristigen Werten umfasst. Ein reifes Verständnis der Prokrastinationsüberwindung geht über die bloße Steigerung der Produktivität hinaus und berührt grundlegende Fragen menschlichen Seins.

Der Begriff „Lebenskunst" hat eine lange philosophische Tradition, die bis in die Antike zurückreicht. Für Philosophen wie Sokrates, Epiktet oder Seneca war Philosophie keine rein akademische Übung, sondern eine praktische Disziplin des guten Lebens – eine Kunst der bewussten Lebensgestaltung im Einklang mit reflektierten Werten und Einsichten. In diesem Sinne kann auch der bewusste Umgang mit Prokrastination als Teil einer größeren Lebenskunst verstanden werden – als Aspekt der Frage, wie wir unsere Zeit, Energie und Aufmerksamkeit im Einklang mit unseren tiefsten Werten und Zielen gestalten können.

Aus dieser Perspektive ist die Überwindung von Prokrastination nicht primär eine Frage der Effizienzsteigerung oder der bloßen Aufgabenbewältigung, sondern der Entwicklung einer reifen, weisen Beziehung zu Zeit, Handlung und Selbstführung. Diese reife Beziehung zeichnet sich durch mehrere Qualitäten aus, die über konventionelle Produktivitätskonzepte hinausgehen.

Eine erste solche Qualität ist die Integration von Gegensätzen. Ein reifes Verständnis erkennt an, dass menschliches Leben von fundamentalen Spannungen und scheinbaren Widersprüchen geprägt ist: zwischen Struktur und Spontaneität, Leistung und Sein, äußeren Erwartungen und inneren Bedürfnissen, Selbstakzeptanz und Selbstentwicklung. Statt diese Spannungen einseitig aufzulösen (wie es viele vereinfachende Ansätze zur Prokrastinationsüberwindung tun), geht es um die Fähigkeit, diese Polaritäten zu halten und situativ angemessene Balancen zu finden.

In der Praxis bedeutet dies beispielsweise, sowohl Strukturen zu schaffen, die Prokrastination erschweren, als auch Raum für kreatives Nichtstun zu lassen, der Innovation und Regeneration fördert. Es bedeutet, äußere Anforderungen ernst zu nehmen, ohne die innere Stimme eigener Bedürfnisse und Werte zu überhören. Und es bedeutet, sich selbst mit all seinen Unvollkommenheiten anzunehmen, während man gleichzeitig kontinuierlich an persönlichem Wachstum arbeitet.

Eine zweite Qualität eines reifen Verständnisses ist die Kontextualität. Während vereinfachende Ansätze nach universellen Rezepten suchen („Folge diesen 5 Schritten und du wirst nie wieder prokrastinieren"), erkennt ein reifes Verständnis an, dass der angemessene Umgang mit Handlungsimpulsen und -widerständen stark kontextabhängig ist. Was in einem Zusammenhang als produktive Fokussierung gilt, kann in einem anderen als rigide Inflexibilität erscheinen. Was in einem Kontext als gesunde Selbstfürsorge wirkt, mag in einem anderen als Ausweichen vor wichtigen Herausforderungen interpretierbar sein.

Die Lebenskunst der Prokrastinationsüberwindung besteht nicht darin, starre Regeln zu befolgen, sondern kontextsensitive Urteilskraft zu entwickeln – die Fähigkeit, in jeder spezifischen Situation angemessen zu reagieren, basierend auf einem tiefen Verständnis der spezifischen Umstände, Bedürfnisse und Werte. Diese Urteilskraft lässt sich nicht algorithmisch kodifizieren, sondern entwickelt sich durch reflektierte Erfahrung und kontinuierliches Lernen.

Eine dritte Qualität ist die Prozessorientierung. Ein reifes Verständnis betrachtet die Überwindung von Prokrastination nicht als einen Endzustand, der erreicht werden kann („Ich habe Prokrastination überwunden"), sondern als einen kontinuierlichen Prozess des Lernens, Anpassens und Wachsens. Dieser Prozess verläuft nicht linear, sondern zyklisch, mit Phasen von Fortschritt, Stagnation und temporären Rückschritten. Aus dieser Perspektive werden Rückfälle nicht als Versagen, sondern als natürliche und sogar notwendige Bestandteile des Lernprozesses betrachtet.

Diese Prozessorientierung ermöglicht eine grundlegend andere Herangehensweise an die eigenen Prokrastinationsmuster. Statt sich an einem imaginären Idealbild fehlerfreier Produktivität zu messen, geht es um die fortwährende Entwicklung eines zunehmend weiseren, nuancierteren Verhältnisses zur eigenen Zeit und Energie. Diese Perspektive reduziert nicht nur unnötigen Stress, sondern ermöglicht auch ein tieferes, nachhaltigeres Lernen aus den unvermeidlichen Schwankungen und Herausforderungen des Weges.

Eine vierte Qualität eines reifen Verständnisses ist die reflektierte Werteorientierung. Während oberflächlichere Ansätze Prokrastination primär als Hindernis bei der Erreichung externaler Ziele betrachten, fokussiert ein reiferes Verständnis auf die Frage, welche Werte und Bedeutungen durch unser Handeln oder Nicht-Handeln zum Ausdruck kommen. Es geht nicht nur darum, effizient zu sein, sondern die eigene Zeit und Energie in Übereinstimmung mit den eigenen tiefsten Werten zu investieren.

Diese Werteorientierung führt zu einer fundamentalen Neubewertung dessen, was als „Prokrastination" gilt. Das bloße Aufschieben einer Aufgabe, die zwar extern erwartet wird, aber nicht mit den eigenen Kernwerten resoniert, ist aus dieser Perspektive möglicherweise keine echte Prokrastination, sondern eine (bewusste oder unbewusste) Wertentscheidung. Umgekehrt kann auch vermeintlich produktives Verhalten eine Form von „produktiver Prokrastination" darstellen, wenn es von tieferen, wertebasierten Prioritäten ablenkt.

Die Kultivierung dieser reflektierten Werteorientierung beginnt mit der expliziten Identifikation und Klärung der eigenen Kernwerte – jener fundamentalen Qualitäten und Prioritäten, die das eigene Leben definieren und leiten sollen. Basierend auf dieser Klarheit können dann bewusstere Entscheidungen darüber getroffen werden, welche Aktivitäten Priorität erhalten sollten, welche zurückgestellt werden können und welche möglicherweise ganz aufgegeben werden sollten.

Eine fünfte Qualität eines reifen Verständnisses ist die Integration von Handeln und Sein. Während vereinfachende Ansätze oft einseitig auf „Tun" und „Erreichen" fokussieren, erkennt ein reiferes Verständnis die komplementäre Bedeutung von Sein, Empfangen und kontemplativen Zuständen an. Die ausschließliche Fokussierung auf Aktivität und Produktivität kann paradoxerweise zu einer Form von „Hyperaktivitäts-Prokrastination" führen – einem geschäftigen Vermeiden der tieferen, kontemplativen Dimensionen des Lebens.

Die Lebenskunst der Prokrastinationsüberwindung besteht nicht nur darin, mehr zu erledigen, sondern in der bewussten Integration von Aktivität und Rezeptivität, Handeln und Sein, Leistung und Präsenz. Diese Integration ermöglicht eine reichere, vollständigere Nutzung der menschlichen Kapazitäten und verhindert die einseitige Fixierung auf Produktivität, die langfristig zu Erschöpfung und Sinnverlust führen kann.

Eine sechste Qualität ist die emotionale Reife im Umgang mit Zeit. Ein oberflächlicheres Verständnis betrachtet Zeit primär als lineare, quantifizierbare Ressource, die optimiert werden muss. Ein reiferes Verständnis erkennt die komplexen psychologischen und existenziellen Dimensionen unseres Zeitverhältnisses an – die Tatsache, dass Zeit nicht nur objektiv gemessen, sondern subjektiv erlebt wird, und dass dieses Erleben tiefgreifend von emotionalen, kulturellen und existenziellen Faktoren geprägt ist.

Emotionale Reife im Umgang mit Zeit beinhaltet die Fähigkeit, die eigenen zeitbezogenen emotionalen Muster zu erkennen und zu regulieren – etwa die Tendenz, unter Druck in Panik zu verfallen, aus Angst vor Unvollkommenheit den Beginn hinauszuzögern oder aus Sorge vor Endlichkeit in hektische Betriebsamkeit zu flüchten. Es bedeutet auch, ein balanciertes Verhältnis zu Vergangenheit, Gegenwart und Zukunft zu entwickeln, ohne in einer dieser Zeitdimensionen feststecken zu bleiben.

Eine siebte Qualität ist die Kultivierung weiser Aufmerksamkeit. Während viele Ansätze zur Prokrastinationsüberwindung primär auf willentliche Anstrengung und Kontrolle setzen, betont ein reiferes Verständnis die fundamentale Rolle der Aufmerksamkeit – die Fähigkeit, bewusst zu wählen, worauf wir unseren Geist richten und wie wir unsere Erfahrung interpretieren. Diese Qualität der Aufmerksamkeit ist nicht primär eine Frage der Kontrolle, sondern der bewussten Präsenz und der Fähigkeit, zwischen verschiedenen Aufmerksamkeitsmodi zu wechseln.

In der Praxis bedeutet dies, sowohl fokussierte Aufmerksamkeit für zielgerichtetes Arbeiten als auch offene, rezeptive Aufmerksamkeit für kreative Inspiration und weiteren Kontext zu kultivieren. Es bedeutet, nicht nur den Inhalt der aktuellen Aufgabe zu beachten, sondern auch den breiteren Zusammenhang und die tiefere Bedeutung des eigenen Handelns. Und es bedeutet, achtsam für die subtilen internen Signale zu werden, die auf aufkommende Prokrastination oder die Notwendigkeit von Pausen hindeuten könnten.

Eine achte Qualität eines reifen Verständnisses ist die Transzendenz des Ego. Während oberflächlichere Ansätze oft implizit ein isoliertes, autonomes Selbst voraussetzen, das seine Produktivität optimieren will, erkennt ein reiferes Verständnis die tiefere Wahrheit der Interdependenz und die Möglichkeit, über rein selbstbezogene Motivationen hinauszugehen. Die Überwindung von Prokrastination wird nicht nur als Mittel zur persönlichen Erfolgsoptimierung betrachtet, sondern als Aspekt eines größeren Beitrags zum Wohl anderer und der Gemeinschaft.

Diese Transzendenz manifestiert sich in der Verschiebung von primär ego-zentrierten Motivationen (Statusgewinn, Selbstbestätigung, Vermeidung von Kritik) zu einer tieferen Motivation, die auf Verbundenheit, Sinnhaftigkeit und dem Wunsch, etwas Wertvolles beizutragen, basiert. Diese Motivationsverschiebung kann paradoxerweise zu größerer Selbstdisziplin und reduzierter Prokrastination führen, da die eigene Handlung nun in einem bedeutungsvolleren Kontext steht als dem bloßen Selbstbild oder externen Erfolg.

Diese acht Qualitäten – Integration von Gegensätzen, Kontextualität, Prozessorientierung, Werteorientierung, Integration von Handeln und Sein, emotionale Reife im Zeiterleben, weise Aufmerksamkeit und Transzendenz des Ego – bilden zusammen die Grundlage eines reifen Verständnisses der Prokrastinationsüberwindung als Lebenskunst. Dieses Verständnis ist nicht als Ersatz für praktische Strategien und Techniken gedacht, sondern als tieferer Kontext, der diesen Techniken Bedeutung, Richtung und Nachhaltigkeit verleiht.

Die Entwicklung eines solchen reifen Verständnisses ist selbst ein lebenslanger Prozess, der kontinuierliche Reflexion, Erfahrung und Lernen erfordert. Es handelt sich nicht um ein abstraktes, rein intellektuelles Konzept, sondern um eine gelebte Weisheit, die sich in der täglichen

Praxis manifestiert und verfeinert. Diese Weisheit ermöglicht einen fundamentaleren, nachhaltigeren Zugang zur Überwindung von Prokrastination als jede isolierte Technik – einen Zugang, der nicht nur unsere Produktivität steigert, sondern unser gesamtes Verhältnis zu Zeit, Handlung und letztlich zu uns selbst transformiert.

In diesem tieferen Sinne ist die Überwindung von Prokrastination nicht nur ein praktisches Projekt, sondern ein Aspekt jener größeren Herausforderung, die bereits die antiken Philosophen beschäftigte: die Kunst, ein bewusstes, selbstbestimmtes und sinnerfülltes Leben zu führen – ein Leben, in dem wir weder von blinden Impulsen gesteuert werden noch uns in rigide Kontrolle flüchten, sondern eine weise, flexible Balance finden zwischen den verschiedenen Dimensionen und Anforderungen unserer menschlichen Existenz.

20. Jenseits der Produktivität: Ein ausgewogenes Leben

20.1 Die Grenzen der Produktivitätskultur
In einer Welt, die von der ständigen Optimierung menschlicher Leistungsfähigkeit besessen scheint, ist es höchste Zeit, einen kritischen Blick auf die vorherrschende

„Produktivitätskultur" zu werfen. Diese Kultur, geprägt von endlosen To-Do-Listen, Effizienzmetriken und der Glorifizierung von Vielbeschäftigtheit, hat zweifellos ihre Verdienste – sie hat Werkzeuge und Frameworks hervorgebracht, die uns helfen können, zielgerichteter zu arbeiten und Prokrastination zu überwinden. Gleichzeitig müssen wir jedoch ihre inhärenten Grenzen und problematischen Aspekte erkennen, um ein wirklich ausgewogenes, erfüllendes Leben zu kultivieren.

Eine fundamentale Grenze der vorherrschenden Produktivitätskultur liegt in ihrer oft einseitigen Fokussierung auf quantifizierbare Outputs. Die Anzahl erledigter Aufgaben, geschriebener E-Mails oder abgeschlossener Projekte wird zum primären Maßstab für Erfolg, während schwerer messbare Qualitäten wie Tiefe des Denkens, Kreativität, Weisheit oder emotionale Intelligenz vernachlässigt werden. Diese Verengung auf das leicht Messbare führt zu einer verzerrten Bewertung dessen, was wirklich wertvoll und wichtig ist – sowohl im beruflichen als auch im persönlichen Kontext.

Der Philosoph Byung-Chul Han spricht in diesem Zusammenhang von der „Transparenzgesellschaft", in der nur das zählt, was sichtbar und quantifizierbar ist. Was sich der Messung und Darstellung entzieht – das Tiefe, Ambivalente, Prozesshafte – wird systematisch entwertet oder ignoriert. Dies hat weitreichende Konsequenzen für unseren Umgang mit Prokrastination: Unter dem Druck, kontinuierlich sichtbare Ergebnisse zu produzieren, können wertvolle Phasen des Innehaltens, der Reflexion oder der kreativen Inkubation fälschlicherweise als „unproduktive" Prokrastination interpretiert und bekämpft werden.

Eine weitere problematische Dimension der Produktivitätskultur ist ihre Tendenz zur Verselbständigung der Mittel. Ursprünglich sollte gesteigerte Produktivität ein Mittel sein, um mehr Zeit für das Wesentliche zu gewinnen – für bedeutungsvolle Beziehungen, persönliche Entwicklung oder selbstgewählte Projekte. In der Praxis beobachten wir jedoch häufig eine Umkehrung dieses Verhältnisses: Produktivität wird zum Selbstzweck, zu einem Wert an sich, unabhängig davon, wofür die gewonnene Effizienz eigentlich genutzt werden sollte.

Diese Verselbständigung manifestiert sich im Phänomen des „Produktivitäts-Fetischismus" – der Tendenz, immer neue Produktivitätssysteme, Apps und Techniken zu akkumulieren, ohne tatsächlich mehr Bedeutsames zu schaffen. Das kontinuierliche Streben nach dem perfekten Produktivitätssystem kann paradoxerweise selbst zu einer Form der Prokrastination werden – einer Ablenkung von den eigentlichen Fragen nach Sinn, Werten und Prioritäten.

Besonders problematisch ist die in der Produktivitätskultur oft implizite Annahme, dass mehr immer besser

sei. Mehr erledigte Aufgaben, mehr Projekte, mehr berufliche Verpflichtungen werden automatisch mit mehr
Erfolg, Erfüllung oder Lebenswert gleichgesetzt. Diese
„Quantitätslogik" ignoriert die empirisch gut belegte Tatsache, dass menschliches Wohlbefinden ab einem
gewissen Punkt nicht mehr durch quantitative Steige-
rungen, sondern durch qualitative Aspekte wie Bedeutsamkeit, Beziehungstiefe oder Kohärenz mit persönlichen
Werten bestimmt wird.

Die Forschung von Mihaly Csikszentmihalyi zum
„Flow"-Erleben zeigt beispielsweise, dass tiefe Erfüllung
weniger mit der Menge des Erledigten zusammenhängt
als mit der Qualität des Erlebens während der Tätigkeit –
mit Zuständen vollständiger Immersion, bei denen Handlung und Bewusstsein verschmelzen. Solche Zustände
entstehen typischerweise nicht unter dem Druck maximaler Effizienz, sondern erfordern einen geschützten
Raum für Konzentration, Hingabe und intrinsische
Motivation.

Eine weitere Grenze der Produktivitätskultur liegt in ihrer
mangelnden ökologischen Nachhaltigkeit – sowohl im
persönlichen als auch im planetaren Sinne. Auf persönlicher Ebene führt der Imperativ kontinuierlicher Leis-
tungssteigerung oft zu Überlastung, chronischem Stress
und letztlich zu Burnout – einem Zustand emotionaler
Erschöpfung, der die produktive Kapazität selbst untergräbt. Die Burnout-Epidemie in hochproduktiven Gesell-

schaften ist ein deutliches Zeichen für die Grenzen eines Systems, das kontinuierliches Wachstum ohne entsprechende Regeneration fordert.

Auf gesellschaftlicher und planetarer Ebene spiegelt sich diese Dynamik in den ökologischen Krisen unserer Zeit wider. Die Ideologie unbegrenzten Wachstums und kontinuierlicher Produktivitätssteigerung stößt an die harten Grenzen endlicher Ressourcen und der Regenerationsfähigkeit natürlicher Systeme. In diesem größeren Kontext erscheint die einseitige Fokussierung auf immer mehr und immer schneller als fundamentale Fehlkalibrierung – als Verwechslung von Mitteln und Zwecken auf gesellschaftlicher Skala.

Problematisch ist auch die in der Produktivitätskultur oft implizite Trennung zwischen „produktiver" Arbeit und anderen Lebensdimensionen wie Beziehungen, Gemeinschaft, Kontemplation oder kreativer Expression. Diese Trennung führt zu einer Hierarchisierung von Aktivitäten, bei der instrumentelle, zielorientierte Tätigkeiten höher bewertet werden als rezeptive, kontemplative oder beziehungsorientierte. Diese Werthierarchie ignoriert, dass vollständiges menschliches Gedeihen auf der Integration verschiedener Erfahrungsweisen und Aktivitätsformen basiert.

Die feministische Kritik hat zudem darauf hingewiesen, dass traditionelle Produktivitätskonzepte oft geschlechtsspezifische Verzerrungen aufweisen. Care-Arbeit, emotionale Arbeit und reproduktive Tätigkeiten – historisch primär von Frauen geleistet – werden in konventionellen Produktivitätsrahmen systematisch unterbewertet oder ganz ignoriert. Diese Verzerrung führt zu einer einseitigen Valorisierung traditionell „männlicher" Formen der Produktivität und zur Marginalisierung gleichermaßen essentieller, aber weniger sichtbarer Formen menschlicher Arbeit und Beiträge.

Auch die kulturelle Relativität dominanter Produktivitätskonzepte verdient kritische Betrachtung. Die aktuell vorherrschenden Modelle sind stark von westlichen, individualisierten, linearen Zeitkonzeptionen geprägt und stehen oft im Konflikt mit anderen kulturellen Traditionen, die zyklischere Zeitvorstellungen, stärkere Gemeinschaftsorientierung oder andere Prioritäten jenseits materieller Produktion und Effizienz betonen. Die unreflektierte Universalisierung eines spezifischen kulturellen Modells von Produktivität kann zu einer Verarmung der Vielfalt menschlicher Lebens- und Arbeitsweisen führen.

Eine besonders subtile, aber fundamentale Grenze der Produktivitätskultur liegt in ihrer Tendenz, das menschliche Subjekt primär als Leistungserbringer zu betrachten – als Ressource, die optimiert werden muss. Diese instrumentelle Selbstbeziehung, die der Philosoph Martin Heidegger als „technisches Verhältnis zum Selbst" kritisierte, reduziert die reiche Komplexität menschlichen Seins auf funktionale Aspekte und vernachlässigt die existenziellen, spirituellen und relationalen Dimensionen des Lebens.

In diesem reduktionistischen Rahmen wird Prokrastination primär als technisches Problem behandelt – als Fehlfunktion, die durch die richtigen Methoden behoben werden muss. Diese Betrachtungsweise übersieht, dass Aufschiebeverhalten oft tiefere Botschaften enthält – etwa über vernachlässigte Bedürfnisse, Wertekonflikte oder die Notwendigkeit von Pausen und Neuorientierung. Die einseitige Bekämpfung von Prokrastination ohne Berücksichtigung ihrer potentiellen Signalwirkung kann zu einer Entfremdung von wichtigen Aspekten der eigenen Erfahrung führen.

Die Überwindung dieser Grenzen der Produktivitätskultur erfordert kein vollständiges Verwerfen von Effizienztechniken oder Selbstorganisationsmethoden. Vielmehr geht es um die Entwicklung eines differenzierteren, integrativeren Verständnisses von menschlichem Gedeihen und sinnvoller Aktivität. Dieses erweiterte Verständnis erkennt den Wert von Produktivität an, bettet sie jedoch in einen größeren Kontext ein, der auch andere essentielle Dimensionen menschlicher Erfahrung umfasst.

Ein solches erweitertes Verständnis würdigt die Bedeutung von Phasen scheinbarer „Unproduktivität" für kreative Prozesse und tieferes Denken. Es respektiert die natürlichen Rhythmen von Aktivität und Ruhe, Fokussierung und Entspannung, die sowohl biologisch als auch psychologisch in der menschlichen Konstitution verankert sind. Es erkennt an, dass manche der wertvollsten menschlichen Aktivitäten – wie tiefe Beziehungen, künstlerische Expression oder spirituelle Praxis – einer anderen Logik folgen als der der Effizienzmaximierung.

Statt Produktivität kategorisch abzulehnen, geht es darum, sie in den Dienst umfassenderer Werte und Ziele zu stellen – sie als Mittel zu betrachten, nicht als Zweck. In diesem Sinne können wir Produktivitätstechniken durchaus nutzen, um mehr Raum für das zu schaffen, was uns wirklich wichtig ist, ohne ihnen eine Dominanz über unser gesamtes Leben einzuräumen. Es geht um die Entwicklung einer reflektierten, selbstbestimmten Beziehung zu Produktivität – einer Beziehung, die ihre Nützlichkeit anerkennt, ohne ihren impliziten Totalitätsanspruch zu akzeptieren.

Letztlich führt die Auseinandersetzung mit den Grenzen der Produktivitätskultur zu einer fundamentalen Frage: Was ist ein gut gelebtes Leben? Die einseitige Antwort der Produktivitätsideologie – ein Leben maximaler Effizienz und Output – erscheint bei näherer Betrachtung als unzureichend. Ein reicheres, vollständigeres Verständnis würde vielfältigere Dimensionen einbeziehen: tiefe Verbundenheit, authentische Expression, kontemplative Tiefe, Freude, Kreativität, ethisches Handeln und die

Integration verschiedener Erfahrungsweisen und Tätig-keitsformen.

In diesem erweiterten Rahmen erscheint Prokrastination nicht mehr primär als Hindernis für Produktivität, sondern als komplexes Phänomen mit potentiell wichtigen Signa-len für unser Gesamtleben. Die Überwindung von Pro-krastination wird dann nicht zum Selbstzweck, sondern zu einem Aspekt eines größeren Projekts: der Entwicklung einer weisen, ausgewogenen Beziehung zu Zeit, Hand-lung und den vielfältigen Dimensionen menschlicher Existenz.

20.2 Muße und kreatives Nichtstun

In unserer hyperaktiven Kultur, die kontinuierliche Beschäftigung glorifiziert und „Nichtstun" oft mit Faul-heit oder Zeitverschwendung gleichsetzt, erscheint die bewusste Kultivierung von Muße fast revolutionär. Doch gerade in einer Welt, die von der Geschwindigkeit des sofortigen Gratifikation, endlosen Informationsströmen und dem Druck ständiger Produktivität geprägt ist, wird die Fähigkeit zum kreativen Nichtstun – zu Phasen bewusster, unverplanter Zeit – nicht nur zu einer Quelle persönlicher Regeneration, sondern auch zu einer essen-tiellen Ressource für tiefere Kreativität, Einsicht und authentische Selbstbestimmung.

Der Begriff der „Muße" hat eine reiche philosophische Tradition, die bis in die Antike zurückreicht. Für Aristo-

teles war „scholé" (der griechische Begriff für Muße)
nicht einfach Untätigkeit, sondern eine qualitativ hochwertige Form der Freiheit – ein Zustand, in dem man
nicht von externen Notwendigkeiten getrieben wird, sondern in selbstgewählte Tätigkeiten eintauchen kann, die
um ihrer selbst willen wertvoll sind. In diesem klassischen Verständnis ist Muße nicht das Gegenteil von
Aktivität, sondern von Fremdbestimmung und instru-
mentellem Zwang.

Diese subtile, aber entscheidende Unterscheidung ist für
unser Verständnis der Beziehung zwischen Muße und
Prokrastination zentral. Während Prokrastination typischerweise von Vermeidung, innerer Anspannung und oft
Schuldgefühlen begleitet wird, zeichnet sich echte Muße
durch Präsenz, innere Freiheit und eine Qualität bewussten Erlebens aus. Der äußere Beobachter mag in beiden
Fällen eine Person sehen, die „nichts tut" – doch die
innere Erfahrung unterscheidet sich fundamental.

Die Neurowissenschaft bietet zunehmend Einblicke in die
biologische Bedeutung von Muße und scheinbarer
Untätigkeit. Die Forschung zum „Default Mode Network"
(DMN) – einem Netzwerk von Gehirnregionen, das
besonders aktiv ist, wenn wir nicht mit zielgerichteten
Aufgaben beschäftigt sind – zeigt, dass Phasen scheinbaren Nichtstuns für fundamentale kognitive Prozesse
essentiell sind. In diesen Zuständen verarbeitet das Gehirn
vergangene Erfahrungen, integriert neue Informationen,

generiert kreative Verbindungen und simuliert zukünftige Szenarien.

Diese neuronale „Hintergrundarbeit" ist für kreative Durchbrüche und tiefere Einsichten unverzichtbar. Viele bedeutende wissenschaftliche, künstlerische und philosophische Erkenntnisse entstanden nicht während angestrengter, zielgerichteter Arbeit, sondern in Momenten der Entspannung oder scheinbaren Ablenkung – beim Spazierengehen, in der Badewanne oder während des Tagträumens. Diese Beobachtung spiegelt sich in der bekannten „Inkubationsphase" kreativer Prozesse wider, in der nach intensiver Beschäftigung mit einem Problem eine Phase des Loslassens folgt, während der das Unterbewusstsein weiterarbeitet und oft überraschende Lösungen hervorbringt.

Ein besonders wertvoller Aspekt der Muße ist ihre Bedeutung für die Selbstreflexion und tiefere Selbsterkenntnis. In einer Kultur, die kontinuierliche externe Stimulation und Beschäftigung bietet, werden Momente echter Stille und Selbstbegegnung selten. Doch gerade diese Momente sind oft entscheidend, um den eigenen authentischen Weg zu finden, verborgene Anteile der Persönlichkeit zu integrieren oder tiefer liegende Bedürfnisse und Werte zu erkennen, die im Alltagsgetriebe überhört werden.

In diesem Sinne kann Muße einen entscheidenden Beitrag zur Überwindung von Prokrastination leisten – nicht als direkte Strategie gegen das Aufschieben, sondern als Raum, in dem eine tiefere Verbindung zu den eigenen authentischen Motivationen entstehen kann. Viele Formen chronischer Prokrastination wurzeln in einer Entfremdung von den eigenen wahren Interessen und Werten, in der Übernahme fremder Ziele oder im Verlust intrinsischer Motivation. Bewusste Muße kann hier als korrektives Element wirken, als Raum für die Wiederentdeckung authentischer Richtung und Begeisterung.

Die bewusste Kultivierung von Muße erfordert in der heutigen Welt oft aktive Entscheidungen und Grenzziehungen. Die allgegenwärtigen digitalen Technologien mit ihren kontinuierlichen Benachrichtigungen, Informationsströmen und Unterhaltungsangeboten haben die natürlichen „Leerstellen" des Alltags gefüllt, die früher automatisch Raum für Müßiggang boten – Warteschlangen, Zugfahrten, der Weg zur Arbeit. Die bewusste Schaffung digitaler Pausen, medienfrei Zeiten oder „Tech Sabbaticals" wird zunehmend zu einer notwendigen Praxis, um Raum für echte Muße zurückzugewinnen.

Besonders wertvoll sind regelmäßige, ritualisierte Formen der Muße – sei es der morgendliche Spaziergang ohne digitale Begleitung, die abendliche Stunde ohne Bildschirme oder der wöchentliche „Tag des Nichtstuns". Solche Rituale schaffen geschützte Räume für Regeneration, Kreativität und Selbstbegegnung in einer Welt, die sonst von kontinuierlicher Aktivität und externen

Anforderungen geprägt ist. Sie wirken als Gegenpol zu einer Kultur, die Geschäftigkeit glorifiziert und Nichtstun oft mit Unbehagen oder gar Schuldgefühlen assoziiert.

Die Fähigkeit zur Muße hat auch eine wichtige soziale und beziehungsbezogene Dimension. Die Qualität unserer Beziehungen leidet oft unter einer kontinuierlichen Orientierung auf Produktivität und Effizienz. Echte zwischenmenschliche Verbindung erfordert eine Präsenz und Offenheit, die sich nicht mit der Logik der Optimierung vereinbaren lässt. Die Kunst des „Zusammen-Seins" ohne spezifische Agenda – sei es in Gesprächen, gemeinsamen Erlebnissen oder einfach geteilter Zeit – bildet eine wertvolle Form sozialer Muße, die tiefere Verbindungen ermöglicht als zielorientierte Interaktionen.

Ein subtiler, aber wichtiger Aspekt der Muße ist ihre nicht-instrumentelle Natur. In einer Kultur, die fast alle Aktivitäten unter dem Aspekt ihrer Nützlichkeit für andere Zwecke betrachtet (Fitness für Gesundheit und Attraktivität, Meditation für Stressreduktion und Produktivitätssteigerung, sogar Freizeitaktivitäten für „Work-Life-Balance"), bietet echte Muße einen Raum für Tätigkeiten, die um ihrer selbst willen wertvoll sind – die nicht einem externen Zweck dienen, sondern ihre Erfüllung in sich selbst tragen.

Diese Form nicht-instrumenteller Aktivität wurde vom Philosophen Josef Pieper als wahre „Feier" beschrieben –

als Ausdruck einer Lebensbejahung, die über bloße Nütz-
lichkeitserwägungen hinausgeht. In diesem Sinne ist
Muße nicht einfach Nichtstun, sondern kann sich in ver-
schiedensten Tätigkeiten manifestieren – vom Spaziergang in der Natur über künstlerische Expression bis hin
zu kontemplativen Praktiken oder einfach dem entspann-
ten Zusammensein mit Freunden. Was diese Aktivitäten
zu Formen der Muße macht, ist nicht ihr äußeres Erscheinungsbild, sondern die innere Haltung, mit der sie ausgeführt werden – eine Haltung der Präsenz, Offenheit und
intrinsischen Wertschätzung.

Ein häufiges Missverständnis besteht darin, Muße mit
völliger Passivität oder gar Langeweile gleichzusetzen.
Doch echte Muße hat eine eigene Qualität aktiver Rezeptivität – eine Offenheit und Aufmerksamkeit, die sich
fundamental von erzwungener Untätigkeit unterscheidet.
Der französische Philosoph Blaise Pascal bemerkte tref-
fend, dass viele menschliche Probleme daher rühren, dass
wir „nicht ruhig in einem Zimmer sitzen können" – eine
Beobachtung, die in unserer Epoche kontinuierlicher
Ablenkung und Stimulation noch relevanter erscheint als
in seiner Zeit.

Die Fähigkeit, mit sich selbst zu sein, ohne sofortige
Ablenkung oder Beschäftigung zu suchen, ist tatsächlich
eine anspruchsvolle Kunst, die kultiviert werden muss.
Die anfängliche Unbehaglichkeit, die viele Menschen in
Momenten erzwungener Inaktivität erleben – etwa wenn

das Smartphone temporär nicht verfügbar ist oder eine Wartezeit ohne Unterhaltungsmöglichkeiten überbrückt werden muss – deutet auf eine gewisse „Entwöhnung" von der Fähigkeit zur Muße hin, die in früheren Zeiten selbstverständlicher Teil der menschlichen Erfahrung war.

Die bewusste Wiederentdeckung und Kultivierung von Muße kann daher eine transformative Praxis sein – nicht nur als Gegengewicht zum Leistungsdruck und zur Beschleunigung des modernen Lebens, sondern auch als Weg zu tieferer Kreativität, Selbsterkenntnis und authentischer Lebensgestaltung. Sie bildet ein notwendiges Komplement zu den Strategien der Prokrastinationsüberwindung, indem sie uns daran erinnert, dass ein erfülltes Leben nicht nur aus effizientem Handeln besteht, sondern auch aus Momenten bewussten Seins, in denen wir nicht durch äußere Zwecke oder Anforderungen bestimmt werden, sondern in Kontakt mit unserer tieferen Natur und den nicht-instrumentellen Dimensionen des Lebens kommen.

In diesem erweiterten Verständnis wird die Überwindung von Prokrastination nicht zu einem Projekt endloser Produktivitätssteigerung, sondern zu einem Aspekt eines weiseren, ausgewogeneren Verhältnisses zu Zeit und Handlung – eines Verhältnisses, das sowohl die Erfüllung zielgerichteten Handelns als auch die Tiefe bewusster Muße umfasst und zwischen diesen komplementären

Dimensionen menschlicher Erfahrung einen rhythmischen, lebendigen Austausch ermöglicht.

20.3 Die Kunst des bewussten Aufschiebens
Während ein Großteil dieses Buches der Überwindung von Prokrastination gewidmet ist, wäre es unvollständig ohne die Anerkennung, dass es auch eine Kunst des bewussten, strategischen Aufschiebens gibt – eine Form des intentionalen Verzögerns, die sich fundamental von der unbewussten, impulsiven Prokrastination unterscheidet. Diese Kunst des „bewussten Aufschiebens" stellt nicht eine Kapitulation vor den Herausforderungen fokussierten Handelns dar, sondern eine nuancierte, reife Form der Zeitgestaltung, die in bestimmten Kontexten sowohl produktiver als auch menschlicher sein kann als der Versuch sofortiger Erledigung jeder anstehenden Aufgabe.

Ein fundamentaler Unterschied zwischen unbewusster Prokrastination und bewusstem Aufschieben liegt in der Intentionalität und Reflexivität der Entscheidung. Während klassische Prokrastination typischerweise von Impulsivität, unreflektiertem Ausweichen und oft Schuldgefühlen begleitet wird, basiert bewusstes Aufschieben auf einer überlegten Entscheidung – einer expliziten Wahl, bestimmte Aktivitäten zu verzögern, um tieferen Prioritäten, Werten oder strategischen Überlegungen zu dienen.

Aus evolutionärer Perspektive kann argumentiert werden, dass die Fähigkeit zum strategischen Aufschub eine fortgeschrittene kognitive Adaption darstellt. Während einfachere Organismen und auch menschliche Kleinkinder primär auf unmittelbare Reize reagieren, entwickeln Menschen im Laufe ihrer Entwicklung die Fähigkeit, Handlungen zu verzögern, um größere langfristige Vorteile zu erreichen. Diese Verzögerungsfähigkeit ist eng mit der Entwicklung des präfrontalen Kortex verbunden und ermöglicht komplexere Strategien der Ressourcenallokation und Prioritätensetzung.

Eine erste Form des bewussten Aufschiebens ist das „strategische Warten" – die Entscheidung, eine Aufgabe zu verzögern, um bessere Bedingungen für ihre Erledigung zu schaffen oder zusätzliche Informationen zu gewinnen. In dynamischen, unsicheren Umgebungen kann unmittelbares Handeln oft weniger effektiv sein als ein kalkuliertes Abwarten, das mehr Klarheit oder günstigere Umstände ermöglicht. Insbesondere in kreativen, strategischen oder komplexen Entscheidungskontexten kann vorschnelles Handeln zu suboptimalen Ergebnissen führen, die durch bewusstes Verzögern vermeidbar gewesen wären.

Eine zweite Form bewussten Aufschiebens ist die „intentionale Inkubation" – das bewusste Zurückstellen bestimmter Probleme oder Projekte, um dem Unterbewusstsein Zeit für die Verarbeitung zu geben. Die kreative Kognitionsforschung hat wiederholt gezeigt, dass komplexe Probleme oft effektiver gelöst werden, wenn nach einer Phase intensiver Beschäftigung eine Periode der Ablenkung oder des „Nichtstuns" folgt, in der das Gehirn unbewusst an der Aufgabe weiterarbeitet. Viele kreative Durchbrüche und Einsichten entstehen nicht während fokussierter Arbeit, sondern in nachfolgenden Phasen scheinbarer Untätigkeit.

Eine dritte Form ist das „energetische Pacing" – die bewusste Entscheidung, bestimmte Aufgaben zu verzögern, um kognitive und emotionale Ressourcen für höherprioritäre Aktivitäten zu bewahren. In einer Welt mit potentiell unbegrenzten Anforderungen und begrenzten persönlichen Ressourcen wird die Fähigkeit, bestimmte Dinge bewusst NICHT zu tun oder aufzuschieben, zu einer essentiellen Strategiefähigkeit. Dieses Pacing erkennt an, dass kontinuierliche Hochleistung nicht nachhaltig ist und dass strategische Phasen reduzierten Engagements langfristig produktiver sein können als der Versuch, alles sofort zu erledigen.

Eine vierte Form bewussten Aufschiebens könnte als „selektive Vernachlässigung" bezeichnet werden – die explizite Entscheidung, bestimmte Aufgaben oder Bereiche temporär zu vernachlässigen, um anderen Prioritäten gerecht zu werden. Im Gegensatz zu unbewusster Prokrastination, die oft mit Unbehagen und Schuldgefühlen einhergeht, basiert selektive Vernachlässigung auf einer klaren Wertehierarchie und Prioritätensetzung. Sie manifestiert sich in der bewussten Entscheidung „Ich werde X jetzt nicht tun, um mich auf Y konzentrieren zu können" – eine Entscheidung, die den begrenzten Charakter von Zeit und Aufmerksamkeit anerkennt und explizite Wahlentscheidungen trifft.

Eine fünfte Form ist das „konstruktive Veralten-Lassen" – die Strategie, bestimmte Anfragen oder Anforderungen bewusst unbeantwortet zu lassen, um zu testen, ob sie tatsächlich wichtig genug sind, um erneut aufzutauchen. In einer Zeit der Informationsüberflut und kontinuierlicher Anforderungen kann dieses selektive „Verfallen-Lassen" eine effektive Methode der Priorisierung sein. Viele scheinbar dringende Anfragen verlieren ihre Dringlichkeit mit der Zeit oder lösen sich durch Umstände oder die Handlungen anderer von selbst. Das bewusste Verzögern kann hier als Filter dienen, der die wirklich wichtigen Angelegenheiten von den nur scheinbar dringenden unterscheidet.

Diese Formen bewussten Aufschiebens sollten nicht als Rechtfertigung für gewohnheitsmäßige Prokrastination missverstanden werden. Der entscheidende Unterschied liegt in der Bewusstheit, Intentionalität und strategischen Natur der Entscheidung. Während unbewusste Prokrastination typischerweise reaktiv, emotional getrieben und mit Schuldgefühlen verbunden ist, ist bewusstes Aufschieben proaktiv, strategisch und mit einem Gefühl der Klarheit und Ausrichtung assoziiert.

Die Entwicklung dieser Fähigkeit zum bewussten Aufschieben erfordert mehrere fundamentale Kompetenzen. Eine erste ist die Klarheit über die eigenen Prioritäten und Werte – die Fähigkeit zu erkennen, was wirklich wichtig ist und in welchen Bereichen temporäres Aufschieben akzeptabel oder sogar vorteilhaft sein kann. Ohne diese Klarheit besteht die Gefahr, dass bewusstes Aufschieben in unbewusste Prokrastination abgleitet oder dass wichtige Bereiche vernachlässigt werden, während triviale überbetont werden.

Eine zweite Kompetenz ist die emotionale Reife, mit der Spannung unerledigter Aufgaben umzugehen, ohne in reflexhafte Aktivität oder völlige Vermeidung zu verfallen. Dies beinhaltet die Fähigkeit, den Unterschied zwischen produktiver Spannung (die bewusstes Aufschieben begleiten kann) und kontraproduktiver Angst oder Schuld (die typische Begleiter unbewusster Prokrastination sind) zu erkennen und differenziert zu navigieren.

Eine dritte Kompetenz ist metakognitives Bewusstsein – die Fähigkeit, die eigenen mentalen Prozesse zu beobachten und zu reflektieren, um zwischen strategischem Aufschub und rationalisierter Prokrastination zu unterscheiden. Diese Unterscheidung erfordert Ehrlichkeit sich selbst gegenüber und die Bereitschaft, die eigenen Motivationen kritisch zu hinterfragen. Ein hilfreiches Kriterium kann sein, ob die Entscheidung zum Aufschieben mit einem Gefühl der Klarheit und Ausrichtung oder mit subtilen Anzeichen von Unbehagen und Rationalisation verbunden ist.

In der praktischen Anwendung kann bewusstes Aufschieben durch verschiedene Strukturen und Praktiken unterstützt werden. Eine Möglichkeit ist die Implementierung expliziter „Entscheidungspunkte" – festgelegte Zeiten, zu denen bewusst evaluiert wird, ob bestimmte Aufgaben jetzt angegangen, explizit aufgeschoben oder möglicherweise ganz von der Liste gestrichen werden sollten. Diese strukturierten Entscheidungspunkte verhindern sowohl impulsive Prokrastination als auch reflexhaftes „Sofort-Erledigen" und fördern eine bewusstere, strategischere Beziehung zu anstehenden Aufgaben.

Eine weitere praktische Strategie ist das „temporäre Parken" – das explizite Ablegen bestimmter Ideen, Projekte oder Aufgaben an einem definierten Ort für spätere Wiederaufnahme. Anders als beim unbestimmten Aufschieben wird hier ein konkreter „Parkplatz" und idealerweise auch ein späterer Überprüfungszeitpunkt festgelegt. Diese Praxis nutzt das Zeigarnik-Prinzip – die Tendenz des Gehirns, an unerledigten Aufgaben festzuhalten – konstruktiv, indem sie dem Geist signalisiert, dass die Aufgabe nicht vergessen, sondern bewusst für später aufbewahrt wird.

Besonders wertvoll kann die Implementierung von „Batch-Processing" sein – das bewusste Sammeln bestimmter Arten von Aufgaben zur späteren gesammelten Bearbeitung statt sofortiger Einzelerledigung. Diese Strategie erkennt an, dass kontinuierliches Task-Switching kognitive Kosten verursacht und dass bestimmte Aufgabentypen effizienter in dedizierten Zeitblöcken erledigt werden können. Das bewusste Aufschieben bis zum nächsten relevanten Batch-Termin kann hier nicht nur Zeit sparen, sondern auch die Qualität der Aufgabenerledigung verbessern.

Eine weitere wichtige Praktik ist das „bewusste Nein-Sagen" – die explizite Entscheidung, bestimmte Anfragen nicht nur aufzuschieben, sondern aktiv abzulehnen, um Raum für wichtigere Prioritäten zu schaffen. Im Gegensatz zum passiven Aufschieben, das oft mit Schuldgefühlen und der impliziten Annahme verbunden ist, die Aufgabe „eigentlich" erledigen zu müssen, schafft das bewusste Nein-Sagen klare Grenzen und Freiräume für das, was wirklich wichtig ist.

Die vielleicht subtilste Form bewussten Aufschiebens ist die „kreative Verzögerung" – das intentionale Schaffen von Raum zwischen Impuls und Handlung, um tiefere, reflektiertere Reaktionen zu ermöglichen. In einer Kultur, die unmittelbare Reaktion und sofortige Verfügbarkeit glorifiziert, kann das bewusste Einführen einer Verzögerung – sei es bei der Beantwortung von E-Mails, der Reaktion auf Anfragen oder der Umsetzung von Ideen –

einen entscheidenden Unterschied für die Qualität unserer Entscheidungen und Handlungen machen.

Für die praktische Kultivierung bewussten Aufschiebens als Lebenskunst sind einige grundlegende Prinzipien hilfreich:

Intentionalität: Bewusstes Aufschieben basiert auf expliziten, reflektierten Entscheidungen statt auf automatischen Reaktionen oder unreflektierter Gewohnheit. Die Frage „Warum schiebe ich diese Aufgabe auf?" sollte eine klare, strategische Antwort haben.

Werteklärung: Die Entscheidung, was aufgeschoben wird und was Priorität erhält, sollte auf expliziten Werten und Prioritäten basieren, nicht auf momentanen Impulsen oder unreflektierten Gewohnheiten. Regelmäßige Reflexion über die eigenen tieferen Werte und Ziele bildet die Grundlage für weises Aufschieben.

Achtsamkeit: Bewusstes Aufschieben erfordert ein kontinuierliches Gewahrsein der eigenen emotionalen und kognitiven Zustände, um zwischen strategischem Aufschub und emotionaler Vermeidung unterscheiden zu können. Praktiken, die diese Achtsamkeit fördern – sei es formelle Meditation oder informellere Selbstreflexion – sind wertvolle Unterstützung.

Rhythmus statt Rigidität: Bewusstes Aufschieben erkennt an, dass menschliche Produktivität und Kreativität zyklisch sind, nicht linear. Es respektiert die natürlichen Rhythmen von Energie, Fokus und Regeneration und nutzt sie strategisch, statt sie zu ignorieren oder zu bekämpfen.

Kontinuierliches Lernen: Die Kunst des bewussten Aufschiebens entwickelt sich durch kontinuierliche Reflexion und Anpassung. Was funktioniert und was nicht? Wo hat bewusstes Aufschieben zu besseren Ergebnissen geführt, wo zu vermeidbaren Problemen? Diese reflektierte Praxis ermöglicht kontinuierliche Verfeinerung und Entwicklung.

In einer Welt, die kontinuierliche Aktivität, sofortige Reaktion und maximale Produktivität glorifiziert, kann die bewusste Kultivierung strategischen Aufschiebens als Gegengewicht dienen – als Praxis, die Raum für Reflexion, Reifung und bewusstere Entscheidungen schafft. Sie erkennt an, dass „erledigt" nicht immer besser ist als „durchdacht" und dass die Weisheit zu wissen, was man aufschieben sollte, manchmal ebenso wertvoll sein kann wie die Disziplin, das Notwendige rechtzeitig zu erledigen.

Letztlich geht es nicht um ein Entweder-Oder zwischen Prokrastinationsüberwindung und bewusstem Aufschieben, sondern um die Entwicklung einer differenzierten, nuancierten Beziehung zur Zeit und zu den vielfältigen Anforderungen, die an uns gestellt werden. Diese reifere Beziehung zeichnet sich weder durch unreflektiertes Aufschieben noch durch zwanghaftes Sofort-Erledigen aus, sondern durch eine weise, kontextsensitive Balance, die sowohl fokussiertes Handeln als auch strategisches Verzögern umfasst – je nachdem, was die spezifische Situation und unsere tieferen Werte und Ziele erfordern.

20.4 Sinnorientierung statt Effizienzmaximierung

In einer Welt, die zunehmend von metrischen Bewertungen, Optimierungsalgorithmen und der Quantifizierung menschlicher Aktivität geprägt ist, gerät eine fundamentale Dimension menschlichen Lebens leicht aus dem Blick: die Frage nach Sinn und Bedeutung. Während die vorherrschende Produktivitätskultur oft primär darauf fokussiert, WIE wir Dinge effizienter erledigen können, bleibt die tiefere Frage nach dem WARUM – nach der Bedeutung und dem Sinn unseres Handelns – häufig unbeantwortet oder wird als selbstverständlich vorausgesetzt. Doch gerade diese Dimension des Sinns kann einen Schlüssel zur nachhaltigen Überwindung von Prokrastination und zur Entwicklung eines erfüllteren, ausgewogeneren Verhältnisses zu Zeit und Aktivität darstellen.

Der österreichische Psychiater und Holocaustüberlebende Viktor Frankl hat mit seiner Logotherapie eine fundamentale psychologische Einsicht formuliert: Menschen sind primär nicht von einem Streben nach Lust oder

Macht motiviert, sondern vom „Willen zum Sinn" – dem tiefen Bedürfnis, das eigene Leben und Handeln als bedeutungsvoll zu erfahren. Frankl beobachtete, dass Menschen außergewöhnliche Härten ertragen können, wenn sie einen Sinn darin erkennen, während selbst komfortable, aber als sinnlos erlebte Existenzen zu existenzieller Frustration und psychischen Problemen führen können.

Diese Beobachtung hat direkte Relevanz für unser Verständnis von Prokrastination. Viele Formen des Aufschiebens wurzeln nicht primär in mangelnder Selbstdisziplin oder fehlenden Zeitmanagement-Fähigkeiten, sondern in einem tieferen Sinndefizit – einem Gefühl, dass die aufgeschobenen Aktivitäten keinen bedeutungsvollen Beitrag zu dem leisten, was uns wirklich wichtig ist. In diesem Sinne kann Prokrastination als Symptom einer fundamentaleren Entfremdung von authentischen Werten und Zielen verstanden werden.

Die zeitgenössische psychologische Forschung bestätigt Frankls Einsichten. Studien zur Selbstbestimmungstheorie von Ryan und Deci zeigen, dass intrinsische Motivation – jene Form der Motivation, die aus dem inneren Wert und der Bedeutsamkeit einer Aktivität selbst entsteht – mit höherer Ausdauer, tieferem Engagement und größerer Erfüllung verbunden ist als extrinsische Motivationsformen, die auf äußeren Belohnungen oder Druckmitteln basieren. Menschen, die ihre Aktivitäten als Ausdruck ihrer tiefsten Werte und authentischen Interessen erleben, zeigen nicht nur größere Beständigkeit, sondern auch höhere Kreativität und psychologisches Wohlbefinden.

Ähnlich hat die Forschung zu „Purpose in Life" (Lebenssinn) wiederholt gezeigt, dass Menschen mit einem starken Gefühl von Lebenssinn nicht nur psychisch gesünder sind, sondern auch besser mit Stress und Widrigkeiten umgehen können. Das Gefühl, dass das eigene Leben und Handeln einem größeren Sinnzusammenhang dient, schafft eine emotionale und motivationale Basis, die weit tragfähiger ist als die oft flüchtige Motivation durch externe Anreize oder Optimierungsdruck.

Die Verschiebung von Effizienzmaximierung zu Sinnorientierung bedeutet nicht, Effizienz oder Produktivität pauschal abzulehnen. Vielmehr geht es um eine fundamentale Neuorientierung, bei der Effizienz nicht mehr als Selbstzweck betrachtet wird, sondern als Mittel im Dienste bedeutungsvoller Ziele und Werte. In diesem Paradigma wird die Frage „Wie kann ich mehr in weniger Zeit erledigen?" eingebettet in die tiefere Frage „Was ist wirklich wichtig, und wie kann ich meine Zeit und Energie in Übereinstimmung mit diesen tieferen Werten investieren?".

Diese Neuorientierung manifestiert sich konkret in mehreren Verschiebungen im Umgang mit Zeit und Aktivität:

Von externer zu interner Validierung: Statt Erfolg primär an externen Metriken, sozialer Anerkennung oder Vergleichen mit anderen zu messen, fokussiert Sinnorientierung auf interne Kohärenz – auf die Frage, ob unsere Handlungen mit unseren tiefsten Werten und Überzeugungen übereinstimmen. Diese Verschiebung reduziert nicht nur den oft lähmenden Druck sozialer Vergleiche, sondern schafft auch eine stabilere, intrinsischere Motivationsbasis.

Von fragmentierter zu integrierter Aktivität: Während Effizienzorientierung oft zur Fragmentierung des Lebens in separate „Produktivitätsbereiche" und „Erholungsbereiche" führt, strebt Sinnorientierung nach größerer Integration verschiedener Lebensdimensionen. Sie fragt nicht nur danach, wie effizient einzelne Aufgaben erledigt werden können, sondern wie verschiedene Aktivitäten zu einem kohärenten, bedeutungsvollen Gesamtbild beitragen.

Von kurzfristiger zu langfristiger Perspektive: Effizienzorientierung tendiert zur Fokussierung auf unmittelbare Ergebnisse und kurzfristige Optimierung. Sinnorientierung hingegen bettet Handlungen in größere zeitliche Horizonte ein und fragt nach ihrer Bedeutung im Kontext des gesamten Lebensbogens. Diese erweiterte Perspektive kann helfen, momentane Schwierigkeiten oder Unannehmlichkeiten in einen bedeutungsvolleren Kontext zu setzen und dadurch Prokrastination zu reduzieren.

Von Quantität zu Qualität: Während Effizienzdenken oft auf quantitative Metriken fokussiert – wie viele Aufgaben erledigt, wie viele E-Mails beantwortet, wie viele Projekte abgeschlossen wurden – richtet Sinnorientierung den Blick stärker auf qualitative Dimensionen: Tiefe statt Breite, Bedeutsamkeit statt bloßer Menge, Resonanz statt reiner Aktivität.

Von isolierter zu verbundener Aktivität: Effizienzparadigmen betrachten Aufgaben oft isoliert, als diskrete Einheiten, die optimiert werden müssen. Sinnorientierung betont hingegen die Verbindungen und Beziehungen zwischen verschiedenen Aktivitäten und ihren breiteren Kontext. Sie fragt nicht nur „Wie erledige ich diese Aufgabe am effizientesten?", sondern „Wie trägt diese Aktivität zu größeren Zusammenhängen bei, die mir wichtig sind?".

Die praktische Implementierung dieser Sinnorientierung beginnt mit bewusster Reflexion und Klärung der eigenen Werte und Prioritäten. Welche Qualitäten, Beziehungen oder Aktivitäten geben meinem Leben wirklich Bedeutung? Was würde ich am Ende meines Lebens als wichtig und wertvoll betrachten? Welche Beiträge möchte ich zur Welt um mich herum leisten? Diese Fragen bilden die Grundlage für eine tiefere, tragfähigere Motivationsbasis als externe Effizienzimperative.

Basierend auf dieser Werteklärung folgt die bewusste Prüfung und mögliche Neugestaltung der eigenen Aktivitäten und Prioritäten. Hierbei geht es nicht um eine radikale Umwälzung des gesamten Lebens, sondern um eine schrittweise Neuausrichtung, bei der bestehende Aktivitäten bewusster mit tieferen Sinnquellen verbunden werden und neue Prioritäten in Übereinstimmung mit den eigenen Werten gesetzt werden.

Ein besonders wichtiger Aspekt dieser Neuausrichtung ist die Entwicklung einer differenzierteren, nuancierteren Beziehung zu Zeit. Statt Zeit primär als knappe Ressource zu betrachten, die maximiert und effizient genutzt werden muss, ermöglicht Sinnorientierung ein qualitativeres Zeitverständnis, das verschiedene „Zeitqualitäten" und Rhythmen anerkennt und würdigt. Manche Aktivitäten erfordern schnelles, effizientes Handeln, andere tiefe Immersion und Langsamkeit, wieder andere einen Rhythmus des Wechsels zwischen Aktivität und Reflexion.

Diese nuanciertere Zeitbeziehung kann durch bewusste Praktiken kultiviert werden – etwa durch regelmäßige „Sinn-Check-Ins", bei denen wir innehalten und reflektieren, ob unsere aktuellen Aktivitäten mit unseren tieferen Werten übereinstimmen, oder durch „Werte-Journaling", bei dem wir regelmäßig dokumentieren, wie unsere Handlungen zu dem beitragen, was uns wirklich wichtig ist. Solche Praktiken schaffen eine kontinuierliche Verbindung zwischen alltäglichen Aktivitäten und tieferen Sinn-quellen.

Ein weiterer praktischer Ansatz ist die bewusste Gestaltung von „Sinn-Narrativen" – kohärenten Erzählungen, die unsere Aktivitäten in einen größeren Bedeutungszusammenhang einbetten. Statt isolierte To-Do-Listen abzuarbeiten, können wir bewusst darüber reflektieren, wie verschiedene Aufgaben und Projekte zu einer größeren, bedeutungsvollen „Geschichte" beitragen, die wir mit unserem Leben erzählen möchten. Diese narrative Integration kann selbst scheinbar triviale oder mühsame Aufgaben mit tieferer Bedeutung infundieren.

Besonders relevant für die Überwindung von Prokrastination ist die Entwicklung einer „Sinn-Hierarchie" – eines klaren, wertbasierten Rahmens für Entscheidungen darüber, welche Aktivitäten Priorität erhalten sollten und welche aufgeschoben oder delegiert werden können. Im Gegensatz zu rein effizienzbasierten Priorisierungssystemen, die oft auf unmittelbarer Dringlichkeit oder extrinsischen Belohnungen basieren, orientiert sich diese Hierarchie an der tieferen Frage, welche Aktivitäten den authentischsten Ausdruck unserer Werte und Bestrebungen darstellen.

Die Verschiebung von Effizienzmaximierung zu Sinnorientierung kann auch in der Gestaltung physischer und sozialer Umgebungen zum Ausdruck kommen. Räume,

Routinen und Gemeinschaften können bewusst so gestaltet werden, dass sie kontinuierlich an tiefere Werte und Zielsetzungen erinnern und diese unterstützen. Von Symbolen und visuellen Erinnerungen, die auf bedeutungsvolle Ziele hinweisen, bis hin zu sozialen Kontexten, die gemeinsame Werte fördern und bekräftigen – die externe Umgebung kann als Verstärker und Erinnerung für tiefere Sinnorientierung dienen.

Ein besonders kraftvoller Aspekt der Sinnorientierung ist ihre Fähigkeit, intrinsische Motivation zu aktivieren und zu stärken. Während extrinsische Motivationsformen – sei es durch Belohnungen, sozialen Druck oder Selbstbestrafung – oft nur temporär wirksam sind und kontinuierliche externe Verstärkung erfordern, schafft Sinnorientierung eine selbstverstärkende Motivationsdynamik. Je mehr wir unsere Aktivitäten als Ausdruck dessen erleben, was uns wirklich wichtig ist, desto mehr intrinsische Befriedigung erfahren wir, was wiederum die Motivation für weitere sinnvolle Handlungen stärkt.

Diese intrinsische Motivationsspirale bietet einen nachhaltigeren Ansatz zur Überwindung von Prokrastination als reine Willenskraft oder externe Druckmittel. Statt gegen unsere tieferen Impulse anzukämpfen, geht es darum, Aktivitäten zu kultivieren, die mit unseren authentischen Werten und Bestrebungen in Resonanz stehen und dadurch eine natürlichere, organischere Form der Motivation erzeugen.

Die Verschiebung zu Sinnorientierung ist nicht als totalitäre Revolution zu verstehen, die alle Aspekte von Effizienz oder Produktivität verwirft. Vielmehr geht es um eine Integration, bei der Effizienz ihren legitimen, aber begrenzten Platz im Dienste tieferer Werte und Bestrebungen findet. In diesem integrierten Verständnis wird die Frage „Wie kann ich effizienter sein?" eingebettet in die tiefere Frage „Wofür will ich effizient sein? Welche Werte und Bestrebungen verdienen meine Zeit und Energie?".

Diese Integration erfordert kontinuierliche Reflexion und Anpassung, da sowohl externe Umstände als auch innere Werte und Prioritäten sich im Laufe der Zeit verändern können. Sinnorientierung ist kein statischer Zustand, sondern ein dynamischer Prozess des kontinuierlichen Alignments zwischen Handeln und tieferen Werten – ein Prozess, der sowohl Flexibilität als auch Beständigkeit erfordert.

In einer Welt, die zunehmend von Algorithmen, Metriken und Optimierungsimperativen geprägt ist, kann die bewusste Kultivierung von Sinnorientierung als Gegenkraft und Korrektiv dienen – als Erinnerung daran, dass menschliches Leben und Handeln mehr umfasst als Effizienz und Produktivität, und dass nachhaltige Motivation und Erfüllung letztlich nicht aus der Optimierung von Prozessen, sondern aus der Verbindung mit tieferen Quellen von Bedeutung und Wert entspringen. Diese Erinnerung bildet nicht nur einen Schlüssel zur Überwindung von Prokrastination, sondern zur Entwicklung eines reicheren, erfüllenderen Verhältnisses zu Zeit, Handlung und letztlich zu uns selbst.

20.5 Ein neues Verhältnis zur Zeit entwickeln

Unser Verhältnis zur Zeit prägt fundamental, wie wir arbeiten, leben und mit Phänomenen wie Prokrastination umgehen. Die vorherrschenden Zeitkonzeptionen unserer Epoche – geprägt von industriellen Produktionsrhythmen, digitaler Beschleunigung und der Metapher von „Zeit als Geld" – haben tiefgreifende Auswirkungen auf unser Erleben und Handeln, oft ohne dass wir uns dessen vollständig bewusst sind. Ein reiferes, ausgewogeneres Verhältnis zur Prokrastination erfordert daher auch eine fundamentalere Reflexion und möglicherweise Transformation unserer grundlegenden Zeitbeziehung.

Der Soziologe Hartmut Rosa hat in seinen Analysen zur „Beschleunigungsgesellschaft" gezeigt, wie die kontinuierliche Steigerung von Tempo und Effizienz in modernen Gesellschaften paradoxe Effekte erzeugt: Trotz enormer Zeitersparnisse durch technologischen Fortschritt erleben immer mehr Menschen chronischen Zeitmangel und Zeitdruck. Die Beschleunigung führt nicht zu mehr verfügbarer Zeit, sondern zu einer Verdichtung von Aktivitäten und Erwartungen, die den subjektiven Zeitmangel weiter verstärkt. In diesem Kontext erscheint Prokrastination nicht nur als individuelles Versagen, sondern auch als Symptom eines kollektiven, systemischen Zeit-paradoxons.

Eine erste Dimension der Transformation unseres Zeitver-hältnisses betrifft die Überwindung der dominanten Meta-pher von „Zeit als knappe Ressource" oder „Zeit als Geld". Diese Konzeption, historisch eng verbunden mit der Industrialisierung und der Kommodifizierung menschlicher Arbeit, reduziert Zeit auf eine quantifizier-bare, homogene Einheit, die „gespart", „investiert" oder „verschwendet" werden kann. Sie ignoriert die qualita-tiven, erfahrungsbezogenen Dimensionen von Zeit und schafft eine chronische Knappheitslogik, die Stress, Angst und paradoxerweise oft Prokrastination verstärkt.

Alternative Zeitmetaphern können ein ausgewogeneres, menschlicheres Verhältnis fördern. Zeit als „Rhythmus" betont die natürlichen Zyklen von Aktivität und Ruhe, Anspannung und Entspannung, Fokus und Erholung, die in biologischen und kosmischen Prozessen verankert sind. Diese Perspektive ermöglicht ein organischeres Verhältnis zu Produktivität und Ruhe, das weniger von mechanischer Effizienzlogik und mehr von natürlichen Flussqualitäten geprägt ist.

Eine weitere mögliche Metapher ist „Zeit als Raum" – die Vorstellung von Zeit nicht primär als linearer Fluss, son-dern als multidimensionaler Raum, in dem verschiedene Qualitäten und Erfahrungen koexistieren können. Diese räumliche Konzeption ermöglicht ein weniger getriebenes, mehr kontemplatives Verhältnis, bei dem es nicht primär um das „Abhaken" linearer Zeiteinheiten geht, sondern um die bewusste Gestaltung und Kultivierung verschiedener „Zeit-Räume" mit unterschiedlichen Qualitäten und Funktionen.

Eine zweite wichtige Dimension der Transformation betrifft die Überwindung des binären Gegensatzes von „produktiver" und „vergeudeter" Zeit. Diese Dichotomie, tief verwurzelt in industriellen und post-industriellen Arbeitsideologien, klassifiziert menschliche Zeitnutzung primär nach ihrer instrumentellen Effizienz und wertet nicht unmittelbar produktive Zeiten implizit ab. Diese Wertehierarchie ignoriert, dass menschliches Gedeihen vielfältige Zeitqualitäten erfordert – von fokussierter Produktivität über kreative Inkubation bis hin zu kontemplativer Erfahrung und sozialer Verbundenheit.

Ein reiferes Zeitverständnis würde diese verschiedenen Zeitqualitäten nicht hierarchisch, sondern komplementär betrachten – als unterschiedliche, gleichermaßen legitime und notwendige Dimensionen eines vollständigen menschlichen Lebens. Es würde anerkennen, dass „Nichtstun" in bestimmten Kontexten genauso wertvoll sein kann wie aktives Tun, und dass scheinbar „unproduktive" Phasen oft essentielle Funktionen für Kreativität, Erholung oder tiefere Einsicht erfüllen können.

Diese Perspektiverweiterung hat direkte Implikationen für den Umgang mit Prokrastination. Statt Aufschiebeverhalten ausschließlich als Defizit zu betrachten, das überwunden werden muss, ermöglicht sie eine nuanciertere Betrachtung, die nach der möglichen Funktion oder Botschaft des Aufschiebens fragt. Manchmal mag Prokrastination tatsächlich dysfunktionales Ausweichen sein, in anderen Fällen könnte sie jedoch ein legitimes Signal für notwendige Pausen, ungelöste Konflikte oder die Notwendigkeit einer Neuausrichtung darstellen.

Eine dritte Dimension betrifft die Überwindung des „defizienten Präsensmodus", wie ihn der Philosoph Martin Heidegger beschrieben hat – jener chronischen Orientierung auf eine imaginierte Zukunft oder bedauerte Vergangenheit, die die Gegenwart primär als Mittel oder Mangelzustand erscheinen lässt. Dieses defiziente Gegenwartsverhältnis manifestiert sich im ständigen Gefühl, „nicht da zu sein, wo man eigentlich sein sollte" oder „nicht das zu tun, was man eigentlich tun sollte" – einer mentalen Haltung, die sowohl Prokrastination fördern als auch durch sie verstärkt werden kann.

Ein vollständigeres Zeitverhältnis würde die fundamentale Bedeutung echter Präsenz anerkennen – der Fähigkeit, vollständig im gegenwärtigen Moment zu sein, ohne ständige mentale Projektion in vergangene oder zukünftige Zustände. Diese Präsenzfähigkeit, die in verschiedenen kontemplativen Traditionen kultiviert wird, ermöglicht eine tiefere, erfüllendere Erfahrung sowohl von Aktivität als auch von Ruhe und reduziert die chronische Unruhe, die oft mit Prokrastination verbunden ist.

Konkrete Praktiken zur Kultivierung einer solchen Präsenz umfassen formale Achtsamkeitsübungen, bewusste „Zeitinseln" ohne digitale Ablenkung, regelmäßige Naturaufenthalte oder einfach die bewusste Verlangsamung alltäglicher Aktivitäten. Diese Praktiken schaffen Gegenerfahrungen zur dominanten Beschleunigung und ermöglichen ein direkteres, unmittelbareres Zeiterleben jenseits chronischer Zukunfts- oder Vergangenheitsfixierung.

Eine vierte Dimension der Transformation betrifft das Verhältnis zwischen linearer und zyklischer Zeitkonzeption. Die moderne westliche Zeitauffassung ist primär linear geprägt – Zeit verläuft als kontinuierlicher, gerichteter Pfeil von der Vergangenheit in die Zukunft. Diese Linearität schafft einen kontinuierlichen Druck zur „Vorwärtsbewegung" und lässt Wiederholungen, Rückschritte oder Pausen oft als Versagen oder Zeitverschwendung erscheinen.

Ein reiferes Zeitverständnis würde die Komplementarität linearer und zyklischer Zeitdimensionen anerkennen – die Tatsache, dass menschliches Leben sowohl von linearen Entwicklungsprozessen als auch von zyklischen Rhythmen und Wiederholungen geprägt ist. Es würde die Bedeutung von Zyklen der Aktivität und Ruhe, des Fokus

und der Diffusion, des Vorwärtsstrebens und des Zurück-
kehrens würdigen und diese nicht als Abweichung von
einem idealen linearen Fortschritt, sondern als integrale
Aspekte eines vollständigen Lebensprozesses betrachten.

Diese Integration zyklischer Elemente kann das oft mit
Prokrastination verbundene Schamgefühl reduzieren,
indem sie anerkennt, dass Phasen scheinbaren Stillstands
oder sogar Rückschritts natürliche, unvermeidliche
Aspekte jedes authentischen Entwicklungsprozesses darstellen können. Sie ermöglicht ein geduldigeres, organischeres Verhältnis zu persönlichem Wachstum und Veränderung, das weniger von linearen Fortschrittsnarrativen
und mehr von natürlichen Entwicklungsrhythmen geprägt
ist.

Eine fünfte wesentliche Dimension betrifft die Überwindung der zunehmenden Fragmentierung und Atomi-
sierung von Zeit. Digitale Technologien und moderne
Arbeitsorganisation haben zu einer Zersplitterung von
Zeit in immer kleinere, diskontinuierliche Einheiten
geführt – zu einem „Zeit-Konfetti", das kontinuierliches
Wechseln zwischen verschiedenen Aufgaben, Kontexten
und Kommunikationskanälen erfordert. Diese Fragmentierung erschwert tiefe Konzentration, kreative Immersion
und kontemplative Erfahrung und kann Prokrastination
als Ausweichreaktion auf die kognitive Überlastung fördern.

Ein ausgewogeneres Zeitverhältnis würde auch „längere Bögen" und zusammenhängende Zeitblöcke als notwendig für bestimmte Formen menschlicher Aktivität und Erfahrung anerkennen. Es würde aktiv „tiefe Zeit" kultivieren – Phasen ungeteilter Aufmerksamkeit, die nicht von ständigen Unterbrechungen und Kontextwechseln fragmentiert werden. Diese tieferen Zeitqualitäten sind besonders wichtig für kreative Arbeit, komplexes Denken und genuine Erholung.

Die Transformation unseres Zeitverhältnisses ist letztlich keine rein individuelle Aufgabe, sondern erfordert auch kulturelle und strukturelle Veränderungen. Die dominanten Zeitregime unserer Epoche sind in wirtschaftlichen und sozialen Strukturen verankert, die nicht leicht zu verändern sind. Dennoch können wir beginnen, in unseren persönlichen Praktiken, sozialen Beziehungen und beruflichen Kontexten alternative Zeitverständnisse zu kultivieren und zu verkörpern.

Diese bewusste Kultivierung eines ausgewogeneren, menschlicheren Zeitverhältnisses bildet nicht nur einen Schlüssel zur nachhaltigeren Überwindung von Prokrastination, sondern auch zur Entwicklung eines erfüllteren, weiseren Verhältnisses zu Leben und Arbeit insgesamt. Es geht letztlich nicht nur darum, „mehr zu schaffen" oder „weniger aufzuschieben", sondern um die tiefere Frage, wie wir die begrenzte Zeit unseres Lebens in Übereinstimmung mit unseren tiefsten Werten und Bestrebungen gestalten können.

In diesem erweiterten Verständnis erscheint Prokrastination nicht mehr primär als technisches Problem mangelnder Produktivität, sondern als Symptom eines fundamentaleren Ungleichgewichts in unserem Verhältnis zur Zeit und zu uns selbst. Ihre nachhaltige Überwindung erfordert nicht nur bessere Techniken des Zeitmanagements, sondern eine tiefere Transformation unserer grundlegenden Zeitbeziehung – eine Transformation, die sowohl persönliche Praktiken als auch kulturelle und strukturelle Dimensionen umfasst und letztlich zu einem reicheren, erfüllenderen Verhältnis zu Arbeit, Leben und Zeit führen kann.

21. Weiterführende Ressourcen und Ausblick

21.1 Empfohlene Literatur und wissenschaftliche Quellen
Zum Abschluss dieses Buches möchte ich Ihnen eine sorgfältig kuratierte Auswahl an Literatur und wissenschaftlichen Quellen vorstellen, die Ihnen helfen können, Ihr Verständnis von Prokrastination zu vertiefen und Ihren persönlichen Weg zu ihrer Überwindung fortzusetzen. Diese Ressourcen sind nach thematischen Schwerpunkten geordnet, um Ihnen die Navigation zu erleichtern.
Grundlagenwerke zur Prokrastination

Piers Steel: „Die Prokrastinationsfalle: Wie wir in den Aufschiebealltag geraten und was wir dagegen tun können" – Ein fundiertes, auf umfangreicher Forschung basierendes Werk, das sowohl die Ursachen der Prokrastination wissenschaftlich beleuchtet als auch praktische Strategien zu ihrer Überwindung bietet.

Timothy A. Pychyl: „Solving the Procrastination Puzzle: A Concise Guide to Strategies for Change" – Ein kompakter, leicht zugänglicher Leitfaden, der zentrale Erkenntnisse der Prokrastinationsforschung mit unmittelbar anwendbaren Strategien verbindet.

Jane B. Burka & Lenora M. Yuen: „Procrastination: Why You Do It, What to Do About It Now" – Ein Klassiker, der besonders die psychologischen und emotionalen Wurzeln von Prokrastination tiefgründig analysiert und therapeutisch fundierte Ansätze zur Überwindung bietet.

Vertiefende wissenschaftliche Literatur

Ferrari, J. R., Johnson, J. L., & McCown, W. G.: „Procrastination and Task Avoidance: Theory, Research, and Treatment" – Eine umfassende Darstellung des Forschungsstands zu Ursachen, Erscheinungsformen und Behandlungsansätzen bei Prokrastination.

Sirois, F. M., & Pychyl, T. A. (Eds.): „Procrastination, Health, and Well-Being" – Eine Sammlung wissenschaftlicher Beiträge, die die Zusammenhänge zwischen Prokrastination, Gesundheitsverhalten und Wohlbefinden beleuchtet.

„Journal of Rational-Emotive & Cognitive-Behavior Therapy" (insbesondere die Sonderausgaben zu Prokrastination) – Dieses Fachjournal bietet regelmäßig aktuelle Forschungsergebnisse zum Thema Prokrastination, insbesondere aus kognitiv-verhaltenstherapeutischer Perspektive.

Selbstregulation und Gewohnheitsbildung

James Clear: „Die 1%-Methode: Minimale Veränderung, maximale Wirkung" – Ein praxisorientiertes Werk zur Entwicklung produktiver Gewohnheiten durch kleine, kontinuierliche Veränderungen.
Roy F. Baumeister & John Tierney: „Die Macht der Disziplin: Wie wir unseren Willen trainieren können" – Eine zugängliche Darstellung der wissenschaftlichen Erkenntnisse zur Willenskraft und Selbstregulation.
Charles Duhigg: „Die Macht der Gewohnheit: Warum wir tun, was wir tun" – Ein faszinierender Einblick in die Wissenschaft der Gewohnheitsbildung, mit zahlreichen Anwendungen für die Überwindung von Prokrastination.

Tiefere psychologische Perspektiven

Eckhart Tolle: „Jetzt! Die Kraft der Gegenwart" – Ein spiritueller Klassiker, der eine tiefere Perspektive auf die Beziehung zum gegenwärtigen Moment bietet – ein zentrales Thema bei der Überwindung von Prokrastination.
Steven C. Hayes: „Kurswechsel im Kopf: Acceptance and Commitment Therapy (ACT)" – Eine Einführung in einen

psychotherapeutischen Ansatz, der besonders hilfreich bei der Überwindung emotionaler Barrieren und innerer Widerstände sein kann.

Viktor E. Frankl: „Der Mensch vor der Frage nach dem Sinn" – Ein tiefgründiges Werk zur Bedeutung von Sinn und Bedeutung, das hilfreiche Perspektiven für eine sinnorientierte statt effizienzorientierte Lebensführung bietet.

Zeitmanagement und Produktivität

Cal Newport: „Deep Work: Konzentriertes Arbeiten in einer ablenkenden Welt" – Ein herausragendes Werk über die Bedeutung und Kultivierung tiefer, fokussierter Arbeit in einer zunehmend fragmentierten Umgebung.

David Allen: „Getting Things Done: The Art of Stress-Free Productivity" – Ein praktischer Klassiker, der ein umfassendes System zur Organisation von Aufgaben und Projekten bietet.

Francesco Cirillo: „The Pomodoro Technique" – Eine Einführung in die bewährte Pomodoro-Technik, die durch strukturierte Arbeits- und Pausenzyklen Fokus und Produktivität fördert.

Digitale Balance und Aufmerksamkeitsmanagement

Nir Eyal: „Indistractable: How to Control Your Attention and Choose Your Life" – Ein praxisorientierter Leitfaden zum Umgang mit digitalen Ablenkungen und zur Wiedererlangung der Kontrolle über die eigene Aufmerksamkeit.

Adam Alter: „Unwiderstehlich: Der Aufstieg suchterzeugender Technologien und das Geschäft mit unserer Abhängigkeit" – Eine aufschlussreiche Analyse der psychologischen Mechanismen hinter digitalen Ablenkungen und Abhängigkeiten.

Jenny Odell: „How to Do Nothing: Resisting the Attention Economy" – Eine tiefgründige Kritik der modernen „Aufmerksamkeitsökonomie" und ein Plädoyer für bewusstere, selbstbestimmtere Formen der Aufmerksamkeit.

Ausgewogenes Leben und Wohlbefinden

Alex Soojung-Kim Pang: „Rest: Why You Get More Done When You Work Less" – Ein evidenzbasiertes Plädoyer für die produktive Kraft von Ruhe und Erholung, das die falsche Dichotomie zwischen „Arbeit" und „Pause" überwindet.

Mihaly Csikszentmihalyi: „Flow: Das Geheimnis des Glücks" – Ein grundlegendes Werk zum Flow-Zustand, jenem optimalen Erlebniszustand, der eine Alternative sowohl zu Prokrastination als auch zu erzwungener Disziplin darstellt.

Richard J. Davidson & Sharon Begley: „The Emotional Life of Your Brain" – Eine wissenschaftliche Exploration der verschiedenen emotionalen Stile und ihrer Auswirkungen auf Wohlbefinden und Funktionsfähigkeit.

Diese Literaturempfehlungen bieten Ihnen einen reichen Fundus an Wissen, Perspektiven und praktischen Ansätzen, der weit über die Inhalte dieses Buches hinausgeht. Je nach Ihren spezifischen Interessen und Bedürfnissen können Sie gezielt einzelne Werke auswählen, um bestimmte Aspekte der Prokrastinationsüberwindung zu vertiefen.

Denken Sie daran, dass das bloße Sammeln von Wissen über Prokrastination selbst zu einer Form des Aufschiebens werden kann. Wählen Sie daher bewusst und selektiv aus diesen Ressourcen, immer mit dem Fokus auf praktische Anwendung und persönliche Entwicklung. Das tiefste Verständnis von Prokrastination entsteht letztlich nicht durch theoretisches Wissen allein, sondern durch die reflektierte Integration von Einsicht und Erfahrung in Ihrem eigenen Leben.

21.2 Gemeinschaften und Unterstützungsgruppen

Der Weg aus der Prokrastination muss nicht allein beschritten werden. Gemeinschaften und Unterstützungsgruppen können wertvolle Ressourcen bieten – von gegenseitiger Motivation und Rechenschaft über den Austausch praktischer Strategien bis hin zum Gefühl, mit seinen Herausforderungen nicht allein zu sein. In diesem Abschnitt stelle ich verschiedene Arten von Gemeinschaften vor, die Ihnen auf Ihrem Weg zur Überwindung von Prokrastination unterstützen können.

Online-Communities

r/getdisciplined und r/productivity (Reddit): Diese Subreddits bieten aktive Communities mit tausenden Mitgliedern, die Erfahrungen, Strategien und gegenseitige Unterstützung teilen. Besonders wertvoll sind die regelmäßigen Diskussionsfäden, in denen Mitglieder ihre Fortschritte berichten und Herausforderungen besprechen.

Focusmate (focusmate.com): Eine innovative Plattform, die virtuelle „Arbeitspartner" vermittelt. Nutzer vereinbaren 50-minütige Arbeitssessions per Videochat mit anderen Mitgliedern, wobei die soziale Rechenschaft als starker Motivator gegen Prokrastination wirkt.

Habitica (habitica.com): Eine gamifizierte Produktivitäts-App mit starkem Community-Element. Nutzer können Teams bilden, gemeinsam „Quests" absolvieren und sich gegenseitig bei der Entwicklung produktiver Gewohnheiten unterstützen.

Forest App Community: Die beliebte Fokussier-App „Forest" bietet auch Community-Funktionen, bei denen Nutzer gemeinsam virtuelle Wälder pflanzen und sich so gegenseitig motivieren, fokussiert zu bleiben.

Lokale Gruppen und Meetups

Working Meetups: In vielen Städten existieren regelmäßige Treffen, bei denen sich Menschen zum gemeinsamen fokussierten Arbeiten zusammenfinden. Diese „Working Meetups" kombinieren die Vorteile sozialer Verbindung mit strukturierter Arbeitszeit und können besonders wirksam gegen Prokrastination sein.

Accountability Partnerships: Kleinere, oft informelle Gruppen von 2-5 Personen, die sich regelmäßig treffen, um Ziele zu setzen, Fortschritte zu besprechen und sich gegenseitig Rechenschaft zu geben. Solche Partnerschaften können entweder selbstorganisiert oder über Plattformen wie Meetup.com gefunden werden.

Lokale Produktivitäts-Workshops: Viele Volkshochschulen, Bildungszentren oder Coworking-Spaces bieten Workshops oder Kurse zu Themen wie Zeitmanagement, Arbeitsorganisation oder Gewohnheitsbildung an, die oft auch längerfristige Gruppen oder Netzwerke hervorbringen.

Professionell moderierte Gruppen

Mastermind-Gruppen: Diese strukturierten, oft von einem Coach oder Moderator geleiteten Kleingruppen bieten intensivere Formen der gegenseitigen Unterstützung und Herausforderung. Typischerweise treffen sich 4-8 Personen regelmäßig, um Ziele zu setzen, Fortschritte zu überprüfen und gemeinsam Lösungen für Herausforderungen zu entwickeln.

Therapeutische Gruppen: Für Menschen, bei denen Prokrastination mit tieferen psychologischen Themen wie Angststörungen, Depression oder ADHS verbunden ist, können therapeutisch angeleitete Gruppen wertvolle Unterstützung bieten. Diese werden oft von Psychotherapeuten, Kliniken oder Beratungsstellen angeboten.

Coaching-Gruppen: Viele professionelle Coaches bieten Gruppencoachings speziell zum Thema Prokrastination, Zeitmanagement oder Produktivität an. Diese kombinieren die Expertise des Coaches mit den Vorteilen gegenseitiger Unterstützung und können eine kosteneffizientere Alternative zu Einzelcoaching darstellen.

Arbeits- und aufgabenbezogene Communities

Schreibgruppen: Für Menschen, die speziell mit dem Aufschieben von Schreibprojekten kämpfen, bieten Schreibgruppen fokussierte Unterstützung. Formate wie „Shut Up & Write" kombinieren gemeinsame Schreibzeiten mit sozialer Unterstützung und Austausch.

Studiengruppen: Für Studierende oder Menschen in Weiterbildung können Studiengruppen nicht nur den Lernerfolg steigern, sondern auch wirksame Strukturen gegen akademische Prokrastination bieten.

Projektbezogene Communities: Je nach Ihren spezifischen Projekten oder Zielen gibt es oft spezialisierte Communities – von Gruppen für Dissertationsschreibende über App-Entwickler-Meetups bis hin zu Künstlerkollektiven, die sich gegenseitig motivieren, ihre kreativen Projekte voranzubringen.

Das Finden oder Gründen der richtigen Gemeinschaft
Bei der Suche nach oder Gründung einer unterstützenden Gemeinschaft sind folgende Aspekte besonders wichtig:

Kompatible Werte und Ansätze: Verschiedene Communities haben unterschiedliche Grundhaltungen zur Produktivität – von sehr strukturierten, disziplinorientierten Ansätzen bis hin zu flexibleren, prozessorientierten Herangehensweisen. Suchen Sie nach Gruppen, deren Grundhaltung mit Ihren eigenen Werten und Bedürfnissen kompatibel ist.

Angemessenes Engagement: Überlegen Sie realistisch, welchen Zeitaufwand Sie für eine Community aufbringen können und wollen. Manche Gruppen erfordern wöchentliche Treffen und kontinuierliches Engagement, während andere flexiblere Beteiligungsmöglichkeiten bieten.

Positive, nicht beschämende Atmosphäre: Die wirksamsten Unterstützungsgruppen kombinieren echte Rechenschaft mit einer positiven, nicht beschämenden Atmosphäre. Achten Sie auf Anzeichen einer gesunden Gruppenkultur, die Rückschläge als normale Teile des Lernprozesses betrachtet.

Aktive Moderation: Besonders in Online-Communities ist eine aktive, kompetente Moderation wichtig, um eine konstruktive, unterstützende Atmosphäre zu gewährleisten.

Wenn Sie keine existierende Gemeinschaft finden, die Ihren Bedürfnissen entspricht, ziehen Sie in Betracht, selbst eine zu gründen. Beginnen Sie klein – vielleicht mit nur einem Accountability-Partner oder einer Dreiergruppe – und lassen Sie die Struktur organisch wachsen. Plattformen wie Meetup.com, lokale soziale Mediengruppen oder Aushänge an Universitäten, Bibliotheken oder Coworking-Spaces können helfen, Gleichgesinnte zu finden.

Denken Sie daran, dass die richtige Gemeinschaft nicht nur bei der Überwindung von Prokrastination hilft, sondern auch Freude, Inspiration und neue Perspektiven bringen kann. Die gemeinsame Reise zur produktiveren, erfüllteren Nutzung unserer Zeit und Energie kann selbst zu einer bereichernden Erfahrung werden, die weit über die bloße „Bekämpfung" von Prokrastination hinausgeht.

21.3 Kommende Trends in Forschung und Praxis

Die Erforschung und praktische Bekämpfung von Prokrastination befindet sich in kontinuierlicher Entwicklung. Wissenschaftliche Fortschritte, technologische Innovationen und veränderte Arbeits- und Lebensbedingungen führen zu neuen Erkenntnissen und Ansätzen. In diesem Abschnitt werfen wir einen Blick auf einige der vielversprechendsten Entwicklungen und Trends, die das Verständnis und die Überwindung von Prokrastination in den kommenden Jahren prägen könnten.

Neurowissenschaftliche Perspektiven

Die rasante Entwicklung neurowissenschaftlicher Forschungsmethoden eröffnet neue Einblicke in die neurologischen Grundlagen von Prokrastination. Fortschritte in der funktionellen Magnetresonanztomographie (fMRT) und anderen bildgebenden Verfahren ermöglichen ein tieferes Verständnis der Gehirnprozesse, die mit Aufschubverhalten, Selbstregulation und Entscheidungsfindung verbunden sind.

Besonders vielversprechend sind Studien zur Rolle des präfrontalen Kortex und des limbischen Systems bei Prokrastination. Diese Forschung deutet darauf hin, dass Prokrastination nicht primär ein Willenskraftproblem ist, sondern mit komplexen Interaktionen zwischen verschiedenen Gehirnregionen zusammenhängt, die für Emotionsregulation, Belohnungsverarbeitung und exekutive Funktionen verantwortlich sind.

In Zukunft könnten diese Erkenntnisse zu gezielteren Interventionen führen – von spezifischen kognitiven Trainingsmethoden, die auf die Stärkung relevanter Gehirnfunktionen abzielen, bis hin zu personalisierten Ansätzen, die individuelle neurologische Profile berücksichtigen. Auch das wachsende Verständnis der Neuroplastizität – der Fähigkeit des Gehirns, sich durch Erfahrung zu verändern – eröffnet neue Perspektiven für nachhaltige Veränderungen von Prokrastinationsmustern.

Digitale Interventionen und KI-gestützte Ansätze

Die digitale Transformation bietet sowohl neue Herausforderungen als auch innovative Lösungsansätze im Umgang mit Prokrastination. Während digitale Technologien einerseits zu vermehrten Ablenkungen und neuen Formen der Prokrastination führen können, ermöglichen sie andererseits auch neuartige Unterstützungssysteme.

Besonders vielversprechend erscheinen adaptive Lernsysteme und KI-gestützte Interventionen, die individuelles Verhalten analysieren und personalisierte Unterstützung bieten können. Solche Systeme könnten beispielsweise:

Individuelle Prokrastinationsmuster erkennen und frühzeitig Warnungen oder Interventionen anbieten

Personalisierte Empfehlungen für Arbeitszeiten, Pausenintervalle oder Umgebungsgestaltung basierend auf persönlichen Daten und wissenschaftlichen Erkenntnissen geben

Adaptive Zielsetzungs- und Feedback-Systeme bieten, die sich an individuelle Motivationsprofile und Lernkurven anpassen

Virtuelle Coaching-Erfahrungen schaffen, die kontinuierliches Lernen und Anpassung ermöglichen

Auch die Integration von Gamification-Elementen und virtueller oder augmentierter Realität in Produktivitätsanwendungen könnte neue Wege bieten, um Motivation zu steigern und produktive Gewohnheiten zu fördern. Erfolgreiche Ansätze werden dabei wahrscheinlich über reine „Willenskraft-Verstärker" hinausgehen und tiefere psychologische Faktoren wie intrinsische Motivation, Werteausrichtung und emotionale Regulation berücksichtigen.

Integration verschiedener therapeutischer Ansätze

In der psychologischen und therapeutischen Praxis zeichnet sich ein Trend zur Integration verschiedener Ansätze ab, der vielversprechende Perspektiven für die Behandlung chronischer Prokrastination bietet. Besonders relevant erscheint die Kombination von:

Kognitiv-behavioralen Techniken, die dysfunktionale Gedankenmuster und Verhaltensgewohnheiten adressieren Achtsamkeitsbasierten Ansätzen, die ein tieferes Bewusstsein für innere Zustände und automatische Reaktionen fördern

Acceptance and Commitment Therapy (ACT), die den Umgang mit inneren Widerständen und die Ausrichtung an persönlichen Werten betont

Psychodynamischen Perspektiven, die tiefere, oft unbewusste emotionale Muster und frühe Prägungen berücksichtigen

Diese integrativeren Herangehensweisen erkennen an, dass Prokrastination ein multidimensionales Phänomen ist, das kognitive, emotionale, verhaltensbezogene und oft auch identitätsbezogene Komponenten umfasst und daher multidimensionale Ansätze erfordert.

In der therapeutischen Praxis könnte dies zu differenzierteren Diagnose- und Behandlungsansätzen führen, die verschiedene „Typen" oder „Profile" von Prokrastination unterscheiden und entsprechend angepasste Interventionen anbieten.

Kontextuelle und systemische Perspektiven

Ein besonders wichtiger Trend ist die zunehmende Anerkennung der Bedeutung kontextueller und systemischer Faktoren bei Prokrastination. Statt das Phänomen ausschließlich als individuelles psychologisches Problem zu betrachten, rücken soziale, organisationale und kulturelle Einflussfaktoren stärker in den Fokus.

Dieser erweiterte Blick umfasst:

Die Rolle organisationaler Strukturen und Kulturen bei der Förderung oder Verminderung von Prokrastination
Die Auswirkungen digitaler Kommunikations- und Arbeitsumgebungen auf Aufmerksamkeit und Selbstregulation
Die Bedeutung sozialer Normen und kultureller Zeitkonzeptionen für unser Verhältnis zu Produktivität und Aufschieben
Die Wechselwirkungen zwischen individuellen Prokrastinationsmustern und breiteren gesellschaftlichen Entwicklungen wie Beschleunigung, Flexibilisierung oder Entgrenzung von Arbeit

Diese erweiterte Perspektive eröffnet neue Interventionsmöglichkeiten auf der Ebene von Teams, Organisationen oder sozialen Systemen – etwa durch die bewusste Gestaltung von Arbeitsumgebungen und -prozessen, die Prokrastination erschweren und fokussiertes Arbeiten fördern, oder durch die Entwicklung gesünderer kollektiver Normen im Umgang mit Zeit und Produktivität.

Interdisziplinäre Ansätze

Die Komplexität des Prokrastinationsphänomens verlangt zunehmend nach interdisziplinären Herangehensweisen, die Erkenntnisse und Methoden verschiedener Fachrichtungen integrieren. Besonders fruchtbar erscheinen Verbindungen zwischen:

Psychologie und Neurowissenschaften, die tiefere Einblicke in die kognitiven und emotionalen Mechanismen hinter Prokrastination ermöglichen

Verhaltenswissenschaften und Technologieentwicklung, die zu effektiveren digitalen Unterstützungssystemen führen können

Psychologie und Organisationsforschung, die das Zusammenspiel individueller und systemischer Faktoren besser verstehen helfen

Klinischer Praxis und grundlagenorientierter Forschung, die theoretische Erkenntnisse schneller in praktische Interventionen übersetzen kann

Diese interdisziplinären Ansätze könnten zu einem nuancierteren, kontextsensitiveren Verständnis von Prokrastination führen und vielfältigere, auf spezifische Situationen und Bedürfnisse zugeschnittene Interventionsstrategien ermöglichen.

Ausblick und Implikationen

Was bedeuten diese Entwicklungen für Menschen, die aktuell mit Prokrastination kämpfen? Hier einige mögliche Implikationen:

Die Verfügbarkeit differenzierterer, wissenschaftlich fundierter Diagnose- und Interventionsansätze könnte personalisierte Unterstützung erleichtern und die Wirksamkeit von Selbsthilfe- und therapeutischen Ansätzen verbessern.

Ein tieferes Verständnis neurologischer Mechanismen könnte helfen, Schuld- und Schamgefühle zu reduzieren, indem es verdeutlicht, dass Prokrastination weniger eine Frage von „Charakterschwäche" ist als ein komplexes Zusammenspiel neurobiologischer, psychologischer und kontextueller Faktoren.

Die Entwicklung adaptiver digitaler Unterstützungssysteme könnte personalisierte, kontextsensitive Hilfe zugänglicher machen und die Lücke zwischen Wissen und Handeln überbrücken helfen.

Die verstärkte Beachtung systemischer Faktoren könnte zu arbeits- und bildungspolitischen Veränderungen führen, die prokrastinationsfördernde Strukturen reduzieren und gesündere Arbeits- und Lernumgebungen fördern.

Diese kommenden Trends deuten insgesamt auf ein differenzierteres, nuancierteres Verständnis von Prokrastination hin – eines, das über vereinfachende „Just-Do-It"-Ansätze hinausgeht und sowohl die tieferen psychologischen Dimensionen des Phänomens als auch seine breiteren kontextuellen Einbettungen anerkennt. In diesem erweiterten Verständnis erscheint die Überwindung von Prokrastination weniger als isolierte Frage der Selbstdisziplin und mehr als Aspekt einer komplexeren Entwicklung hin zu einer weiseren, ausgewogeneren Beziehung zu Zeit, Arbeit und letztlich zu uns selbst.

21.4 Persönliche Weiterentwicklung: Nächste Schritte

Nach der Lektüre dieses Buches und der Beschäftigung mit verschiedenen Aspekten der Prokrastinationsüberwindung stehen Sie möglicherweise vor der Frage: Wie geht es weiter? Wie kann ich das Gelernte in einen nachhaltigen Entwicklungsprozess überführen, der über das bloße „Bekämpfen" von Prokrastination hinausgeht? Dieser Abschnitt bietet Ihnen eine Orientierung für Ihre nächsten Schritte – nicht als strikte Anleitung, sondern als Einladung zur reflektierten, selbstbestimmten Weiterentwicklung.

Von Techniken zu Prinzipien

Ein erster wichtiger Schritt in der persönlichen Weiterentwicklung liegt im Übergang von einzelnen Techniken zu tieferen Prinzipien. Während verschiedene Methoden und Werkzeuge im Kampf gegen Prokrastination nützlich sind, liegt ihre nachhaltige Wirksamkeit darin, dass sie auf fundamentaleren Prinzipien basieren. Identifizieren Sie diese Grundprinzipien, die hinter jenen Techniken stehen, die für Sie am hilfreichsten waren:

War es das Prinzip der Mikroschritte, das große Aufgaben bewältigbar macht?
Oder das Prinzip der externen Strukturen, die innere Widerstände umgehen?

Vielleicht das Prinzip der Selbstmitgefühl, das Perfektionismus abschwächt?

Oder das Prinzip der Werteklarheit, das intrinsische Motivation freisetzt?

Diese tieferen Prinzipien sind vielseitiger anwendbar als spezifische Techniken und können flexibler an unterschiedliche Situationen angepasst werden. Sie bilden die Grundlage für eine autonomere, reifere Herangehensweise, die weniger von einzelnen „Hacks" und mehr von einem kohärenten Verständnis Ihrer eigenen Funktionsweise geprägt ist.

Vom Kampf zur Integration

Ein zweiter wichtiger Entwicklungsschritt liegt in der Verschiebung vom „Kampf gegen Prokrastination" hin zu einem integrativeren Verständnis von Produktivität und Aufschieben. Diese Perspektiverweiterung erkennt an, dass Phasen höherer und niedrigerer Produktivität Teil eines natürlichen Rhythmus sein können und dass manche Formen des scheinbaren „Aufschiebens" wichtige Funktionen erfüllen – sei es für kreative Inkubation, emotionale Regulation oder notwendige Neuorientierung.Diese integrativere Perspektive fragt nicht nur „Wie überwinde ich Prokrastination?", sondern auch:

Welche Botschaften oder Signale könnten in meinem Aufschubverhalten enthalten sein?

Welche legitimen Bedürfnisse versucht mein „innerer Prokrastinator" vielleicht zu schützen?

Wie kann ich meine Produktivitätsbemühungen besser mit meinen natürlichen Rhythmen und Bedürfnissen in Einklang bringen?

Was wäre ein weiseres, ausgewogeneres Verhältnis zwischen Aktivität und Ruhe, Fokus und Diffusion in meinem Leben?

Dieser integrativere Ansatz ermöglicht eine reifere, weniger kämpferische Beziehung zu Produktivität und Zeit – eine, die sowohl Disziplin als auch Selbstmitgefühl, sowohl Struktur als auch Flexibilität, sowohl Leistung als auch Regeneration umfasst.

Von der Selbstoptimierung zur Selbstentfaltung

Ein dritter transformativer Schritt ist der Übergang von reiner Selbstoptimierung hin zu einem tieferen Prozess der Selbstentfaltung. Während Selbstoptimierung oft von externen Standards und Effizienzkriterien getrieben wird, orientiert sich Selbstentfaltung an einem tieferen Verständnis der eigenen Werte, Potenziale und authentischen Bestrebungen.

Diese Verschiebung manifestiert sich in Fragen wie:

Welche Art von Person möchte ich werden, nicht nur, was möchte ich erreichen?

Welche tieferen Werte und Qualitäten möchte ich in meinem Leben und Wirken verkörpern?

Wie kann ich meine einzigartigen Stärken, Talente und Perspektiven vollständiger zum Ausdruck bringen?

Was wäre ein authentischeres, erfüllenderes Verhältnis zu meiner Arbeit und Zeit?

Diese tieferen Fragen betten die praktische Arbeit an der Prokrastinationsüberwindung in den größeren Kontext persönlicher Entwicklung und Sinnfindung ein. Sie erkennen an, dass es letztlich nicht nur darum geht, „mehr zu erledigen", sondern darum, ein Leben zu gestalten, das unsere tiefsten Werte und Potenziale ausdrückt.

Praktische nächste Schritte

Wie können diese abstrakteren Entwicklungsrichtungen in konkrete nächste Schritte übersetzt werden? Hier einige praktische Ansätze:

Etablieren Sie einen regelmäßigen Reflexionsrhythmus

Ein wöchentlicher oder monatlicher „Review" bietet Raum, um Ihre Erfahrungen mit verschiedenen Antiprokratinationstechniken zu reflektieren, tiefere Muster zu erkennen und Ihre Ansätze entsprechend anzupassen. Diese Metaperspektive ermöglicht kontinuierliches Lernen und Verfeinern Ihrer persönlichen Strategie.

Entwickeln Sie ein persönliches Produktivitätssystem

Basierend auf Ihren Erfahrungen mit verschiedenen Methoden und Techniken, entwickeln Sie ein personalisiertes System, das zu Ihrem spezifischen Temperament, Ihren Arbeitsanforderungen und Lebensumständen passt. Dieses System sollte nicht statisch sein, sondern sich mit Ihnen und Ihren Bedürfnissen weiterentwickeln.

Investieren Sie in tiefere Selbsterkenntnis
Erwägen Sie Praktiken oder Prozesse, die ein tieferes Verständnis Ihrer selbst fördern – sei es durch Journaling, Meditation, Coaching, Therapie oder andere Formen der Selbstreflexion. Diese tiefere Selbsterkenntnis kann helfen, die Wurzeln von Prokrastinationsmustern zu identifizieren und nachhaltigere Veränderungen zu ermöglichen.

Kultivieren Sie unterstützende Beziehungen
Suchen oder schaffen Sie Beziehungen und Gemeinschaften, die Ihre Entwicklung unterstützen – sei es durch formelle Strukturen wie Mastermind-Gruppen oder Accountability-Partnerschaften oder durch informellere Kontexte, in denen offener Austausch über Herausforderungen und Fortschritte möglich ist.

Integrieren Sie verschiedene Lebensbereiche
Arbeiten Sie an der Überwindung künstlicher Trennungen zwischen „Produktivität" und anderen Lebensdimensionen. Wie können Ihre Bemühungen um fokussierteres Arbeiten mit Ihrer Selbstfürsorge, Ihren Beziehungen, Ihrer kreativen Expression und Ihren tieferen Lebenswerten in Einklang gebracht werden?

Experimentieren Sie mit adaptiven Zyklen
Statt einem linearen Fortschrittsmodell zu folgen, betrachten Sie Ihre Entwicklung als spiralförmigen Prozess, der Zyklen von Experimentieren, Reflektieren, Anpassen und erneutem Experimentieren umfasst. Dieser iterative Ansatz ermöglicht kontinuierliches Lernen und Verfeinern ohne den Druck eines imaginären „Endpunkts".

Erweitern Sie Ihren Werkzeugkasten
Während Sie bestimmte Grundprinzipien und -praktiken als Basis etablieren, bleiben Sie offen für neue Werkzeuge, Perspektiven und Ansätze. Die Forschung zu Prokrastination und Produktivität entwickelt sich kontinuierlich weiter, und was für Sie in einer Lebensphase funktioniert, mag in einer anderen weniger wirksam sein.

Jenseits der individuellen Entwicklung
Ein letzter wichtiger Aspekt persönlicher Weiterentwicklung liegt in der Erkenntnis, dass unsere individuellen Kämpfe mit Prokrastination in größere soziale, kulturelle und strukturelle Kontexte eingebettet sind. Der Übergang zu einer reiferen Perspektive kann auch bedeuten, über rein individuelle Lösungen hinauszudenken und zu fragen:

Wie können wir Arbeits- und Bildungsumgebungen gestalten, die weniger Prokrastination fördern und mehr fokussiertes, bedeutungsvolles Arbeiten unterstützen?

Welche kulturellen Narrative und Werte im Bezug auf Zeit, Produktivität und Erfolg könnten wir kollektiv überdenken und transformieren?

Wie könnten Technologien anders gestaltet werden, um Konzentration und Tiefe statt Ablenkung und Fragmentierung zu fördern?

In diesem erweiterten Verständnis wird die Arbeit an der Überwindung von Prokrastination nicht nur zu einem Projekt persönlicher Entwicklung, sondern auch zu einem Beitrag zu einem größeren kulturellen und sozialen Wandel hin zu gesünderen, menschlicheren Verhältnissen zu Zeit, Arbeit und letztlich zueinander.

21.5 Ihre Reise geht weiter: Ein ermutigender Ausblick

Während wir uns dem Ende dieses Buches nähern, steht Ihre persönliche Reise im Umgang mit Prokrastination erst am Anfang – oder vielmehr an einem neuen Kapitel eines kontinuierlichen Prozesses des Lernens, Wachsens und Sich-Entwickelns. In diesem abschließenden Abschnitt möchte ich einige ermutigende Gedanken mit Ihnen teilen, die Sie auf dem weiteren Weg begleiten können.

Die Reise ist nicht linear

Eine der wichtigsten Erkenntnisse, die ich Ihnen mitgeben möchte, ist die Nicht-Linearität echter Entwicklung. Anders als viele Produktivitätsratgeber suggerieren, verläuft der Weg zur Überwindung von Prokrastination selten als gerade Linie stetigen Fortschritts. Vielmehr gleicht er einer Spirale mit Phasen schnellerer Entwicklung, Plateaus, scheinbaren Rückschritten und überraschenden Durchbrüchen.

Diese spiralförmige Natur der Entwicklung ist keine Unzulänglichkeit oder ein Zeichen des Versagens, sondern ein fundamentales Muster echten Wachstums – eines, das sowohl in der Natur als auch in menschlichen Entwicklungsprozessen zu beobachten ist. Die Anerkennung dieser Nicht-Linearität kann Ihnen helfen, realistischere Erwartungen zu setzen und mit den unvermeidlichen Schwankungen des Weges konstruktiver umzugehen.

Statt an einem imaginären Ideal stetigen Fortschritts festzuhalten, laden Sie sich ein, jeden Teil der Spirale als wertvollen Teil des Gesamtprozesses zu würdigen – auch jene Phasen, die zunächst wie Rückschritte erscheinen mögen, aber oft wichtige Einsichten und Anpassungen ermöglichen, die den Weg zu tieferer Integration ebnen.

Integration statt Perfektion
Ein weiterer wesentlicher Gedanke betrifft das Ziel der Reise selbst. Es geht letztlich nicht darum, einen „perfekten" Zustand zu erreichen, in dem Prokrastination völlig überwunden ist und jede Minute optimal genutzt wird. Ein solches Ideal wäre nicht nur unrealistisch, sondern möglicherweise auch ungesund – eine Form von

Produktivitätsperfektionismus, der selbst zum Treiber von Stress und Aufschieben werden kann.

Stattdessen möchte ich Sie einladen, Integration als tieferes Ziel zu betrachten – ein Zustand, in dem verschiedene Aspekte Ihres Selbst und Lebens in einem dynamischen, lebendigen Gleichgewicht koexistieren können. Diese Integration umfasst sowohl Ihre Fähigkeit zu fokussiertem, diszipliniertem Handeln als auch Ihre Bedürfnisse nach Ruhe, Kreativität und Spontaneität; sowohl Ihre Zielorientierung als auch Ihre Fähigkeit zum Innehalten und Neuorientieren; sowohl Ihre Leistungsfähigkeit als auch Ihre menschliche Verletzlichkeit und Begrenztheit.

In diesem integrativeren Verständnis wird Prokrastination weder als Feind bekämpft noch als unvermeidliche Schwäche akzeptiert, sondern als Teil eines komplexeren Gefüges verstanden, das durch bewusste Aufmerksamkeit und kontinuierliches Lernen zunehmend in Richtung größerer Harmonie und Funktionalität transformiert werden kann.

Die Kraft kleiner, kontinuierlicher Schritte
In einer Kultur, die dramatische Transformationen und spektakuläre Erfolgsgeschichten glorifiziert, möchte ich Sie an die außerordentliche Kraft kleiner, kontinuierlicher Schritte erinnern. Der japanische Begriff „Kaizen" – kontinuierliche Verbesserung durch kleine, inkrementelle

Veränderungen – bietet eine weisere, nachhaltigere Alternative zu radikalen Selbstveränderungsversuchen, die oft in Enttäuschung und Rückfällen enden.

Die konsequente Praxis kleiner, spezifischer Verhaltensänderungen – wie das tägliche Festlegen von drei Hauptprioritäten, die Etablierung einer kurzen morgendlichen Fokussierungsroutine oder das bewusste Umgestalten Ihrer digitalen Umgebung – mag anfangs unspektakulär erscheinen. Doch über Zeit können solche kleinen Schritte zu tiefgreifenden Veränderungen führen, nicht nur in Ihrem Umgang mit Prokrastination, sondern in Ihrem gesamten Verhältnis zu Zeit, Arbeit und letztlich zu sich selbst.

Diese Philosophie der kleinen Schritte entlastet Sie vom Druck, alles auf einmal verändern zu müssen, und schafft stattdessen Raum für organisches Wachstum und nachhaltige Entwicklung.

Sie sind nicht allein

Ein weiterer ermutigender Gedanke, den ich Ihnen mitgeben möchte, ist die Gewissheit, dass Sie auf dieser Reise nicht allein sind. Prokrastination ist eine zutiefst menschliche Erfahrung, die von Millionen Menschen weltweit und durch die gesamte Menschheitsgeschichte geteilt wird. Von Philosophen des antiken Griechenlands bis zu modernen Wissenschaftlern, von Künstlern und

Schriftstellern bis zu Unternehmern und Führungskräften – der Kampf mit dem Aufschieben und die Suche nach Wegen, mit diesem Phänomen umzugehen, verbindet uns über Zeit, Kultur und Umstände hinweg.

Diese gemeinsame menschliche Erfahrung bedeutet auch, dass reichhaltige Ressourcen an Weisheit, Einsicht und praktischem Wissen verfügbar sind – in Büchern wie diesem, in Gemeinschaften von Gleichgesinnten, in der wachsenden wissenschaftlichen Literatur zum Thema und in den geteilten Erfahrungen all jener, die ähnliche Herausforderungen meistern. Sie müssen diesen Weg nicht allein gehen, und oft sind es gerade der Austausch, die gegenseitige Unterstützung und das gemeinsame Lernen, die den tiefsten Fortschritt ermöglichen.

Ihre einzigartige Reise
Bei all diesen gemeinsamen Erfahrungen und generellen Prinzipien bleibt Ihre Reise dennoch einzigartig. Ihre spezifische Konstellation von Persönlichkeitsmerkmalen, Lebensumständen, Stärken, Herausforderungen und Zielen unterscheidet sich von der jedes anderen Menschen und erfordert einen entsprechend personalisierten Ansatz.

Was für andere funktioniert, mag für Sie weniger effektiv sein; was in einem bestimmten Kontext hilfreich ist, könnte in einem anderen hinderlich sein. Diese Einzigartigkeit ist kein Hindernis, sondern eine Einladung – eine Einladung zum experimentellen, neugierigen Erforschen verschiedener Ansätze, zum Entwickeln Ihres eigenen, maßgeschneiderten Weges und zum Vertrauen in Ihre wachsende Fähigkeit, weise Entscheidungen für sich selbst zu treffen.

In diesem Sinne ist dieses Buch weniger eine definitive Anleitung als eine Sammlung von Werkzeugen, Perspektiven und Inspirationen, aus denen Sie jene auswählen können, die für Ihre spezifische Situation und Ihren einzigartigen Weg am relevantesten sind. Die letztendliche Integration und Anwendung liegt bei Ihnen – und gerade in dieser kreativen, selbstbestimmten Aneignung liegt ein wesentlicher Teil des Wachstumsprozesses selbst.

Ein tieferer Sinn

Während wir uns dem Ende dieses Buches nähern, möchte ich Sie einladen, die Arbeit an der Prokrastinationsüberwindung in einem größeren Kontext zu betrachten – nicht nur als praktisches Projekt zur Steigerung der Produktivität, sondern als Teil einer tieferen Reise zu größerer Selbsterkenntnis, Authentizität und letztlich zu einem erfüllteren, selbstbestimmteren Leben.

In diesem erweiterten Verständnis geht es nicht nur darum, „mehr zu schaffen" oder „weniger aufzuschieben", sondern darum, ein Leben zu gestalten, das im Einklang mit Ihren tiefsten Werten und Bestrebungen steht. Es geht darum, die begrenzte Zeit Ihres Lebens bewusster, intentionaler und authentischer zu nutzen – nicht aus Angst vor Versagen oder getrieben von externen Erwartungen, sondern aus einer tiefen Verbindung mit dem, was für Sie wirklich bedeutsam und wertvoll ist.

In diesem Sinne ist die Arbeit an der Prokrastinationsüberwindung zugleich eine Praxis der Selbstbefreiung – eine Befreiung von einschränkenden Gewohnheiten, unbewussten Ängsten und fremdbestimmten Mustern hin zu größerer innerer Freiheit, Präsenz und Selbstbestimmung. Sie ist ein Aspekt jener größeren menschlichen Aufgabe, die bereits die antiken Philosophen beschäftigte: ein bewusstes, selbstbestimmtes und sinnerfülltes Leben zu führen – ein Leben, das unsere einzigartigen Potenziale zum Ausdruck bringt und gleichzeitig zu einem größeren Ganzen beiträgt.

Ein letztes Wort des Mutes

Lassen Sie mich dieses Buch mit einem letzten Wort des Mutes schließen: Vertrauen Sie dem Prozess. Vertrauen Sie Ihrer Fähigkeit zu wachsen, zu lernen und sich weiterzuentwickeln. Vertrauen Sie der Weisheit, die in Ihnen selbst liegt und die sich durch kontinuierliche, achtsame Praxis zunehmend entfalten kann.

Der Weg mag nicht immer einfach sein, und es werden Momente des Zweifels, der Frustration und scheinbarer Rückschritte kommen. Doch in jedem solchen Moment liegt die Möglichkeit tieferen Lernens und Wachstums – eine Einladung, noch vollständiger in Ihre eigene Entwicklung einzutauchen und noch authentischer Ihren einzigartigen Weg zu gehen.

Mit jedem bewussten Schritt, jeder reflektierten Erfahrung und jeder Integration neuer Einsichten bewegen Sie sich in Richtung eines reicheren, erfüllenderen Verhältnisses zu Zeit, Arbeit und letztlich zu sich selbst – einer Beziehung, die weniger von Kampf und mehr von Fluss, weniger von Zwang und mehr von Freiheit, weniger von Angst und mehr von Vertrauen geprägt ist.

In diesem Geist lade ich Sie ein, den nächsten Schritt Ihrer Reise mit Mut, Neugier und Selbstmitgefühl anzutreten – wissend, dass nicht das Ziel, sondern der Weg selbst jene Transformation bietet, nach der wir letztlich suchen.

Ihre Reise geht weiter. Und sie ist wunderschön in all ihrer Unvollkommenheit, all ihren Herausforderungen und all ihren Möglichkeiten.

Zusammenfassung
Prokrastination – das Aufschieben wichtiger Aufgaben trotz absehbarer negativer Konsequenzen – ist ein universelles menschliches Phänomen, das weit über bloße „Faulheit" hinausgeht. Dieses Buch hat einen umfas-

senden Ansatz zur Überwindung der Prokrastination vorgestellt, der sowohl praktische Strategien als auch tiefere
psychologische Dimensionen berücksichtigt.

Wir haben zunächst die grundlegenden Mechanismen der
Prokrastination erforscht – die neurobiologischen Grundlagen, die emotionsregulatorischen Aspekte und die
kognitiven Verzerrungen, die zum Aufschieben beitragen.
Diese Erkenntnisse bilden die Basis für ein differenzierteres Verständnis, das über vereinfachende „Just-Do-
It"-Ansätze hinausgeht.

Im praktischen Teil haben wir vielfältige Strategien zur
Überwindung von Prokrastination kennengelernt – von
der Optimierung der Arbeitsumgebung über effektive
Zeitmanagement-Techniken bis hin zu Methoden, innere
Widerstände zu überwinden und produktive Gewohnheiten zu etablieren. Diese konkreten Werkzeuge bieten
unmittelbar anwendbare Hilfe im täglichen Kampf gegen
das Aufschieben.

Tiefer gehend haben wir uns mit den psychologischen
Dimensionen der Prokrastination befasst – mit Perfektionismus, Selbstwertproblematiken und emotionalen
Mustern, die oft hinter chronischem Aufschieben stehen.
Diese Einsichten ermöglichen nachhaltigere Veränderungen, die an den Wurzeln statt nur an den Symptomen
ansetzen.

Wir haben Prokrastination in spezifischen Kontexten betrachtet – im Berufsleben, im akademischen Bereich, in persönlichen Beziehungen und im Umgang mit Gesundheit und Finanzen. Diese kontextspezifischen Betrachtungen ermöglichen zielgerichtetere, situationsangepasste Interventionen.

Ein besonderer Fokus lag auf dem konstruktiven Umgang mit Rückschlägen und der nachhaltigen Implementierung von Veränderungen. Die Anerkennung, dass Rückfälle normale Teile jedes Veränderungsprozesses sind, und die Entwicklung von Resilienz und Selbstmitgefühl bilden wesentliche Elemente langfristigen Erfolgs.

In den abschließenden Kapiteln haben wir über die reine Produktivitätsperspektive hinausgeblickt und Prokrastination in den größeren Kontext eines ausgewogenen, sinnerfüllten Lebens eingebettet. Die Bedeutung von Muße, bewusstem Aufschieben und einem reiferen Verhältnis zur Zeit wurden als wichtige Ergänzungen zur reinen Prokrastinationsüberwindung vorgestellt.

Letztendlich präsentiert dieses Buch Prokrastination nicht nur als Problem, das es zu lösen gilt, sondern auch als Einladung zu tieferer Selbsterkenntnis und persönlichem Wachstum. Die Überwindung des Aufschiebens wird zu einer Reise, die über bloße Produktivitätssteigerung hinausgeht und zu einem authentischeren, selbstbestimmteren Verhältnis zu Zeit, Arbeit und letztlich zu uns selbst führen kann.

Mit praktischen Werkzeugen, psychologischen Einsichten und einer erweiterten Perspektive bietet dieses Buch einen umfassenden Leitfaden für diese Reise – einen Leitfaden, der sowohl unmittelbare Hilfe als auch langfristige Transformation ermöglichen möchte, und der Sie einlädt, Ihren eigenen, einzigartigen Weg zu einem Leben jenseits der Prokrastination zu finden.